《华侨大学哲学社会科学文库》编辑委员会

主　编　贾益民

副主编　曾　路

编　委（以姓氏笔画为序）

马海生　王四达　王丽霞　庄国土　许少波　许斗斗　许培源
孙　锐　孙汝建　孙德明　李拉亚　李景源　宋振镇　张向前
张禹东　陈旋波　林怀艺　周世兴　郑向敏　郑锦扬　赵昕东
胡日东　胡培安　骆克任　贾益民　郭克莎　黄小萍　黄远水
梁　宁　程一辉　曾　路

华侨大学哲学社会科学文库·管理学系列

文库主编：贾益民

饭店女性部门经理职业发展困境与出路

FEMALE DEPARTMENT MANAGERS' CAREER DEVELOPMENT
DILEMMA AND SOLUTION

范向丽　著

社会科学文献出版社
SOCIAL SCIENCES ACADEMIC PRESS (CHINA)

华侨大学哲学社会科学学术著作专项资助计划资助

发展哲学社会科学　推动文化传承创新
——《华侨大学哲学社会科学文库》总序

哲学社会科学是研究人的活动和社会历史发展规律、构建人类价值世界和意义世界的科学，是人类文化的核心组成部分，其积极成果有助于提升人的素质、实现人的价值。中国是世界文明古国，拥有丰富的文化历史资源，中华文化的发展是世界文化发展进程中不可或缺的重要一环。因此，努力打造具有中国特色的哲学社会科学，全面继承和发展中华文化，对于推进中华文明乃至世界文明进程具有深远的意义。

当代中国，全面深化改革已经进入关键时期，中国特色社会主义建设迫切需要对社会历史发展规律的科学认识，需要哲学社会科学发挥其认识世界、传承文明、创新理论、资政育人和服务社会的作用。因此，深化文化体制改革、繁荣哲学社会科学，不仅是建设社会主义文化强国、丰富人民精神世界的需要，也是实现中华民族伟大复兴的中国梦的必由之路。中共中央高度重视哲学社会科学在实现中华民族伟大复兴的历史进程中的重要作用，先后出台《中共中央关于进一步繁荣发展哲学社会科学的意见》《中共中央关于深化文化体制改革　推动社会主义文化大发展大繁荣若干重大问题的决定》《中共中央办公厅　国务院办公厅转发〈教育部关于深入推进高等学校哲学社会科学繁荣发展的意见〉的通知》《高等学校哲学社会科学繁荣计划（2011—2020年）》等一系列重要文件，全面部署繁荣哲学社会科学、提升中华文化软实力的各项工作，全面深化教育体制改革，为我国哲学社会科学事业的繁荣和发展创造了前所未有的历史机遇。

高等学校是哲学社会科学研究的重要阵地，高校教师和科研人员是哲学社会科学研究的主要承担者。因此，高校有责任担负起繁荣哲学社会科学的使命，激发广大教师和科研人员的科研积极性、主动性和创造性，为哲学社会科学发展提供良好的制度和环境，致力于打造符合国家发展战略和经济社会发展需要的精品力作。

华侨大学是我国著名的华侨高等学府，也是中国面向海外开展华文教育的重要基地，办学55年以来，始终坚持"面向海外、面向港澳台"的办学方针，秉承"为侨服务，传播中华文化"的办学宗旨，贯彻"会通中外，并育德才"的办学理念，坚定不移地走内涵发展之路、特色兴校之路、人才强校之路，全面提升人才培养质量和整体办学水平，致力于建设基础雄厚、特色鲜明、海内外著名的高水平大学。

在这个充满机遇与挑战的历史时期，华侨大学敏锐洞察和把握发展机遇，贯彻落实党的十七大、十七届六中全会、十八大、十八届三中全会、十八届四中全会精神，发挥自身比较优势，大力繁荣哲学社会科学。

一方面，华侨大学扎根侨校土壤，牢记侨校使命，坚持特色发展、内涵发展，其哲学社会科学的发展彰显独特个性。"为侨服务，传播中华文化"是华侨大学的办学宗旨与神圣使命，其办学活动及其成果直接服务于国家侨务工作与地方经济社会发展。为此，华侨大学积极承担涉侨研究，整合、利用优势资源，努力打造具有侨校特色的新型智库，在海外华文教育、侨务理论、侨务政策、海上丝绸之路研究、海外华人社团、侨务公共外交、华商研究、海外宗教文化研究等诸多领域形成具有特色的研究方向，推出了以《华侨华人蓝皮书：华侨华人研究报告》《世界华文教育年鉴》等为代表的一系列标志性成果。

另一方面，华侨大学紧紧抓住国家繁荣哲学社会科学的时代机遇，积极响应教育部繁荣哲学社会科学的任务部署，颁布实施《华侨大学哲学社会科学繁荣计划（2012—2020）》，为今后学校哲学社会科学的发展提供发展纲领与制度保证。该计划明确了学校哲学社会科学发展的战略目标，即紧抓国家繁荣发展哲学社会科学的战略机遇，遵循哲学社会科学的发展规律，发挥综合大学和侨校优势，通过若干年努力，使华侨大学哲学社会科学学科方向更加凝练，优势更加突出，特色更加鲜明，平台更加坚实；形成结构合理、素质优良、具有国家竞争力的高水平学术队伍；研究创新能力显著增强，服务国家侨务工作的能力明显提升，服务经济社会发展的水平不断提高，适应文化建设新要求、推进文化传承创新的作用更加凸显；对外学术交流与合作的领域不断拓展，国际文化对话与传播能力进一步增强。到2020年，力争使华侨大学成为国内外著名的文化传承与知识创新高地，国家侨务工作的核心智库，提供社会服务、解决重大理论和现实问题的重要阵地。

为切实有效落实《华侨大学哲学社会科学繁荣计划（2012—2020）》，学校先后启动了"华侨大学哲学社会科学青年学者成长工程""华侨大学哲学社会科学学术论文专项资助计划""华侨大学哲学社会科学学术著作专项资助计划""华侨大学哲学社会科学百名优秀学者培育计划""华侨大学人文社会科学研究基地培育与发展计划"五大计划，并制定了相应的文件保证计划的有效实施，切实推进学校哲学社会科学的繁荣发展。

"华侨大学哲学社会科学学术著作专项资助计划"作为《华侨大学哲学社会科学繁荣计划（2012—2020）》的重要配套子计划，旨在产出一批在国内外有较大影响力的高水平原创性研究成果，打造学术精品力作。作为此资助计划的重要成果——《华侨大学哲学社会科学文库》将陆续推出一批具有相当学术参考价值的学术著作。这些著作凝聚着华大文科学者的心力、心气与智慧：他们以现实问题为导向，关注国家经济社会发展；他们以国际视野为基础，不断探索开拓学术研究领域；他们以学术精品为目标，积聚多年的研判与思考。

《华侨大学哲学社会科学文库》按学科门类划分系列，共分为哲学、经济学、法学、教育学、文学、历史学、管理学、艺术学八个系列，内容涵盖哲学、应用经济、法学、国际政治、华商研究、旅游管理、依法治国、中华文化研究、海外华文教育等基础理论与特色研究，其选题紧跟时代问题和人民需求，瞄准学术前沿，致力于解决国家面临的一系列新问题、新困境，其成果直接或间接服务于国家侨务事业和经济社会发展，服务于国家华文教育事业与中华文化软实力的提升。可以说，该文库的打造是华侨大学展示自身哲学社会科学研究力、创造力、价值引领力，服务中国特色社会主义建设事业的一次大胆尝试。

《华侨大学哲学社会科学繁荣计划（2012—2020）》已经实施近两年，经过全校上下的共同努力，华侨大学的文科整体实力正在逐步提升，一大批高水平研究成果相继问世，一批高级别科研项目和科研成果奖成功获评。作为华侨大学繁荣哲学社会科学的成果，《华侨大学哲学社会科学文库》集中反映了当前华侨大学哲学社会科学的研究水平，充分发挥了优秀学者的示范带动作用，大力展示了青年学者的学术爆发力和创造力，必将鼓励和带动更多的哲学社会科学工作者尤其是青年教师以闽南地区"爱拼才会赢"的精神与斗志，不断营造积极向上、勇攀高峰的学术氛围，努力打造更多造福于国家与人民的精品力作。

当然，由于华侨大学面临的历史和现实等主客观因素的限制以及华大哲学社会科学工作者研究视野与学术积累的局限性，《华侨大学哲学社会科学文库》在研究水平、研究方法等方面难免存在不足之处，我们在此真诚地恳请各位读者批评指正。

最后，让我们共同期待《华侨大学哲学社会科学文库》付梓，为即将迎来 55 岁华诞的华侨大学献礼！让我们一起祝福华侨大学哲学社会科学事业蒸蒸日上！让我们以更大的决心、更宽广的视野、更精心的设计、更有效的措施、更优质的服务，培育华大社科的繁花硕果，以点滴江河的态势，加速推进华侨大学建设成基础雄厚、特色鲜明、海内外著名的高水平大学，更好地服务海外华侨华人，支持国家侨务工作，配合国家发展战略！

华侨大学校长、教授、博士生导师　贾益民

2015 年 4 月 28 日于华园

序

妇女发展是国家社会经济发展与文明进步的重要标志。女性人力资源开发已越来越受到关注与重视。女性就业、女性职业发展、女性管理能力与领导力等问题已成为各国学者关注的课题。饭店行业是大量女性聚集的行业，饭店女性从业人员占70%以上。显然，饭店女性人力资源研究非常重要与必要！

我的博士生范向丽从关注旅游中的性别问题到发现饭店行业女性的职业发展质量明显低于男性的现实，因此选择了这个主题作为其博士学位论文的研究方向，从饭店女性部门经理职业发展"天花板"现象入手研究饭店行业"资深女性部门经理"的职业发展危机。范博士在攻读博士学位3年时间里的研究辛劳、信念坚守以及自我修正、循亮前行的态度，是此项研究获得较满意结果的基础与保证。

今天，范向丽博士已成为我的同事，她的博士学位论文也将出版成书，在为范博士的努力点赞的同时，我想为本书赞美几句：此书尽管研究的焦点是饭店女性部门经理的职业发展问题，但关注的不只是饭店女性管理者一般意义上的"平权"诉求，而是对职业理论、管理理论传统范畴本身的深刻思考，更是对某些天经地义的传统"现象"及长久形成并被固化的定式思维的挑战与修正。如果关注旅游活动中的性别问题是开拓女性学研究和旅游学研究的新视野，争取女性在旅游研究中的"被研究权"的话，那么，本书的问世则标志着中国旅游研究的新生力量进入新的历史时期，努力用自己的眼光来审视旅游活动中的热点问题，并寻求其他学者的响应。与发达国家的同行相比，中国学者对旅游性别的研究起步略晚，本书的撰写不仅参考了大量的国外期刊、报纸及相关媒体资料与信息，书中的些许观点也努力吸收了国外女性学、职业学等知名专家的研究成果。因此，此书值得一读。

　　为不少人的著作写过序，勉强多于自愿。但写这篇短序，却是我心底所愿。十多年前，我还在澳门讲学的时候，在澳门赌场中偶然发现女赌客的些许问题与现象后，才开始关注女性旅游者问题。我关注女性学研究的相关论著后发现，其中不少观点与论点对传统主流职业理论以及旅游学理论形成挑战。于是，我开始尝试用性别视角来审视和研究旅游活动中的各种现象与问题，并引导我的研究生范向丽关注旅游中的性别问题，研究女性游客的旅游行为、安全管理、女性饭店管理者领导风格等相关问题。2007年，我们共同设计并完成了美国福特基金会推进的行动项目："社会性别视角下惠安女服饰的开发、保护与传承"，这一项目得到香港《大公报》《人民日报》《东南早报》以及泉州电视台等多家媒体的追踪报道。此后，我们有关女性旅游者研究的论文陆续发表，并引发了中国旅游学术界对女性旅游研究的热潮。

　　《饭店女性部门经理职业发展困境与出路》一书是作者的呕心之作，也是职业生涯管理理论研究和旅游学研究的交融与结合。"初生之物，其行必丑"，此项新的研究工作，存在缺陷与不足在所难免。希望作者再接再厉，在旅游性别研究上不断修正、循亮前行，将旅游性别研究做得更深、更宽、更强！也希望读者能抛弃传统主流学派和"男性主义中心思维"之根深蒂固影响，用耐心和雅量来品味此书。

　　是为序！

郑向敏
2014 年 11 月 12 日于上海浦东希尔顿逸林酒店

摘 要

妇女发展是国家社会经济发展与文明进步的重要标志。随着社会观念更新、新型产业结构的出现等,女性人力资源开发越来越受到各国各地区各行业的关注与重视。于是,越来越多的职业女性开始进入企事业单位的管理层,随之,女性就业、女性职业能力、女性领导力等问题开始成为世界各国学者关注的课题。

在服务业飞速发展的今天,饭店作为女性劳动力密集的行业,女性人力资源问题更为突出。例如,目前我国饭店女性从业人员所占比例超过60%(杨云,2008)。但由于传统性别观念、工作-家庭冲突等现实问题,饭店女性从业人员在职业发展中遭遇诸多阻力,职业发展危机重重,女性部门经理面临的职业发展危机更甚。而目前饭店女性人力资源的理论研究严重滞后于饭店的实践活动,国内外关于饭店中层管理者的研究特别是饭店中层管理者的职业发展危机研究少之又少,理论研究成果非常有限。本书选择饭店女性中层管理者为研究对象(以福建省三星级及以上女性部门(副)经理为研究样本),试图通过对饭店女性部门经理职业发展危机相关问题的深入系统研究,为饭店女性部门经理职业发展危机的防范与管理提供对策,为饭店女性人力资源开发提供理论依据和实践指导。

本书的主要成果与研究结论如下。

第一,采用文献分析法,收集、梳理和归纳了国内外饭店管理者、女性管理者、职业发展危机等方面的相关研究成果,界定和分析了饭店女性部门经理职业发展危机的内涵与特征;研究了职业发展危机带来的五种后果和女性部门经理职业发展危机的主要表现;提出了女性部门经理职业发展危机的四种类型;并从个体层面、家庭层面、组织层面和社会层面分析了饭店女性部门经理职业发展危机的归因；分析和研究了饭店女性部门经理职业发展危机形成因素的互动作用机理、形成机理，提出女性部门经理职业发展危机的四个阶段与四个强度等级，构建了饭店女性部门经理职业发展危机的引发机理模型。

第二，通过访谈、座谈、文献（问卷）分析等多种方式，归纳分析了饭店女性部门经理职业发展危机的形成因素，设计了因子分析量表（自变量量表、因变量量表、调节变量量表、控制变量量表），并对其信度和效度进行了检验，形成正式问卷。通过本书构建的女性部门经理职业发展危机因子分析模型，进行了因子分析，得到以下结论。

（1）借助于统计分析工具SPSS17.0，采用主成分分析法对各量表提取了公因子。其中，职业发展阻隔变量（自变量）提取了10个公因子，职业发展危机征兆量表（因变量）提取了6个公因子，环境变量量表（调节变量）提取了4个公因子。

（2）得到职业发展阻隔（CDB – F）与职业发展危机（CDS – F）显著相关的研究结论。

（3）得到环境变量（CBE – F）对职业发展阻隔（CDB – F）与职业发展危机（CDS – F）具有调节作用的研究结论。饭店女性部门经理的CBE – F与CDB – F的相关性达到显著水平，具有中高度的相关性。

（4）得到控制变量对饭店女性部门经理职业发展危机征兆（CDS – F）有显著影响的研究结论。研究结果表明，个体的收入、家庭住房状况及企业的性质、规模、所有制等对饭店女性部门经理职业发展危机征兆的影响最为显著。

（5）构建了饭店女性部门经理职业发展危机征兆的多元回归方程。

第三，分析了饭店女性部门经理职业发展危机预警系统的组织结构及运行机制、系统的功能与特点，研究了饭店女性部门经理职业发展危机监测子系统和预报子系统，构建了3个层级39个指标构成的职业发展危机预警指标体系，使用yaahp软件计算了各指标的权重，并通过隶属度计算法对危机等级进行了划分。

第四，从个体层面、家庭层面、企业层面和社会层面四个角度研究了饭店女性部门经理职业发展危机的防范对策，从危机等级视角分析和研究了黄色级危机、橙色级危机、红色级危机三种职业发展危机等级的防范与管理。

　　本书的主要创新点如下。

　　（1）从个体层面、家庭层面、组织层面和社会层面研究饭店女性部门经理职业发展危机的归因，并建立了职业发展危机的引发机理模型和女性部门经理职业发展危机因子分析模型，在理论上有所创新。

　　（2）提出、制订并使用了饭店女性部门经理职业阻隔量表、职业发展危机征兆量表，为饭店相关研究提供了一种研究和测量工具，在测量工具建立方面有所创新。

　　（3）开拓性地以饭店女性部门经理为研究对象，对其职业发展危机的类型、成因、后果进行综合分析与研究，研究成果在一定程度上补充了我国饭店人力资源管理、危机管理等理论研究中的空白。

　　关键词：饭店；女性；部门经理；职业发展；危机

Abstract

Women's development symbolizes the national economical development and civilization progress status in a great measure. With the society opening, idea renewing and industrial structure innovation, female human resources development has aroused increasingly more and more attention all over the world. Therefore, a great number of working women begin to enter the management layer of enterprises or institutions, accordingly, a series of issues related to female human resources, such as ability development and utilization, employment barriers and fairness, employment structure trend, career crisis and have attracted worldwide attention.

Nowadays, hotel industry, which is a female labor - intensive industry, flourishes rapidly, and the problems of female human resources become more obvious and serious. For example, there have been over 60% female employees in China hotel industry (YANG Yun, 2008). Whereas, traditional gender notion, work - family conflict and many other factors block their career or even result in career development crisis. The career development crisis faced by female hotel department managers is also serious, however, the related theoretical study is obviously lag behind the reality, there are very few research on hotel middle managers at home and abroad, especially their career development crisis. This research chooses the female department (vice) managers in three, four, and five - star hotels of Fujian province as study object, analyzes the factors that results their career development crisis, constructs the factor analysis model, establishes the crisis warning system, and also puts forward the prevention and management measures. All in all, this study tries to provide countermeasures and instruction for hotel managers to prevent and manage the female department managers' career development crisis through a deep and systematic research.

The contents of this study are as follows:

Chapter1: Introduction. This chapter includes 4 parts, which are study background, research object and relating concepts explanation, research purpose and methodology.

Chapter 2: Literature review. It mainly includes the following contents: first, gender studies in tourism, which puts out the development phase, research hotspots, and research framework of gender studies in tourism and also prospect of gender studies in tourism. Second, studies related to female tourism practitioners, which foreign relative literatures from 3 aspects that are female host of rural tourism destination, female tourism practitioners and female employees in tourism enterprises. Third, domestic research about female tourism practitioners, which mainly include minority, rural and hotel female tourism practitioners. Finally, it points out the demerits of inland gender research on tourism, and puts forward the research opportunities and blank, and the research purpose of this paper.

Chapter 3: Basic theories of female career development. It specifically includes 4 aspects: firstly, career development phase theory (proposed by Donald E. Super, Edgar H. Schein, Eli Ginzberg, J. H. Greenhaus and LiaoQuan-Wen); career development efficiency theory (including water boiling theory, embroidering theory, horse theory, red leaves theory, focus theory, ball theory and so on); female career theory (including sex segregation theory, work-family theory, glass ceiling theory, feminism endowment theory and double careers theory); crisis management theory (including crisis lifecycle theory, enterprise crisis management theory, structure theory, life cycle theory, diffusion theory, phase theory and so on). This chapter mainly combs and summarizes relative theories of the paper, which offers theory preparation and lays the basis for the following formal study.

Chapter 4: Generating mechanism of hotel female department managers' career development crisis. Firstly, this paper analyzes the concept, results, the main appearances and types of female department managers' career development crisis (physical crisis, psychological crisis, value crisis and development crisis); Secondly, it attribute hotel female department managers' career development crisis to four aspects, such as personal level (population variables, professional attitude, ability and other characteristics), family level (basic condition, marital status, fertility status), organization level (organizational attributes, organizational policy and system, organizational culture and environment), and the social level (social evaluation towards the career, social gender culture, social public policy and system). Based on analysis on the factors interaction mechanism, this paper structures the generating mechanism model.

Chapter 5: Factor analysis on hotel female department managers' career development crisis. Based on the research result of Chapter 4, this chapter proposes hypothesis to the relationship between career development barrier and career development crisis omens, career development barrier variables, environment variables and career development crisis omen variables, control variables and hotel female department managers' career development crisis. Then, this paper establishes the factor analysis model. questionnaires as analyzing data, SPSS17.0 as analysis tool, scales (Variables scale—career development barrier scales, Dependent variable scale—Career development crisis omen scale, Adjust variable scale—Environmental factors scale, and The control variables scale—Attribute variables scale), this paper does factor analysis, correlation analysis, and regression analysis for each, and finally establishes multiple linear regression equation.

Chapter 6: Early warning research for hotel female department development crisis. Through analyzing the necessity, the structure, operation mechanism, functions and characters of the system, this chapter studies the crisis monitoring subsystem (function, crisis pre-warning indexes system and its cordon) and forecast subsystem (crisis level evaluation and forecast) of hotel female department managers' career development crisis, structures crisis pre-warning index system, calculates the weight of each index using yaahp, and divides the crisis degrees through membership calculation method.

Chapter 7: Prevention and management of hotel female department development crisis. This chapter studies the preventing measures of hotel female department development crisis from the aspacts of stakeholders (individual, family members, enterprise and society), it also analyzes and studies the prevention and management of the three types of career development crisis (yellow level crisis, orange level crisis and red level crisis).

Chapter 8: Conclusion and prospect. This chapter mainly elaborates the main points and conclusions of the research, and analyzes the major contributions, limitations and further research direction of this research.

This researchdraws some important conclusions as follows:

Firstly, through documentary research, this paper collects, combs and summarizes the domestic and overseas related to hotel managers, female managers, career development crisis and other aspects, defines and explains the concept and characters of hotel female department managers' career development crisis; it elaborates the five possible crisis results; it points out the four types of female department managers' career development crisis, attributes the reasons to crisis from the individual, family, organizational and social level; it establishes the interaction mechanism and formation mechanism of hotel female department managers' career development crisis, puts forward the four phases and crisis intensity, and structures the crisis trigger mechanism model.

Secondly, through interview, symposium, literature (questionnaire) analysis and so on, this paper summarizes generating factors of the crisis, designs the factor analysis model for this research which includes independent variables scale, dependent variables scale, adjust variables scale and control variables scale, it also verifies the reliability and validity of these scales, and forms the formal questionnaire. Through factor analysis model constructed in this study, the paper proceeds factor analysis and get the following conclusions:

a. With SPSS17.0, it extracts the common factors through using principal component analysis. Among them, it extracts 10 common factors from career development barrier variables scale (independent variable), 6 common factors from career development omen scale (dependent variable) and 4 from environment variables scale (manipulated variable).

b. Draw the conclusion that there exists appreciable correlation between career development barrier (CDB – F) and its career development crisis (CDS – F).

c. Concluding that environment variables (CBE – F) regulates between career development barrier (CDB – F) and career development crisis (CDS – F). The correlation between CBE – F and CDB – F of hotel female department managers is significant.

d. Concluding that control variables have appreciable effect on hotel female department managers' career development crisis omen (CDS – F), which shows that the individual income, family housing condition, the nature, scale, ownership of enterprise and other aspects have the most obvious influence on hotel female department managers' career development crisis omen.

f. Constructs the multiple regression equation of hotel female department managers' career development crisis omen.

Thirdly, the organizational structure, operation mechanism, functions and characters of the pre-warning system for hotel female department managers' career development crisis are analyzed, this paper studies the monitoring subsystem and forecast subsystem, structures career development crisis pre-warning indexes system which includes 3 hierarchies and 39 indexes, calculates the weight of each index using YAAHP, and divides the crisis degrees through membership calculation method.

Fourthly, putting forwards countermeasures of hotel female department managers' career development crisis are studied respectively from the personal, family, enterprise and social level, this paper analyzes and studies the prevention and management of three kinds of career development crisis (yellow level crisis, orange level crisis and red level crisis) from the perspective of crisis levels.

The main innovative work of this research is as flows:

a. This paper attributes hotel female department managers' career development crisis to individual, family, organizational and social level, establishes the trigger mechanism and factor analysis model, which make some theoretical innovations.

b. The paper proposes, draws up and uses the hotel female managers' career barrier scales and the career development crisis omen scales, it provides a research and measuring tool for related research.

c. Setting hotel female department managers as study object, the paper comprehensively analyzes and studies the types, causes and consequences of the career development crisis. To some extent, the achievements fill in the gap of our hotel human resources management, crisis management and other researches.

Keywords: hotel; female department manager; career development; crisis

目 录

1 前言 ·· 1
　1.1 女性旅游人力资源的开发现状 ································· 1
　1.2 饭店女性部门经理职业发展危机相关概念 ··················· 5

2 国内外女性旅游从业人员研究进展 ······························· 17
　2.1 旅游中的性别研究 ·· 17
　2.2 国外女性旅游从业人员研究进展 ······························ 23
　2.3 国内女性旅游从业人员研究进展 ······························ 38

3 女性职业发展危机相关基础理论概述 ·························· 55
　3.1 职业发展阶段理论 ·· 55
　3.2 提高职业发展成功概率的理论 ································· 60
　3.3 女性职业理论 ··· 65
　3.4 危机管理理论 ··· 69

4 饭店女性部门经理职业发展危机 ································· 76
　4.1 饭店女性部门经理职业发展危机概述 ······················· 76
　4.2 饭店女性部门经理职业发展危机的归因分析 ············· 91
　4.3 饭店女性部门经理职业发展危机的引发机理模型 ······ 110

5 饭店女性部门经理职业发展危机的因子分析 ·············· 120
　5.1 饭店女性部门经理职业发展危机的生成因素分析 ······ 120
　5.2 饭店女性部门经理职业发展危机的因子分析模型 ····· 129

5.3 分析方法与问卷设计 ………………………………………… 139
5.4 各变量的因子分析 ……………………………………………… 147
5.5 各变量的相关性分析 …………………………………………… 187
5.6 模型各变量的回归分析 ………………………………………… 203
5.7 饭店女性部门经理职业发展危机因子分析的结论 …………… 208

6 饭店女性部门经理职业发展危机预警体系 ……………………… 215
6.1 饭店女性部门经理职业发展危机预警的系统分析 …………… 215
6.2 饭店女性部门经理职业发展危机监测子系统研究 …………… 223
6.3 饭店女性部门经理职业发展危机评估子系统 ………………… 237
6.4 饭店女性部门经理职业发展危机预报子系统 ………………… 249

7 饭店女性部门经理职业发展危机的防范与管理 ………………… 258
7.1 基于职业发展危机归因分析的防范对策 ……………………… 258
7.2 基于职业发展危机等级的防范对策 …………………………… 273

8 总结 …………………………………………………………………… 284
8.1 主要结论 ………………………………………………………… 284
8.2 本书的主要贡献和创新点 ……………………………………… 288

参考文献 ……………………………………………………………… 291

附录 1 星级饭店部门经理职业发展现状调查 …………………… 339

附录 2 预警指标警戒线（值）专家咨询 ………………………… 344

附录 3 饭店女性部门经理职业发展危机预警指标体系权重调查
问卷 ………………………………………………………… 348

后　记 ………………………………………………………………… 355

Contents

1 Introduction / 1
    1. 1   Female Human Resource Expoitment in Tourism Industry / 1
    1. 2   Terms about Female Hotel Department Manager Career Development Crisis / 5

2 Literature Review / 17
    2. 1   Gender Research in Tourism / 17
    2. 2   Overseas Review about Female Emloyees in Tourism Industry / 23
    2. 3   Domestic Review about Female Emloyees in Tourism Industry / 38

3 Basic Thoeries about Female Career Development Crisis / 55
    3. 1   Career Development Phase Theories / 55
    3. 2   Career Development Success Probility Theories / 60
    3. 3   Female Career Theories / 65
    3. 4   Crisis Management Theories / 69

4 Career Development Crisis (CDC) about Female Hotel Department Manager / 76
    4. 1   Guide to the CDC about Female Hotel Department Manager / 76
    4. 2   Attributive Analysis on CDC about Female Hotel Department Manager / 91

4.3 Trigerring Mechanism Model of CDC about Female Hotel Department Manager / 110

5 Factor Analysis on CDC about Female Hotel Department Manager / 120

5.1 Forming Factors of CDC about Female Hotel Department Manager / 120
5.2 Factor Analysis Model Establishment / 129
5.3 Analysis Methods and Questionaire Design / 139
5.4 Factor Analysis on All the Variables / 147
5.5 Correlation Analysis of All the Variables / 187
5.6 Regress Analysis of All the Variables / 203
5.7 Results of the Factor Analysis / 208

6 CDC Warning System about Female Hotel Department Manager / 215

6.1 System Analysis / 215
6.2 Monitoring Subsystem / 223
6.3 Assessing Subsystem / 237
6.4 Forcasting Subsystem / 249

7 Precaution and Management of CDC about Female Hotel Department Manager / 258

7.1 Precaution Countermeasures Based on the Attributive Analysis / 258
7.2 Precaution Countermeasures Based on CDC Phase Analysis / 273

8 Conclusion / 284

References / 291

Appendix 1　Survey on Female Hotel Department Manager Career Development / 339

Appendix 2　Warning Indicator Guardlines (Value) Expert Consultation Form / 344

Appendix 3　CDC Warning Indexes Weight System Questionare on Female Hotel Department Manager / 348

Postscript / 355

1 前言

1.1 女性旅游人力资源的开发现状

1.1.1 女性人力成为世界性关注的课题

妇女发展是国家社会经济发展与文明进步的重要标志。随着社会观念的转变和新型产业结构的出现与发展，妇女人力的开发与应用越来越受到各国的关注与重视。女性人才作为人才结构中的重要组成部分，在组织管理和决策层面占据了越来越重要的地位。管理学大师彼得·德鲁克曾明确指出："这种时代的转变，正好符合女性的特质。"但是，传统观念及女性担负的家庭与职业的双重角色，使女性在职业生涯中遇到诸多阻力，职业发展现状并不乐观。

饭店作为女性劳动力密集的行业，女性人力问题更为明显和严重。饭店女性人力问题的理论研究也滞后于饭店的实践发展，理论研究成果非常有限。本书选择饭店女性中层管理者（部门经理为主）为研究对象，对其职业发展中面临的困境和问题进行深入剖析和研究，以期为饭店女性人力资源开发提供若干建议和思考。

1.1.2 旅游业是女性的主要就业领域

旅游业是女性主要的就业产业之一，女性在旅游业中的作用与贡献不可低估，女性在旅游业的就业状况就可以证明这一点。首先，女性在旅游业的平均就业率远高于所有行业女性的平均就业率（38%左右），且有逐年上升趋势（见表1-1、表1-2）。其次，部分女性开始从一线岗位走向中高层管理岗位，如饭店宴会部、销售部、客房部、订房部、管家部、前台等部门，女性管理者所占比例都在50%以上（见表1-2）。另外，全球女性创业调查也表明,女性在以餐饮为中心的综合服务行业进行创业的比例最大,在中低收入国家创业比例高达62.1%,在高收入国家创业比例也高达48%(湛军、张占平,2007)。

表1-1 近年来我国女性的旅游就业状况

年份	旅游相关行业	年末总人数（千人）	女性人数（千人）	所占比例（%）	旅游业平均就业率（%）	所有行业女性平均就业率（%）
1999	旅馆业	1248	688	55.13	52.68	38.03
	餐饮业	629	360	57.23		
	旅游业	116	53	45.69		
2000	旅馆业	1208	671	55.55	52.61	37.99
	餐饮业	582	332	57.04		
	旅游业	126	57	45.24		
2001	旅馆业	1169	648	55.43	52.85	37.85
	餐饮业	546	309	56.59		
	旅游业	129	60	46.51		
2002	旅馆业	1148	631	54.97	52.77	37.83
	旅游业	140	67	47.86		
	餐饮业	575	319	55.48		
2003	住宿业	1128	613	54.34	55.59	37.89
	餐饮业	593	337	56.83		
2004	住宿业	—	—	55.00	55.25	38.10
	餐饮业	—	—	55.50		

数据来源:笔者根据2000~2005年《中国劳动统计年鉴》整理。

表1-2 美国饭店中女性经理比例

单位:%

职务	女性比例	职务	女性比例
宴会部经理	81.70	驻店经理	27.10
人事部经理	73.90	执行管家	24.80
销售部经理	69.10	餐饮部经理	16.60
订房部经理	68.10	总经理	15.40
管家部经理	61.40	保安部经理	15.00

续表

职　　务	女性比例	职　　务	女性比例
前台经理	53.40	助理厨师长	10.30
销售主管	47.50	工程部	8.00
财务总监	37.80	厨师长	6.00

数据来源：肖兰平、熊丽娟：《论女性人力资源在饭店管理中的作用》，《湖南经济管理干部学院学报》2006年第7期，第33~34页。

1.1.3　旅游企业中层管理者危机凸显

中层管理者危机将会给企业带来很大的危害（王士红、彭纪生，2009）。根据埃森哲公司2007年对全球中层管理者的调查，20%的中层管理者对其目前所服务的企业不满，并且有同等比例的中层管理者表示正在寻找新的工作，其中所提到的主要原因之一就是缺乏发展前景。除了战略执行的问题外，对公司而言，中层经理流失的成本也非常高。科里根指出，一家面临20%流失率的合伙制公司曾进行过计算，发现流失率每降低1个百分点，公司合伙人的收益就可以增加8万美元。

旅游企业的中层管理者危机问题也已经相当明显。在饭店行业中，中层管理者主要指部门经理（包括部门副经理），其危机主要表现为缺失危机和流失危机两方面。依据饭店中层经理的管理能力和工作态度，可以将管理者分为四种类型。两种危机在四种类型管理者中反映出的危机程度如图1-1所示。

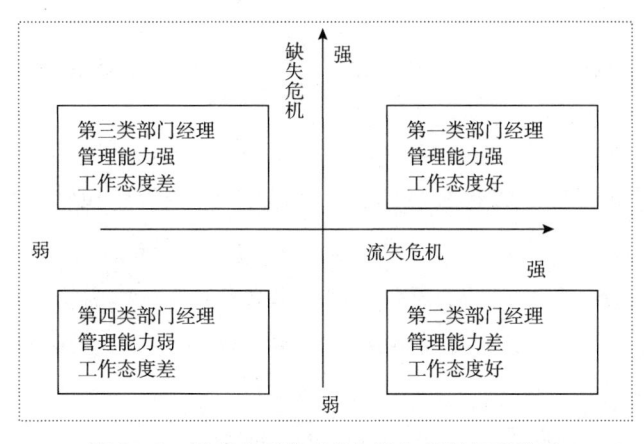

图1-1　饭店中层管理者危机与部门经理关系

1.1.4 饭店行业女性职业发展缓慢

劳动力市场分为高级劳动力市场和次级劳动力市场。高级劳动力市场是由具有较高文化程度或技术专长的人组成的，次级劳动力市场是由没有什么技术专长的人组成的。在劳动力市场上，女性常常局限在次级劳动力市场中，最终导致了"男性职业"和"女性职业"的分化，出现了职业性别集聚。

饭店行业是女性劳动力较为集中的行业之一（见表1-3）。统计资料显示，饭店行业女性职工的人数比例占饭店职工总数的65%以上，在饭店部门经理等中层管理岗位上女性占40%~50%，但是高层管理岗位中女性仅占10%左右。饭店行业女性从业人员职业发展相对男性受到更多阻力，职业发展通道不畅，饭店行业女性中层管理者的发展受阻更为严重。

表1-3 我国六种"女性职业"及女性所占比例（2004）

单位：%

职业名称	女性所占比例
幼儿保育员	99.75
家庭服务员	98.77
护理员	95.66
纺织、针织、印染人员	78.42
图书、档案资料业务人员	70.91
饭店服务人员	62.19

饭店女性从业人员从一线服务人员进入管理层，要比男性经历更长的时间。在竞争程度更为激烈和劳动强度更大的外资饭店和民营饭店中，女性高层管理者更是寥寥无几。研究饭店女性中层管理者面临的职业发展阻碍和困境，分析其职业发展危机，探究职业发展危机的引发机理，构建饭店女性部门经理职业发展危机评价与防范体系，是本书的研究任务与内容。

1.2 饭店女性部门经理职业发展危机相关概念

1.2.1 星级饭店

根据中华人民共和国国家标准（GB/T16766-1997）对旅游服务基础术语的界定，星级饭店是指经国家或省、自治区、直辖市旅游行政主管部门依照有关国家标准和规定进行星级评定，获得星级称号的旅游涉外饭店。本书的主要研究对象为福建省境内的三星、四星、五星级饭店，包括单体饭店和饭店集团下的饭店。

1.2.2 饭店部门经理

（1）部门经理（department manager）

斯蒂芬·P.罗宾斯在《管理学》一书中将企业组织中的管理者分为三个层级（见图1-2）：高层管理者（top managers）、中层管理者（middle managers）和基层管理者（first-line managers），部门经理正是中层管理者中最重要的构成部分。阮贵辉（Quy Nguyen Huy，越南）在其著作《褒扬中层管理者》（In Praise of Middle-Managers）中将中层管理者界定为："比CEO低两个级别，而比一线员工和专业人员高一个级别的任何一名管理者"，其主要职责为贯彻执行高层管理者所制定的重大决策，监督和协调基层管理者的工作。刘嫦娥提出了更为明晰和具体的中层管理者概

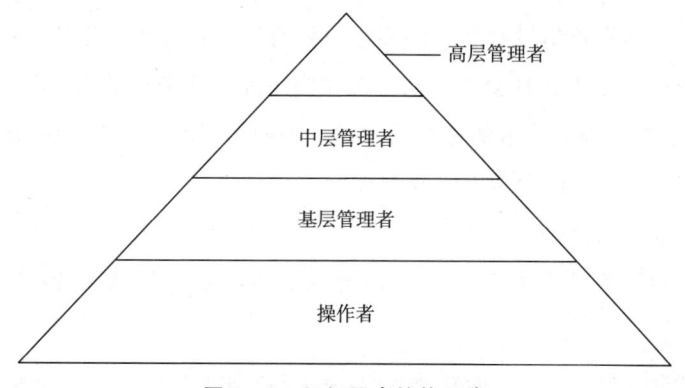

图1-2 组织层次结构示意

念：中层管理者是指组织中各部门的管理者，既包括各个职能管理部门的管理者，也包括各个直线部门的管理者（刘嫦娥，2002）。

（2）饭店部门经理

笔者认为，中层管理者本身是一个相对概念，若就一个饭店集团来讲，饭店总经理、副总经理等应为中层管理者，就某一单体饭店来说，部门经理等则属于中层管理者。此外，饭店所有制形式不同，其组织架构也有所差异，如有些国有饭店中设有办公室主任、单位主管、书记、工会主席等中国特有的职位，而且这些职位在不同饭店内扮演的角色、所处的职业层次都存在差异。部门经理和中层管理者概念还是有区别的，部门经理是单体饭店中的中层管理者，中层管理者未必是部门经理。因此，本书主要将单体饭店的各职能部门经理（包括副职）作为主要研究对象。根据一般星级饭店的部门设置情况，本书的研究对象具体包括前厅部经理、客房部经理、餐饮部经理、销售部经理、财务部经理、人力资源部经理、康乐部经理、工程部经理、保安部经理、公关部经理等。

1.2.3 职业、职业安全

（1）职业

"职业"是社会学、经济学、管理学等多门学科的主要研究对象，也是本书的核心概念之一。国内外很多学者从不同角度对"职业"进行了界定和解析，反映出职业的不同性质和作用。

①经济学角度的定义。

从经济学视角出发对职业的界定主要有以下几种代表性的观点。

职业是"个人在社会中所从事的作为主要生活来源的工作"[①]。

"职业是指人们从事的相对稳定的、有收入的专门类别的工作（孙海法，2002）。"（《现代人力资源管理》）

②社会学角度的定义。

吴国存认为"职业"有四个方面的含义：a. 职业是一种社会位置；

[①] 中国社会科学院语言研究所词典编译室编《现代汉语词典》（第6版），商务印书馆，第1672页。

b. 职业是已成为模式并与特定工作有关的人群关系，是从事某种相同工作内容的职业群体；c. 职业同权力紧密相连，一种是垄断权，一种是经济收益权；d. 职业是国家赋予的，即任何一种职业必定为社会所承认，职业的存在具有法律效应（吴国存，1999）。

孙海法认为，"职业是一种已成为模式并与特定工作有关的人群关系，是一种职业群体"（孙海法，2002）。

刘嫦娥、凌文铨提出，"职业是指不同性质、不同内容、不同形式、不同方法的专门劳动岗位"（刘嫦娥、凌文铨，2004）。

李莉提出，"职业是人作为独立的社会存在，谋求自己生计的维持，同时实现社会联系和自我追求而进行的持续的人类活动方式"（李莉，2003）。

③管理学角度的定义

萨帕和毫尔（Super, Hall, 1978）指出，"职业是一个人在其一生中所承担职务的相继历程"；杰弗里·格林豪斯（Jeffrey H. Greenhaus, 1987）指出，"职业是与工作相关的经历的方式，如工作职业、工作职责、决策，以及人的一生中对于工作相关的事件和活动的主观解释"。郝里奥特（Herriot, 1992）则认为，"职业可以被解释为一个心理契约不断再协商的序列"。

毫尔（Hall, 1976）认为，"职业至少具备以下三方面含义：职业是发展和提高，职业是专业，职业是生涯中相关角色经验的延续"。

笔者认为，职业至少有三个方面的属性。

a. 经济性。职业是劳动者以获取经济收入为主要目的的社会活动，是个人获得独立收入、维持自身生存和发展需要的重要经济来源和物质基础。

b. 社会性。职业是联系个人与社会的纽带，是个人为社会贡献和服务，体现个人社会价值的重要途径，职业是决定个人社会地位的重要因素之一。

c. 主观性。职业在外部体现为劳动者在其职业生涯中所从事的一系列活动，是体现个人价值的重要舞台，职业同时也内化为劳动者的主观感受，表现为劳动者在自我实现过程中的自我认知和满足。

(2) 职业与工作、生涯等概念的联系与区别

①工作 (job)。

工作与任务、职责、职位等相关概念有一定相关性。

任务是指为达到某一特定目标而进行的具体工作;职责是指由一个人担负的一项或者多项任务所组成的活动;职位是指在一个特定的组织中的一定时间内,由特定的人所担负的一个或几个任务。职位又称岗位,是以某项工作的人数而定,即有多少职位就有多少人员。工作是由一组主要职责相似的职位组成,一项工作可能只涉及一个职位。从横向角度,工作可以划分为职门、职组和职系①(见图1-3)。

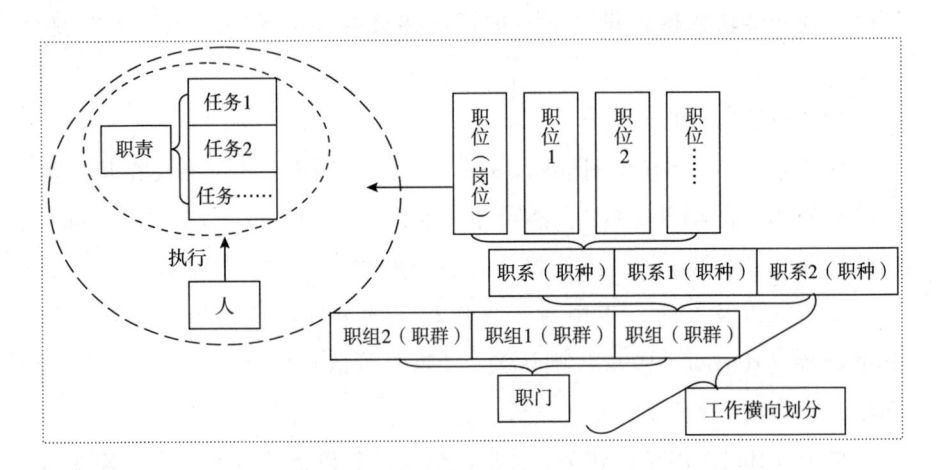

图 1-3 工作相关概念关系

②生涯 (career)。

生涯 (career) 有广义和狭义之分,牛津英语字典将生涯解释为"一个人生命的历程或进步"。生涯既可以包括人们一生中所经历的顺次相连的全部事件,也可以是特定领域或方面的历程和进步,如艺术生涯、学术生涯等。狭义的生涯是指职业领域的生涯,即职业生涯。本书所涉及的生

---

① 职系或职种:指职责繁简难易、轻重大小及所需资格条件并不相同,但工作性质很相似的所有职位集合。例如,人事行政、社会行政、财税行政、保险行政等均属于不同的职系。职组:指若干工作性质相近的所有职系的集合,如人事行政与社会行政都可以并入普通行政职组,职组又叫职群。职门:指若干工作性质大致相近的所有职组的集合。职门、职组与职系是对工作的横向划分。

涯均指职业生涯，即狭义的生涯概念。

③工作、职业与生涯的联系与区别

由上文分析可知，工作关系的总和构成职业，职业相关的总和构成生涯，三者之间紧密联系。三者之间的主要区别在于范围不同，"工作"概念较窄，是指某个组织内的，而"职业"则是跨组织的，生涯则是跨行业的。三者之间的具体关系见图1-4。

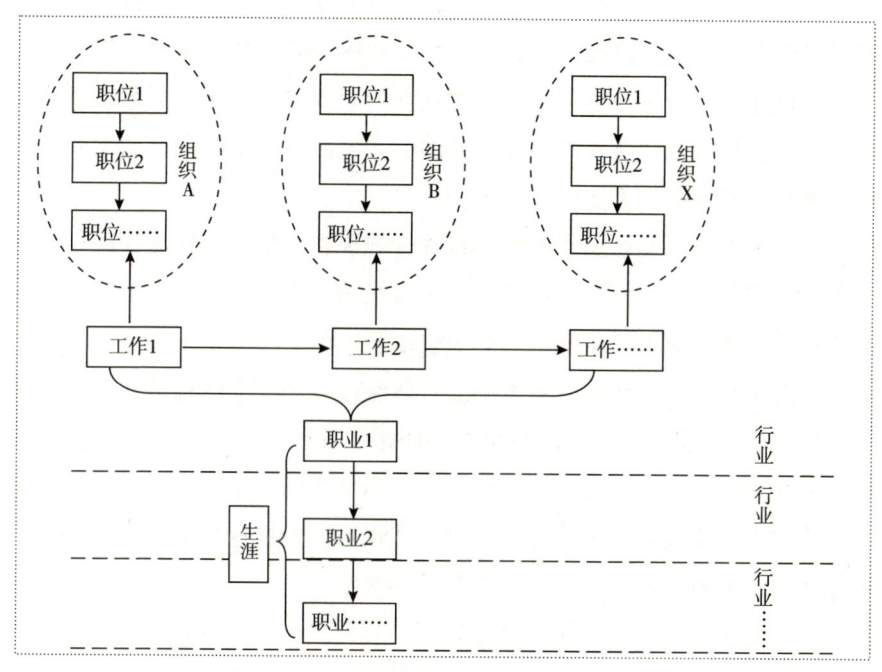

图1-4 工作、职业、生涯的联系与区别

（3）职业安全、女性职业安全

①职业安全。

职业安全传统上理解为工作场所的劳动安全与职业健康保护。对于女性而言，职业安全也是劳动过程的健康安全保障，但更强调对女性"四期"（经期、孕期、产期和哺乳期）的特殊劳动保护。职业安全的传统理解仅仅关注劳动者在职场上的人身安全。随着就业终身制度的根本性转变，失业率和就业困难的出现，"职业安全"已不仅仅是劳动安全和职业健康保护，现代职业安全不仅涵盖传统职业安全范畴，还应该体现职业生涯、职业发展等方面的问题。

②女性职业安全。

广义角度的女性职业安全应该是指女性能够获得平等就业与职业发展的机会，并在自我实现过程中保障生命安全、生活安全、身心健康安全的职业状态。对女性职业安全概念的理解要把握以下三点。

一是相对性。安全是针对不安全的一个相对概念。在同一时代背景条件下，女性既可能处于职业安全状态，又可能处于职业不安全状态；在不同的时代和社会发展阶段，尽管女性面临的职业问题各不相同，但一般来讲，在社会整体发展和进步的阶段，女性的职业安全状态会更好；对女性而言，安全与不安全是不能截然分开的，女性往往处于由安全到不安全或由不安全到安全的发展变化过程中。

二是特殊性。女性职业安全的特殊性表现在，虽然两性面临同样的社会背景和现实条件，但对女性职业安全状况的影响有别于男性，女性特殊的心理、生理、能力等是影响其职业安全状况的主要因素。

三是非个体性。伴随着我国的经济体制改革和社会结构转型，长期形成的历史和社会因素给女性群体造成的就业弱势逐步显现，女性就业困难、失业率高、经济收入下降及劳动保护不力等问题逐渐凸显，女性职业安全体现出群体性而非个体性。因而，女性职业发展危机也属于女性职业安全范畴，是现代职业安全中很重要的一部分。

③女性职业安全范畴与本书重点。

女性职业安全的内涵随着就业制度的变革和市场经济体制改革的推进日益丰富，归纳起来包括以下几个方面：一是就业机会平等，即女性能够在自由竞争、公平公正的基础上获得就业机会，这是最基本的女性职业安全；二是职业保护和职业风险防范，这是基于女性生理特征的职场人身安全保护、人格尊严保障等；三是女性获得职业发展的机会，即女性通过培训、继续教育等方式，在较长时期内保持自身的职业竞争力，通过职业发展进而保障自身相对稳定的职业生涯；四是女性在职业生涯过程中不会因职业问题引起诸如生活等其他方面的危机。

其中前两方面是显性的、短期的女性职业安全，第三方面是长期的职业安全，第四方面是与女性主观感受相关的隐性的女性职业安全。本书主要涉及第三、第四方面的职业安全问题。

饭店行业是女性劳动力密集的行业，总体来看，女性凭借自己的性别优势在这一行业占据了"半边天"。但是，真正进入饭店高级管理层的女性还非常少，大多数女性属于饭店基层从业人员（见表1-4）。据笔者的初步统计，女性管理者在进入中层管理岗位后，近80%的人遭遇"职业停滞期"，职业发展遭遇瓶颈，"天花板效应"明显。

表1-4 不同所有制饭店管理层女性分布状况

单位:%

	高层管理岗位	中层管理岗位
外资及合资饭店	10	50
国有饭店	30	60
外资饭店	10	40

资料来源：饭店现代化杂志社统计资料。

因此，本书把研究重点聚焦在饭店女性中层管理者（更准确地说，就是部门经理），从职业生涯角度出发，提出职业发展危机概念，并对其成因、对策进行研究。

1.2.4 危机、职业发展、职业发展危机

(1) 危机

"危机"（crisis）一词源于希腊语中的Krinein（筛选、甄别），最早用于医学，原意为决定病人是走向死亡还是逐渐恢复的关键时刻。现代人们对危机有了不同的理解和界定（见表1-5）。

表1-5 国内外学者对"危机"的界定

来源或作者	"危机"的界定
《韦伯辞典》	有可能变好或变坏的转折点或关键时刻
《朗文现代英语词典》	①严重疾病突然好转或者恶化的转折点；②事物发生过程的一个转折点、不确定的时间或状态、非常危险或者困难的时刻
《牛津词典》	①危险和非常困难的时期；②决定性的瞬间或转折点
《现代汉语词典》	①危险的根由，如危机四伏；②严重困难的关头，如经济危机、人才危机

续表

来源或作者	"危机"的界定
危机研究先驱者赫尔曼（Hermann，1972）	指某种情境状态，在这种情境状态中，决策集团的主体目标受到威胁，且作出决策的反应时间非常有限，其发生也常常出乎决策集团的意料之外
格林（Green，1992）	事态发展到无法控制的程度的事件
巴顿（Barton，1993）	一个会引起潜在负面影响、具有不确定性的大事件
危机专家罗森塔尔（Rosenthal，1989）	危机就是一种严重威胁社会系统的基本结构或者基本价值规范的形势，危机是一个剧变的集体紧张的时期
布斯（Simon A. Booth，2000）	危机是个人、群体或组织无法用正常程序处理而且由突然变迁产生压力的一种情况
班克斯（Kathlen Fearn Banks，1996）	危机是对一个组织、企业及其产品和声誉等产生潜在负面影响的事件，这一事件可能带来阻碍企业正常交易及潜在威胁企业生存的负面结果
里宾杰（Lerbinger，1997）	危机是对企业未来的获利性、成长乃至生存产生潜在威胁的事件
米歇尔（Michael Bland，1998）	危机是使企业人员安全、环境和企业产品信誉被不利宣传的重大意外事件，从而使公司陷入危险的边缘
米德洛夫（Mitroff，2000）	危机是实际威胁和潜在威胁到组织整体的事件
芬克（Fink，1986）	在确定的变化逼近时，事件的不确定性或状态
西格（Seege，2006）	危机是能够带来高度不确定性和高度威胁，特殊的、不可预测的、非常规的事件或一系列事件
朱延智（朱延智，2003）	危机的特点是突发性，可以威胁到发展目标或基本生存
胡百精（胡百精，2005）	危机是由组织外部环境变化或内部管理不善造成的，可能破坏正常秩序、规范和目标，要求组织在短时间内作出决策、调动各种资源、加强沟通管理的一种威胁性形式或状态
郝永平（郝永平，2003）	危机是人类活动中生成与变化的客体所产生的反主体性效应，是社会进步过程中的"副产品"。危机是对进步的抑制，进步是对危机的化解
刘东海（2009）	危机是指在任何组织及其子系统中，因其外部环境和内部条件的突变，对组织系统的总体目标和利益构成威胁而导致的一种紧张状态；危机仅仅是矛盾运动发展趋近临界点时才会出现的客观历史现象

上述关于危机的诸多定义，都从不同视角揭示了危机的特点。这些特点包括危机的突发性、紧迫性、威胁性、影响多面性、危机诱因及沟通的重要性等。组织角度的危机界定强调危机的外在表现和消极影响，社会学角度的危机界定强调危机的内在作用机制和辩证关系。

一些学者将危机理解为事件，一些学者认为危机是一种情形或"状态"。笔者认为，危机确实常由特定事件引发，表现形式多为突发性的、具有威胁性的事件，事件一词并不能完整反映危机状态下组织内外交困、基本价值和行为架构面临全方位威胁的情景。因此，本书认为将危机定义为状态更有助于深刻认识危机的本质，从而建立更全面的危机预警机制及应对机制。

危机与事件、事故、风险之间存在联系与区别。

事件是指历史上或社会上发生的不平常的大事情，如政治事件。突发性的、具有威胁性的大事件可能会引发危机。

事故是使一项正常进行的活动中断，并造成人身伤亡或设备毁损的意外事件。较危机而言，事故同样具有突发性、破坏性等特点。但两者的影响程度不同，事故影响程度较小，是对组织的局部破坏，而危机影响较大，容易对组织造成根本性的损害。大事故可能导致危机。

风险的定义比危机更为宽泛，风险和危机都具有损害性、不确定性、突发性等特征。但危机更强调紧迫性，危机造成的损害也比风险大。风险是可能出现的损害和危险，而危机是指即将或已经形成的威胁或损害；从时间上看，风险是危机的萌芽阶段，是危机的前奏，而危机是风险的外化与显化。因此，风险管理是危机预警管理的一部分。事件、事故、风险与危机之间的关系如图1-5所示。

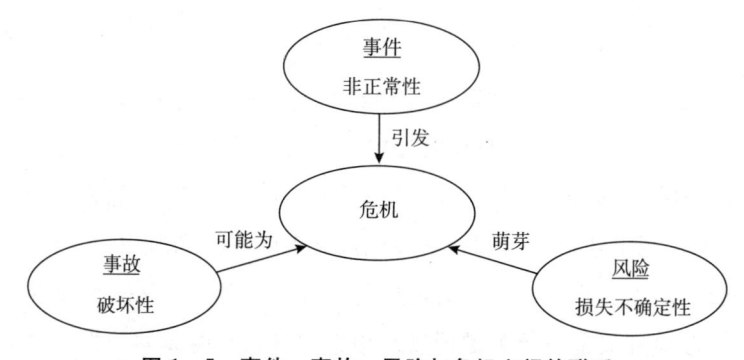

图1-5 事件、事故、风险与危机之间的联系

(2) 职业发展

职业发展是个人通过各种职业活动使自身社会资源存量的增加以及获取社会资源能力的提高。社会资源包括政治资源、经济资源和人际关系资源（佟新等，2001；张晓燕等，2009）。

职业发展可以分为职务变动发展和非职务变动发展两种基本类型（马力，2004）。职务变动发展包括晋升与平行调动两种形式。晋升是职业发展的常见形式，它会使员工在工作中创造出更好的业绩。平行调动虽在职务级别上没有提高，但在职业生涯目标上可以获得发展，从而为未来的晋升做好准备。非职务变动发展主要指工作范围的扩大、观念改变以及方法创新等方面。随着组织机构的扁平化发展，职业生涯可以以横向调整的形式实现，非职务变动发展也越来越成为职业发展的重要形式。

综上所述，本书认为职业发展内涵可以归纳为职位升迁、薪酬发展、能力发展（或培训发展）、人际关系发展四维度（见图1-6）。

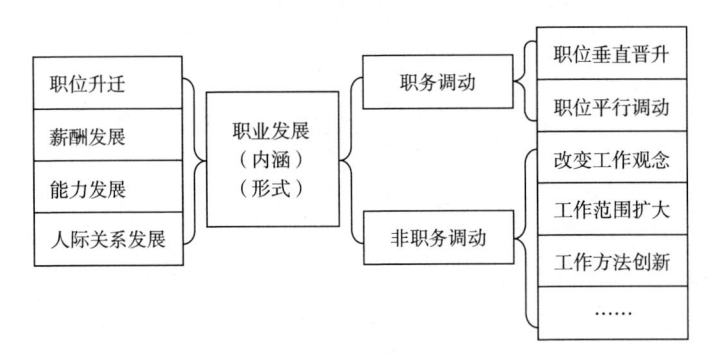

图1-6 职业发展的内涵

(3) 职业发展危机

目前国内外的研究文献都没有对职业发展危机（vocational/career development crisis）进行较为明确的界定，相关的概念主要有生涯发展危机（杨燕，2001）、职业发展危机（刘永刚，2009）、转行危机（沈亚萍，2006），并出现上述概念与职业发展危机概念的混淆和滥用。

综合对职业、生涯与工作的辨析与区分，以及对危机、职业安全、职业发展、职业发展危机等关键词以及相近词概念与内涵的分析，本书对职业发展危机作如下界定：广义的职业发展危机是指个体在某一行业（如饭店业）连续的、系统的职业发展过程中所遇到的、与工作经验相关的所有危机的总和。职业发展危机既包括职务调动（职务垂直晋升、职务平行调动）中个体职业需求与现实之间的矛盾激化，也包括非职务调动（工作范围扩大、工作观念改变、工作方法创新等）中个体职业需求与现实之间的矛盾激化。狭义的职业发展危机是指个体在某一行业（如饭店业）通过一系列职位或工作以预期的有序方式向上一级职位晋升过程中遇到的危机。换句话说，狭义的职业发展危机是个体的职位晋升需求与现实之间的矛盾激化。狭义的职业发展危机包括：升职过程中的方向危机（即是否跳槽到另一组织或另一行业的风险）、能力危机（职业晋升所需能力与个体能力之间的矛盾激化）、人际危机（组织内部人际关系的紧张状态）、情感危机（家庭的稳定、子女的需求等带来的情感压力）、职业停滞危机（职业发展止步）、饭碗危机（是否会丢失在本行业工作的机会）等。

职业发展危机是职业发展过程中遇到的，是个体职业发展需求与满足之间长时间未得到合理解决的矛盾激化的产物。因此，个体职业需求与职业满足之间的矛盾是职业发展危机的根源。职业发展危机主要表现为原有职业发展程式被打破，发展过程在结构上出现由平衡态激变为失衡态，在时序上由有序化错乱为无序化，个体、组织、社会等的利益和价值受到威胁。职业发展危机的本质是职业需求与职业满足之间矛盾的过程化危机状态。

职业发展危机具有以下特征。

动态性。个体的职业需求是不断发展变化的，如果职业晋升环境、条件等不能适应个体职业需求的发展变化，两者之间就会产生矛盾，矛盾进一步激化到临界状态就产生职业发展危机。

双向性。"危机"既有"危"也有"机"。职业发展危机虽暂时性地对个体、组织等造成消极影响，但从长远来看，职业发展危机是职业发展的必经之路，是职业长期发展的一个转折点，对个体、组织、社会等都有积极意义。

复合性。职业发展危机的本质是个体职业需求与现实职业发展条件、环境等之间的矛盾。但职业发展危机是个体、家庭、组织、社会等因素功能作用的结果,而且职业发展危机的影响也是多方面、多角度的,具有复合性的特征。

相对可控性。职业发展危机是客观存在的,存在于每个个体职业发展进程中,在某种程度上,职业发展危机是可控制、可缓解或者可跨越的,这也是本书研究的意义所在。

2 国内外女性旅游从业人员研究进展

女性研究及女性学理论得益于女性主义运动与女性主义思潮两股力量。20世纪70年代，第三次女性主义浪潮进一步推动了女性主义运动的国际化进程。1972年，联合国大会决议宣布将1975年定为"国际妇女年"，此后，联合国还在1975年、1980年、1985年、1995年分别召开了四次世界妇女大会，将妇女问题作为国际性政府间会议专题加以讨论。此时，除女性学研究中心外，各国纷纷成立专门研究妇女问题的全国性组织，如美国1977年成立的全国妇女研究协会，1982年成立的妇女研究全国委员会等，各院校和研究机构还在其他学科开辟了相关的研究分支，如女性地理学、女性心理学等。从此，女性学研究开始被引入各个研究领域。到现在，女性学在制度和组织上开始实现学科化，女性主义研究开始进入学术主流。

在此背景下，国内外学者开始把旅游中的女性问题或性别问题作为一个研究分支，进行了相关研究。

2.1 旅游中的性别研究

2.1.1 旅游性别研究的概念框架

旅游业的发展是社会变化的晴雨表和社会实践的具体体现，在发达国家和发展中国家，旅游业都是经济发展的重要方面。随着人们闲暇时间和可支配收入的增加，旅游消费市场不断扩大，国内、国际旅游随之发展。在性别和发展研究渐趋成熟的背景下，一些学者开始将旅游业作为性别研究的对象。

Tourism：A Gender Analysis 是最早的一本关于旅游性别话题的论文集，其编撰者为金纳德（Vivian Kinnaird）和毫尔（Derek Hall）。书中学者们将旅游作为现代消费主义的一个主要方面展开讨论（金纳德等，1994），试图启发读者思考旅游业中性别关系的建构和变化，以及性别关系如何影响和控制着不平等等深层次的问题。综合金纳德和毫尔的观点，本书认为，旅游性别研究的概念框架主要包括三大因素：①旅游业是在由性别关系决定的性构社会（gendered society）中产生和构建的（金纳德等，1995）；②长期以来，性别关系与经济、社会、文化、环境、政治等旅游业发展因素相互影响；③旅游业发展过程中的种族关系、阶层关系、性别关系反映了社会中的平等、权力与控制因素。

2.1.2 旅游性别研究的四个方面

纵观现有的旅游性别研究文献，旅游性别研究相关成果主要涉及以下四大方面。

（1）性别化的旅游者（gendered tourist）

这主要指从旅游者角度出发的性别研究成果，如安德逊、利特尔（Anderson，Littrell，1995）对中青年女性旅游者的购物行为进行了研究，指出青年女性常会购买购物计划中没有列出的旅游纪念品给自己的子女，中年女性则通常会按照购物计划给丈夫、朋友购买礼品，并指出业界应该根据不同女性群体采取不同的营销方式；弗茹、肖（Frew，Shaw，1999）的研究指出，旅游者的个性、性别与旅游行为存在明显的相关关系；卡尔（Carr，1999，2001）分别对伦敦青年游客在旅游行为、安全感知方面的性别差异进行了比较，指出青年男女在旅游行为上没有明显差异，但在安全感知上，男女青年游客表现出较大差异；普鲁特、拉方特（Pruitt，LaFont，1995）、赫罗尔德等（Herold 等，2001）、鲍尔（Bauer，2009）分别就女性旅游者与目的地男性（沙滩男孩等）之间的关系从卫生健康、权力关系等角度进行了研究；德·埃布奎克、麦克尔罗伊（De Albuquerque，McElroy，2001）从旅游安全角度出发就女性旅游者在巴巴多斯岛的性骚扰问题进行了探讨；陈（Chen，2009）的研究指出，男女性体育旅游者在忠诚度、社会化、自我实现、志愿和男女平等五方面表现出较大的差异；等等。

此外，从20世纪90年代末开始，同性恋旅游者成为一些学者关注的对象，并迅速出现了较为丰富的研究成果（Holcomb, Luongo, 1996; Pritchard等, 1998; Clift, Forrest, 1999; Guaracino, 2007; Visser, 2009; 等等）。

（2）性别化东道主研究（gendered host or employees）

一些社会学、人类学、民族学学者从旅游目的地的社区、东道主、旅游从业者、创业者等角度对旅游中的性别问题进行了研究。雷蒙（Ramon等, 1995）认为农场旅游业是农村女性最好的就业途径，可以兼顾家务和农务，还可以增加收入；威尔金森、普拉提威（Wilkinson, Pratiwi, 1995）对印度尼西亚渔村的研究则指出，农业旅游除了为家庭带来经济收入外，几乎没有改善当地女性的生活质量；沛泽卡（Petrzelka, 2005）指出，社区民众对乡村发展旅游业的态度存在一定的性别间、性别内差异；迈克吉等（McGehee等, 2007）对弗吉尼亚农户家庭的调查结果表明，农户家庭的女性成员在承担农场旅游管理方面，表现出较强的动机和热情等。

此外，少数学者对目的地女性旅游的主客关系（Scott, 1995; Ryan, Kinder, 1996; Oppermann, 1999; Kingsbury, 2005）、目的地女性与游客之间的关系（Ireland, 1993; Smith, Graburn, 1989）、旅游对目的地男女性的影响（Moore, 1995）等问题进行了研究。

（3）性别化的旅游营销（gendered tourist marketing）

一些学者从旅游营销中的女性角色、形象以及业界针对男女性不同的营销策略等问题进行了研究。

尼克松（Nixon, 1997）曾指出，广告业几乎全是由男性主导的，所制作的广告反映的是男性的眼光，虽然旅游市场是多元化的，但媒体传递的只是西方白种人、男性、异性恋的观点（Richter, 1995），迎合他们的需求（Anderson, 1996; Duncan, 1996; Morgan, Pritchard, 1998; Rose, 1993）。韦斯特伍德等（Westwood等, 2000）的调研结果显示，大多数商务女性被访者表示航空公司完全没有考虑女乘客的需求，航空公司的营销还停留在中性、无性别的营销阶段（gender - neutral or gender - blind marketing）；斯拉卡亚、松梅茨（Sirakaya, Sonmez, 2000）指出，旅游宣传资料中的女性通常被刻画为传统刻板的顺从、屈服、依赖等形象；金姆（Kim 等，2007）则指出，网络旅游营销应根据男女性在旅游信息收集渠道、网站偏好和旅游决策方面的差异，作出一些调整；李（Lee 等，2009）在分析中国、韩国、美国女性游客在 T 恤、围巾、手工饰品、皮革制品等物品的购买行为基础上，提出女性游客比较注重这些产品的颜色和款式，这对于韩国旅游购物营销具有重要的意义。

（4）性别化的旅游景观、旅游活动（gendered landscapes and activities）

夏普（Sharp, 1996）曾指出，旅游以风俗迥异的地域性世俗吸引为主，因此，不仅目的地东道主被性特征化，目的地及其景观也被性特征化。

景观的性别化是西方文化的一个主要特征（Dubinsky, 1994）。国际政治系统中存在大量的女性化景观案例，如自由女神、瑞士母亲等都是女性特征的象征（Anderson, 1996; Schaffer, 1995; Sharpe, 1996）。在这个国际系统中，女性是祖国的母亲，是脆弱的需要保护的对象，而男性则被塑造为解救和保护女性的形象（Sharp, 1996）。瓦伦丁（Valentine, 1993）、唐肯（Duncan, 1996）、普理查德（Pritchard 等，1998）指出，女性化地区是男性关注（gaze）的对象，地理学家用女性化的、华丽的语言来描述景观，从而迎合男性的需求；克罗德里（Kolodny, 1994）在研究 18、19 世纪的美国时，也常把一个未知地域描述为"宽容的母亲"形象，赋予其性别色彩，一旦经过初步发掘发现该地域没有什么危险，就会将其描述为"诱人的处女"，给人与性相关的想象。因此，自然和景观的女性化是为迎合男性的"关注"而产生的，男性游客的主动凝视和景观的被动开发形成鲜明对比，而这种"关注"被认为是技术的、科学的和理智的，而女性则是非理智的、野性的和诱人的（Wernick, 1991）。

性别化和性特征化的旅游景观是西方对性别和种族在空间内交织的观

念的延伸，这种观念是在殖民和旅行的历史中逐渐形成的，复杂的权利关系推动了空间的性别化和种族化。由此可见，旅游的语言是父权的，女性的需求和欲望被归属于男性的需求和欲望中，正如纳什所言，女性要么是作为与被观赏者一样被观赏，要么就是站在男性的位置去观赏被观赏的女性。

此外，除女性主义研究、发展研究、社会科学研究等学科领域对旅游中的性别问题进行研究外，休闲与游憩学者也将性别理论应用到了旅游研究中（Smith, Godlbey, 1991）。卡拉·亨德森（Karla Henderson, 1994）在 Journal of Leisure Research 专门编撰了一期女性与休闲特刊，还就休闲中的性别问题研究进行了归纳与展望。她将性别界定为"社会通过人们的行为创造和再造的一系列社会关系"，并指出性别分析是男女性及其行为研究的潜在分析框架，她认为女性主义是性别关系研究所揭露的女性从属地位的世界观的表达，也反映了女性在权力、劣势等方面的差异性与多元化特征。

2.1.3 旅游性别研究的五个阶段

从 the Annals of Tourism Research（1973 – 2008）的索引中可以看出，旅游中的性别研究大致可以分为 5 个阶段。

（1）无女性研究阶段（20 世纪 70 年代以前）

第一阶段为"无女性研究阶段"（"male scholarship" or "invisible/women – less scholarship" phase）。20 世纪 70 年代以前，几乎没有学者关注旅游中的女性，无论是关于目的地东道主、旅游从业者还是对旅游者的研究都没有考虑其中的性别问题。

（2）将女性纳入研究视角阶段（20 世纪 70 年代到 80 年代）

第二阶段为将女性视角纳入研究阶段（"compensatory scholarship" or "add women and stir scholarship" phase）。20 世纪 70 年代中期，出游频率逐渐增加的女性游客开始进入少数学者的视野，并出现了一些关于女性游客的研究，如史密斯（Smith, 1979）在 Annals of Tourism Research（《旅游研究纪事》）上发表了题为"Women, The Taste Makers"的学术论文，对已婚女性在夫妇度假中的决策过程、效果及其相关影响因素进行了研究，这是《旅游研究纪事》中首篇有关女性的研究成果。到 80 年代，性旅游（sex tourism）逐渐开始在一些地区或国家出现，随后有一些学者对性旅游中的权力、社会影响、健康等问题进行了研究。例如，科恩（Cohen）是最早关注性旅游的学者，其 1982 年在 Annals 第 9 卷第 2 期发表了题为"*Thai girls and Farang men the edge of ambiguity*"的论文，对泰国曼谷女性性服务人员与外地游客之间的动态关系进行了研究，并指出这份工作给这些女性带来经济、工作地点、情感的不稳定等消极影响，不能从根本上改善女性的经济状况。此后，詹姆斯（James, 1983）、布莱恩、罗伯特、纳什（Nash, 1984）、琳达（Linda, 1984）、梅达（Meda, 1986）、艾莱丽（Elery, 1987）分别从民族学、人类学、休闲学等视角间接对性旅游进行了简要的探讨。

（3）二元性别差异描述性研究阶段（20 世纪 80 年代末到 90 年代中期）

第三阶段为强调二元性别差异的描述性研究阶段（"bifocal scholarship" or dichotomous/sex differences phase）。从 20 世纪 90 年代开始，旅游中的女性与性别问题逐渐引起较多不同背景学者的关注，学者对旅游中"性"（Sex）、"女性"（women, also female）的关注转为对"性别"（gender）的关注，旅游中的性别研究在 90 年代中期达到了小高潮。1994 年，金纳德和毫尔编写了第一本关于旅游性别研究的著作《性别研究视角下的旅游业》（*Tourism：A Gender Analysis*）。斯温（Swain）则在 Annals 1995 年第 22 卷第 2 期负责编撰了旅游性别研究特刊 *Special Issue：Gender in Tourism*，18 篇论文分别探讨旅游中不同的性别问题。

由此可见，到 20 世纪 90 年代中期，性别问题已经引起国外学者的广泛关注，性别问题成为旅游研究的焦点之一，旅游性别研究在这一时期达到高潮。

（4）女性主义研究阶段（20 世纪 90 年代中期到 21 世纪初）

第四阶段为女性主义研究阶段或以女性为中心的研究阶段（"feminist scholarship" or "woman - centered scholarship" phase）。这一阶段，一些学者注意到女性旅游者的需求被忽略、女性旅游从业者被边缘化等现象，于是着重探讨女性面临的困境、约束、不平等等负面因素。赫罗尔德（Herold 等，2001）对女性旅游者与沙滩男孩之间到底应该称"性旅游"（sex tourism）还是"浪漫旅游"（romance tourism）进行了探讨；李、康（Lee，kang，1998）运用基尼相关系数和洛仑兹曲线对旅游业工资不平等现象进行了检验；斯莫尔（Small，1999）在分析记忆方法（memory-work）、女性旅游体验特征等基础上，提出记忆是很适合研究女性旅游体验的一种研究方法；韦斯特伍德（westwood 等，2000）从商务女性需求角度出发，探讨了航空公司对女性游客及其需求的忽略，指出航空公司的营销是无性别的营销（gender-blind marketing）等。

（5）真正的性别研究阶段（21 世纪以后）

第五阶段为真正的性别研究阶段（"new scholarship" or "gender scholarship"）。该阶段的研究在前四阶段的基础上，研究视角和研究主题更为多元和深入，学者开始将旅游业放在一个性构的社会中去考虑，挖掘性别对旅游业中男女性工作、生活、家庭、个人等方面的影响及作用。例如：斯科尔波（Skalpe，2007）、泰纳（Thrane，2008）、穆尼奥斯·博伦（Muñoz-Bullón，2009）等学者就旅游业中的性别工资差异（或差距）的产生原因进行了较为深入的多因素剖析，指出性别工资差距是多种因素共同作用的结果；金姆（Kim，2007）等则对男女性旅游者在相关信息收集上的异同进行了分析；迈克尔吉（McGehee 等，2007）对性别与农业旅游管理者的动机关系进行了研究。

2.2　国外女性旅游从业人员研究进展

发展旅游业对女性就业有重要意义。国际劳工组织（ILO）指出，旅游业中有近一半的女性就业者，在餐饮服务和旅馆住宿服务业中甚至高达 90%（唐雪琼，2007）。然而，旅游业是否真的为女性从业人员提供了更为广阔的发展空间和机会，是否真的改善了女性的社会、经济地位等相关问题逐渐引起越来越多学者的关注和质疑。

笔者先后以"gender + tourism""gender + hotel""female + tourism""female + hotel""gender + hispitality"等近 20 个关键词组为检索词在

Elservier – SDOL，SpringerLink，googlescholar 等英文文献数据库或文献搜索引擎对 1970~2010 年 40 年间发表的相关英文文献进行了主题检索，将检索到的相关文献进行研读、归类与分析后发现，国外女性旅游从业人员的研究主要集中于乡村旅游中的女性从业人员、外来女性旅游从业人员、旅游企业女性从业人员这三个方面。鉴于此，本书也将从这三个方面对相关文献进行分类评述。

2.2.1 乡村旅游目的地女性从业人员研究

目前，世界各地的乡村地区都将旅游业作为经济发展的一条重要途径。从挪威的渔业（Puijk，2001）到摩洛哥的农业（Petrzelka，Bell，2000），再到美国西部农村的农场（Power，1996），旅游业都已成为当地促进经济发展的主要途径。乡村旅游目的地的相关研究，特别是乡村旅游目的地女性的相关研究也较为丰富，且多以案例分析等实证研究方法展开，偏向于影响研究。

（1）乡村旅游业女性从业整体状况

卡巴雷（Caballé，1999）针对西班牙加力西亚、加泰罗尼亚 30 个农场的调查研究表明，几乎所有农场的旅游接待活动都由女性来负责，从事旅游活动可以增加家庭收入、满足女性个人社会需求、增加女性个人对家庭的贡献等；卡诺维斯（Cánoves 等，2004）对西班牙农村旅游的研究结果也表明，女性在农村旅游的发展中起了非常重要的作用，是农村旅游的领导者和主角，她们承担着接待游客、推广当地文化和保护当地环境的多重责任。

（2）乡村旅游业女性从业者的工作体验、感知与态度研究

很多学者对农村目的地居民对社区参与旅游业的态度和感知进行了研究（Boissevain，1996；Harvey，Hunt，Harris，1995；Mason，Cheyne，2000；Puijk，2001 等），但是这些研究得出的结论存在较大争议和矛盾（Gursoy、Jurowski、Uysal，2002；Pearce，Moscardo，Ross，1996）。一些学者认为乡村旅游从业人员的工作体验、感知和态度等不存在明显性别差异（Harvey 等，1995；Allen 等，1988；Chiappe，Flora，1998）。哈维（Harvey 等，1995）对美国爱达荷乡村居民对旅游业的态度和认识进行的

研究表明，当地居民对旅游业的认知无明显性别差异，男女性都认为旅游业会带来一定的经济收入，同时也带来犯罪或破坏行为增加、交通拥挤等消极影响。而另一些学者却得出了相反的结论，如迈克尔吉（McGehee 等，2007）对弗吉尼亚开展农场旅游接待的家庭成员的管理动机研究表明，女性比较偏向于开展"减少花费"（expense - reducing）而不是"增加收入"（income - inducing）的旅游活动，男性则恰好相反；沛泽卡（Petrzelka 等，2005）针对美国西部山村当地居民对旅游业的态度及其社区参与的性别差异和演变的研究则表明，男女性对自我职业身份的认知有一定的性别差异，男性的乡村意识较浓，较多男性认为农业是其最主要的职业身份，男女性对当地文化、环境保护、社区关系、利益分配等的重视程度也存在一定差异。

加西亚 - 雷蒙（Garcia - Ramon 等，1995）、卡巴雷（Caballé，1999）等学者的研究指出，农场女性对旅游业表现出积极的态度，旅游业提高了她们的经济独立性、家庭地位和社会地位，具有一定规模的农场女性业主或管理者还表现出较强的个人满足感。她们认为与农活相比，旅游接待工作干净、简单、体面，可以接触不同的人和事，增长见识，收入较为稳定等，但也存在一定的限制和约束。此外，农场旅游并未改变传统的性别角色，男性依然控制和支配着所有领域，女性只对直接参与的领域（家务等）有一定的控制力。

（3）旅游对农村地区女性的家庭影响研究

目前关于农村地区旅游从业女性的研究主要集中在旅游业开发对当地女性及其家庭的影响方面。农村地区旅游活动的开展对于当地女性既有积极影响，也有消极影响。

一些学者从乡村旅游业对女性的积极影响方面进行了探讨，并得出了一些重要的结论。例如，里维、乐基（Levy，Lerch，1991）研究了巴巴多斯岛旅游业对家庭、工作的性别分工的影响，指出旅游业中的女性就业比男性更依赖家庭等外部网络和资源的支持，若政府和旅游业界能够出台政策使工作时间灵活化、增加技能培训、支持女性成为管理者和创业者等，当地女性的自主性能得到更好发挥。爱尔兰（Ireland，1993）、莱昂提都（Leontidou，1994）、尼尔森（Nilsson，2002）等对英国、丹麦、挪威、威尔士、西班牙等地农业旅游的实证研究结果表明，农业旅游促进了农户女性家庭、社会地位的提升。乡村旅游业也为女性带来消极影响，如莫森（Momsen，1994）通过研究指出，农户女性收入的增加导致家庭权力重新分配，目的地居民直接的社会关系、家庭的性别关系变得紧张，认为旅游业的发展改变了当地原有的家庭分工和经济权力，打破了家庭原有的祥和。

2.2.2 外来女性旅游从业人员研究

（1）就业类型与方式

整体上来讲，旅游从业人员中的外地人主要从事不稳定、低技能要求、工作条件差、工资低的工作，外地女性更是如此（Lever，1987；Scott，1995；Herold 等，2001）。例如，在塞浦路斯度假地的俄罗斯女性、加勒比海度假地的性服务人员。

（2）过境约束与工作限制

过境的难易程度、停留时间长短和活动限制将内埠人和外埠人明确分开。以北塞浦路斯为例，男性只需提供身份证就可以游客身份进入北塞浦路斯工作，然而从1992年开始，北塞浦路斯新条例要求来自某些中东欧国家的40岁以下女性，必须持有护照和健康证明，方可入境，而这些手续通常是由她们在北塞浦路斯的雇主来负责审查的，这种入境约束只是增加了雇主的决定权和女性对雇主的依赖。另外，这些女性多从事赌场工作，其与雇主签订的劳务合同不允许与赌场工作人员谈恋爱或结交外界异性朋友（Scott，1995）。

（3）就业动机

在工作动机方面，斯科特（Scott，1995）在北塞浦路斯度假地的研究表明，罗马尼亚女性认为北塞浦路斯的工资待遇和罗马尼亚没有什么差别，她们到北塞浦路斯度假地工作除谋生动机之外，还有开阔眼界、享受北塞浦路斯的空气、氛围和风景以及偏爱赌场工作等方面的动机。而对于在其他国家或地区的度假地或饭店等场所从事卖淫的女性来说，赚钱是其唯一的从业动机，她们之所以选择在外地工作，主要是为了向自己的家人或朋友隐瞒自己的工作，收入高低也是其选择工作地点的主要原因之一

(Herold 等，2001)。

2.2.3 旅游企业女性从业人员研究

旅游企业在提供就业机会、增加经济收入、吸引外资、促进出口等方面起着越来越大的作用。随着旅游企业女性从业人员的增加，女性旅游从业人员及旅游企业管理者的性别差异研究成为重要的课题（Dann，1991；Davidson 等，2006；Ghei，Nebel，1994；Ghei，1997；Mia，Patiar，2001，2002；Pizam，2006；Powers，Barrows，1999），但现有的主要是关于饭店高层管理者和基层员工的研究（Leiper，2003；Tribe，1999；World Tourism Organization，2004）。

（1）女性在旅游企业的就业概况

20 世纪 70 年代，挪威是世界上首个开展性别平等调查和监督的国家，并于 1978 年通过了《性别平等法案》；从 1980 年到 2000 年，挪威还有一个在位 10 年的女首相；自 1980 年以来，挪威的内阁大臣中有不少于 40% 的女性代表；2003 年 11 月挪威规定，国有公司和上市公司的董事会代表中两性比例不得低于 40%，2005 年英国《经济人》（The Economist）的调查表明，挪威企业的女性职工比例处于世界最前列。即使在挪威这样一个性别平等的典范国家，旅游企业的女性 CEO 也只占 20%，当然这已明显高于世界平均水平，其工资约为男性的 78%（这与其他国家基本一致），但女性 CEO 所负责企业都为中小型旅游企业，企业档次也相对较低。

保加利亚旅游从业人员平均年龄为 31 岁，女性占 59%，旅游企业女性管理者还有自己的"社交圈"（old girls' club）[①]，但也同样面临与挪威一样的现象；澳大利亚饭店的高层管理岗位和主要营业部门的管理者也是以男性为主（Patiar、Mia，2008，见表 2-1），香港也是如此（见表 2-2），这从一个侧面反映出女性从业人员的职业发展问题较为明显。

[①] 这些女性管理者在私有化前曾共同工作较长时间，到不同旅游企业工作后，旅游企业之间的合作交流为其联系、聚会、合作及私人交流提供了便利，再加上保加利亚企业的人力聘用大多取决于关系和推荐，女性在旅游企业管理层的决策权使得保加利亚女性在旅游业中的就业处于优势。

表2-1 澳大利亚被访饭店总经理（GMs）、部门经理（DMs）总体分布状况

人口统计特征	总经理 n	总经理 %	部门经理 n	部门经理 %
年　龄				
21~30岁	0	0	47	35.6
31~40岁	28	42.4	67	50.8
41~50岁	27	40.9	17	12.9
50岁以上	11	16.7	1	0.8
性　别				
男	60	90.9	94	71.2
女	6	9.1	38	28.8
教育背景				
高中、中专	17	25.8	43	32.6
大专	23	34.8	49	37.1
本科	21	31.8	36	27.3
研究生	4	7.6	4	3.0
职业经验				
1~3年	2	3.0	33	25.0
4~6年	3	4.5	35	26.5
7~9年	8	12.1	16	12.1
9年以上	53	80.3	48	36.4

资料来源：Anoop Patiar, Lokman Mia. The effect of subordinates' gender on the difference between self-ratings, and superiors' ratings, of subordinates' performance in hotels, *International Journal of Hospitality Management*, 2008, 27 (1): 57。

表2-2 1989、1994、1999年香港饭店业管理者性别分布状况

单位:%

工作岗位	1989年 男	1989年 女	1994年 男	1994年 女	1999年 男	1999年 女
总经理	92.6	7.4	95.2	4.8	92.8	7.2
部门总监	72.4	27.6	65.2	34.8	67.0	33.0
部门经理	77.3	22.7	73.2	26.8	79.2	20.8

续表

工作岗位	1989 年 男	1989 年 女	1994 年 男	1994 年 女	1999 年 男	1999 年 女
部门副经理	66.7	33.3	51.4	48.6	58.8	41.2
部门主管	73.3	26.7	48.5	51.5	64.8	35.2
行政助理	5.1	94.9	0.0	100.0	0.0	100.0
总计	74.1	25.9	67.1	32.9	66.2	33.7

资料来源：Catherine W. Ng, Ray Pine. Women and men in hotel management in Hong Kong: perceptions of gender and career development issues, *International Journal of Hospitality Management*, 2003, 22 (1): 85-102。

从法国、意大利、西班牙、英国欧洲四国女性接待业从业人员（Burrell 等，1997）的就业状况看，英国接待业从业人员的女性比例最高（英国为 63%，法国为 50%，意大利为 46%，西班牙为 41%），但英国接待业 3/4 的女性从业人员为兼职员工（见表 2-3，Purcell, 1996）。法国、意大利、西班牙、英国欧洲四国的女性接待业从业人员主要集中于餐饮、客房、前厅等部门（见表 2-4）。意大利厨房中也是男性偏多，有一些女性助厨，一些中小型餐馆的厨房服务员也多为女性，西班牙接待业从业人员也是男性偏多。可见，旅游越发达和成熟，旅游企业的档次越高、规模越大，女性从业人员的比例就越低（见图 2-1）。

表 2-3 英国住宿、餐饮业从业人员性别分布状况

单位：%

英国住宿和餐饮业的主要类型	男	女	兼职女性员工比例
饭店及其他旅游住宿设施	40.0	60.0	55.5
餐馆、快餐店等	41.2	58.8	69.8
公共食堂、酒吧等	32.5	67.5	83.1
夜店、合法俱乐部等	39.8	62.2	85.6
总计	38.0	62.0	72.4

资料来源：Kate Purcell, The relationship between career and job opportunities: women's employment in the hospitality industry as a microcosm of women's employment, *Women in Management Review*, 1996, 11 (5): 17-24。

表2-4 法国、意大利、西班牙、英国接待业不同职能领域的女性从业状况

单位：人，%

工作部门	法国		意大利		西班牙		英国	
	女性人数	所占比例	女性人数	所占比例	女性人数	所占比例	女性人数	所占比例
客房	138	97	57	74	217	99	288	92
厨房	13	11	23	33	59	50	28	13
餐厅	57	38	29	40	83	64	166	61
酒吧	8	35	7	54	19	30	63	41
前厅	51	73	26	43	56	56	112	82
管理督导	21	39	8	24	17	37	171	54

资料来源：Jean Burrell et al. Equal opportunities for women employees in the hospitality industry: a comparison between France, Italy, Spain and the UK, *International Journal of Hospitality Management*, 1997, 16 (2): 161-179。

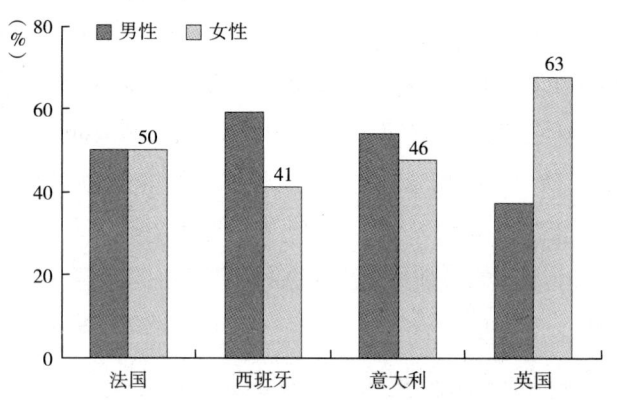

图2-1 法国、西班牙、意大利、英国接待业从业人员的性别分布

资料来源：Jean Burrell et al. Equal opportunities for women employees in the hospitality industry: a comparison between France, Italy, Spain and the UK, *International Journal of Hospitality Management*, 1997, 16 (2): 161-179。

美国女性旅游从业人员的绝对人数和相对比例都在增加。例如，餐饮业女性管理人员从1985年到1995年增加了34%，截至1998年底，美国女性餐饮管理人员达到26万人，占餐饮业管理人员总数的68.9%（Knutson, Schmidgall, 1999），同时，博彩业从业人员达到35.4万人，其中女性占51.3%（Schaap等，2008）。可见，女性已成为美国接待业的主要力量（Diaz, Umbreit, 1995）。但从其就业质量看，美国接待业的女性管理者仍然面临被歧视、低于男性的工资等问题，男性仍控制着接待业的高层管理岗位。美国接待业高层管理岗位中，女性仅占4.1%，高层或顶层管

理者中，女性仅占0.5%（Diaz，Umbreit，1995）；美国"百强连锁餐饮企业"中，女性董事会成员占董事会成员总数的8%，高层管理者中有14%为女性，餐饮行业行政工作人员中女性占4%（Knutson，Schmidgall，1999），博彩业也大体如此（Schaap等，2008）。

（2）旅游企业女性从业人员的工资研究

性别工资差异在各个时段、各个国家都普遍存在（Bird，Sapp，2004），男性较高的社会地位和以男性为中心的传统性别观念为男性发展人力资本和社会网络提供便利，从而比女性容易成功（Granovetter，1992）。

在美国，接待业是仅次于汽车业、零售业的第三大产业，接待业女性从业人员在人数和职位层次上都取得了明显的进步，但是饭店、餐饮以及其他相关行业协会都普遍存在女性从业人员平均工资低于男性的问题（Knutson、Schmidgall，1999），住宿业和餐饮业女性管理者的平均工资仅为男性的58%（Iverson，2000）。斯科尔波（Skalpe，2007）针对挪威旅游企业CEO的工资差异研究显示，虽然挪威旅游企业女性CEO比例（20%）高于制造业（6%），但旅游企业CEO的工资性别差距明显大于制造业。其原因主要在于，旅游企业中有不少中小型企业，多数女性CEO则主要集中于这类企业，而制造业的企业规模差异相对较小。伯吉斯（Burgess，2000）对英国接待业会计师协会（BAHA）的研究也发现，饭店女性财会管理人员工资明显低于男性，男性主要集中在较高水平的工资区间，而大部分女性主要集中在工资较低的区间（见表2-5）。

表2-5 英国接待业财务管理者的（年）工资水平

工资（£英镑）	男性（%）	女性（%）	平均（%）
£40000以上	29.3	6.1	20.9
£35000到£39999	12.2	0	7.7
£30000到£34999	13.8	3.0	9.9
£25000到£29999	13.8	15.2	14.3
£20000到£24999	22.4	12.1	18.7
£15000到£19999	8.6	54.5	25.3
£15000以下	0	9.1	3.3

资料来源：Burgess C. Hotel accounts – do men get the best jobs. *International Journal of Hospitality*, 2000, 19 (4): 345 – 352。

(3) 女性旅游从业人员的工作体验、认知与态度研究

还有一些学者对女性旅游从业者的工作体验、认知与态度等进行了研究，但由于各国国情、政策等存在差异，本书以国别或地区为分类标准对已有相关研究成果进行了归纳和梳理。

大多数保加利亚旅游从业人员对其职业持积极态度。其中，98.7%的被访者表示很喜欢他们的工作，女性比男性更倾向于认为旅游业是比较苛刻的、要求高技能和高学历的行业（53.1%女，42.7%男）（Ghodsee, 2003）。

香港饭店业男女性总经理对职业成功因素有一致的看法，对职业发展阻碍因素的看法无明显差异，但对各因素的阻碍程度看法有所不同。男女性饭店总经理都认同"工作态度"（attitudes towards work）是事业成功的最主要因素，女性管理者认为"缺乏支持系统"（lack of support systems at work）是阻碍其职业发展的第一因素（Ng, Pine, 2003）。香港多数女性管理者认为生育子女、结婚等是自己的私事，与公司无关，但表示期待企业给予较友好的支持政策。她们普遍认为女性只要比男性更努力工作就可以成功（Ng, Pine, 2003）。这表明，香港女性饭店管理者认为其职业发展受阻的原因在于自我毅力和竞争力因素，而非组织因素。

布朗维尔（Brownell, 1994）对美国饭店总经理的研究表明，美国男女性总经理都认为"倾听能力"（listening competence）和"团队领导能力"（group leadership skill）是饭店从业人员个人职位晋升所必备的能力，"努力工作、积极的态度、有效沟通"是饭店从业人员职业成功必须做到的。在职业发展阻碍方面，布朗维尔的调查列出了8个影响因素，美国男女性管理者对其中7项（old boys network, family and work conflict, inequity in pay and promotion, job characteristics, mentor, credibility, and sexual harassment）的认识有较大差异，女性饭店管理者对以上7个阻碍因素的评分均明显高于男性。可见，女性对自身职业发展的看法更为消极，较男性面临更大的职业发展障碍。

伯维尔（Powell, 2006）对英国卡的夫12家饭店的客房服务员进行了调查研究，这些客房服务员多为已婚并育有子女的女性，教育背景较

差，多数是经过在饭店工作的亲人或朋友的介绍才进入饭店工作，饭店客房服务员并非其规划的职业。她们通过工作来补贴家用，一般选择离家近又较易到达的饭店，工作时间需要与照顾伴侣、长辈和子女的时间相协调。她们用"辛苦和累人的""较脏的""工资低的""繁重的""烦琐的""无趣的""孤单的""伺候人的""经常与苛刻的顾客交流"等词汇来描述这份工作，这与夏米尔（Shamir，1975）、桑德斯、普伦（Saunders, Pullen，1987）和福克纳、帕提尔（Faulkner, Patiar，1997）等人的研究结论相同。虽然工作满意度很低，但是她们还是会继续在这里工作，因为没有其他合适的工作，而且也不愿意离开朋友。

(4) 旅游企业女性从业人员职业发展影响因素研究

目前，女性旅游从业人员职业发展相关文献比较有限，仅有一些学者间接对此进行了简要分析。通过梳理文献可知，现有文献主要从女性个人角度、企业角度、社会传统观念角度对女性旅游从业人员的职业发展影响进行研究，基本未提及家庭因素。

①个人因素。

对旅游从业人员来讲，个人特质比学历等其他因素对职业发展的影响更为直接（Purcell，1996），这里的个性特质指有吸引异性的魅力、与异性接触和沟通的能力和个性，一些被访者还指出招募女性员工的"身高体重原则"（a height for weight principle），认为"21~26岁长腿身材好的女性是最理想的员工"（Filby，1992）。这些个性特质因素对女性的职业发展既有正面影响，也有负面影响。

顾客体验是接待业为顾客提供服务的重要组成部分，主客互动效果、顾客感受到的视觉和感觉体验便成为衡量接待业服务质量的主要标准（Urry，1990）。由于业界都是从异性恋男性消费者视角来提供产品和服务的，女性的个性特质因素使其在招募阶段具有一定的优势。但若女性只是被企业当作性目标（sex object）来招聘和安排职位，那她们可得的职业发展机会可想而知。

②企业因素。

女性旅游从业人员所属企业一般为中小型企业或家庭作坊式企业，其工资待遇、培训机会、职位晋升势必会受到影响（Burgess，2000；

Skalpe，2007 等）。因此，企业的规模、档次是制约女性旅游从业人员职业发展的主要因素。

旅游工作特征、企业的规章制度、企业文化等也是阻碍女性职业发展的主要因素之一。首先，大多数女性从事着底层的、季节性的或兼职的、不体面的、收入低、安全性较差的工作（Jordan，1997），职业培训、晋升等机会较少；其次，与常规工作相比，旅游企业的工作时长、工作时间与社会生活时间相冲突（anti - social wokrtime），地域变化性大，工作与非工作界限模糊等工作特征及其带来的工作 - 家庭冲突等因素使旅游从业女性面临诸多困难（Doherty，2001；Guerrier，1986）；再次，旅游企业内部突出的金字塔形就业结构更加大了女性进入高层管理岗位的难度（Richter，1995）。此外，"男性至上"的传统性别思想普遍存在于饭店决策层中，他们认为女性具有态度模糊、缺少承担责任和管理男性的能力、离职率较高等特点，不适合做高层管理者（Guerrier，1986；Riley，1990；Ladkin，1996 等），企业往往将已婚或兼职女性作为廉价劳动力来考虑，很少关注其职业发展（Crompton，Sanderson，1990）。

③社会观念因素。

社会普遍存在的传统观念是影响女性职业发展的根本原因。

首先，接待业工作已经被打上个人奴役的烙印，被认为是边缘化劳动力（如女性、兼职工、少数民族、临时工等）从事的工作，从事饭店工作的人往往还被认为是"社会异类"（social misfits）（Gabriel，1988），这些观念影响女性对接待业的热情和兴趣，削弱其上进心和自信心，影响其职业发展。其次，传统性别观念还使得社会机构、政府和旅游经营者等习惯于将旅游者假定为男性，而将从业者想象为女性（Leontidou，1994；Jordan，1997）；此外，传统性别观念使得饭店业偏向于雇用男性为管理者，而照料家庭、成就丈夫事业才是女性的重要职责（Adkins，1995；Guerrier，1986 等），虽然一些（已婚或未婚、有子女或无子女）女性选择上夜班和周末班来缓解工作 - 家庭冲突，但饭店业的招聘者和管理制度仍然以传统的眼光歧视女性（Umbreit，1986 等）。

④其他因素。

一些学者指出，传统的总经理职业发展路径（长期的学徒生涯）、非正式接触的提升（非正式男性关系网，old boys' network）、饭店业地理变动性、男性对女性的排斥心理等因素导致饭店女性员工职业发展受阻，难以晋升到高层管理职位（Guerrier，1986 等）。Purcell（1996）通过对饭店或餐饮专业 712 名毕业生就业和职业发展状况的调查表明，旅游相关专业女生督导和管理的锻炼机会较男生少，由此导致其获得实践类证书较少、督导和管理能力较弱，从而导致其就业和职业发展的机会都比男性少得多。

（5）其他方面研究

①职业性别隔离①。

前人的研究表明，英国（Purcell，1996）、欧洲（Burrell 等，1997；Doherty，Manfredi，2001）、美国（Nebel III. 等，1994）、中国香港（Ng，Pine，2003）、澳大利亚（Patiar，Mia，2008）等国家和地区的饭店业都存在横向和纵向的隔离。也就是说，在世界上的多数国家，男性占据着绝大多数的高层管理岗位，女性主要从事着基层的、低技能要求、低工资的职位。以饭店为例，女性主要集中在客房、前台、销售等传统"女性"部门，男性则集中在厨房、酒吧等部门（见表 2-3、表 2-6、表 2-7）。

表 2-6　1989、1994、1999 年香港饭店业管理层的性别结构

单位：%

工作职能	1989 年 男	1989 年 女	1994 年 男	1994 年 女	1999 年 男	1999 年 女
综合管理	67.8	32.2	64.4	35.6	59.0	41.0
成本控制和财务	79.7	20.3	80.9	19.1	75.1	24.9
人事培训	39.2	60.8	38.6	61.4	35.4	64.6
财产安全	98.0	2.0	94.0	6.0	100.0	0.0

---

① 职业性别隔离（occupational sex segregation 或 occupational segregation by sex），指在劳动力市场中，男性和女性雇员被分配、集中到不同的职业，担任不同性质的工作（Gross，1968；Birkelund，1992；Watts，1998），也就是各职业中从业者的性别分布呈现失衡的状态，且进入和升迁通道被大部分某一性别的人口所垄断，从而造成另一性别的人口职位晋升被阻隔。通俗来讲，职业性别隔离是指劳动力市场中存在"女性"职业和"男性"职业的现象。

续表

工作职能	1989年 男	1989年 女	1994年 男	1994年 女	1999年 男	1999年 女
餐饮	94.6	5.4	95.7	4.3	90.0	10.0
客房	76.5	23.5	60.4	39.6	57.3	42.7
宴会	38.5	61.5	33.3	66.7	31.3	68.7
营销	44.6	55.4	42.1	57.9	41.8	58.2
总平均	74.1	25.9	67.1	32.9	66.2	33.7

表 2-7 美国饭店管理层的性别构成①

单位：%

职务	男性	女性	职务	男性	女性
宴会部经理	18.3	81.7	驻店经理	71.9	27.1
人事部经理	26.6	73.7	行政管家	75.2	24.8
销售部经理	30.9	69.1	餐饮总监	83.4	16.6
预定部经理	31.9	68.1	总经理♣	84.5	15.5
管家部经理	38.6	61.4	安全部经理	85.0	15.0
前厅部经理	46.6	53.4	助理厨师长	89.7	10.3
销售总监	52.5	47.5	工程部经理	92.0	8.0
财务总监	62.6	37.8	厨师长	94.0	6.0
餐厅经理	66.2	33.8	宴会厨师长	97.5	2.5

♣外派管理的总经理中女性占 8.3%。

另外，整体上看，饭店女性管理者的比例有逐年上升趋势，事实上，除行政助理一职女性比例远大于男性外，总经理、区域经理、主厨、工程师、部门经理、部门副经理、部门主管等管理职位的男性比例均大于女性（Ng, Pine, 2003），这些职位的工资比女性管理者的职位工资要高（Doherty, Manfredi, 2001）；美国、中国香港饭店女性管理者主要集中在人事培训部、宴会部、市场营销部（或销售部）、管家部等部门，而男性管理者主要集中在财务控制部、财产安全部、餐饮部（厨房）、工程部等部门（Nebel Ⅲ 等，1994；Ng, Pine, 2003；Patiar, Mia, 2008 等）。可见，男性

---

① 此数据来源于 1995 年（此时美国饭店管理者的 40% 为女性）美国内华达州拉斯维斯大学罗伯特教授对全美 5547 名饭店管理者的调查数据。

在饭店管理层中有绝对优势,女性被阻隔在职位层次较低或没有实权的岗位。

②性骚扰。

性骚扰是世界各国接待业面临的一大困扰,近年来更为普遍和严重(Anders,1993;Woods,Kavanaugh,1994;Coeyman,1998;Agrusa等,2000)。与其他行业相比,接待业的性骚扰事故比其他行业都严重,在新西兰、中国台湾、英国等很多国家和地区都如此(Hoel,2002;Hoel,Einarsen,2003;lin,2006;Poulston,2008)。其中,接待业从业人员个性特征及其社会地位低下、服务工作环境(Folger、Fjeldstad,1995;Agrusa等,2002)、主客间非正式接触以及社会关系和工作关系界限的模糊性(Anders,1993;Coeyman,1998等;Agrusa等,2011)、企业管理者和企业文化过分强调顾客需求以及对服务内涵的片面理解(Gilbertet等,1998;Agrusa等,2011)、接待业管理对性骚扰的容忍(Stevens,2011;Yeung,2004)等都是造成接待业性骚扰较为严重的原因。总体来讲,接待业的性骚扰、性引诱发生率较高,性贿赂、性袭击、性诱骗相对较少。平等就业委员会1993年曾公布,餐饮业每年的性骚扰花费比前一年增加27%,国家餐馆业1998年的统计数据也表明,餐馆业性骚扰诉讼多于滑跌诉讼(Lin,2006)。

研究结果表明,90%以上被访女性旅游从业人员或实习生曾经在工作时被性骚扰或目睹同事被性骚扰(Woods,Kavanaugh,1994;Lin,2006)。另外,虽然接待业的性骚扰现状越来越普遍,但举报性骚扰的受害者却越来越少(Barak,1992;Lin,2006)。接待业的性骚扰主要表现出以下性别差异特征。

a. 男性从业人员遭受的性骚扰主要来自同事和女顾客(Lin,2006),而女性从业人员则主要被男性顾客所骚扰(Tangri等,1982;O'Donohue等,1998),其次为异性上司。这与女性服务员对异性的性吸引(Tangri等,1982)、服务员的地位劣势、接待业环境下顾客的心态、双方对接待服务的理解等有关。

b. 被性骚扰的女性从业人员往往表现为生气、无助、害怕、怨恨自己、丧失自信、不专心工作等消极的应对方式，而较多男性不会把性骚扰放在心上（Agrusa 等，2000），甚至会认为性骚扰是对其魅力的认可（Lin，2006）。

c.（80%左右）被性骚扰过的女性从业人员不会将受伤害的经历公开，而是选择向朋友、同事倾诉，不足1/4的被访者表示会求助专门的协会或组织（lin，2006）。

2.3　国内女性旅游从业人员研究进展

近几年，旅游学者开始关注性别问题，同时，人类学、社会学、民族学等方面学者也开始从性别视角出发来审视旅游业。就目前研究成果看，相关学科学者主要集中于从女性旅游市场特征、女性旅游产品设计、女性旅游行为、女性旅游者的体验等旅游者角度出发进行相关研究，仅有少数人类学、社会学等方面学者间接涉及了女性旅游从业人员。

2.3.1　国内旅游业的性别研究综述

"社会性别"这一概念在国内出现于1993年天津召开的第一届全国妇女与发展研讨会。由于出现时间晚，在各学科间的渗透较国外浅而少，赵捷女士1994年发表的《云南旅游业中民族女性角色分析》是国内最早的关于旅游性别研究的文献。旅游中的性别研究近一两年才开始引起国内学者的关注，尚处于起步阶段。

笔者通过中国期刊全文数据库、万方数据资源系统、中文科技期刊全文数据库（维普资讯）等主要中文期刊数据库分别以"女性旅游""性别旅游""女性饭店""性别饭店"等为主题词对1994～2010年的文献进行了跨库检索，共得到相关文献119篇，其中6篇为相关研究综述，43篇为东道主女性或从业女性研究、70篇为女性游客相关研究（见表2-8）。6篇文献综述中涉及女性游客相关问题的有3篇，关于东道主女性研究的有1篇，关于旅游中的性别研究视角、方法等有2篇；关于女性游客研究的文献主要涉及女性旅游市场、女性出游行为、女性消费与购买行为、古近代女性旅游及女性主题饭店等（见图2-2）；有关东道主女性或旅游从业女性研究的文献主要涉及民族旅游与东道主女性、饭店女性员工、乡村旅游与女性、旅游传媒中的女性等（见图2-3）。

表2-8 国内有关"旅游性别研究"的主要文献分布状况

总计	综述类	女性游客相关问题探讨类	东道主女性与从业女性
119	6	70	43

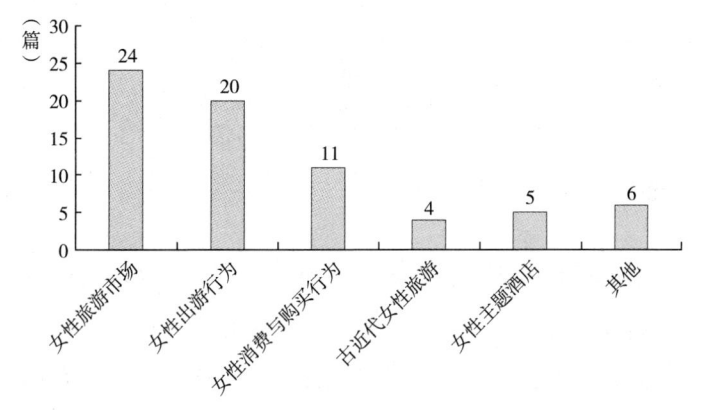

图2-2 国内有关"女性游客"研究文献的研究主题分布状况

注：为便于统计，女性出游行为研究主题包含女性出游动机、偏好以及出游行为的性别差异等方面。

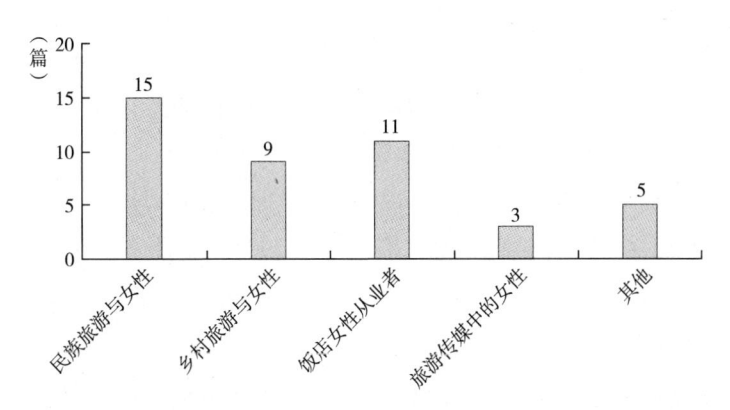

图2-3 国内有关"旅游从业女性或东道主女性"研究文献的研究主题分布状况

（1）女性旅游市场研究

女性旅游市场是指以女性游客为主要目标消费群，为专门适应女性消费的特点而形成的特定旅游市场（来逢波，2003；丁雨莲、陆林，2007）。近10年来，很多学者从不同角度对女性旅游市场进行了较为笼统的描述性研究。

①宏观研究：女性旅游市场的现状、潜力、前景及影响因素研究。

在客源市场的激烈竞争中，女性市场已逐渐发展为旅游业的新宠，并开始在目标市场发挥一定的拉动作用，吸引了越来越多行业的关注。总体来讲，我国女性旅游市场表现出基础薄弱（来逢波，2003；郑向敏、范向丽，2009等）、出游率递增趋势明显（邓敏、李丰生，2003；丁雨莲、陆林，2006；郑向敏、范向丽，2007，2009等）、地域性差异显著（来逢波，2003；郑向敏、范向丽，2009等）、六大要素的不平衡（来逢波，2003；丁雨莲、陆林，2006；）、群体集中性（多以社会中上层女性为主）等特征（来逢波，2003；郑向敏、范向丽，2007，2009等）。

女性旅游市场具有乐观的发展潜力和前景。女性经济的独立、教育水平的提升、婚育观念的转变、"空巢家庭"的增多、家政服务社会化的完善等因素都为女性出游提供了便利，职业女性、知识女性、老年女性、更年期女性、青年未婚及已婚无子女的女性都已成为或即将成为女性市场的亮点（丁雨莲、陆林，2006；郑向敏、范向丽，2007，2009；曲常军，2009）。

女性旅游市场的可持续发展也受传统社会观念、个人角色、家庭责任、文化因素、心理因素等一系列因素的制约（邓敏、李丰生，2003；来逢波，2003；张玉改，2007；曲常军，2009）。国内很多学者从提升旅游环境（来逢波，2004；张玉改，2007）、改善产品设计（王娟等，2007等）、创新营销策略（郑向敏、范向丽，2007；王奇，2007；张玉改，2007；曲常军，2009；张金层，2009等）等角度提出了针对女性旅游市场的开发对策。

②中微观研究：女性旅游细分市场、产品设计等。

少数国内学者还从中微观角度对女性旅游市场进行了较为深入的研究。例如，郑向敏、范向丽（2009）针对女性旅游市场的结构特征，从年龄角度将女性旅游市场细分为青年女性旅游市场（19~25岁）、中青年女性旅游市场（26~35岁）、中年女性旅游市场（36~45岁）、中老年女性旅游市场（46~55岁）和老年女性旅游市场（56岁以上），并对各细分市场进行了较为深入的分析。

刘祎洋、王立龙（2007）、郑向敏、范向丽（2007）、邱瑛（2008）、张金层（2009）、李玥睿、张凡（2009）等则分别就日本"单身寄生族"女性、台湾女性、大连女性、长沙女性、重庆女性等旅游市场进行了专门分析和探讨，体现了女性旅游市场的年龄、地域等结构特征。在分析女性旅游市场结构的基础上，提出了女性旅游产品设计中应注意的问题。郑向敏、范向丽（2009）从花卉旅游产品角度出发，探讨了女性花卉旅游产品的设计策略。

（2）女性出游行为研究

性别与旅游行为的关系研究对于旅游市场营销和产品开发有较强的借鉴指导意义，一些学者从性别角度出发对女性游客的心理感知、动机、行为、体验等方面进行了探讨。

①女性旅游心理感知、动机、行为研究。

总体而言，与男性传统旅游动机（如体育旅游、探险旅游和度假旅游等）相比，女性游客表现出强烈的文化动机、独立动机、浪漫动机、购物动机和参与动机（谢晖、保继刚，2006；郑向敏、范向丽，2007；于萍，2008；吴晋峰、李馥利等，2008），社会交往、感情交流、休闲放松也是女性的主要出游动机（夏文桃，2009等）。

具体来讲，不同年龄段女性的旅游动机也有一定差异，25岁以下女性精力充沛，喜欢广交朋友，追求个性、时尚、潮流、刺激的心理较强烈；26~35岁女性收入较高，休闲、放松、享受、社交是其主要旅游动机；36~55岁女性收入较高且家庭观念较重，体会家庭亲情是其主要心理需求；66岁以上的女性大多怀旧心理强烈，品牌忠诚度高，怀旧和慕名心理较强烈（于萍，2008；郑向敏、范向丽，2009）等。

在游客感知方面，女性的危险感知、风险感知、文化感知、服务感知等比男性强，而空间感知比男性差。因此，女性游客更容易在夜间、公共区域等特定时间、空间环境意识到危险性；在旅游过程中，女性比较偏好参与性强的旅游活动；购买旅游产品时，女性往往比男性对风险认知程度更高；女性对服务质量和舒适程度更为挑剔，对无形的、难以用言语或行为表达的服务更容易察觉（郑向敏、范向丽，2007；于萍，2008）；但女性对景点空间结构的感知能力比男性差（谢晖、保继刚，2006；郑向敏、范向丽，2007；樊金燕、刘晓枫等，2009）。

在信息收集方面，女性游客比男性能收集更多有关旅行费用、食宿状况、线路安排等信息，且更倾向于通过人际交流方式获取旅游信息（谢晖、保继刚，2006）。

②女性旅游偏好及满意度研究。

在目的地方面，女性比较偏好具备山水风光、田园风光、海滨沙滩和大型娱乐场所等旅游目的地（虞蓉，2009；樊金燕、刘晓枫等，2009；汤博佳、黄震方，2009等）；在出游方式上，女性比较偏好家庭出游、伙伴出游（汤博佳、黄震方，2009）；在住宿设施选择方面，女性偏好安全、卫生、价格适中的饭店（郑向敏、范向丽，2007；樊金燕、刘晓枫等，2009等）；在餐饮选择方面，女性比较偏好当地风味菜馆或大排档等可以展现地方特色的食物（樊金燕、刘晓枫等，2009等）；在活动项目方面，女性多偏爱购物、照相、散步、游览民居等参与性、观赏性、趣味性较强的活动项目（许秋红、单纬东，2001；谢晖、保继刚，2006；樊金燕、刘晓枫等，2009；汤博佳、黄震方，2009）。

（3）女性旅游消费研究

①女性旅游消费的意愿与动因研究。

生活方式的改变、个人角色的演变与社会群体的形成、女性的广泛就业和经济独立、旅游政策法规的完善与社会治安的稳定等因素促进了女性旅游消费（郑昌江，2002；蔡洁、赵毅，2005；虞蓉，2009）。

总体来看，女性游客消费意愿实现率较低。最大的旅游意愿支出是用于旅游购物，其次是娱乐，年龄、收入、家庭结构、伴游状况和出游形式等个体特征和出游特征对其消费结构有显著影响（王显成、陈艳，2009）。王显成、陈艳（2009）还指出，目前旅游企业提供的产品不能真正满足女性游客的需要，这是影响女性游客消费意愿实现率的主要因素。

②女性旅游消费特征与结构研究。

不同年龄的女性具有不同的旅游消费特征。例如：青年女性追求时尚、刺激、新鲜，住宿、交通要求较低，喜欢购物，但价格敏感性较强；中年女性消费心理较为成熟，消费比较谨慎、理智和富有经验，花费主要为住、行等基本旅游消费；老年女性比较注重卫生、安全，易被旅游营销所打动，具有一定的价格敏感性（李永红，2004；郑向敏、范向丽，2007、2009；郑岩，2009）。上海女性旅游者还表现出贷款旅游消费低、刷卡旅游消费高、分期付款旅游居中等旅游消费特征（李永红，2004）。

徐秀平（2008）对我国女大学生旅游消费状况的调查表明，其旅游消费水平一般在500元/次左右，72.7%的被访女生平均每年的出游次数为1~2次，绝大多数女生将休闲娱乐作为第一需求，通常会选择春秋季出游，也有近50%的女生并不刻意考虑外出旅游的时间。

整体而言，与男性相比，女性旅游者消费体现出价格敏感性较强、需求偏好较强、消费安全度要求较高、易受媒体宣传或促销影响等特征（张丽娜，2009等）。

③女性旅游消费影响因素研究。

一般来说，经济条件、生命财产安全、家庭事务等因素影响着女性的旅游消费（段永康，2006；徐秀平，2008），而女性旅游者的购买行为则与年龄、职业、学历等个人特征以及旅游产品本身的质量、价格、渠道和促销等因素相关（徐正林、程甜，2009）。

谭箐（2004）将自我概念分为能力展现因子、情感因子、外在表现因子、情绪因子和传统保留因子，并通过聚类分析将女性旅游者分为情感至上型、内敛顺从型、外强中干型、传统现代结合型、领导气质型5类，从而对女性游客的自我概念结构及其对消费行为的影响进行了较为深入的剖析。

（4）女性饭店研究

①女性饭店的内涵。

女性饭店是专门为女性顾客提供针对性服务，以满足女性顾客需求的饭店。目前女性饭店主要有两种形式：一种是在饭店内开设独立的女性楼层，这是国际饭店集团较为普遍的做法（李业、杨媛媛，2008），具有代表性的如美国大瀑布市JW万豪酒店（JW Marriott Hotel Grand Rapids）的19层（女性特色楼层，ladies friendly）、孟买喜来登大酒店（ITC Grand Central Sheraton & Towers Mumbai）的23层（女性专用楼层，ladies - only floor）等；另一种是以女性文化为主题的饭店，这类饭店通常为规模较小、风格独特的精品饭店，如 1984 年美国纽约麦迪逊大街的莫根斯（Morgans）女性精品饭店、德国的 Artemisia 饭店、中东的"卢坦"饭店、中国的皇后大酒店等。安全、洁净、温馨是女性饭店的服务要点和核心（殷炜琳，2007）。

②女性饭店的产生背景研究与趋势。

在女性楼层出现之前，最早的女性精品饭店是 20 世纪 20 年代美国纽约曼哈顿的阿莱顿酒店（The Allerton Hotel）；第二次世界大战之后，由于越来越多的女性进入职场，以保障独身旅行女性安全为目的的女性专用楼层登上饭店舞台，该时期的希尔顿酒店就曾经在其广告宣传中特地强调"希尔顿酒店是女性安全的保障"；20 世纪 60、70 年代，第二次女权主义运动浪潮将女性作为"弱者"形象保护起来的女性楼层受到女权主义者的抨击，饭店开始采取一定的特惠活动以取代女性楼层来吸引女客。例如，1967 年希尔顿酒店集团与各大航空公司联手推出了大型推广活动"携妻共住希尔顿"（Take Your Wife Along）；20 世纪 90 年代，女性商务客人开始引起各饭店集团的关注，如温德姆酒店集团（yndham International）专门为女性商务客人推出了"女性之旅"（Women On Their Way）；近年来，沙特阿拉伯纯女性酒店利雅得路卢丹（The Luthan Hotel Riyadh）、美国设有女性楼层的密尔沃基皇冠酒店（The Crown Plaza Milwaukee）、纽约首府酒店（The Premier New York）以及我国西安的皇后大酒店的开业再次引起学界和业界人士对女性主题酒店或女性楼层等的关注与探讨。

由此可见，女性酒店是在女性市场增长、女性经济时代的背景下应运而生的（李业、杨媛媛，2008）。女性出游机会的增加、婚恋观念的转变（刘永涓，2007）、旅游动机的增强、闲暇时间和可支配收入的增加（张薇，2006）等因素都使女性成为饭店的目标市场。

张薇（2006）等认为女性饭店将会在未来得到较大发展，女性楼层将独立出来，成为女性主题酒店，专门针对女性住客的服务设施将会增加等。但国外有学者曾对女性饭店提出质疑，一方面，女性主题酒店存在"叫好不叫座"的现象，也就是说女性楼层和女性主题饭店只是旅游经营者对女性需求的假象，事实上，女性不一定喜欢住女性饭店；另一方面，国外女性学者认为女性饭店是企业应和女性需求的一个极端产物，其中含有一定的歧视含义。本书认为，女性饭店的前景和趋势还不像国内学者描述得那样乐观，究竟是将更加完善还是走向消亡，目前还无法预计。

③女性饭店开发市场策略研究。

目前，受价格高昂、传统性别观念等因素影响，女性饭店客源市场表现出较大的不稳定性，一些学者就女性饭店如何开拓客源市场提出一些策略和建议。例如，与旅行社合作共同开发女性市场（张薇，2006，2007；殷炜琳，2007；）、媒体推广（张薇，2006，2007；殷炜琳，2007；）、网络广告促销（张薇，2006，2008；殷炜琳，2007；刘永涓，2007）、举办女性主题活动（张薇，2006，2008）、开发富有女性特色的产品和服务（刘永涓，2007；李业、杨媛媛，2008）、选择有效的销售渠道和销售网络（刘永涓，2007）、创建女性组织（殷炜琳，2007）等。

(5) 古近代女性旅游研究

①古代女性旅游。

我国女性旅游的起源可以追溯到秦汉时代。其中游春、踏青等是当时女性中最为普及的一种旅游形式。我国古代女性的游春、踏青经过周代、汉代发展，到唐代达到鼎盛。张萱的《虢国夫人游春图》描绘的就是杨贵妃姐妹骑马游春的场景，杜甫的《丽人行》中的"三月三日天气新，长安水边多丽人"，施肩吾的《少妇游春词》中"簇锦攒花斗胜游，万人行处最风流"都是唐代妇女游春场景的真实写照（张建萍，2003；张金岭，2005；李佳蔚，2006）。唐宋女性多在清明节前后到郊外"探春"，宋代的女词人李清照就是一个代表。到了明清时代，女性春游的风俗就不像唐宋那样兴盛了。此外，元宵节前后几天，各都市乡镇大展灯会，街上还会有杂技、歌舞表演和各种游艺活动（张建萍，2003；张金岭，2005等）。可见，古代大多数女性的出游一般集中于上巳节、清明节、元宵节等节日，从严格意义上讲，这些只是短距离的生产、宗教或传统节庆活动附带的近郊游玩，是女性作为"内人"而参加的娱乐活动，是一种依附性的游憩活动，不能称之为真正意义上的"旅游"。古代女性在真正意义上参与的旅游只限于一些特殊阶层的女性依附男性进行的旅游活动。她们出游的目的多是出于对男主人的照顾、追寻和依赖，如歌伎、乐伎、舞伎等（郑向敏、范向丽，2009）。

②近代女性旅游。

戊戌变法时期我国开始流行海外游学热，一些开明绅士开始携带自己的妻眷或者送自己的子女到国外游学，宋嘉树于1904年和1907年将其女儿宋霭龄、宋庆龄、宋美龄送赴美国威斯里安女子学院学习等（董玮，2005；郑向敏、范向丽，2009）。同时，国内女子学堂的女生也开始有了茶宴、茶会等社交活动，成为近代女性旅游的萌芽。

南京国民政府于1928年5月10日公布了《禁止妇女缠足条例》，各地女性从此彻底解放双脚，民国时期成为我国近代女性旅游的历史转折点。在民国时期（1912～1949年），我国女性旅游主要体现为上海、杭州等地城市知识女性的结伴公园游、团体长途游、出国考察游三种形式（郑向敏、范向丽，2009）。

后来，一些私家公园开始向民众开放，如豫园、张园等，但在公园兴起之初，女性是不能随便进入的，更不能与男性同游，不少公园对女游客有严格的规定。到20世纪20～30年代，都市女性已经能自由地出入公园这一公共休闲场所了。这一时期的女性不仅三五结伴到附近的公园游玩，而且也成群结队到郊外春游踏青，甚至组织团体长途旅行，到名胜古迹之地饱览祖国大好河山（董玮，2005；郑向敏、范向丽，2009）。

结合女性旅游发展现状，我们不难看出，我国女性旅游的发展经历了从被动到主动、从依附到自主、从隐蔽到主流、从常规到个性、从偶然性到经常性、从特殊性到普及性的漫长历程（郑向敏、范向丽，2009）。

2.3.2　国内女性旅游从业人员研究

国内关于女性旅游从业人员的研究主要有以下几个方面。

（1）少数民族女性旅游从业人员研究

国内关于旅游性别问题的研究始于少数民族地区女性研究，赵捷女士1994年发表的《云南旅游业中民族女性角色分析》是我国第一篇关于旅游与性别探讨的文章，此后，旅游中的性别问题逐渐引起国内学者的关注，研究重点也一直集中在少数民族地区女性与旅游的探讨上。纵观国内相关文献，主要取得以下几方面研究成果。

①旅游对少数民族女性的角色影响研究。

旅游开发对少数民族女性的角色产生了一定的影响，少数民族女性旅游从业人员的家庭和社会角色都发生了一定的转变。

从家庭角度看，旅游开发对摩梭人家庭中男女成员的收入比例有了较大的影响（陈斌，2004），摩梭母系家庭权力由老年女性向有文化、有能力的年轻女性转移（唐雪琼、朱竑等，2009），摩梭人母系大家庭的家庭权力模式开始呈现出多样化特点。付保红、徐旌（2002）对西双版纳傣族女性旅游从业人员的研究则表明，旅游业使得傣族夫妻家庭劳动分工发生变化，丈夫开始为从事旅游业的妻子分担农活和家务，以儿媳为代表的女性在家庭中的地位空前提高。

从社会角度看，旅游业的开发使得少数民族女性不再单纯是普通的家庭妇女，而获得了更为复杂的社会身份，少数民族女性是旅游从业人员的主力军（各行业比例均在54%以上），是与游客的接触者、传统文化的主要传媒和民俗的表演者，对旅游业的发展产生了良性的推动效应（赵捷，1994；郑向敏、范向丽等，2007）。旅游业为她们带来新的社会身份，其经济地位和作用被强化（周婷，2007；吴忠军、贾巧云，2008），社会形象、思想意识得到提升（周婷，2007；付保红、徐旌，2002），传统文化得到继承与发扬（景晓芬，2007；吴忠军、贾巧云，2008）。

值得注意的是，虽然少数民族女性的家庭和社会角色发生了转变，但其新角色也是以传统文化为基础的，"少数民族"和"女人"是其最基本的身份，她们也不可能跳出人们原先的角色期待，新的角色不是对传统角色的颠覆，而是延续、补充（粮丽萍，2008）。

②旅游对少数民族地区女性的正负影响研究。

与乡村旅游类似，旅游开发为少数民族地区女性带来了正负两方面的影响。

旅游开发对少数民族女性的积极影响主要表现在：a. 女性经济作用和经济地位被强化（周婷，2007；贾巧云，2007）；b. 女性就业机会增多；c. 旅游业开发为女性职业技能教育提供了机会；d. 女性的社会形象和地位得到提升；e. 拉近了少数民族女性与外地居民之间的距离（付保红、徐旌，2002）；f. 民族自豪感和认同感提升（张瑾，2008）；g. 社区整体环境得到提升（刘韫，2007）。

消极影响则主要体现在：a. 增加了女性的劳动压力（郑向敏、范向丽，2009）；b. 冲击了婚恋家庭观（郑向敏、范向丽，2009）；c. 商业化的影响误导女性对传统文化的理解（周婷，2007；郑向敏、范向丽，2009））；d. 民族文化的商品化和舞台化（郑向敏、范向丽，2009）；e. 不良的生活方式和习气（张瑾，2008）；f. 忽视女童教育（景晓芬，2007；刘韫，2007）。

③民族旅游中的女性形象研究。

无论是民族旅游宣传还是游客自身旅游经历的"故事化"叙述，出现的形象多以女性为主，而少数民族旅游风情目的地宣传更为明显。

从少数民族女性形象宣传手段方面看，旅游宣传资料制作者主要通过语言、画面、音乐等手段将自己对少数民族女性形象的原始、美丽、能歌善舞、神秘、心灵手巧等特性进行放大，通过旅游小册子、网络、报纸、电视广告等传播媒介进行传播。受众则通过媒介提供的形象表征来认识少数民族女性群体，与此同时，这些女性自身也根据这一"镜中我"来形成自我认知和自我意识（黄翅勤，2009）。

从旅游宣传中民族女性形象的本质看，它既是男性主导文化在旅游行业的"影射"，也是女性在旅游业中独立发挥作用的表现；既是长久以来形成的以汉族为中心的优势文化对少数民族文化的表述，也是对"异"民族文化的一种窥视，或是对所谓"原始落后"的少数民族文化体验后的一种心理满足感和文化优势感（黄翅勤，2009）。总之，在旅游宣传文本中，民族女性形象都处于"被表征""被表述""被病理化"（吴晓美，2007）的地位，宣传制作者通过对表征过程中话语权利的控制，左右了这一形象的解读。

旅游宣传中的女性形象存在民族和性别刻板印象、区域性识别度不高、真实性问题和形象塑造者的话语权等方面问题（黄翅勤，2007）。旅游宣传资料制作者应该通过鼓励少数民族女性参与旅游宣传制作、挖掘少数民族女性生活个体方面，表现当代少数民族女性的自主独立，应突出

"内在美",改善目前旅游宣传中少数民族女性的形象问题。

④其他。

吴晓美(2007)从人类学视角对民族旅游进行了审视,指出在民族旅游中存在女性游客需求被忽视、男性旅游从业人员被边缘化的性别歧视现象。首先,以男性为主导的社会现实造成了民族旅游中女性形象的病理化和女性游客的不公平地位,女性成为民俗节目中可购买的"伴侣",而女性游客被奉为"上帝"只是一种假象,因为民俗节目全是从男性视角来设计的,当她们的丈夫和购买来的"伴侣"在举办"传统婚礼"时,她们只能坐在旁边观看,女性游客被奉为"上帝"是一种假象,女性游客的需求被忽视。其次,由于过度强调女性形象和男性游客需求,旅游业形成女性主导、男性受压抑受贬斥的现实。男性在饭店、导游行业没有实现自我价值的平台,民俗风情表演由于过于突出女性形象,而将男性"丑化"和"忽视",少数民族男性成为游客眼中的"小男人"和"丑男人"形象(五朵金花、刘三姐表演无不如此)。而造成这种现象的根源在于游客以男性主导的社会现实和刻板印象。

卢彦红(2008)对岜沙女性参与民族旅游发展障碍进行了分析,指出男耕女织的社会分工、自给自足的经济结构、以男性为象征的独特传统民族文化、旅游开发处于初级阶段、女性的自身素质偏低、两性参政议政上的不平衡等原因阻碍着少数民族女性的民族旅游参与。作者还提出可通过以下措施来提高少数民族女性的旅游开发参与度:a. 扩大女性的分工领域,让女性从传统的家庭领域走出来;b. 开发能发挥女性优势的旅游项目;c. 对外旅游宣传兼顾女性形象;d. 提高女性的自身素质;e. 增加女性参与公共事务管理的机会;f. 增加女性参与公共事务管理的机会。

(2) 乡村女性旅游从业人员研究

乡村旅游的兴起、旅游扶贫等战略的提出使得农村女性开始参与到旅游中来,旅游甚至成为农村女性非农化的主要途径,国内少数学者对女性在乡村的角色地位、乡村旅游进行了研究。

①女性在乡村旅游中的角色地位研究。

郑向敏、范向丽(2007)的研究指出,农村女性是旅游扶贫的主要参与者、策略实施者、农村旅游企业的主要管理者、当地产业结构优化升级的推动者，在旅游扶贫中作出了经济贡献和社会贡献。

②乡村旅游对农村女性的影响研究。

乡村旅游直接或间接地对农村女性带来了积极和消极两方面的影响。

乡村旅游对农村女性的积极影响主要表现在：提供就业机会、增加家庭收入、提高经济地位、开阔眼界、改善居住环境、当地文化和环境受重视、消费结构和生活方式及观念转变、夫妻劳务分工等（付保红、徐旌，2002；郑向敏、范向丽等，2007；刘韫，2007；邓红，2008；吴景、陈思明，2008；黄玮，2009；王伊欢、王珏等，2009）。消极影响主要表现为：女性商品化、双重工作、文化变异与同化、女童教育等（郑向敏、范向丽等，2007；景晓芬，2007；王伊欢、王珏等，2009等）。

③乡村旅游中女性面临的限制因素。

虽然乡村旅游在带动农村女性就业、增加收入和创业机会等方面都为女性带来了自我发展的机会，但是农村女性也面临一定的限制因素（郑向敏、范向丽，2007）。例如，旅游技能与知识培训机会少、农家乐审批复杂、创业资金筹集问题、旅游就业领域公平等（黄玮，2009），还存在一些限制和约束，制约着农村女性作用的发挥。黄玮（2009）在临安市白沙村对农村女性的调查表明，85%的被访者表示家务劳动过多，影响其参与乡村旅游业，98%的被访者希望得到更多的免费技能培训，89%的被访者希望得到政府在农家乐审批和创业资金等方面的优惠政策，90%的被访者希望就业领域能更多地体现公平。

（3）饭店女性从业人员研究

据不完全统计，我国饭店业女性从业人员占从业人员总数的一半以上（叶秀霜等，2005），而且女性还开始从基层岗位走向饭店中高层管理岗位，在饭店管理中发挥着越来越大的作用。饭店从业女性开始引起学界和业界的关注，逐渐出现一些相关研究成果。

从目前国内文献看，主要取得以下几方面研究成果。

①饭店女性从业人员素质与性格优势研究。

一些学者从女性本身出发，从职业素质、性格优势等角度进行了分析。

我国饭店女性从业人员整体素质不高。轮岗操作缺失、小富即安思想、自暴自弃态度等导致我国饭店从业女性存在岗位技能单一、求技意识不强、干部比例低、婚姻等后顾之忧较多等问题（高耀敏、杨云，2008），整体职业素质偏低。应该通过教育和引导、搭台和培训、维护和规范、造势和激励等策略提高其职业素质，更好地发挥她们在饭店管理中的优势和作用。

饭店女性从业人员具有以下优势：对饭店工作适应性较强；流动率相对较低，稳定性强；较强的自信心、主动性和积极性。"浙江省旅游饭店女性从业人员现状调查"的统计资料表明，91.4%的女性员工并不认为"男性能力天生比女性强"；83.73%的女性员工不同意"女性应避免在社会地位上超过其丈夫"的说法；79.37%的女性员工在工作遇到挫折时会自己先想办法解决；79.16%的女性员工觉得和男性同事相比，自己的能力与他们不相上下（叶秀霜等，2005）；饭店工作逐渐得到社会认可；有亲和力较强、是耐心的勤听者、忍耐力和感知力较强等性格优势（陈雪琼，2003；肖兰平、熊丽娟，2006；饭店现代化，2006；杨云，2008），有人际交往能力较强、语言能力强等个性优势（李敏、唐书转，2006；杨云，2008）。

②饭店女性从业人员角色与作用研究。

饭店女性具有的亲和力较强、是耐心的勤听者、忍耐力和感知力较强等性格优势有助于增强饭店忧患意识、饭店人力资源管理和客户关系管理等，女性性别优势还将使饭店管理模式具备"开放、信任、持续教育、同情与理解"等特点，这种管理模式更具有人性化（陈雪琼，2003；肖兰平、熊丽娟，2006；饭店现代化，2006；杨云，2009）。

③饭店女性从业人员的激励与开发。

李敏、唐书转（2006）指出，女性在社会角色、心智模式等方面与男性存在很大的不同，饭店应针对饭店女性员工受教育程度低、人际交往能力和语言表达能力强、社会角色复杂、工作压力大等为女性员工提供结合工作设计、结合女性社会角色特殊需要、符合国情、有利于发展的激励措施，充分发挥饭店女性的人力资源优势。

盖陆祎、张维志（2008）也指出，饭店女性从业人员开发存在供需失调、结构失衡、流动出现两个极端（一线流动过于频繁，中高层流动停滞）、高层缺失等问题，并提出应通过落实社会保障制度、均衡化管理、加大投资力度、构建可持续发展女性观、优化知识结构、强化竞争意识等来促进饭店女性人力资源的开发。

④饭店女性从业人员健康研究。

目前有关饭店从业人员健康的研究成果主要有两方面，即生殖健康与心理健康。

崔春霞、王英等（2009）就包头市 10 所饭店 700 名餐厅服务员的非婚性行为现状、影响因素及安全套使用情况等进行了研究，结果显示，包头市餐饮业服务员非婚性行为发生率较高，安全套使用率较低，他们是性病、艾滋病感染的高危人群，急需提高该人群的自我防护意识，减少高危性行为的发生。李军、张正红等（2009）选取合肥市 12 家饭店和蚌埠市 14 家饭店的农村户口未婚女性进行调查研究和社会网络干预，经过社会网络干预后，被访人群的艾滋病相关知识和安全套使用自我效能均有明显加强，从而证明社会网络对饭店流动人群性病防御相关技能提高有一定的作用。

李军、张洪波等（2009）选取合肥市 12 家饭店、蚌埠市 14 家饭店作为研究现场，以在饭店打工、农村户口、16～24 岁、未婚的女性为研究对象，对其抑郁症状进行了评定。研究表明，饭店打工妹抑郁症状检出率高，尤其是年龄小、来自单亲或父母再婚家庭者。因此，作者提出应通过完善社会保障制度、增强社会诚信氛围、加大社会支持力度、提高认知社会资本等策略减少抑郁症状的发生。

（4）其他

刘红梅（2008）以湖南第一师范学校 2005 级旅游系学生为例，对其实习中遭遇的性骚扰状况进行了研究。调查表明，实习期间的性骚扰主要有以下几方面特征：①多数（74% 左右）女学生经常或间或地受到过各种形式的性骚扰；②旅行社的实习学生受骚扰比例高于饭店实习学生；③大部分（80% 左右）性骚扰发生在工作地点；④（50% 以上）性骚扰主要来自客人，其次是同事和上司；⑤性骚扰主要为言语和态度方面，如讲黄色笑话，以性言辞辱骂或用电话、手机短信、网络等形式进行性骚扰。其次是肢体行为，如偷拍，被人毛手毛脚触碰胸部或私处，女性的胸部、臀部被眼睛盯着等。作者指出，应该通过课堂性骚扰教育、学生自我修养提高、企业监管等手段来防止旅游实习生性骚扰问题。

杨海洪、张红梅（2009）和杨云（2009）对饭店女性管理者的职业发展问题进行了探讨，指出饭店女性从业人员面临角色冲突和困惑，健康状态、性格爱好、年龄、教育、组织环境都影响其职业生涯，并在此基础上提出，饭店女性从业人员应该加强体育锻炼、培养自强意识、加强法制意识、学会自我排解，来缓解面临的压力与困惑。

2.3.3 国内旅游性别研究的不足及本书的理论价值

对比国内外研究现状，发现国内旅游性别研究的不足、机会和空间是本章的研究目标，也是本书的主要选题依据和理论基础之一。由上文分析可知，国外旅游性别研究相对较为成熟，而且已经形成了国内外普遍认可的知识系统，但由于我国传统性别观念影响较深、旅游学科背景单一、旅游学理论不成熟等，国内旅游性别研究还相对较弱，其研究深度和广度都有较大的提升空间和机会。与国际旅游性别研究总体状况相比，我国旅游性别研究有以下几方面不足。

（1）研究出发点与视角单一

近年来，女性游客和某些特定地域、领域的女性旅游从业人员逐渐引起国内学者的关注。从笔者检索文献的出版年份可以看出，旅游性别相关文献逐渐增多，近4年的研究文献占全部文献的80%左右（见表2-9）。可见，旅游性别研究已经逐渐引起国内学者的关注，但研究主题、出发点和视角相对较为单一，女性游客消费、女性旅游市场、民族旅游与女性、乡村旅游与女性、女性饭店从业人员是国内旅游性别研究较为集中的几个方面，而且民族旅游与女性、乡村旅游与女性等研究文献的作者都是社会学、人类学、民族学学者，目前国内旅游学者主要从管理学、市场学角度对女性旅游者进行较为宏观、相对粗浅的研究。研究出发点和视角较为单一，没有很好地体现出旅游研究的跨学科与多学科特点。

表 2-9　国内旅游性别研究文献出版时间分布状况

	2000 年前	2001 年	2002 年	2003 年	2004 年	2005 年	2006 年	2007 年	2008 年	2009 年
文献数（篇）	3	1	3	5	6	7	13	22	19	30

（2）研究方法缺乏创新

其次，在研究方法上，国内目前相关文献主要以定性描述为主，有少数的实证研究，但在研究工具、研究方法等方面还较为保守。这也是国内旅游性别研究落后于国际的一个主要方面。

（3）研究深度有待挖掘

与笔者所检索到的英文文献相比，国内相关文献的研究结果较为粗浅，没有经过严格的论证，大都是基于经验的阐述，学术深度还有较大差距。目前有关旅游性别研究的博士论文仅有 1 篇，硕士论文 7 篇，国内还没有关于旅游性别研究的著述，而国外这方面的著述则非常丰富。本书认为，国内的旅游性别研究深度欠缺主要有两方面原因：一方面，目前关注旅游性别问题的学者多为年轻教师和学生，学术功底还有待加强，国内较权威的旅游学者和专家还没有涉入或连续性地涉入该领域的研究；另一方面，国内的旅游性别研究刚起步，可以查阅的文献和资料较少，研究具有一定的难度。

3 女性职业发展危机相关基础理论概述

职业发展理论包括职业选择理论、职业发展过程理论和职业发展管理理论,其中职业发展过程理论又包括职业发展阶段理论、职业发展路径理论、职业运动理论。

3.1 职业发展阶段理论

饭店中层管理者大都为中青年,中层管理是其职业生涯中很重要的一个阶段,每个人在不同的职业发展阶段有不同的职业特征、职业需求和职业发展目标。因此,了解职业发展理论对于研究饭店女性中层管理者的职业发展危机具有指导意义。

每个人的职业生涯都要经历若干阶段,只有了解不同阶段的特征、知识水平要求和各种职业偏好,才能更好地促进个人的职业生涯发展。有关职业生涯发展阶段划分的理论比较有影响的主要有五种。

3.1.1 萨帕的职业生涯发展阶段理论

萨帕(Donald E. Super)是美国一位有代表性的职业管理学家,他提出的职业发展理论将人的职业生涯划分为5个阶段(见表3-1)。

表 3-1　萨帕的职业发展阶段论

阶段	阶段责任	子阶段	子阶段责任
成长阶段 (0~14 岁)	认同并逐步建立职业概念，职业好奇心占主导，逐步有意识地培养职业能力	幻想期 (0~10 岁)	在幻想中扮演自己喜欢的角色
		兴趣期 (11~12 岁)	以兴趣为中心，理解评价职业，开始作职业选择
		能力期 (13~14 岁)	更多地考虑自己的能力和工作需要
探索阶段 (15~24 岁)	通过学校学习进行自我考察、角色鉴定和职业探索，完成择业或初步就业	试验期 (15~17 岁)	综合考虑自己的兴趣、能力，对未来职业作尝试性选择
		转变期 (18~21 岁)	正式进入职业领域或进行专门的职业培训，明确职业倾向
		尝试期 (22~24 岁)	选定工作领域，开始从事某种职业，对职业发展目标作可行性试验
确立阶段 (25~44 岁)	认定合适的工作领域，并谋求发展，这是大多数人职业生涯的核心阶段	承诺和稳定期 (25~30 岁)	个人在职业发展中安顿下来，重点寻求职业及生活稳定
		发展期 (31~44 岁)	致力于实现职业目标，是最富创造性的时期
		职业中期危机阶段	在职业中期可能会发现自己偏离职业目标或有新的目标，此时需要重新评价自己的需求，处于转折期
维持阶段 (45~64 岁)	培育新技能，维护已有的成就和地位，维持家庭和工作的和谐，寻找接替人选		
衰退阶段 (64 岁以后)	逐步退出职业和结束职业，开发社会角色，权利和责任较少，适应退休后的生活		

3.1.2　施恩的职业生涯发展阶段理论

施恩（Edgar H. Schein）是美国著名的心理学家和职业管理学家，他在萨帕的基础上，根据人的生命周期及不同年龄段所面临的问题和主要职业任务，将职业生涯分为 9 个阶段（见表 3-2）。

表 3－2　施恩的职业发展九阶段论

职业阶段	角色	主要任务
成长、幻想、探索阶段（0~21岁）	学生，职业工作的候选人、申请者	发现并发展自己的兴趣、爱好、能力和才干，为职业选择打基础；学习职业相关知识；作出合理的受教育决策；开发工作领域中所需的技能和知识
进入工作阶段（16~25岁）	应聘者、新学员	进入职业；学会寻找并评估工作，作出有效的工作选择；个人与组织之间达成正式可行的契约；正式成为某组织的成员
基础培训阶段（16~25岁）	实习生、新手	了解、熟悉组织，接受组织文化，克服不安全感；学会与人相处，融入工作群体；适应独立工作，成为组织的重要成员
早期正式职业阶段（17~30岁）	取得组织正式成员资格	承担责任，成功履行工作任务；发挥和展示自己的技能和专长，为职业成长打基础；重新评估现有职业，理智进行新的职业决策；寻找良师和保护人
职业中期阶段（25岁以上）	正式成员、任职者、终生成员、主管、经理等	选定一个专业或进入管理部门；保持技术竞争力，力争成为一名专家或职业能手；承担较大责任，确立个人地位；作出长期职业计划；寻求个人、家庭与工作的平衡
职业中期危机阶段（35~45岁）	正式成员、任职者、终身成员、主管、经理等	客观评价个人能力，更加明确职业抱负和个人前景；接受现状并对可预期的前途作出选择；建立与他人的良好关系
职业后期阶段（40岁以后）	骨干成员、管理者、有效贡献者等	成为一名工作指导者，学会影响他人并承担工作责任；增强才干，并担负更大的责任；选拔和培养接替人员；求安稳者职业就此停滞，要正视自己影响力和挑战能力的下降
衰退和离职阶段（40岁以后）		接受权力、责任、地位的下降；接受和发展新的角色；培养工作以外新的爱好、兴趣，寻求新的满足；评估自己的职业生涯，做好退休准备
退休阶段（因人而异）		适应角色、生活方式、生活标准的变化，保持认同感；保持自我价值观，运用自己积累的经验和智慧，以各种资深角色，对他人发挥传、帮、带的作用

3.1.3　金斯伯格的职业生涯发展阶段理论

金斯伯格（Eli Ginzberg）是美国著名的职业指导专家，是职业发展理论的先驱和代表人物。他对职业发展进行了长期的研究，研究重点为儿童到青少年时期的职业心理变化，提出将职业生涯划分为幻想期、尝试期和现实期三个阶段（见表3-3）。

表3-3 金斯伯格的职业发展三阶段论

阶 段	主要职业心理活动
幻想期 （0~11岁）	对职业充满好奇和幻想，在游戏中扮演自己喜欢的角色，职业需求单纯由自我爱好、兴趣所定，没有考虑自身能力、条件，也未考虑社会机遇
尝试期 （11~17岁）	独立的意识和价值观开始形成，知识和能力显著提升；开始关注自己的职业兴趣、能力以及职业的社会地位等
现实期 （17岁以后）	能将自己的职业愿望和需求与自己的主观能力、条件及社会需求紧密协调起来，有具体的、现实的职业目标

金斯伯格的职业发展三阶段论主要讨论的是17岁以前，与本书的关系不大，这里不再作具体分析。

3.1.4 格林豪斯的职业生涯发展阶段理论

萨帕和金斯伯格依据个体不同年龄段的职业需求和态度对职业发展阶段进行了划分，格林豪斯（J. H. Greenhaus）则从个体进入职业流程的角度将个体职业生涯划分为五个阶段，具体划分为几个阶段的职业任务（见表3-4）。

表3-4 格林豪斯的职业发展五阶段论

阶段	主要职业任务
职业准备阶段 （0~18岁）	发展职业想象力，培养职业兴趣和能力，对职业进行评估和选择，接受必需的职业教育和培训
进入组织阶段 （18~25岁）	进入职业生涯，选择较合适、较满意的职业，并在理想的组织中获得职位
职业生涯初期 （25~40岁）	逐步适应职业工作，融入组织，不断学习职业技能，为未来职业生涯作好准备
职业生涯中期 （40~55岁）	努力工作，并力争有所成就；在重新评价中强化或转换职业道路
职业生涯晚期 （55岁到退休）	继续保持已有的职业成就，成为一名工作指导者，对他人承担责任，维护自尊，准备引退

按照格林豪斯的职业发展五阶段论,本书的研究对象即饭店女性中层管理者多处于职业生涯初期和中期,其职业任务相对较为繁重,这一阶段的职业发展将决定其职业生涯的高度和长度。

3.1.5 廖泉文的职业发展阶段理论

厦门大学人力资源管理资深专家廖泉文教授按照个体职业与知识、信息、经验等之间的互动关系,将个体职业生涯划分为输入、输出和淡出阶段,其中输入、输出阶段各有三要素,该理论也被称为"廖氏三三三制理论",具体划分见表3-5、表3-6、表3-7。

表3-5 廖氏三三三制理论

阶段	主要职业内容
输入阶段 (从出生到就业前)	输入信息、知识、经验、技能,为从业作好准备;认识环境和社会,锻造自己的能力
输出阶段 (从就业到退休)	输出自己的知识、智慧、服务和才干,还包括知识的再输入、经验的再积累和能力的再锻造
淡出阶段 (退休前后)	精力渐衰,经验渐丰,阅历渐增,逐步退出职业,适应角色转换。该阶段为"夕阳无限好"阶段,应有更广阔的时空以实现夙愿

表3-6 廖氏三三三制理论输出阶段的子阶段

	子阶段	个人工作状态	职业环境状态
输出阶段	适应阶段	定三个契约:对领导,我服从你的领导;对同事,我要与你协同工作;对自己,我要使自己表现出色	适应工作硬软环境,个体与环境、个体与同事相互接受,此时,进入职业
	创新阶段	独立承担工作任务,努力作出创造性贡献,向领导提出合理化建议	受到领导和群众认可,进入事业辉煌阶段
	再适应阶段	由于工作出色获得晋升,由于发展空间小而原地踏步,由于自身骄傲或差错被批评	调整心态,再适应变化的环境;此时属于职业状态分化阶段,领导和同事看法不一

表 3-7　再适应阶段的三种状况

	三种状况	职业状态
再适应阶段	顺利晋升	面临新工作环境、新工作技能的挑战，同级同事的嫉妒，领导会提出新的工作要求，表面辉煌的背后潜藏着一定的职业风险
	原地踏步	此时有倚老卖老、不求上进的状况出现，容易对同事冷嘲热讽，此时作职业平移或职业变化更合适
	下降到波谷	由于个人或客观原因，被领导批评或受降级处分，工作进入波谷，此时若能振奋精神，有希望进入第二个"三三三制"

饭店女性中层管理者多数处于输出阶段的再适应阶段，部分是由于工作出色而刚刚被提升，还有一些由于发展空间等多方面原因而在中层管理岗位原地踏步，甚至下降到波谷，而职业发展危机在后两者中表现更为突出。由于她们年龄比前者稍长、学历偏低、家庭拖累较大、职业流动性较差，自我的职业竞争力减弱，由此导致职业发展危机。

3.2　提高职业发展成功概率的理论

提高职业发展成功概率的"廖氏理论"是厦门大学著名人力资源专家廖泉文教授提出的，包括烧开水理论、绣花理论、马论、红叶子理论、交点理论和球论，这些理论对于提高个人职业发展的成功概率有较大作用。

3.2.1　烧开水理论——证明自己的存在

个人证明自己存在的过程犹如烧开水，该过程共包含三个环节，第一是要不断添柴，即努力学习，不停地学习，是不停地向社会和环境学习的过程；第二是要耐得住寂寞，不要频繁地揭锅盖，也就是积累过程中不能急于表现自己，这种积累既要求自己能吃苦，也要保持谦虚；第三个过程是水烧开后，不要喷洒出来，要保护火。水开后，本身就会发出"开"的声音，有时甚至会顶起锅盖，发出声响，此时已经证明烧开的水喷洒出来，切忌浇熄把你"烧开"的火，要保护它们。烧开水理论是描述个人证明自己存在的过程，这一过程中强调个人必须努力、谦虚和感恩（见图3-1）。

（1）不断添柴

①不停顿、不间断地添柴；②掌握添柴的技巧。

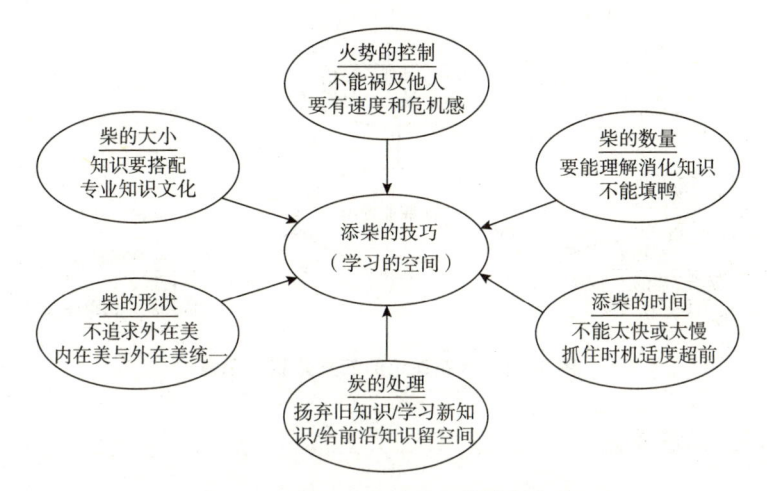

图3-1 烧开水理论的添柴技巧示意

（2）不要急于掀锅盖

①掀锅盖会散发热量，延缓水开；②不开的水也会冒气，"冒气"会使人摘下青苹果；③沉得住气是一种修养；④寂寞也是一种重要的锻造。

（3）证明自己的存在

①水开了，就证明你的存在；②水开了，要防止水溢出锅面；③要做好烧第二锅水的准备。

3.2.2 绣花理论——奉献中求发展

绣花理论是指当一个人处于职业生涯初期或低谷时，必须努力借助他人的"资源"并主动地义务或以比市场更低的价格为提供资源的人工作，在这个过程中，完成自己技能、关系、资金（或其他资源）的积累，求得个人人力资本质的飞跃，以获取职业发展的成功。

绣花理论具有三要素，即义务为他人作嫁衣，完成技能、名气和资源的积累，形成品牌效应（见图3-2）。

（1）为他人作嫁衣

①学艺要先学会吃亏，获得资源要付出更多的劳动；②做他人的嫁衣裳，学自己的绣花技艺；③学艺要肯下苦功。

（2）完成职业能力的三大积累

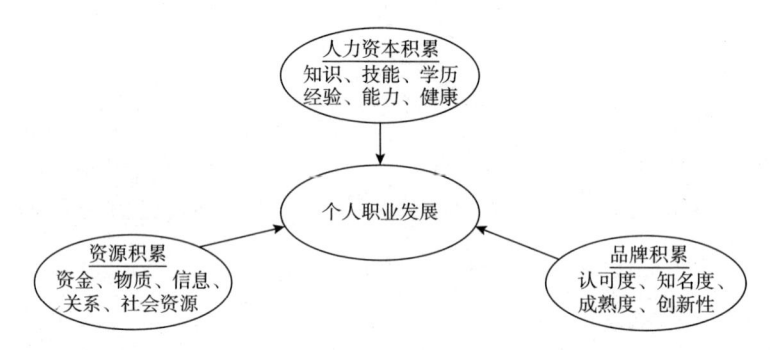

图3-2 绣花理论的三要素积累示意

（3）品牌效应

3.2.3 红叶子理论——开发自己的亮点

红叶子理论将一个人的优点比作树上的红叶子，把缺点比作绿叶子。红叶子理论认为，一个人职业的成功不在于红叶子的数目多少，而在于他是否具备一片特别硕大的红叶子，这片特别硕大的红叶子不是与生俱来的，需要个人不断努力，准确地识别出最适合发展的红叶子，开发这片红叶子，发展这片红叶子，使这片红叶子特别硕大、特别红艳，成为引起社会和人们特别关注的人力资本。

红叶子理论的三要求为：识别红叶子、发展红叶子、缩小绿叶子。

（1）识别红叶子

红叶子理论最基本的观点是提出职业成功与个人优点的数量无关，而跟优点的大小有关。而且很关键的一步是要找到最有发展潜力的那片红叶子，利用自己有限的时间和精力去开发。

①识别最具潜力的红叶子；②识别最具价值的红叶子；③识别最能取胜的红叶子。

(2) 发展红叶子

百折不挠的意志，坚定不移的决心，是发展硕大的红叶子的重要条件。要努力进取，这个过程中必然会有阻力、有困难，其中也包括环境和人为的压力，具备健康的心理素质，就能坦然面对困难，坦然面对压力，坦然承受委屈、责备、失败、挫折。智慧和技巧也是必不可少的，要善于寻找助力，要善于把握机遇，要开发自己的潜力，要找准着力点，充分发挥自己的智慧。

(3) 缩小绿叶子

在一个人身上，如果同时存在硕大的红叶子和硕大的绿叶子，或者绿叶子大于红叶子，均可能妨碍了才能的发挥，影响了职业的成功。因为人们将会优先看到绿叶子，绿叶子障目，红叶子也就看不到了，你的优点将被人们和社会所忽视。同时，绿叶子还会抢走红叶子的营养，本身可能还有蚕食红叶子的问题。所以，要让绿叶子变少、变小，不仅要注意"静坐常思己过"，对自己的绿叶子要有充分的认识，而且对某些绿叶子要动手掐断它的养分来源，认识其不良影响，让它枯萎和死亡，对某些绿叶子要抑制其长大。

(4) 红叶子、绿叶子的动态性

红叶子理论认为红叶子是可变的，可以变大，也可以变小；红叶子和绿叶子是个相对的概念，绿叶子可能迅速长大，并吞食红叶子或使红叶子变小；红叶子本身是可塑的，红叶子与绿叶子的关系是动态的、可变的，我们要密切注意这种动态性，永远不间断自己的努力，永远不间断自己的奋斗，就像汹涌澎湃的长江，从内心激发向前的勇气，向大海这个目标奔腾前进。

3.2.4 交点理论

交点理论认为，只要你认真地去做每一件事情，同时认真地从每件事情中总结经验并积累自己的人力资本、发展自己的核心能力，那么，你总能在远处找到一点，该点是个人过去所有努力的结晶，交汇了所有的知识，积累了所有的辛劳和奉献。那些在过去看似不相交的平行线终于在远处交于一点。它是个人获得职业成功的新起点、职业高度的新平台，也是个人继续奋进的新台阶。这样的交点人生可能会有若干个，也可能只有一个。

交点理论的核心要素包括：①必须努力寻求工作的交点；②交点是以前工作的积累和结晶；③交点是人力资本而非物质资本；④交点预示了人生的新起点；⑤交点是过去努力的蓄水池，是新的发展的动力泵。

(1)"平行直线"并不平行

这里的平行直线是指从事的某些似乎没有什么联系的"职业"或"职务"。这些直线似乎不相交，但构成了他人对个人的认识。因此，轻视小事情的人往往会失去很多被别人认识的机会，同时也失去了成功的机遇。另外，很多知识、技能表面上是不相关的，事实上，知识是相互包容、相互沟通的一条深层次的"信息流"。

(2)交点的产生源于积累

交点的产生可能是一种机遇，但更是一种积累，可以说，交点的产生源于积累。

首先，交点的产生不是在从业初始，通常是经历一个较长的时间段和过程之后，是经过了时间的积累。其次，点的产生不是来源于一条直线，而是由若干条直线交汇而成，是不同知识的积累。再次，交点的产生不是来源于简单的相交，而是创新的成果，是综合思考的积累。

(3)交点是职业成功的新起点

人们在从事各种工作之后，找到一个交点来汇集过去的工作，过去的工作对之后的发展都是有用的，减少了浪费，汇集了力气；但那还仅仅是起点，是迷茫中看到的目标，是涣散力气的集中，并不是终点，可以有作为，也可以无作为，关键在于获得交点的人如何走下一段路。所以，有的人一生只获得一个交点，沿着这个交点不断进取、努力，获得了成功；有的人一生必须有若干个交点，方能获得成功。

3.2.5 球论

"球论"是团队建设重要的理论基础。由于团队成员众多，彼此的选择不可能个个都"精挑细选"，个个都"称心如意"，纵使第一次的选择是彼此认同的，由于个体在变化的环境中是动态的、可变的、开放的，彼此的选择始终要在强迫性选择中谋求动态的平衡和最佳结合点。

球论包括四个要点：强迫性选择，主动性协调，整体性决策，再次选择、流动与协调。

（1）强迫性选择

在特定条件和环境下，可供选择的对象（或机会）是有限的，人们必须从中作出选择，而且这些对象（或机会）并非完全符合选择者的全部选择指标，选择者必须在这些指标中作出取舍，并作出不完全符合个人意愿的选择，即强迫性选择。

（2）主动性协调

个人在职业进取过程中，受时间和空间的制约，必须对合作对象（某个人或某些人）作强迫性选择时，必须采取各种主动方式，以缓解这种强迫性选择给自己带来的心理压力和行为阻碍，减少彼此间的不协调因素，主动沟通并增进彼此的关系，从而使群体关系顺畅和富有弹性。

（3）整体性决策

个体发出主动性协调信息并努力实施后，有可能会发生协调失败的情况。这时，有些人会匆匆跳槽；有些人会灰心丧气，埋怨自己的命运不好；有些人会继续努力，勇敢地去继续争取协调的可能。整体性决策就是针对个体主动性协调受挫后的决策准则。当个体职业生涯经历过强迫性失败后，应慎重评价前一阶段的职业生涯，整体性、全局性地考虑职业生涯的重新设计，从而作出自己下一阶段职业发展的决策。

整体性决策过程中应注意以下几点：①抓关键事件和关键人物；②注意阶段目标和整体目标；③要做到妥协退让，但要保持合适的度，坚持自己的核心价值观和终极追求；④注意与周边关系的协调。

3.3 女性职业理论

3.3.1 职业性别隔离理论

职业性别隔离（occupational sex segregation 或 occupational segregation by sex），指在劳动力市场中，男性和女性雇员被分配、集中到不同的职业，承担不同性质的工作（Gross，1968；Birkelund，1992；Watts，1998），也就是各职业从业者的性别分布呈现失衡状态，且进入和升迁通道被大部分某一性别的人口所垄断。通俗来讲，职业性别隔离是指劳动力市场中存在"女性"职业和"男性"职业的现象。职业性别隔离主要分为水平隔离（horizontal segregation）和垂直隔离（vertical segregation）两种。水平隔离是指男女劳动力在社会声望和地位等方面处于同一水平的不同职位、职业和行业的就业隔离分布状况，而垂直隔离是指男女劳动力在社会声望和地位等方面不同的职位、职业和行业间的隔离分布状况（赵瑞美、王乾亮，2000）。

3.3.2 工作与家庭关系理论

（1）工作-家庭分割理论（Work/Family Segregation Theory）

工业革命之后，工作和家庭开始分割，工作和家庭活动在不同场所、时间展开，并对行为和感情表达也有各自不同的规范。按照传统的"男主外、女主内"性别意识，男性主要在外承担养家糊口的责任，女性则承担家庭主妇的责任。这种差别和分工使早期的研究者把工作和家庭系统看成两个独立运行的系统。因此，分割理论认为工作与家庭两个系统不会相互影响，也不会相互冲突。个体可以清楚地将工作部分的感情、态度和行为与家庭部分分割开来。

（2）工作-家庭溢出理论（Work/Family Spillover Theory）

"溢出理论"（Spillover Theory）是运用开放系统思想的重要理论。该理论认为，尽管工作和家庭之间存在空间和时间上的边界，但一个领域的感情和行为可以溢出到另一个领域（张莉，2006）。这种溢出包括积极溢出和消极溢出。积极的溢出包括满意和激励，如工作中的积极溢出会扩展到家庭中带来高水平的满意度。而消极溢出则可能是工作中的问题和冲突消耗了个体的时间和精力，使其很难充分参与家庭生活，反之亦然。

（3）工作-家庭补偿理论（Work/Family Compensation Theory）

虽然溢出理论和补偿理论看似相反，但都证明了工作、家庭之间的相互影响关系，同时两个理论都存在一定的局限性。例如，夏普克斯和莱姆博特研究发现，溢出和补偿可以在个体内同时发生。因此，这两个理论无法预测或解释为什么个体选择一种反应而不是另一种。其原因在于：首先，溢出和补偿理论仅仅考虑到了情感联系（如满意度、挫折）因素，而忽略了工作和家庭之间空间性、时间性、社会的和行为上的联系；其次，这两个理论把个体看作反应性的，而不是能动的、可以塑造环境的。20 世纪 80 年代末到 90 年代，许多学者又对工作－家庭冲突的附加变量进行了研究，从而增加了对工作和家庭相互作用的解释。

(4) 工作－家庭动力学理论（Work/Family Dynamic Theory）

上述三个理论都将工作、家庭之间的关系作了静态分析，事实上，工作、家庭之间的关系是在发展变化的，于是产生了工作－家庭关系的发展观。工作－家庭冲突的发展观对一个人或一对夫妻生活范围内的工作－家庭联系进行了纵向的动态分析。该观点认为，由于男女两性成长模式不同，在不同的人生成长阶段，个体的工作－家庭角色关系也会有所不同。因此，女性对家庭和职业要求的变动与其所处的职业/家庭发展阶段相关，工作和家庭的关系处于动态过程中，是不断发展变化的。

(5) 工作－家庭边界理论（Work/Family Border Theory）

为弥补以往工作－家庭理论的缺陷，深入研究工作－家庭冲突和平衡，并预测可能导致冲突或平衡的情形和个体特征，为个体和组织提供可以用于促进工作责任和家庭责任平衡的框架，美国学者克拉克（Sue Campbell Clark, 2000）于 2000 年提出了工作－家庭边界理论。该理论主要涉及以下概念和观点。①工作、家庭属于两个不同的范围。工作、家庭分属两个不同的范围，两者之间存在物理边界、时间边界和心理边界。②工作、家庭边界具有强弱之分。此外，边界具有可渗透性、灵活性和混合性特点，其可渗透性、灵活性和混合性的程度大小与工作、家庭边界的强弱有正相关关系。

总体来讲，工作－家庭关系理论有助于本书对饭店中层管理者职业发展危机形成因素的分析和探讨，也有助于为饭店中层管理者平衡家庭、工作之间的冲突提供建议。此外，工作－家庭边界理论有助于本书从企业角度提出改善女性职业发展危机的针对性建议，如弹性时间、弹性地点和弹性休假政策，改变组织文化和价值等。

3.3.3 玻璃天花板理论

著名的玻璃天花板理论（Glass Ceiling Theory）是与女性职业发展关系最为直接的理论，也是组织行为学取向的女性职业生涯开发研究的一个热点。其意思是，由于性别差异，女性的职业选择、职务晋升都被一层玻璃挡着，可望而不可即。"玻璃天花板"将女性隔离在职业阶梯的底部，从事着支持性、辅助性的工作（陈晓云，2007；许美娜，2008；张营，2009等）。

"玻璃天花板"一词最早出现于1986年3月24日的《华尔街日报》，用来描述欧美主流社会中外来移民特别是亚洲人只能担任低层职务，或者做到相对高的职位后便再也难以晋升，无法进入核心决策层（张营，2009）。就像玻璃天花板，抬头可见，却难以突破这个障碍。随后，莫里森等（Morrison等，1987）在其发表的文章《打破天花板效应：女性能够进入美国大企业的高层吗？》（Breaking the Glass Ceiling: Can Women Reach the Top of America's Largest Corporations?）中首先提出"玻璃天花板效应"（glass ceiling effects）的概念，后来，玛里琳·戴维森和加里·库珀出版了论著《打碎天花板效应》（*Shattering the Glass Ceiling*），专门对天花板效应进行了系统、深入的研究和探讨。1995年，美国政府特别任命并组建了玻璃天花板委员会（Glass Ceiling Committee），委员会将"玻璃天花板"描述为"为女性和少数民族的提升人为设置的障碍。这些障碍反映了'歧视'……是成功者和落后者之间的一条很深的分界线"。之后，学者们主要用这一理论来研究女性的职业发展障碍。

尽管国际社会努力了20年，希望建立起有规模的组织与社会机制制约"玻璃天花板"效应，女性管理者自身也努力冲破"玻璃天花板"，但效果并不理想。这也是笔者关注此问题的初衷。关于阻碍女性管理者发展的原因以及如何努力改变这种现象，笔者将在后文中详细论述。

3.3.4 女性主义禀赋论

这一理论认为女性在劳动力市场中的不利地位是由社会与家庭中的夫权和女性的从属地位造成的。两性角色一个至关重要的区别是女性事实上承担了生育并抚养照顾后代、管理家庭的主要责任。而传统的"女性"职业真实地反映了女性的共同禀赋（朱琪，2008）。正面的女性禀赋，如擅于照顾他人、忠实、灵巧、细心等，使女性多从事护士、社会工作者、纺织工人和保姆等职业；负面的女性禀赋，如不愿意监督别人、体力不足、不愿意出差或者面对危险、在数理科技方面能力低等，使女性在管理人员、建筑工人、科学家、飞行员、警察等职业中的比例较低。女性正面的禀赋使她们更易于从事低效率的、单调的、几乎没有人力资本要求的职业，某些"天生的禀赋"限制了她们对于职业的自由选择，也影响到雇主对女性的使用和提拔。

3.3.5 双职业生涯理论

双职业生涯是指夫妻双方作为一个整体，进行双方的职业生涯设计，双方均可为自己的事业成功而拼搏，不需要其中一方以牺牲自己事业为代价来换取另一方成功。双职业生涯设计统一考虑夫妻双方的职业安排、职业发展关键期，减少夫妻双方的冲突，支持双事业型夫妇。这有助于家庭稳定与情绪稳定，因为他们都有追求、都有事业，更能相互理解、相互体贴、相互支持；有助于共享私人资源，双方可以相互交流，共享人际关系资源、智力资源；有助于加大人力资本投资，降低人口出生率，提高人口素质。职业生涯进行职业迁移时，要考虑双方的迁移收益和成本，因而，企业聘用双职业生涯设计的夫妻中任何一方后，其流动性可能较低，但若真需要工作调动时，则要在新工作地点为另一方提供一个同样具有吸引力的职位或给予较多帮助与补偿，成本较高（吴贵明，2003）。

3.4 危机管理理论

3.4.1 危机理论分类

（1）按诱因分类

按照危机产生的诱因分类，危机可以划分为以下几类。

①外生型危机。外生型危机是指由于外部环境变化给组织带来的危机。

②内生型危机。内生型危机是指由于组织内部管理不善所引发的危机。

③内外双生型危机。在很多情况下，组织陷入危机，往往是外部环境变化和内部管理不善交互作用的结果。

（2）按危机影响时空范围分类

按照其影响的时空范围，可以将危机划分为国际危机、国内危机、区域危机、组织危机。

（3）按危机发生的领域分类

从公共管理的角度出发，按照其发生的领域，危机可以具体划分为政治性危机、社会性危机、宏观经济性危机、生产性危机、自然危机等（见表3-8）。

表3-8 按照发生领域的危机分类

政治性危机	宏观经济性危机
战争	恶性通货膨胀或通货紧缩
革命武装冲突	国际汇率的巨幅变动
政变	股票市场的大幅度振荡
大规模的政治变革	失业率居高不下或上升
政策变迁	利率的大幅度变化
大规模的恐怖主义行动	生产性危机
其他政治骚乱	工作场所安全事故
社会性危机	导致人身严重伤害的职业
社会热点问题的变迁	产品安全事故
社会不安	生产设施与生产过程安全事故
社会骚乱	自然危机
游行示威	雨量的不正常变化（干旱、洪水等）
罢工	地震、火山
小规模的恐怖主义活动	台风或龙卷风
	流行性疾病
	其他自然灾害

资料来源：杨冠球：《不确定性、突变和政府危机管理》，《经济管理》2003年第13期。

（4）按危机发生和终结的速度分类

根据危机发生和终结的速度，罗森塔尔将危机划分为 4 类（见图 3-3）。

①龙卷风型危机。这类危机来得快，去得也快，像一阵龙卷风。人质劫持即属于此类危机。

②腹泻型危机。这类危机往往酝酿了很长时间，但爆发后结束得快。军事政变即属于此类危机。

③长投影型危机。这类危机突然爆发，但影响深远，2003 年春在我国爆发的非典型肺炎即属于此类危机。

④文火型危机。这类危机来得慢，去得也慢。旷日持久的巴以冲突是此类危机的典型例子。

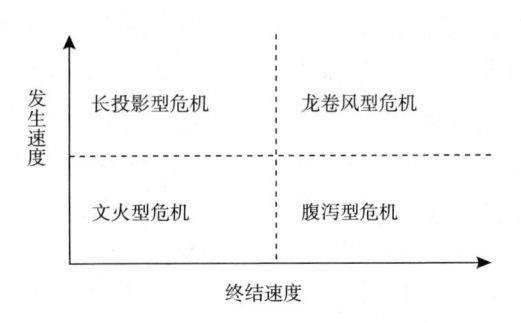

图 3-3　按照危机发生和终结的速度分类

（5）按危机情境中主体的态度分类

按照危机情境中主体的态度，斯塔林斯（Stalling, 1990）等人将危机划分为一致性危机和冲突性危机两类。

在危机情境中，当所有相关的利益主体具有同质性要求时，就属于一致性危机；当各相关的利益主体具有不同的要求时，或者说存在两个或两个以上不同要求的利益主体时，就属于冲突性危机。一致性危机较为典型的例子是自然灾害，冲突性危机比较典型的例子是产品质量问题索赔，但在一致性危机和冲突性危机之间并不存在不可逾越的界限。由于看问题的角度不同，同一危机有不同的分类。当面对洪水侵害时，受灾区的群众共同的愿望是抗洪救灾，洪灾显然具有典型的一致性危机的性质；但为减少洪灾损失，面对泄洪地点的抉择，泻洪地区和其他地区又具有一定的冲突，洪灾又具有冲突性危机的特征。

3.4.2 危机管理相关理论

(1) 企业危机管理的系统理论

从系统论角度来看，企业的内部环境和外部环境构成了企业的整个经营系统，企业经营系统是多层次的、多维度的，不断进行复杂的互动，并且能通过输入、输出和运作过程及反馈不断循环，从而达到相对稳定的状态，当系统循环受到外部环境或内部因素变化的影响而无法保持稳定时，系统就可能出现失控和变态，而危机就是整个系统的失控与变态。彼得·M. 森吉（Peter Senge）在其所著的《第五项修炼》中引述的"啤酒游戏"就是很好的例证，他认为外部环境的变化是引发危机的重要因素，企业究竟有没有能力处理，完全依赖内部组织结构是否健全以及结合内部情报与资源的决策体系是否能作出正确的决定，以解决企业危机。内部组织结构越健全越有助于提高企业危机处理能力（Michael Bland, 1998）。除了考虑外部环境输入企业决策体系的数量与项目外，输入的渠道是否迅速畅通也是该理论研究的重点，因为输入渠道不畅通会使有关资讯无法及时迅速地到达决策中枢，从而会降低决策品质，进而降低危机解决的可能性（Stephen P. Banks, 2005）。

研究企业危机管理的国际学者伊恩·I. 米特洛夫（Ian I. Mitroff, 1988）提出了企业危机管理的最佳模式，该模式包括四大关键因素：危机形态与风险、危机管理机制、危机管理系统以及利益关系人。他将可能影响企业危机管理或受到企业危机影响的那些团体（个人、组织结构）均视为企业的利益关系人，将企业系统分为五个层面：最表面的科技层面，第二层的组织结构，第三层的人为因素，第四层的组织文化，第五层的高级主管心理。并且认为各层面都有影响危机的因素，而最内层的高级主管心理则是企业危机处理的决定变数。他从危机处理的研究中发现，在拟订危机计划时，必须考察每一项危机冲击的范围与强度，注意分析危机形态与危险程度才能提高成效，才能更有胜算。他还认为，有效的危机管理机制不仅在危机发生后才回应危机，而是在危机发生前就做好准备，危机管理唯有以系统方式处理才能取得最佳结果。他认为这四大关键因素本身不但是动态发展的，而且变数与变数始终处在互动状态，如果企业将这些变数也纳入危机管理计划并加以掌控，危机处理自然能达到"多算胜少算、少算胜不算"的结果。

（2）企业危机管理的结构理论

朱延智（2002）在迈克尔·波特的"五力模型"基础上，构建了企业危机的结构理论。他认为快速变迁的经营环境使企业不能只注重内部效率的管理，必须更进一步应对外在竞争替代品的压力、供应商的背离、同业竞争的威胁，这是分析企业外部环境危机的主要因素。从供应链的角度来看，供应厂商的品质、供应商的背离等常常是企业危机发生的来源。从同业竞争威胁这个因素而言，该理论认为有九个影响企业相互竞争的因素最为显著，它们分别是产业成长率、竞争者数量与市场势力的均衡状况、竞争者进入市场的速度、战略性市场、时间压力或存储成本、产品差异程度低、转换成本、退出障碍和高固定成本。危机管理机制强调的关键是：强化提升学习曲线的效应，提高资本密集程度，扩大差异化程度，提高转换成本，提升销售渠道忠诚度等。

（3）企业危机管理的生命周期理论

西蒙·布思（Simon·A. Booth）在分析危机的特征时首先提出了企业危机管理的周期理论。他将企业危机分为五个时期，即企业危机酝酿期、企业危机爆发期、企业危机扩散期、企业危机处理期以及企业危机处理结果与后遗症期。在企业危机酝酿期，对于危机因子的形成和发展问题，许多危机都是经渐变、量变，最后才形成质变，而质变就是危机的形成与爆发，因而潜在危机因子的发展与扩散才是企业危机处理的重要阶段，将危机扼杀于酝酿期是最优的危机处理方式。在企业危机爆发期，常会出现有关危机的资讯不足、企业的收入锐减、企业的形象受损等问题，若不立刻压缩危机的破坏强度与范围，损失就会更大，从而进入危机的扩散期。危机的处理期是其生命周期的关键阶段，此时企业若能找出并利用企业自身优势及外部机会，就能决定其生死存亡的命运。最大化地发挥本企业的优势及利用外部的机会，不但能使威胁极小化，而且隐藏着变革的机遇。在危机处理结果与后遗症期，不能掉以轻心，必须彻底解决危机，否则所疏忽的危机可能在后遗症期卷土重来，使危机不经酝酿期再度爆发或使部分危机残余因子再度进入危机酝酿期。基于企业危机的生命周期理论，管理学家彼得·德鲁克认为，企业应该追求持续不断的创新。每隔一定时段，企业必须对自己业务的方方面面进行一次全方位的严格评估，实现危机的动态管理。

（4）企业危机管理的扩散理论

企业危机扩散理论的框架，起始点是在危机爆发后，通过媒体效益而产生形象危机、财务危机和生存危机等。该理论综合了危机理论、经济学、大众传播理论、公共关系、社会心理学以及企业避险等行为与理论，以企业未能事前化解危机，也未能迅速在危机爆发后进行有效处理为前提假设，认为危机杀伤力的强度、传播效果、认知结构、恐慌与从众行为、过去企业解决危机的能力表现、危机扩散与危机处理的时间落差等是危机扩散的动机与源泉。当危机爆发时，媒体会关注危机并进行广泛持续的报道，从而产生媒体效应，引起整个社会的普遍关注。当危机通过媒体揭露出来时必然会损害企业的形象，形成形象危机，此时相关的群体会采取措施保护自己的利益，如一些客户会对危机公司丧失信心而改与别家签定订单，理智的投资者会卖掉手中的股票，等等。这些会导致公司形成财务危机，此时若仍未及时处理，那么媒体的不断报道，政府的介入，竞争者的落井下石等会进一步加剧危机的后果，形成生存危机。

（5）企业危机管理的阶段论

企业危机管理的阶段划分是企业危机管理理论的重要部分，危机事件的产生、演化、发展和处理具有自身的规律，不同的研究者构建了不同的危机管理体系。

危机管理两阶段论认为，危机管理包括危机预防和危机处理。危机处理包括危机爆发后处理危机的一切工作，它的目的是减少危机带来的损失。既然危机爆发难以完全避免，处理工作就必不可少。危机预防包括危机爆发前所进行的一切预防准备工作，既然事前避免危机爆发是危机管理的最好途径，那么危机预防就显得举足轻重。

危机管理三阶段论认为，危机管理包括事前管理、事中管理和事后管理。危机管理者应考虑如何减少危机事件的发生，如何做好危机管理的预警和准备工作，如何规划和培训员工以应对危机局面，并很快复原，这些方面构成了基本的危机管理。该理论认为有效的危机管理需要做到以下几方面：a. 转移或缩减危机的来源、范围和影响；b. 提高危机初始管理的地位；c. 改进对危机冲击的反应管理；d. 完善修复管理，能迅速有效地减少危机造成的损害。

危机管理六阶段论认为，危机管理包括危机的避免、危机管理的准备、危机的确认、危机的控制、危机的解决和从危机中获利。在危机管理中，每一个阶段都非常重要，要尽力避免企业陷入危机，但一旦遇到危机，就要接受它、管理它，并努力将眼光放长远一些。

4 饭店女性部门经理职业发展危机

4.1 饭店女性部门经理职业发展危机概述

4.1.1 饭店女性部门经理职业发展危机的含义

(1) 职业发展的内涵

职业发展主要是指个人通过各种职业活动使自身社会资源存量增长以及获取社会资源能力的提高。社会资源包括政治资源、经济资源和关系资源(宁本荣等,2005)。国内外研究以及企业实际运营状况都表明,员工的职业发展存在性别差异。就目前研究成果来看,有关职业发展性别差异的研究还存在不足,在理论上多以静态、定性分析为主,实证研究的深度、广度都有待挖掘和提升。

目前,国内外相关研究文献涉及的职业发展维度略有差异。美国学者罗宾斯(P. Robbins)认为职业发展涉及晋升、培训及组织中的人际关系三个层面;美国职业心理学家 E. H. 施恩则从等级、职能和资历三个维度对职业发展进行了研究,提出并构建了职业发展运动理论;国内学者慈勤英、田雨杰等(2003)从收入角度研究了职业发展的性别差异;宁本荣(2003)从晋升、薪酬两个角度研究职业发展,指出女性在职业发展中处于弱势地位;宋丽君、林聚任(2003)也指出,男女两性职业地位的实现过程存在差异,职业发展中教育(即再培训)是差异存在的重要因素;张晓燕(2008)从晋升发展、薪酬发展、培训发展、工作家庭冲突、健康支持特征、组织人际特征这六个维度研究职业发展状况,其中晋升发展、薪酬发展、培训发展三个维度是职业发展外在的具体特征，而工作家庭冲突、健康支持特征、组织人际特征三个维度是职业发展过程中的影响因素。

笔者综合以上学者的观点，将职业发展的内涵界定为薪酬发展、职位发展、能力发展（或培训发展）、人际关系四个维度（见图4-1）。

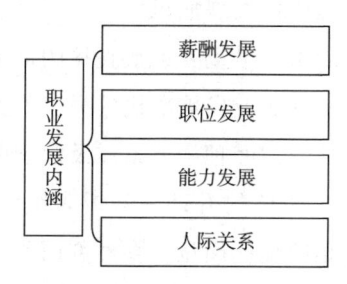

```
                    ┌─── 薪酬发展 ───┐
        职业        ├─── 职位发展 ───┤
        发展        │                │
        内涵        ├─── 能力发展 ───┤
                    └─── 人际关系 ───┘
```

图 4-1　职业发展的内涵与维度

（2）饭店女性部门经理职业发展危机的内涵及维度

根据本书第1章对职业发展危机概念的辨析和界定，饭店女性部门经理职业发展危机就是饭店各职能部门的正、副部门经理在职业发展过程中，职业需求与职业现实之间矛盾被激化的一种状态。而饭店女性部门经理的职业发展、职业需求、职业现实都可以从薪酬发展、职位发展、能力发展（或培训发展）、人际关系四个维度来衡量。

饭店女性部门经理在薪酬、职位、能力、人际关系等方面都有职业发展需求，但由于女性自身的知识经验限制、工作家庭冲突、企业性别歧视、男性化企业文化及社会支持系统的不完善等因素，饭店女性部门经理比男性更有可能经历职业发展危机。当薪酬、职位、能力、人际关系等的现状和预期与其职业发展需求存在较大差距时，若不加控制和协调，职业需求和职业现实之间就会产生矛盾、冲突，矛盾、冲突激化就会导致危机出现。饭店女性部门经理就会出现抱怨、倦怠、抗拒、离职等负面行为或情绪，从而影响个人、组织、家庭、社会的健康与和谐。

①饭店女性部门经理薪酬发展危机。

饭店女性部门经理薪酬发展危机指个人的薪酬发展需求与薪酬发展

现实不符，从而产生矛盾和冲突，若这一冲突和矛盾没有得到适当缓和与协调，进一步激化就会产生薪酬发展危机。遭遇薪酬发展危机的女性部门经理会感觉自己的能力和付出以及为企业创造的价值没有得到企业的认可和回报，从而上进心受打击，不公平感加剧，甚至出现离职倾向。

②饭店女性部门经理职位发展危机。

职位升迁是职业发展水平最重要、最直接的体现。因此，饭店女性部门经理的职位升迁危机是其职业发展危机的另一重要维度。饭店人岗匹配是动态变化的，随着女性部门经理个人素质及管理能力的积累和提升，女性部门经理将进一步寻求职位的升迁，若饭店组织无法满足其升迁的意愿，为其提供与其能力相匹配的岗位，女性部门经理的职位发展需求就会与职业发展现实产生矛盾，从而造成职业发展危机。

③饭店女性部门经理能力发展危机。

能力发展是职业发展的重要组成部分，也是职业发展的基础与前提。女性部门经理职业能力的发展状况直接影响其对自我职业发展的评价和感知，当其职业能力与现实存在较大差距或矛盾时，有可能影响其职业满意度、职业忠诚度，甚至会产生离职意向。

④饭店女性部门经理人际关系发展危机。

许多国内外的组织行为学、人力资源学等专家学者认为人际关系与组织发展、个人职业发展有关系。本书所指的人际关系发展危机既包括饭店女性部门经理在组织内部所面临的与领导、同事、下属之间的紧张关系、人际冲突等，也包括饭店女性部门经理在职业发展过程中与组织外的家庭成员、亲戚、朋友、客户等人际关系困境。当饭店女性部门经理意识到"关系"对职业发展起作用后，她们就会将人际关系作为职业发展目标的主要内容，当所在组织无法满足其人际关系发展需求时，她们的职业满意度、忠诚度就会下降，若没有得到适时控制与协调，就会出现抱怨、怠工、抗拒、离职等负面的职业情绪、心理或行为，从而出现职业发展危机。

(3) 本质——职业发展危机是一种心理危机

心理危机及其干预是一个国家精神文明和社会发展的重要标志之一，

富士康的 12 连环跳①、法国电信公司的自杀潮②等员工自杀现象给全世界敲响了警钟，职业危机管理研究逐渐成为重要的国际性课题。

当一个人面临突发的或重大的困难情境（Problematic Situation），并且先前的危机处理方式和惯常支持系统无以应对眼前处境，即必须面对的困难情境超过其控制和处理能力时，这个人就会产生心理困扰（Psychological Distress）。本书所指的职业发展危机即是如此。当饭店女性部门经理的职业发展需求和现实产生较大差距，并进一步发展为矛盾和冲突时，若不加控制和协调，矛盾和冲突就会激化，从而爆发职业发展危机。从饭店女性部门经理角度讲，职业发展危机是一种心理困扰，是一种暂时性的心理失衡，是心理危机的一种。但从组织角度讲，饭店女性部门经理职业发展危机是一种人才危机或管理危机，影响企业的长期生存与发展。本书主要从饭店女性部门经理角度对职业发展危机进行探讨和研究。

（4）饭店女性部门经理职业发展危机的特征

①不均衡性。

饭店女性部门经理职业发展危机是一种不均衡状态，不均衡性主要表现为以下几点：一是职业发展目标、需求与职业发展现实的不均衡性；二是问题与资源的不均衡性，即个体职业发展问题的重要性、严重性与个体解决问题所必须具备的社会资源、经济资源、物质资源等的不均衡性。

②情绪性。

饭店女性部门经理职业发展危机是其遭遇职业发展问题和矛盾的一种情绪状态，是个体对其所遭遇的职业发展困难情境的情绪反映。职业发展危机给饭店女性部门经理带来情绪性的痛苦和烦扰，影响其身心健康发展，也影响其家庭生活和工作表现。

③过程性和阶段性。

饭店女性部门经理职业发展危机是伴随着个体职业发展逐渐出现的一

---

① 香港蓝筹企业富士康国际在深圳的工厂有 42 万员工，从 2010 年 1 月至 5 月底，共有 12 名员工先后跳楼自杀。

② 从 2007 年至 2010 年 5 月底，拥有 10.2 万名员工的法国电信公司已有 35 名员工自杀，使它成为工作焦虑症的象征，并被称为"自杀中心"。特别的是，死者均为主管。

种心理失衡。当个体职业需求与现实之间的矛盾激化时，其警觉性和敏感性开始增强，并随之出现紧张的心理状态。为了获得心理平衡和情绪宣泄，危机个体将会试图用惯常方式（即抱怨）作出反应。此阶段个体一般不会向他人寻求帮助，若一段时间后，其惯常应对方式未能奏效，其焦虑程度将进一步上升，同时也开始尝试各种解决问题的办法（如消极怠工等）。但高度紧张的情绪会影响危机个体冷静思考，从而影响其采取行动的有效性；如果尝试各种方法后仍未能有效解决问题，危机个体内心的紧张程度将持续加强，这时，当事人求助动机最强，常常不顾一切发出求助信号（如通过抗拒等逆反行为引起他人注意）并最容易受他人的暗示和影响；如果个体经过前三个阶段仍未能有效解决问题，就很容易产生习惯性无助，有可能从此变得消极、一蹶不振，也有可能产生离职动机。少数危机个体甚至会对自己失去信心和希望，把问题泛化，对自己整个生命意义发生怀疑和动摇，甚至出现企图自杀的现象。

（5）饭店女性部门经理职业发展危机带来的五种后果

由于各危机个体的人格特质、所获得的支持以及处理危机方式不同，危机发展的后果也具有多样性。对饭店女性部门经理来说，职业发展危机给危机个体带来紧张、焦虑、抑郁、恐慌、悲伤、痛苦等消极情绪，对饭店女性部门经理的心理和生理造成极大伤害，这种伤害可能会带来五种后果：①危机个体顺利度过职业发展危机，并从中学会了处理危机的新方式，心理健康水平得到提高，最终获得了职业发展的机会；②虽然危机个体最终度过了职业发展危机，但对其心理造成创伤，形成偏见，职业价值观、职业态度等发生转变；③危机个体无法忍受某一特定环境下的职业发展危机，最终离职、跳槽、改行；④危机个体未能度过危机，陷于神经症或精神病；⑤危机个体无法承受职业发展危机带来的强大心理压力，产生对未来失望的情绪，最终选择结束生命来解脱。

4.1.2 饭店女性部门经理职业发展危机的主要表现

（1）行为心理表现

①职业抱怨情绪明显。

抱怨是一种正常的心理情绪，是个体受到不公正的待遇而产生的一种消极情绪（李彬、包磊，2007；李双喜，2009），这种情绪有助于缓解心中的不快，是个体针对外界刺激的一种心理情绪反应。

当饭店女性部门经理感知到自己的职业发展需求和现实存在较大冲突和矛盾，且这种冲突和矛盾没有得到适时的调节和缓解时，就会产生抱怨情绪。具体表现为，在公开场合或私下流露出对某事或某人的不满，虽然她们还像往常一样工作，但注意力却集中在抱怨上，精神处于紧张状态，工作积极性和创造性也受到影响。这是职业发展危机爆发的萌芽阶段，也是饭店管理者经常遇到的管理问题。一些饭店会采取强制性管理手段，甚至采取开除等极端方式来处理问题，结果会引致更大的人才危机。此阶段的关键：应及时沟通，多渠道了解情况，找出导致其抱怨的原因，充分理解当事人的态度和情绪，并及时找当事人面谈，澄清误解，解释政策，纠正管理失误（裴春秀，2004）。

员工职业抱怨的原因主要有以下几种。一是薪酬低、待遇差。薪酬是员工正常生活、工作的基本保障，薪酬水平是影响其职业满意度的重要因素。饭店女性部门经理工资相对男性低，而她们又恰好处于家庭需要较多经济收入阶段。因此，薪酬低成为其主要的抱怨原因。二是管理存在性别偏见。由于饭店高层多为男性，企业决策不可避免地存在性别偏见或忽略女性的需求，从而引起女性部门经理的不满。三是晋升渠道不畅通。随着业务管理能力的不断提高，饭店女性部门经理除了增加薪酬的要求之外还希望能得到岗位晋升，如果企业晋升渠道不畅通，没有合理的人才选拔制度，甚至任人唯亲，则容易产生抱怨。

职业发展需求具有层次性、递进性特征。职业发展需求未得到满足则会产生职业抱怨。职业抱怨首先出现在薪酬上，因为薪酬是解决衣食住行等基本生理需要的保证；二是福利，即保险、退休金等未来保障因素，属于职业安全需求；三是企业氛围与归属感，这属于社交需要；四是受到领导重视，希望自己的意见能够受到领导重视，属于尊重需求；五是晋升机会，属于自我实现需求（见图4-2）。

职业抱怨会蔓延和发展。由于饭店工作的团队性质，饭店女性部门经理的抱怨情绪不仅会传染给部门员工，还可能传染给其他部门的管理者。此外，若高层管理者没有关注部门经理的情绪变化或者没有加以干预和调

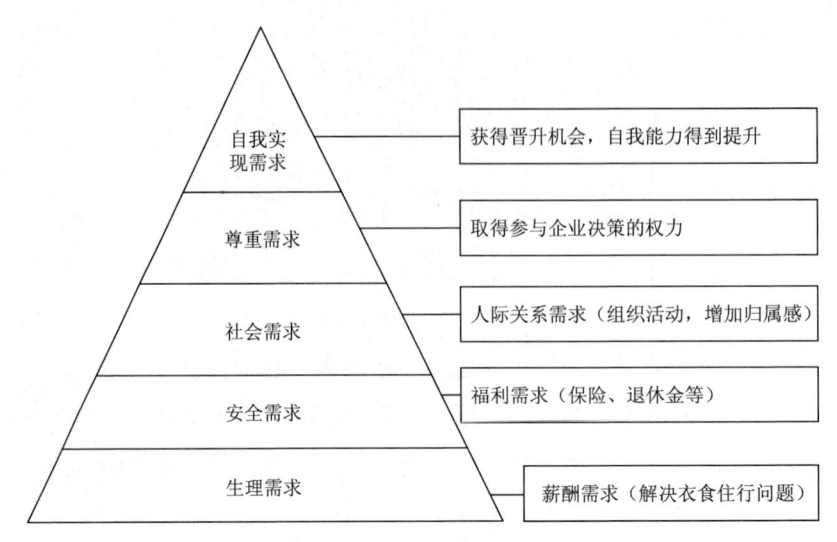

```
        自我实
        现需求 ——— 获得晋升机会，自我能力得到提升
       尊重需求 ——— 取得参与企业决策的权力
      社会需求 ——— 人际关系需求（组织活动，增加归属感）
     安全需求 ——— 福利需求（保险、退休金等）
    生理需求 ——— 薪酬需求（解决衣食住行问题）
```

图4-2 马斯洛需求层次理论对员工职业发展需求的解释

节，抱怨还可能使其无心投入工作，抵触情绪加强，甚至发展为消极怠工等其他更为严重的负面情绪。

②工作倦怠增强。

各学科的学者分别从不同角度对"工作倦怠"进行了界定和解析，比较有代表性的界定就有十多种（见表4-1）。其中应用最为广泛的是玛勒斯（Maslach C.，1982，1986，2001）提出的三维度概念，按照玛勒斯（Maslach C.，1986）提出的定义，工作倦怠是个体的一种情感耗竭、人格解体和个人成就感降低的症状。

表4-1 工作倦怠代表性定义一览（罗美娟，2009）

研究者（时间）	定　义
佛罗伊登伯格 （Freudenberger，1974）	工作倦怠是由于工作自身对个体的能源、力量或资源的过度需求，从而导致工作者感到失败、筋疲力尽或身心枯竭的一种状态
佛罗伊登伯格 （Freudenberger，1980）	工作倦怠是由于献身于某一理想目标、生活方式或关系，而未产生预期结果所带来的一种疲劳和挫折状态
斯沃格 （Swogger，1981）	工作倦怠是由于工作或组织的紧迫感所引发的反应，是工作者和组织中生产力的关系
玛勒斯 （Maslach C. 等，1982）	工作倦怠是一种情绪耗竭、情感疏离及个人成就感较低的现象

续表

研究者（时间）	定　义
玛勒斯 （Maslach C. 等，1986）	在以人为服务对象的职业领域中，个体的一种情感耗竭、人格解体和个人成就感降低的症状
派因斯、阿伦森 （Pines, Aronson, 1988）	工作倦怠为体能的、情感的和心智的耗竭
阿特金森 （Atkinson, 1988）	工作倦怠是一种长期持续处于高压力的状况，特征为无感情、冷淡、无助和无望、讥笑及尽可能的自私
冈萨雷斯 （Gonzalez, 1997）	工作倦怠为一种身体上、情感上与生理上的耗竭状态，身体上长期性的疲惫，感觉无助与无望，对于工作、生活或其他人产生负面的观念和态度
玛勒斯 （Maslach C. 等，2001）	对于非职业人群，工作倦怠包括衰竭、讥消态度及低职业效能感三个维度
斯坦利 （Stanley, 2001）	当组织成员的希望未能满足与抱负未能实现时，会形成工作倦怠
迪沃金 （Dworkin, 2001）	倦怠是指对特定工作的疏离感，包括无意义感、无权力感、孤独感、无规范感
西罗姆、迈拉麦得 （Shirom, Melamed, 2003）	工作倦怠应被看作是个体的精力用尽的一种情感状态，表现为生理疲劳、情绪衰竭及认知厌倦

引发工作倦怠的原因多样。雷特（Leiter, 1990）的研究表明，管理者或同事的个人支持以及组织支持与工作倦怠呈负相关；科德斯、多尔蒂（Cordes, Dougherty, 1993）则指出，性别、年龄与工作年限对工作倦怠存在显著影响，新员工更容易产生倦怠；玛勒斯、雷特（Maslach, Leiter, 2007）的研究指出，倦怠多是源于工作因素，包括工作超负荷、对日常工作缺乏控制、薪酬不适当、社交孤立、缺乏公平、冲突的价值观等都是引发工作倦怠的主要因素；玛勒斯（Maslach 等，2001）、林菲（2008）、陈艳红（2008）、牛纪刚（2009）、伍燕（2009）、罗美娟（2009）等的研究也得出了类似的结论。

工作倦怠的后果是严重的。工作倦怠也是导致饭店女性部门经理职业发展危机的主要因素，工作倦怠是一种职业危机，是职业发展危机的阶段性表现形式之一。工作倦怠不仅会导致饭店女性部门经理出现健康不良、心理不适、自信心削弱、自我效能感下降等表征，而且会进一步影响饭店女性部门经理的职业价值观、工作态度等,从而影响危机个体的工作绩效。若工作倦怠继续加重,工作倦怠还将影响饭店女性部门经理的婚姻、家庭生活,当饭店女性部门经理无法忍受时,就会以旷工、离职、提前退休等方式来逃避倦怠。倦怠程度加重,个体的离职倾向逐步明显,高倦怠水平的个体更可能发生离职行为。

处于倦怠状态的饭店女性部门经理的主要工作表现为:丧失工作热情、上班得过且过、消极否定他人、工作态度恶劣、不再追求上进等,以此来保持心理上的平衡。此时,饭店女性部门经理虽暂时没有离职打算,但表现出严重的情绪低落,容易发火或抑郁和自闭。此阶段应该分析其职业倦怠的原因、主导需求并予以刺激,与其共同分析职业倦怠的后果,并展望职业发展前景,为其提供发挥潜力的机会,从而激发饭店女性部门经理的活力和士气。

③抗拒行为明显。

处于抗拒阶段的饭店女性部门经理的主要表现为:不安心本职工作,公开或者私下对上司及公司决策、计划、任务等有较强烈的反对情绪,逆反心理严重。此阶段的饭店女性部门经理已经对饭店丧失了信心,会利用各种机会批评饭店现有的薪酬制度、职位晋升制度、人才聘用制度、培训制度或措施等,容易与高层管理者产生公开的冲突,并伴随一定程度的破坏行为。处于抗拒阶段的她们开始做跳槽的准备,或者搜集其他组织的招聘资料,或已经与其他组织联系。此时饭店高层管理者关键是要缓和矛盾,避免与其发生公开的冲突,使其转变态度,可以通过请其朋友、师长等亲近和信任的人进行劝说,帮其分析利弊得失。必要时高层主要领导应通过与其面谈,在征得本人同意的情况下,进行内部流动或提供学习的机会,使其暂时脱离不愉快的环境。

④离职意向明显。

员工离职(亦称员工流失)是指"员工和组织结束关系,从组织中流出的行为,员工在组织内部的岗位调动和各种流动以及非正式员工的流失不在此列"(王玉梅,2008)。根据员工流出企业的意愿划分,员工离职可分为主动离职、被动离职和自然离职(见图4-3)。员工离职意向(亦称员工流失意向)是指员工离职的倾向、意图和可能性。本书的离职意向是指饭店女性部门经理由于职业发展方面的因素，打算主动中断作为饭店成员关系的心理状态。

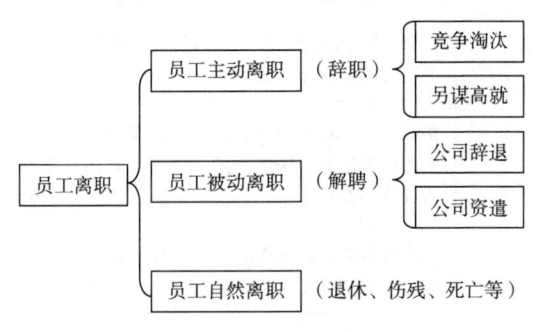

```
                              ┌─ 竞争淘汰
              ┌─ 员工主动离职（辞职）┤
              │               └─ 另谋高就
              │
    员工离职 ─┤              ┌─ 公司辞退
              ├─ 员工被动离职（解聘）┤
              │               └─ 公司资遣
              │
              └─ 员工自然离职（退休、伤残、死亡等）
```

图 4-3　员工离职的分类

我国饭店员工流动率明显高于正常流动率（10%~15%），具体见表4-2。员工离职（或员工流失）一直都是困扰饭店业的一个问题，国内外学者对引发员工离职或产生离职意向的原因进行了分析，得出了较为丰富的结论（见表4-3）。可见，饭店员工离职意向主要是由职业相关问题导致的。

表 4-2　星级饭店员工流动率（2005）

单位：%

星级＼流动率比例	<10	10~15	15~20	20~25	25~30	30~40	>40
五星级	25	14	23	22	14	3	—
四星级	18	21	18	14	19	9	1
三星级	21	25	15	13	14	12	1
二星级	42	24	6	6	6	6	—

资料来源：中国旅游饭店协会：《2005年中国饭店业人力资源研究报告》，2005。

表 4-3　国内外学者关于"饭店员工离职（意向）原因"主要研究成果一览表

学者（年份）	饭店员工离职（意向）原因
McFiliin, Riegel (1986)	上级对待下级的方法、工作量、工作压力、工作日程安排、培训、固定薪金以外的福利、别处有更好的机会、工作劳动强度
Wood, Macaulay (1989)	失业率、新的工作机会、薪资、福利、领导方式、工作条件、同事品质及整体的工作满意度等

续表

学者（年份）	饭店员工离职（意向）原因
Gaertner（1999）	薪酬、同事支持、工作符合预期、角色冲突、工作例行化、升迁机会
Ghiselli 等（2000）	薪资、同事支持、工作负荷、角色冲突、工作例行化、升迁机会、上司支持、工作分配公平性
詹益政（1992）	薪资过低、福利不佳、工作条件不良、领导统御不正确、员工个人想向外发展、家庭因素、缺乏良好的训练与指导、工作内容负荷过重、升迁无望、工作无保障及主管不关怀等
饶雪梅（2003）	工薪待遇较低、饭店决策层用人观念陈旧、饭店激励机制不合理、饭店管理制度不完善以及社会价值观念的影响
赵士德、胡善风、邓洪伟（2006）	工作不稳定，晋升机会渺茫，追求更高的报酬，展示自身价值，追求更优的工作环境，获得人格的尊重；受传统思想观念和工作内容单一影响，要改变工作环境

饭店女性部门经理离职意向产生的原因也是如此。她们在工作中可能会出现薪酬、组织内外部人际关系、培训和学习机会、升迁机会等职业发展需求与现实之间的矛盾。由于饭店职位变动的困难和性别歧视观念的存在，饭店女性部门经理的职业发展需求比较难以得到满足。这种状况下，饭店女性部门经理就会陷入职业发展危机，从而产生离职意向。她们会通过组织外部寻找更好的机会，对自己的职业生涯进行调整。由于目前饭店业对女性员工职业生涯管理存在诸多问题，这些都将直接导致饭店女性部门经理看不到自己的发展前景或者前景模糊，最终产生离职意向。

（2）外在表现

①薪酬增长缓慢。

薪酬是员工为组织提供劳动或劳务而得到的补偿，包括直接的或间接的、内在的或外在的、货币的或非货币的个人收益。薪酬是影响和决定员工工作满意度和忠诚度的最主要因素，也是组织最有效的激励手段。因此，个体的薪酬增长是其职业发展的最主要内容和维度。同样，薪酬增长缓慢也是饭店女性部门经理职业发展危机的主要表现之一。危机个体的薪酬增长问题主要体现在以下几方面。

a. 薪酬结构不合理。

薪酬及其效用绝对值在很大程度上取决于薪酬结构。美国学者特鲁普

曼的薪酬结构等式为

$$TC = (BP + AP + IP) + (WP + PP) + (OA + OG) + (PI + QL) + X$$
(式4.1)

其中，TC代表总薪酬；BP代表基本工资；AP代表附加工资，包括内部资源薪酬、利润分享等，如加班费、股票期权等，是最有激励作用的一部分；IP代表间接工资、福利，包括退休金、健康保险等；WP代表工作用品补贴，指企业为员工提供的各种设施设备，如制服、设备、办公桌、电脑、电话、汽车等；PP代表额外津贴，包括购买企业产品的优惠折扣、享受俱乐部成员的特殊待遇等，能为员工提供一定的社会地位；OA代表晋升机会，或者是内部轮岗，是个人价值实现的重要目标之一；OG代表发展机会，包括在职培训和学费赞助等，它和OA构成使员工终身受益的激励方式；PI代表心理收入，指员工从工作本身和公司中得到的精神上的满足；QL代表生活质量，主要指职业和个人生活的关系，如平衡工作和生活的关系、协调家庭和工作的关系等；X代表私人因素、个人的独特需求，如能否带宠物上班，反映了新一代员工和其他追随者们在重新积极地设计自己的工作和生活方式。克长城（2007）也认为一个完整的薪酬体系包括内在薪酬和外在薪酬两部分（见图4-4）。这两种薪酬结构虽然在分类上有所差异，但基本是一致的，同时考虑到了显性薪酬和隐性薪酬。

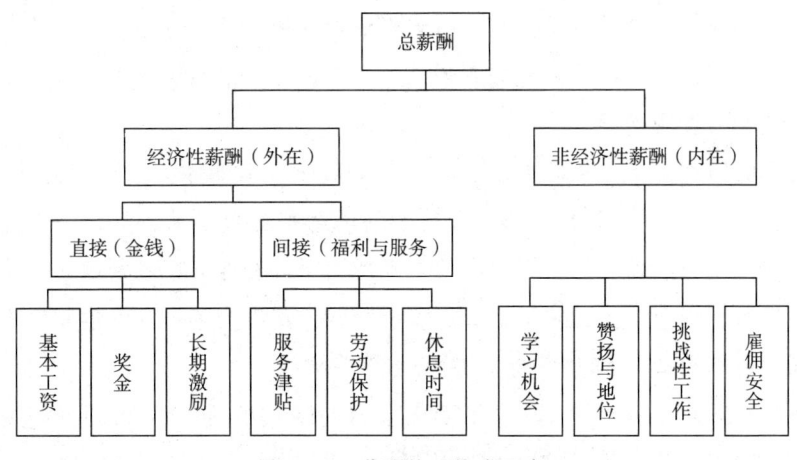

图4-4 薪酬体系构成示意

上述两位学者对薪酬结构的描述虽有所不同，但实质是一样的，都同时考虑到了显性薪酬和隐性薪酬。也就是说，如果饭店仅关注显性薪酬，忽视奖励旅游、奖励培训等隐性薪酬，也会造成薪酬结构不合理，引起员工不满。

b. 薪酬分配不公平。

员工公平感是企业员工对与个人利益有关的制度、政策、措施、领导方式等的公平感受，是员工个人的一种主观知觉和心理体验。斯泰西·亚当斯（J. Stacy Adams）于20世纪60年代提出了公平理论，指出员工的工作动机不仅受所得薪酬绝对值的影响，而且还受到薪酬相对值的影响（伍晓奕等，2006），即当 $Q_1/I_1 = Q_2/I_2$ 时，公平实现，否则就是不公平。其中 Q_1、Q_2 为员工所得的薪酬回报量，I_1、I_2 为员工人力资本投入量。员工将现在的收获与付出和过去进行纵向比较，而且还会将自身的收获与付出和其他人进行横向对比。个体的薪酬问题成为职业发展危机有可能表现为横向不公平，也有可能为纵向不公平。饭店女性部门经理的薪酬不公平感越强烈，薪酬发展问题对其职业发展危机的影响就越大。

c. 薪酬管理透明度低。

在中国的文化背景下，薪酬是一个比较敏感的话题，饭店部门经理一般不能参与薪酬政策的制定和执行，我国饭店薪酬管理过程的透明度较低。笔者的调查结果表明，80%以上的被访者不清楚所在饭店的薪酬评定制度、评定标准和评定依据，也不清楚加薪的条件。当她们得知同一岗位的同事的薪酬和自己有差异时，由于薪酬管理透明度低，她们不清楚薪酬差异的原因，便会产生强烈的不公平感，直接导致对饭店的不满。

②能力发展受限。

人的能力是指人从事劳动、活动、实践所具备的体力和智力的总和，是人所特有的（杨凤，2009）。英国的一项调查结果显示，女性比男性更适合担任职业经理人。研究指出，与男性相比，女性管理者的职业素质有坚决果断、耐力持久、善于引导、敢于创新、富有灵感、开发纳新、决策清晰、长于合作、脚踏实地、善解人意等十大优势（肖兰平、熊丽娟，2006；盖陆帏，2008等）。但时代际遇为妇女能力发展所提供的可能图景并没有真正充分成为现实，甚至从某种程度上说，女性能力发展陷入困境。现实中，从普通职员到高层管理者，饭店女性员工所占比例呈倒金字塔形，越到高层，女性越少。

由于职前教育的性别差异已越来越小，职中培训和学习、工作经验就成为阻碍女性部门经理能力发展的主要因素。具体表现为职业能力发展机会的不平等和女性能力发展的性别歧视。其中，职业能力发展机会不平等主要反映在两个方面，一是饭店在招工、用人过程中有明显的"性别偏好"，下岗职工中女性群体首当其冲；二是饭店的晋升机会存在性别偏见。女性在各级管理者中比例严重偏低，从一个侧面反映了饭店晋升机会的性别偏向。另外，传统观念认为女性在社会生活中主要扮演"贤妻良母"的角色，即使是职业女性也要兼顾双重角色，在角色冲突处境中，家庭角色的失败就意味着女性的失败。英国学者艾华（Harriet Evans）曾直言："中国人爱把事业成功的女人叫做女强人，认为这些事业上特别成功的女人缺少女人味。我觉得这种观点对女性是一种压迫。"（杨风，2009）

上述种种阻碍饭店女性部门经理能力发展的不和谐因素，如果不从深层次加以分析、解决，就会带来饭店女性部门经理职业发展的恶性循环。一方面，女性部门经理因性别在竞争中处于弱势地位，大大消减了能力发展的机会，并致使女性发展自身能力的决心、信心受挫，从而成为女性能力发展的障碍；另一方面，女性能力发展的动力不足以及能力发展机会的缺失，又反过来使女性在竞争中处于更加不利的地位，形成弱势地位与能力发展的"马太效应"，最终造成饭店的人才危机和女性部门经理的职业发展危机，对个体、家庭、组织、社会的和谐、健康、可持续发展带来威胁。

③职位升迁滞缓。

职位升迁是职业发展最主要、最直观的体现形式之一。对饭店女性部门经理而言，她们的性格特征、领导风格等方面都有适合饭店工作的诸多优势（陈雪琼，2004），当她们凭借自己的能力和努力从基层晋升到中层岗位时，大部分人将会面临一块巨大的"玻璃天花板"。玻璃天花板问题使饭店女性部门经理遇到职业升迁障碍，最终导致饭店企业决策层女性人数较少。近年来，饭店业女性人力资源开发逐渐引起人们关注。

职位升迁缓慢是陷入职业发展危机的饭店女性部门经理的最主要表现之一。首先，女性部门经理职位升迁机会较男性少，且晋升缓慢。其次，近50%晋升至部门经理的女性会进入自己的职业高原期[①]，也就是说，她们要经过5年以上同一岗位的工作经历才会实现下一步的晋升。另外，职位升迁缓慢使得多数饭店女性部门经理表现出职业倦怠倾向，士气低落、上进心和竞争意识减退，对个体、组织都带来消极影响。

④人际关系紧张。

人际关系指的是个体之间在社会活动中形成的以情感为纽带的相互联系，简言之，就是人与人之间的特殊联系（熊丽娟，2005），也被称为"人际交往"，亲属关系、朋友关系、学友（同学）关系、师生关系、雇佣关系、战友关系、同事及领导与被领导关系等都属于人际关系范畴。由于人际关系对个体的情绪、生活、工作甚至组织气氛、组织沟通、组织运作、组织效率及个人与组织关系均有极大影响，人际关系研究受到很多学者的关注，目前已有诸多人际关系理论和人际关系研究的专家，人际关系学也已成为心理学、管理学、社会学等领域的主要学科。

人际关系紧张是陷入职业发展危机的饭店女性部门经理的主要外在表现之一。这里的人际关系包括内部人际关系和外部人际关系，尤其是内部人际关系最为明显，内部人际关系主要指女性部门经理与上司、同事、下属之间的关系，外部人际关系主要是指其与家人、客户等饭店以外人员之间的关系。很多学者的研究表明，多数女性管理者倾向于互动式管理方式，而且女性管理者认为组织内部人际关系和工作氛围比薪酬更为重要。此外，与西方的契约型人际关系模式形成的法理型组织不同，中国企业强调伦理型人际关系，管理中渗透着人情味，这种管理不可避免地会出现彼此间责、权、利的界限不清，有意无意地侵犯别人的权利和利益，互相推诿、不负责任，在公共事务中，容易产生徇私枉法、徇私舞弊、论资排

---

① Ference等（1977）最早从晋升的角度对职业高原进行界定，他们认为职业高原是指个体职业生涯发展的某一阶段，在这个阶段中，个体进一步晋升的可能性非常小。一般来说，在相同的岗位上持续5年以上的人们被定义为职业高原者。

辈、任人唯亲、保守主义等弊端，从而使职位升迁等相关制度的公平性和有效性受到严重影响，而女性这一群体将面临比男性更大的升迁阻碍。由此可见，女性部门经理的人际关系融洽程度和人际关系在伦理型组织中的隐性作用决定了人际关系对其职业发展的作用。

4.2 饭店女性部门经理职业发展危机的归因分析

饭店女性部门经理职业发展危机有多方面、多层次的原因。笔者通过爱思唯尔数据库（Elsevier - SDOL，Science Direct OnLine）、爱墨瑞得数据库（Emerald）、施普林格数据库（Springer Link）三个外文数据库以及中国知网（CNKI）、万方、维普三个中文期刊数据库对国内外女性职业发展的相关文献进行了检索，并梳理和总结了女性职业发展危机原因分析的相关研究结论（见表4-4）。

表4-4 国内外学者提出的女性职业发展危机成因相关项目

作 者	相关项目（女性职业发展危机成因）
Kahn 等（1964）；Gutek 等（1981）；Parasuraman 等（1996）	工作-家庭冲突（内部角色冲突）、工作卷入、工作压力、管理支持、同事支持
Ragins，Cotton（1996）；Perkins 等（2000）	导师或激励者（a stimulus person/mentoring）
Schor（1995）；Tharenou（1999）	情境因素（导师支持、职业激励、内部网络）
Tharenou 等（1994）；Kelley，Streeter（1999）；Lehman（1992）；Still（1993）	受供养子女（dependent children）状况
Russell，Rush（1987）；McKeen，Burke（1991）	结构阻碍
Tharenou（1999）	子女、职业抱负、人力资本因素（包括教育水平、培训和发展、职业中断、工作经验、职业突破机会等）
Ragins，Sundstrom（1996）	个人在组织中的权力
Cox，Harquail（1991）；McKeen，Burke（1991）	缺乏机会，缺乏权力，缺乏指导者和赞助者
Heilman（1995）	性别歧视

续表

作　者	相关项目（女性职业发展危机成因）
Cox, Harquail（1991）	资格、教育、培训、经验
Chi-Ching（1992）	无法融入公司高层的人际网络，缺乏职业指导，家庭责任的羁绊，缺乏配偶和亲戚的支持
Morrison（1992）	性别歧视、缺乏职业规划、工作环境、工作-家庭冲突
Still（1992）	缺乏资格证书，缺乏经验，缺乏远见和领导能力
Maguire, Kleiner（1993）	正式阻碍（工作要求、知识与技能准备）、非正式阻碍（传统社会观念、企业文化与政治、心理冲突、家庭工作冲突、性别歧视、缺乏角色榜样）
Sieverding, Bosak, Sczesny（2003）	刻板印象、歧视态度、自我评价、性别特质
Penn, Wirth（1993）；Walsh（1999）；Broadbridge（1999）；Powell 等（2006）	消极的性别刻板印象
Lahtinen（1994）	女性社会角色，缺乏在经济资源、教育和培训等方面的支持，态度阻碍（雇主的性别歧视、对女性的消极看法、职业性别隔离、性骚扰、工资歧视）
Holmes, Cartwright（1994）	年龄歧视、工作动机与经历、生育
Burke, McKeen（1995）	工作满意度、离职意向、职业满意度、职业前景、工作卷入度
Mattis（1995）	态度阻碍（性别刻板印象、性别歧视），结构阻碍（缺乏职业指导、内部网络等），自我选择阻碍（缺乏自信等）
Metcalfe（1995）；Maher（1997）；Kark（2003）；Pawar（2003）	以男性为中心的管理风格
Traves 等（1997）；Klenke（1999）；Broadbridge（1999）；Ozbilgin（1999）；Driscoll（2004）	企业的男权文化
Hurley, Sonnenfeld（1998）	职业抱负
McDermott（1998）	态度阻碍（包括激励态度、职业抱负等）
Camilla Veale, Jeff Gold（1998）	缺乏职业辅导，个人与工作、生活冲突，缺乏女性发展管理，男性主导的企业文化和组织高层结构
Ragins（1996）	导师支持、职业激励
Simpson, Altman（2000）	家庭义务、同事歧视、社会压力、男性社交网络、自信危机

续表

作　者	相关项目（女性职业发展危机成因）
Wirth（2001）	家庭职责的不平等
Margaret，Hugh（2001）	女性管理风格、配偶的支持、缺乏角色榜样、照顾子女
Fischlmayr（2002）；Kottke，Agars（2005）	性别刻板印象
Slattery（2002）	组织类型、规模、所有制、地域分布
许艳丽、谭琳（2002）	时间配置冲突（工作和家庭时间的冲突、工作时间和结婚或生育时间的冲突、家庭时间和社会交往时间的冲突、时间密集型职业与在职学习的冲突）
宁本荣（2003）	表现为政治资源缺乏、经济资源不平等、社会关系网络狭窄，原因主要为教育因素、劳动力市场的性别分化、工作组织结构与管理因素、女性角色冲突
揭艾花（2003）	单位制度变迁
Perrewe，Nelson（2004）	玻璃天花板、性别歧视、非正式网络排除、缺少发展机会、政治技能差别、缺少良师益友、工作压力
Doherty（Doherty，2001）	饭店业工作本身的性质（工作时间长、工作时间不灵活）
Nailin Bu（Nailin Bu，2005）	职业成功网络（CSNs）
朱美荣（2005）、陈晓云（2007）	玻璃天花板
黄静晗、郑逸芳、郭涵（2006）	职业机会不平等、专业知识或管理技能不足、缺乏在职期间的持续学习、多重角色冲突、社会性别偏见的影响、传统社会职能的负累、制度保障的缺位、保护性劳动规定的负效应
林雯娟（2006）	组织中的性别歧视、发展的边缘化、政治学领域性别视觉的缺位、传统逻辑的错误定位、组织中的"心理契约"阻隔、社会支持系统缺失、性别平等概念的误读、制度补救的偏差
强国民（2007）	生理特点、女性的自我意识和自我定位、社会偏见、受教育程度
刘峰（2007）；曾静（2007）	工作压力
李萍（2007）	工作倦怠
程芳（2009）	组织因素（男性主导的管理层结构、男性化组织文化、歧视性雇佣政策、不公平的晋升政策）

续表

作　者	相关项目（女性职业发展危机成因）
黄庐进、周锡飞（2008）	女性特性制约、管理者认识偏差、社会宏观因素
蒋美华、柴丽红（2008）	照料子女
张磊（2008）	工作应激
杨云（2008）；张营（2009）	女性自身、企业内部、社会文化影响、社会制度缺陷
黄秋梅、苏穗（2009）	社会传统文化影响、公共保障政策缺乏、成功女性典范少、特殊的生理和心理特征
杨小燕（2009）	矛盾因素（社会角色与家庭角色冲突、社会物质生产和人类生产的冲突、男女成就双重标准）、资源缺乏（时间资源、知识资源、政治资源、社会人际资源）
李全喜（2009）	社会环境和国家制度因素（宏观的社会环境、社会声望、社会流行价值观）、国家相关制度（人才流动制度、收入分配制度）、组织内部因素（内部环境、管理制度、激励机制、个人因素（健康、思想压力、工作能力）
赵琦（2009）	家务劳动
程芳（2009）	背景与环境因素（年龄、学历、工作经验、工作环境以及就业市场的需求等）、心理/态度因素（个人对自我的认识、多重角色冲突、个人的价值观及时间压力）、社会与人际因素（家庭支持态度、夫妻关系、子女照顾及教育问题、同僚鼓励）
刘建花（2009）	职业期待偏低、平等就业保障机制的缺失、用人单位先入为主的统计性歧视及人力资本投入差异、女性群体自身因素
王益兰（2009）	社会因素、组织因素（政策制度、评价体系、内部人事分配制度）、家庭因素、个人因素（生理因素、心理因素）
王艳（2009）	社会因素、教育因素、心理因素

在国内外学者研究的基础上，本书从个人、家庭、组织、社会四个层面对饭店女性部门经理职业发展危机的原因进行探讨和分析。

4.2.1　基于个人层面的饭店女性部门经理职业发展危机的归因

饭店女性部门经理作为危机主体，其个体属性、职业态度与能力、性格、兴趣等特征都可能对其职业发展造成影响，是职业发展危机的形成原因之一。

(1) 人口变量因素

研究发现，年龄、性别、种族、受教育状况等人口统计变量会对个体职业发展的认知程度产生影响。斯沃森、托卡尔（Swanson、Tokar，1991）等研究指出，性别、年龄、种族、受教育（培训）背景等环境和背景因素是阻碍个体职业发展的主要因素。

①性别。

国内外研究显示，员工职业发展中存在性别差异（张晓燕等，2009），性别因素是造成接待业性别工资差距的最主要因素（Parrowe、Iverson，1999）。张晓燕等（2008，2009）通过建立和对比男女性职业发展影响因素模型发现，工作－家庭冲突、组织人际特征因素对女性职业发展的影响明显比男性显著，而健康因素对男性职业发展的影响则较女性显著。

此外，女性的职业发展落后于男性，性别对女性的职业发展有反向影响。女性的职业发展存在"玻璃天花板"（Hymowitz、Sehellhardt，1986），"玻璃天花板"使"玻璃外面的美景"对职业女性来说可望而不可即，当她们渴望并且试图获取高层职位（或更高薪酬）时，障碍重重（张春霞，2006）；养育孩子使得女性在社会结构网络中信息流和物质流的获得方面处于不利地位，从而导致女性总体上在就业信息、工作经验等方面落后于男性，从而造成女性职业发展落后于男性；女性在社会观念、行为规范、社会角色、社会性别分工等方面所处的不利地位导致一系列的女性弱势（李宝元，2007）；女性在教育投资、培训投资、保健投资、人力迁移投资等主要人力资本投资方面都明显落后于男性，从而使得女性职业发展也落后于男性等（钟威，2007）。

②年龄。

女性的"性别化年龄"[①] 不同，社会期望、家庭角色和责任、劳动力

[①] 所谓性别化年龄，是指涉及年龄问题的社会性别建构。这时候的年龄问题已经不是一种生物性事实，而是一种"社会事实"。更具体地讲，对那些自认并被别人称为"大龄"的打工女性而言，这种社会事实充当着一种对集体意识和集体行动的限制；对那些所谓"小龄"打工女性来说，性别化的年龄尺度常常作为工人和老板博弈的空间而存在（何明洁，2007）。

市场竞争力、(与资方)讨价还价能力、自我认同等方面就会存在差异,这些差异极易被资方利用,从而出现年龄歧视。

拉塞尔、拉什(Russel, Rush, 1987)、斯温逊、托卡尔(Swanson, Tokar, 1991)等学者指出,个体随着年龄的增长将会拥有更多与职业相关的信息和生活经验,这些信息和经验可使个体面临生涯发展障碍的种类与数量减少,进而引导个人的职业生涯趋向正向发展。一些学者指出,中年是个体事业和婚姻最可能遭遇危机的阶段。郭乡村等(2006)指出,角色冲突、工作-家庭平衡、期望与现实差距造成中年女性繁重的心理压力;王赠霖、张青(2009)指出,身体疾病或生理机能变化、工作-家庭冲突、职业发展困惑等都是导致中年女性心理健康问题的主要原因。

可见,年龄也可能是饭店女性部门经理职业发展危机的影响因素之一。

③受教育程度。

多数学者认为,受教育程度与职业发展存在正向互动关系。伦敦(London, 1998)的研究指出,个体的受教育程度越低,职业发展阻隔越强,职业发展越不乐观;伯维尔(Powell, 2006)指出,女性饭店从业人员受教育程度通过限制其职业选择,最终造成对职业发展的阻碍。但也有一些学者认为,受教育程度与女性职业发展关系不明显或呈负向相关关系。例如,柯靖(2006)指出,拥有硕士学历的女性 MBA 学员比拥有本科学历和专科学历的学员感受到的某些职业生涯阻隔因素更强。

可见,受教育程度与饭店女性部门经理职业发展危机之间的关系是有待检验和探究的问题之一。

④健康状况。

虽然也有人因为克服残疾的噩运而变得更加坚强,如霍金、张海迪等,但对于大多数人来说,健康的身体是个人职业发展的根本,更是走向职业成功的基本保障条件(马力,2004)。因此,健康状况对职业发展的影响是肯定的。

由于健康状况对个体职业发展的影响显而易见,目前尚无学者专门就健康对职业发展的影响进行探讨。职业女性健康状况的研究相对较多(郑桂珍等,2004;杨小燕,2009;李全喜,2009;Ng, Pine, 2003;钟威,2007;张晓燕等,2008,2009 等)。

因此，健康状况究竟在多大程度上对饭店女性部门经理职业发展状况造成影响以及健康状况对职业发展的影响是否存在性别差异，是本书探讨的问题之一。

（2）职业态度与能力因素

个体的职业态度与能力因素决定着个体的工作投入程度和工作效率，从而在很大程度上决定着职业发展状况。

①专业知识与技能掌握状况。

饭店女性部门经理的专业知识与技能对其职业发展的影响最为直接、最为明显。饭店专业知识与技能主要包括饭店专业教育经历、专业培训经历、专业知识掌握状况、饭店相关工作经验、专业技能掌握状况等。

国内外学者的研究表明，专业相关知识和技能的掌握状况与职业发展存在明显的正向关系。额、派因（Ng, Pine, 2003）对香港108名饭店管理者进行研究后发现，工作方面的知识不够是女性饭店管理者职业生涯发展中的四大阻隔因素之一；宁本荣（2007）指出，接受与学习新知识、新技能的培训是一个人职业发展的内在动力源，缺少相关就业技能与知识的再培训机会与时间是造成女性职业发展停滞的主要原因之一；吴娜、唐玉凤（2008）指出，专业知识和管理技能不足是我国女性管理者面临的最大困难；杨小燕（2009）指出，不少知识女性因为家庭责任而放弃学习、培训、深造的机会，从而造成知识技能的相对滞后与缺乏，成为其职业发展的致命弱点；樊智勇（2009）的研究指出，知识素养是饭店中层管理人员测评体系中最重要的指标；苏洁（2009）指出，饭店业从业人员除要具备专业知识外，还要掌握一定的综合知识（如饭店突发事件的处理及急救知识等）和外语知识，并要注意积累工作中所学到的各种知识，如礼仪知识、插花艺术、宴会设计、餐厅装饰、营销技巧等，为自己的职业发展作好准备。

可见，个体的知识与技能掌握状况是个体职业发展的主要影响因素之一，而知识与技能掌握状况在多大程度上对饭店女性部门经理的职业发展危机造成影响，是本书将要探究的内容之一。

②职业相关动机（career related motive）。

职业抱负、职业成功动机、管理动机等相关职业动机与职业发展或女性职业发展阻隔之间存在相关关系。

伦敦（London，1998）认为，职业动机（career motive）的三个方面即承受力、洞察力、特长都与职业生涯阻隔相关联。承受力使人们能面对不幸；洞察力是对自己和环境的理解，认识环境中能促进或阻碍工作的因素；特长是个体在特殊的职业领域或特定的职业目标中表现出的能力。因此，这三方面的提高有助于战胜职业生涯阻隔因素，改变对阻隔因素的认知，克服感知阻隔因素带来的影响；柯靖（2006）也通过针对 MBA 女性的实证研究证实了伦敦的上述研究结论。

职业抱负（career aspiration）是隐藏在个人动机之后的驱动力以及职业路径的引领者（Ladkin，2002），因此，职业抱负可以在一定程度上影响个体的职业发展。哈瓦德、布雷（Howard, Bray, 1988）、萨瑞瑙（Tharenou，1999）、赫利、桑那佛尔德（Hurley, Sonnenfeld, 1998）、麦克德莫特（McDermott，1998）、米勒（Miller，2005）等指出，女性之所以遭遇职业发展危机，在一定程度上是由于其职业抱负和职业目标低于男性。东西方社会都有这样的特征（Marshall，1984；Leon，Ho，1994；Korabik，1994；Cheng，Liao，1994）。因此，饭店女性部门经理的职业抱负状况可能会在一定程度上解释其职业发展危机。

郝兰德、戈特弗雷德森、帕尔（Holland, Gottfredson, Power, 1980）指出，有清楚的职业生涯定向的个体会有较理想的职业发展模式，一般不会因生涯阻隔而延迟生涯发展行动；古德森（Goodson，1981）的实证研究也发现，生涯已定向者存在的生涯阻隔因素较未定向者少。成就动机（success motive）对个体的职业发展状况有一定影响。景怀斌（1995）的研究指出，在中性条件下，女性成就动机高于男性；在竞争条件下，男性成就动机高于女性。李金燕、张维国（1995）则指出，女性成功动机比男性弱。原因在于，女性成功动机具有不稳定性，青春期后，"女性化－成就不相容定律"[①] 开始作用于女性。因此，女性为避免被男性排斥和保留女性化气质而产生"成功恐惧心理"，成功动机随之减弱。刘兴民等（2004）也认为，女性成就动机明显低于男性，其自信心不足、竞争意识

[①] 在对女性心理发展的研究中，心理学家发现了一个从青春期开始对女性起作用的定律，即女性化－成就不相容定律，是指追求成为合格的、被社会承认的女性，与追求成绩、做社会承认的有价值的人之间是不相容的、相互冲突的。

不强、成功恐惧心理等都将阻碍女性的职业发展。

可见，职业相关动机与个体的职业发展呈正向相关关系，与个体职业生涯阻隔呈负向相关关系。另外，多数学者认为，男性的职业相关动机强于女性。因此，职业相关动机较弱有可能是造成饭店女性部门经理职业发展危机的原因之一。

③职业压力（career stress）。

职业压力是压力因素以及职业有关压力状态的积蓄，或者说是伴随着职业需求超过了个体应付能力的职业条件的相互作用（Ross等，1996）。近年来，心理学、工效学、医学等研究均指出职业压力已成为一种严重影响人的身心健康、工作和生活质量的社会普遍问题。

适度的低水平的工作压力可以促进工作绩效，而过高的压力水平则可能对个体的生理、心理、行为产生消极影响（舒晓兵，2002）。生理影响的主要表征为脉搏跳动加快、高血压、心脏病等；心理影响则主要表现为低激励动机、低自尊、厌烦和工作不满情绪等，以及与工作有关的紧张感、急躁、精神疲劳等症状；行为影响则可能导致个体对组织产生不满、责任心下降、消极怠工或离职，同时个体的绩效也会受到很大的影响。这些都将对个体的职业发展产生一定的负面影响。

从相关文献来看，女性面临的职业压力比男性更为明显。内尔森等（Nelson等，1985）针对职业女性压力体验的研究指出，男女性都面临组织内压力（角色、工作、环境、人际关系）和组织外压力（婚姻、小孩），但女性还需面对歧视、刻板印象、工作－家庭冲突、社会隔离等压力；中国妇女杂志社与华坤女性生活调查中心于2006年底开展的中国（城市）女性生活质量调查显示，89.6%的被调查女性感到有工作压力，四成以上（40.3%）的女性感到工作压力"较大"或"很大"，其中31~40岁年龄段女性的工作压力最大。调查还显示，女性的工作强度有明显的增加趋势，每天工作超过八小时的女性比例明显增加。这些都说明，职业女性将面临越来越大的工作压力，过大的工作压力势必会对其个人身心健康、工作效率和积极性等带来负面影响。

工作压力究竟在多大程度上对饭店女性部门经理职业发展造成影响，这也将是本书探讨的内容之一。

④职业投入（career involvement）。

职业投入是衡量和预测个体职业发展状况的主要标准（Kahn 等，1964；Greenhaus, Beutell, 1985; Gutek 等，1981; Burke, McKeen, 1994; Parasuraman 等，1996），也是个体职业发展的必要前提（Tremblay, Roger, 1993），因此，职业投入对职业发展危机有一定的影响。

研究表明，职业投入少于男性是导致女性职业发展受阻的原因之一。张晓燕（2008）对某市大中型企业 400 余名员工的时间投入调查显示，男性比女性对工作投入更多精力，而女性用更多的时间关注家庭，这在一定程度上导致女性职业发展落后于男性；武中哲（2008）、毛晓明（2009）等指出，由于男性较少受到家务拖累，易全身心投入工作，因此，组织倾向于将职业发展的机会留给男性；钟圆（2009）对 120 名职业女性的调查显示，生育、教育小孩、家庭劳务等都占用了职业女性大部分时间和精力，使其难以像男性那样全身心投入工作，从而影响其工作效率。

可见，女性的职业投入程度低于男性也可能是导致饭店女性部门经理职业发展危机的原因之一。

（3）其他特征

①性格（traits）。

女性表达能力强、感情细腻、善于倾听等性格特点是饭店女性部门经理职业发展的优势（陈雪琼，2004；杨云，2008 等），同时，女性普遍具备的感性化、情绪化、缺乏系统性、自卑、狭隘、个性要强、性格内向等性格特点在一定程度上制约其职业发展（杨燕，2001；杨云，2008 等）。其中，情绪化是女性最常被质疑的地方，多数员工最不能接受女性主管的情绪化管理（陈晓云，2007）。

因此，女性性格特征对饭店女性部门经理的职业发展造成什么样的影响是一个有待探讨的问题。

②自信心。

个体自信程度在很大程度上决定着个体的职业发展状况。与男性相比，女性具有负向的自我概念，自信心不足。杨燕（2001）指出，自信心不足使女性容易低估自己，不敢全力以赴，做事情缺乏主见、亦步亦趋、自我局限、惧怕竞争等，这些都不利于其职业发展。自信心不足还可能使女性习惯于在组织中形成自己的小圈子；宁本荣（2005）指出，女性普遍具有的竞争和进取意识弱、求稳心理强等性格因素将影响其职业发展；陈晓云（2007）指出，与男性相比，女性往往易退缩，且不愿选择有挑战性的工作，主观上要求晋升、追求事业成功的态度就会表现得不如男性那样积极，容易错过许多晋升的机会。

因此，女性的自信心、竞争意识、进取意识在一定程度上束缚了其职业发展。

③心理承受能力。

对职业女性本身来讲，职业发展危机是一种心理危机，因此，职业女性的心理承受能力、心理健康状态也将是决定其职业发展危机的主要因素之一。

4.2.2 基于家庭层面的饭店女性部门经理职业发展危机的归因

相比于男性，女性更容易因他人（丈夫、子女、父母等）影响而改变自己的职业选择。因此，家庭因素是探讨饭店女性部门经理职业发展危机不可忽略的因素。

（1）家庭基本状况

①家庭经济收入状况。

罗森、卡拉比克（Rosin，Korabik，1991）指出，家庭的经济状况将会影响女性的职业选择；陈、廖（Cheng，Liao，1994）针对台湾女性职业的研究表明，台湾女性的最重要角色仍然限制在家庭里，而外出工作的女性则主要是想增加家庭收入，而非追求事业。

②家庭责任。

家庭责任是指满足其他正式或非正式家庭成员需要的责任（Boyer等，2003）。这些家庭成员包括配偶、父母、子女、兄弟姐妹以及兄弟姐妹的孩子等。女性走入工作场所后，其家庭责任并没有因此减少，她们仍是家庭责任的主要承担者（张莉，2006）。

家庭责任对于女性的职业发展有负面影响。伍锡康、李环（2004）针对香港职业女性的案例研究表明，已婚女性都将丈夫的事业放在第一位，当面临工作－家庭冲突时，她们往往采取辞职或降低职业目标等消极应对方式，职业发展从而受到制约，此外，饭店和医院的职业女性会面临更加严重的职业发展危机和工作-家庭冲突；张莉（2006）、赵琦（2009）、毛晓明（2009）等的研究指出，接送小孩、辅导小孩完成功课、照顾年老的父母、洗衣、做饭、整理房间等家庭责任和家务劳动耗费了女性大量时间和精力，从而直接影响女性的人力资本积累和工作表现。

可见，家庭责任特别是家务劳动的承担对于女性的职业发展有非常直接的影响。

(2) 婚姻状况

①婚姻状况。

斯特罗（Stroh 等，1992）、科其梅耶尔（Kirchmeyer，1998）、科纳森、斯米盖尔（Knutson，Schmidgall，1999）的研究指出，婚姻和女性职业发展是相冲突的。因此，一些接待业从业女性不得不在两者之间作出抉择，要么晚婚晚育，甚至不婚，要么将重心转向家庭，降低职业目标；额、派因（Ng，Pine，1999）针对香港饭店业管理者的研究表明，男女性被访者都认为婚姻状况对其职业发展的阻碍作用很小；斯科尼尔、芮特曼（Schneer，Reitman，1993）、利内斯、汤普森（Lyness，Judiesch，1999）、西莱恩（Thrane，2008）等则认为，婚姻对男女性的职业发展都有正向影响，婚后，男女性的工资都有一定提高，但是男性提高幅度（12%）比女性（7%）大。

②丈夫工作状况与支持。

里内汉、沃什（Linehan，Walsh，2000）的研究指出，在双职业婚姻（dual-career marriage）中，即使妻子的事业再成功，也没有男性愿意做"家庭妇男"来支持妻子发展事业，多数妻子由于支持丈夫工作而放弃一些培训、学习、外派等机会，而这正是职业发展所必须具备的工作经历，这将对女性的职业发展造成一定负面影响。

格林豪斯、贝特尔（Greenhaus，Betell，1985）的研究指出，具有较强家庭倾向的丈夫和持有超越传统性别角色态度的丈夫较认同妻子的职业角色，并会在养育子女、照顾老人、操持家务上多尽些义务来共同分担家庭责任，这种家庭环境下的女性有相对较多的时间和精力投入工作，从而有助于其职业发展。但目前多数男性不太认同妻子的职业角色并共同分担家务，从而导致职业女性可能会因为感受到较少的情感支持而经历严重的工作-家庭冲突，从而影响其职业发展（陈兴华等，2004）。

(3) 生育状况

国内外相关研究结果表明，生育及其带来的照顾子女问题会对女性职业发展带来影响（McDermott，1998；Veale，Gold，1998）。

①子女数量。

研究表明，子女越多，女性就要花费越多的时间和精力在子女教育、生活照顾等方面，从而使工作－家庭冲突加剧并对内部人际网络和工作投入带来消极影响，最终影响其职业发展。

沃德弗格（Nagin Waldfogel，1998）及朗德伯格、罗斯（Lundberg，Rose，2000）等的研究指出，子女或子女数量对女性工资有负向影响，但对男性工资影响不大，甚至是正向影响，这种现象被学界戏称为"母亲惩罚"（motherhood penalty）。凯斯（Keith，1981）及里内汉、沃什（Linehan，Walsh，2001）等的研究指出，子女数量与工作－家庭冲突正向相关；伊莎贝尔·梅茨（Isabel Metz，2006）的实证研究结果表明，子女对女性管理者的内部人际关系网络有明显的负面影响，并影响了女性的工作投入时间和职位晋升。可见，子女数量越多，女性职业发展面临的阻碍就越大。

②子女年龄。

国外一些学者在研究生育对女性职业发展的影响时，还注意到了（最后一胎）子女年龄的影响。

斯特内斯、欧卡娜（Staines，Connor，1980）的研究指出，6岁以下子女对母亲的职业发展影响最大，其次是学龄儿童（school－age children）；达西、迈克卡西（Darcy，McCarthy，2007）的研究指出，学前子女（pre－school children）对女性的工作投入度、工作压力、同事支持、工作－家庭冲突有一定影响，子女年龄与女性的职业发展正向相关。

4.2.3 基于组织层面的饭店女性部门经理职业发展危机的归因

从目前的研究成果看，从个体、社会视角对女性职业发展阻隔因素的研究较多，而从家庭、组织角度对其进行研究的则较少。

(1) 组织属性

①组织性质。

组织性质在一定程度上决定了组织的相关制度、政策和文化。因此，饭店的所有制性质势必会对其员工职业发展造成一定影响。按照所有制状况，我国星级饭店可以分为国有饭店、私营饭店、外资饭店三类，笔者的前期调查结果表明，国有饭店由于福利等方面保障制度和政策较为完善，女性职业发展危机相对最少；其次为外资饭店，私营饭店的女性职业发展危机最为严重。因此，组织性质也可能是影响女性职业危机的因素之一。

②组织规模。

通常，大型饭店企业的制度、政策较为完善、透明和公正，运作较为规范，当地政府较为重视，职业发展前景较好。因此，组织规模越大，女性职业发展所受的阻碍相对就会越小。

③组织档次。

一般来讲，饭店星级越高，其组织政策、制度、文化也越规范，从业人员的职业荣誉感和工作满意度也相对较强，这会在一定程度上对其职业发展阻隔起到一定的缓冲作用。因此，笔者认为，组织档次、饭店星级也可能会在一定程度上影响女性部门经理的职业发展危机。

（2）组织政策与制度

①职业培训制度。

在职培训会对个体的人力资本存量造成一定影响。因此，组织的奖励学习（考察）、定期培训、鼓励在职攻读学位等方面的政策也可能会对女性职业发展带来正面影响。

②职业生涯规划。

一些学者提出，组织针对员工制定的男性化的或性别中性的（gender - neutral）职业生涯规划和单一的直线型的晋升路径也是造成女性职业发展危机的组织因素之一。里内汉、沃什（Linehan, Walsh, 2000）和宁本荣（2005）的研究指出，企业为职工制定的职业生涯规划多是以男性为标准的，未将生养子女、家庭成员等问题考虑在内，易使女性员工陷入工作与家庭的两难选择之中，从而限制了女性的职业生涯发展；此外，企业设计的晋升路线过于单一，在一定程度上限制了女性职业发展的多元化，容易使女性产生职业厌倦和导致职业发展的停滞。

③人事聘用和升迁政策。

组织的歧视性雇佣政策会阻碍女性的职位升迁和职业发展（Steinpreis, Anders, Ritzke, 1999)。不公平的晋升政策也是阻碍女性升至高级管理层的主要因素之一（程芳、周二华, 2010）。

组织扁平化将给中层管理者的职业发展带来更多挑战，对女性中层管理者的影响更为明显（孙晓华等, 2006；陈晓云, 2007 等）。组织扁平化使得中层管理者的职业高原现象更为普遍，职业不安全感增强，组织承诺下降，中层管理者的职业发展将呈现短期性的特征等，女性从业人员的职位提升比过去更加困难。

④行业工作特征。

工作特征主要体现在工作时间安排和工作任务两个方面。饭店工作除具备服务行业的共性特征外，还有其特殊性。首先，饭店行业对员工的外形、亲和力、应变能力、语言技能等各方面要求较高（张娅, 2006）。另外，张莉（2006）的研究指出，工作时间长短、弹性大小、加班次数和频率、轮班和倒班无序性、工作内容的复杂和重要程度与职业女性的工作 - 家庭冲突呈正相关，而饭店工作正好具备以上特征（Brownell, 2001）。因此，饭店女性部门经理将面临比其他行业更为强烈的工作 - 家庭冲突。

饭店行业和职业本身的一些特点使得女性的职业安全感、职业满意度、工作 - 家庭冲突受到一定影响。因此，饭店行业或职业本身的一些特点也可能是饭店女性部门经理职业发展受阻的原因之一。

（3）组织环境与文化

每个企业都构建和奉行其特有的组织环境和文化，并以其特有的价值观念、信仰、伦理道德和组织风貌来要求、规范、塑造自己的员工。如果组织的性别文化和环境存在歧视和偏见且偏向于男性，女性的职业发展就会深受其影响。

①组织性别文化。

国内外相关研究成果表明，组织的男性化组织文化（muscular corporate culture）以及由此导致的男性主导的管理层结构（male - dominated management structure）会对女性职业发展形成阻碍。

施恩（Schein, 1973）、怀特（white, 2003）、南希（Nancy, 2004）等学者的研究指出，男女性管理者都认为管理者应该具备典型的男性化性格，从而造成组织管理层由男性主导的组织环境和组织文化，组织的政策和运作也都由高层男性所掌握，对女性职业发展带来阻碍。此外，由于组织政治和文化（Corporate culture and politics）在一定程度上无法口头传递，如女性往往在经历挫败后才感觉到组织中男性非正式关系网络（good old boys' network）的存在（Maguire, Kleiner, 1993）；男性化组织文化是女性职业发展面临的组织阻碍之一；南希（Nancy, 2004）认为，女性的升迁被根深蒂固的企业文化所阻碍，而这种文化形成主要是由于公司的政策和运作都由男性把持实权；赵慧军（2006）的研究指出，高层主管中女性所占比例越高，她们对玻璃天花板的知觉就越低。

可见，饭店内部的组织文化、饭店管理层的性别结构也可能是影响女性部门经理职业发展的因素之一。

②职场性骚扰。

职场性骚扰是指发生在工作场所，由雇主、上司、同事、下属、客户或者其他合作伙伴实施的不受对方欢迎的、不被欲求的任何形式的带有性成分的言行，使对方受到胁迫、羞辱，处于难以忍受的敌意环境的行为。

与其他行业相比，餐饮业、接待业从业人员最易遇到性骚扰（Woods、Kavanaugh, 1994），这主要是因为餐饮业、接待业从业人员与服务员接触的非正式性以及工作关系与社会关系界限的模糊性（Anders, 1993；Coeyman, 1998；Agrusa 等，2000）。此外，少数男性高层管理者也试图以重用、升迁、培养或开除等手段威胁女性下属，对其进行性骚扰（杨燕，2001），而女性在被性骚扰后通常只会采取生气、厌恶、无助、害怕、怨恨自己、丧失自信、不专心工作等消极应对方式（Lin, 2006），这会对其工作表现造成直接的负面影响，从而影响其职业发展。因此，性骚扰会给饭店女性部门经理职业发展带来消极影响。

③组织人际关系。

研究表明，员工-领导关系对员工职业发展有正向影响作用（刘军，2008），非正式社交网络（old boys' network 等）对女性的排斥是女性难以晋升到"C"级管理层①的原因之一（Westwood, Leung, 2000；伍锡康，2004；刘军，2008）。目前，在我国许多公司，俚语闲

---

① "C"级管理层是指以"C"开头的一系列职位，如 Chair、Chief 等较高层管理职位。

谈和深夜豪饮仍旧是加入公司高层关系圈的主要途径和向上晋升的润滑剂，销售人员请潜在客户或重要客户到脱衣舞夜总会或类似场所几乎成为惯例，而这些活动则排斥了大部分女性，这在一定程度上阻碍了女性与组织上司、主要客户的交流，进而对其职业发展造成影响。

④缺乏角色榜样和指导者（lack of role model and mentor）。

在男权文化主导的社会文化和组织文化下，角色典范的示范、激励作用和指导者的指导、扶助、推荐对于女性管理者的职业发展有较大作用。

指导者（mentor）通常为具有丰富工作经验的管理者，他（她）能帮助缺乏经验的员工获得机会和良好的人际关系，从而促进其职业发展以满足个人和组织的利益（Kram，1985），而多数指导者都喜欢指导自己的同性下属（Egan，1996），由于男性高层占大多数，并且缺乏相应的激励机制，女性得到的指导和帮助却往往比男性少，而事实上女性的职业发展比男性更需要引导和帮助（Marshall，1984；Salzman，1996；Schwiebert 等，1999），女性从业人员希望指导者提供与性别相关的职业指导建议，并希望女性指导者为其树立角色榜样（Salzman，1996；Drazga，1998；Clark，2000）。

4.2.4 基于社会层面的饭店女性部门经理职业发展危机的归因

（1）职业的社会评价

①职业社会声望。

通俗来讲，饭店行业是通过满足人们吃、喝、玩、乐等方面需求并从中获利的服务性行业，因此，饭店行业在古代就曾被人看作非正当的行业（郑向敏，2001），其社会声望比较低。

②职业刻板印象（Career Stereotyping Image）。

职业刻板印象是对从事该职业的职员是否能胜任该职业的预想态度（余秋梅等，2008；温芳芳，2009 等），具体体现为种族职业刻板印象、性别职业刻板印象、社会经济地位职业刻板印象、容貌职业刻板印象以及语言职业刻板印象等（Nilson，Edelman，1979）。性别职业刻板印象对女性职业发展的阻碍最为明显（赵慧军，2006）。研究结果表明，男女性管理者都存在"一想到管理者就想到男性"的性别刻板印象和"男性更适合担任管理者"这种性别思维定式（Schein 等，1973，1975，1996）；维莱姆森（Willemsen，2002）的研究结果也表明，多数被试者认为，成功的经理具有较多的男性化特质，并认为中性化特质更适合成功的经理；成剑慧（成剑慧，2008）采用 IAT（内隐联想测验）对招聘人员的性别刻板印象状况的测验表明，招聘人员普遍认为刻苦耐劳、遇事冷静、为人正直、具有较强的责任心为男性化特征，而细心、表达能力强、做事认真为女性化特征。

职业性别刻板印象会对饭店女性部门经理的心理状态、发展水平等产生广泛、深远的影响，制约与限制其职业角色和能力的发展和发挥。因此，职业性别刻板印象也是饭店女性部门经理职业发展危机的影响因素之一。

(2) 社会性别文化观念

①传统性别观念。

传统性别观念影响是导致女性职业发展危机的根本因素之一。

传统性别观念使人们通常轻视女性，认为女性不如男性聪明，缺乏创造力、开拓力，并将职业女性的性别角色机械地刻画为母亲、孩子、女强人（iron maiden）、性对象（sex object）等四类，怀疑和低估职业女性的职业胜任力和适应性，导致女性职业发展受阻（Kanter，1977；Garliek 等，1992）。一些通过努力打拼跻身管理层的少数女性也逃脱不了社会的质疑，尤其是女秘书、女助理等辅助性高管职位往往被人认为是"潜规则"的结果（强国民，2007），从而打击女性的工作积极性，成就动机被削弱，职业发展受到影响。第二期中国妇女社会地位抽样调查结果显示，77.8%的受访者认为导致领导岗位上女性比例低的原因是"社会对女性有偏见"（康宛竹，2007）。可见，性别偏见的社会氛围对高层女性的任职形成了一种无形而又司空见惯的阻碍力量。

传统性别观念不仅可能对饭店女性部门经理的自身职业动机、态度和价值观等产生影响，还会影响饭店、家庭等的态度，从而间接影响女性部门经理的职业发展。

②社会对饭店从业女性的认同。

自古以来，饭店就被认为是声色场所，并认为饭店工作就是伺候他人，技术含量低，不需要什么知识和学历，还有一些人认为饭店工作环境复杂，不适合女性，更不适合作为长期的职业目标。因此，饭店从业女性没有得到应有的尊重，反而被一些传统的社会偏见所低估和误解。这在一定程度上打击了饭店从业女性的工作积极性和上进心，对其职业发展造成一定的负面影响。

（3）社会公共政策与制度

①平等就业保障制度。

以《妇女权益保障法》为主体，包括国家各种单行法律法规、地方性法规和政府各部门行政规章在内的一整套法律体系都对平等就业进行了规定，但这些法规基本上是原则性规定，在司法实践中缺乏可操作性，难以解决现实中女性就业领域存在的具体问题（康宛竹，2007）。

因此，平等就业保障制度的可操作性、完善程度也在一定程度上影响了女性就业及其职业发展权益的实现。

②女职工保护政策。

尽管我国的就业形势发生了深刻的变化，但相关政策法规却没有根据就业形势变化及时修改、充实和完善。例如，《宪法》《劳动法》《妇女权益保障法》《女职工劳动保护条例》《中国妇女发展纲要》等都对消除性别歧视、保障女性劳动者平等实现劳动就业权发挥了一定作用，但仍存在操作性不强、缺乏对性别歧视的具体评判标准、执法和监督力度不够等问题（陈晨，2003）；另外，一些向女性倾斜的就业政策也常因制定和执行上的曲解不仅未能保障女性职业发展，反而加剧了这种玻璃天花板的隔离（张营，2009）。

③公共政策对女性的支持。

公共政策是指政府为解决现实和潜在的社会问题所作出的决定和行动，包括教育政策、家庭政策、性别比例政策等。市场经济环境下的公共政策对妇女职业权利保障的弱化也在一定程度上阻碍了女性的职业发展。

李正益（2008）的研究发现，女性人力资源开发利用的法规政策和社会保障制度不够健全，使得女性就业权益得不到有效保障，如女性在孕期、哺乳期、更年期可能会有情绪波动，可能会不同程度地影响工作效率,这使得一些单位以此为借口,不招收女性或者在女性特殊生命周期减少其工资福利、顶职或将其辞退。另外,教育政策、家庭政策、性别比例政策等相关政策对女性的职业角色考虑也较少,从而不利于女性的职业发展。

4.3 饭店女性部门经理职业发展危机的引发机理模型

饭店女性部门经理职业发展危机的引发机理主要包括职业发展危机形成因素的互动机理、职业发展危机的形成机理、职业发展危机的演变机理三个子系统。

4.3.1 饭店女性部门经理职业发展危机形成因素的互动作用机理

饭店女性部门经理职业发展危机形成因素的互动作用机理就是指个体、家庭、组织、社会四个层面的诸多因素之间是如何相互作用,并最终导致职业发展危机的内部作用过程。根据上节的分析,饭店女性部门经理职业发展危机的主要形成因素见表4-5。这些因素之间不是独立的,而是互动的。

表4-5 饭店女性部门经理职业发展危机形成因素一览

饭店女性部门经理职业发展危机形成因素	个体因素	基本特征	性别 A_1
			年龄 A_2
			受教育程度 A_3
			健康状况 A_4
			部门/工种 A_5
		职业态度与能力	职业相关动机 A_6
			职业知识与技能 A_7
			工作满意度 A_8
			职业压力 A_9
			职业投入 A_{10}
		其他特征	性格 A_{11}
			自信心 A_{12}
			个人进取意识 A_{13}

续表

饭店女性部门经理职业发展危机形成因素	家庭因素	家庭基本状况	家庭经济状况 A_{14}
			住房状况 A_{15}
			家务分担状况 A_{16}
		婚姻因素	婚否 A_{17}
			丈夫职业 A_{18}
			丈夫对妻子工作的态度 A_{19}
		子女因素	子女个数 A_{20}
			最后一胎子女的年龄 A_{21}
	组织因素	组织属性	组织性质 A_{22}
			组织档次 A_{23}
			组织规模 A_{24}
		组织政策与制度	职业培训制度 A_{25}
			人事任用与晋升政策 A_{26}
			职业生涯制度 A_{27}
		组织环境与文化	组织性别文化 A_{28}
			职场性骚扰 A_{29}
			组织人际关系 A_{30}
			工作本身特征 A_{31}
	社会因素	职业的社会声望	职业社会声望 A_{32}
			职业刻板印象 A_{33}
		社会文化认同	传统性别观念 A_{34}
			社会对饭店从业女性的认同 A_{35}
		社会公共政策与体系	平等就业保障机制 A_{36}
			女性保护政策 A_{37}
			公共服务体系对女性的支持 A_{38}

(1) 饭店女性部门经理职业发展危机形成因素的层次性

从上节笔者对各因素的分析可知，表4-5中的38个因素并非同质或完全并列的关系。其中一些因素是独立的，不受其他因素影响，如性别、年龄、组织规模、组织档次等；一些因素是后天的历史原因造成的，并在短时间内不受其他因素影响，如职业社会声望、传统性别观念等；一些因素是在以上两类因素的共同作用下最终形成的，如职业压力、职业投入等。

本书根据各因素的独立性程度，依次将这三类因素分别称为独立因素、相对独立因素和非独立因素。这三类因素性质不同，对女性部门经理职业发展危机所起的作用也不同，第一类因素对职业的影响是直接的、短期的、不易改变的；第二类因素对职业发展危机的影响是隐性的、全方位的、长远的；第三类因素具有可变性，并对职业发展危机产生最直接的影响。

①独立因素（independent factors）。

性别（A_1）、年龄（A_2）是引起饭店女性部门经理职业发展危机的先天性因素，其独立性最强；受教育状况（A_3）、健康状况（A_4）、性格（A_{11}）、丈夫职业（A_{18}）、子女个数（A_{20}）、最后一胎子女的年龄（A_{21}）、组织性质（A_{22}）、组织档次（A_{23}）、组织规模（A_{24}）、工作本身特征（A_{31}）等因素也是较为独立的，基本不受其他因素的影响，只有受教育状况（A_3）、健康状况（A_4）、性格（A_{11}）可能会受性别（A_1）、年龄（A_2）的影响。这几个因素被称为独立因素（见图4-5）。

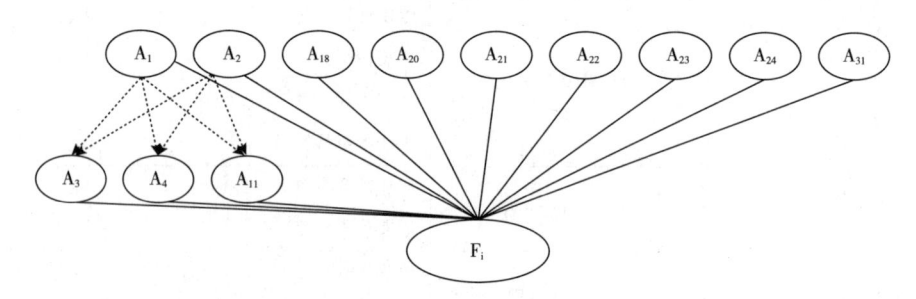

图4-5 饭店女性部门经理职业发展危机的独立因素图谱
注：F_i表示独立因素。

②相对独立因素（relatively independent factors）。

相对独立因素，是指短期内不会因为其他因素的改变而改变的因素，这类因素多数与环境、文化相关，如部门/工种（A_5）、性格（A_{11}）、丈夫对妻子工作的态度（A_{19}）、组织政策与制度因素（A_{25-27}）、组织环境与文化因素（A_{28-31}）、社会因素（A_{32-38}）等。这些因素会相对独立地对职业发展危机产生影响，而且影响较为深远，如社会因素（A_{32-38}）长期来看对其他所有因素都是有影响的，但在短期内影响程度很低。因此，这些因素被称为相对独立因素（见图4-6）。

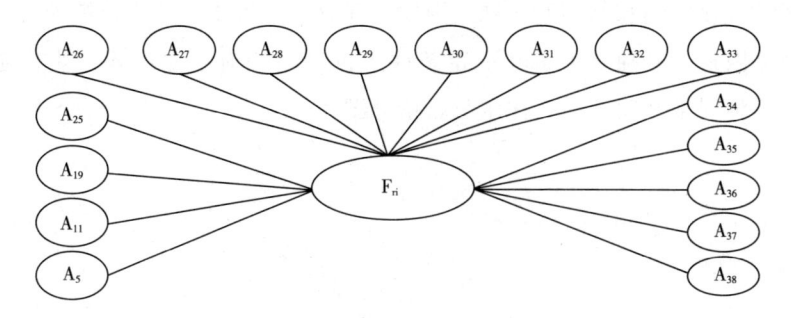

图 4-6　饭店女性部门经理职业发展危机的相对独立因素图谱
注：F_{ri}表示相对独立因素。

③非独立因素（dependent factors）。

非独立因素会随着其他因素的改变而改变，稳定性较差，是最能体现个体差异的因素，这类因素多为个体因素，对职业发展危机有直接的影响。例如，职业相关动机（A_6）、职业知识与技能（A_7）、工作满意度（A_8）、职业压力（A_9）、职业投入（A_{10}）、自信心（A_{12}）、个人进取意识（A_{13}），这些都是对职业发展危机影响最为直接、最为明显的因素。但这些因素受独立因素、相对独立因素的影响，是在独立因素、相对独立因素共同作用下形成的（见图 4-7）。

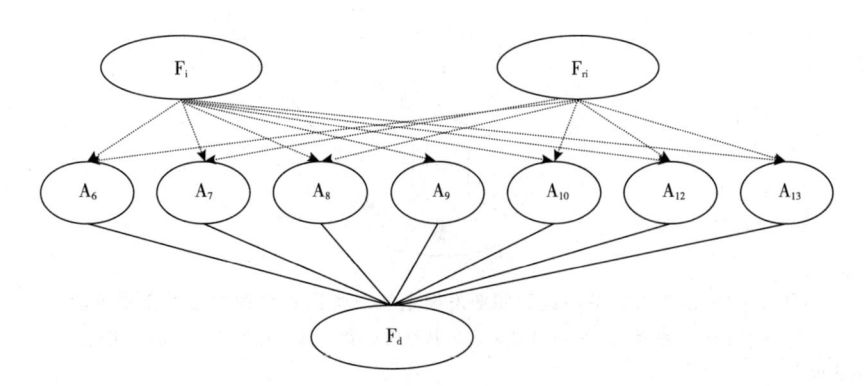

图 4-7　饭店女性部门经理职业发展危机的非独立因素图谱
注：F_d表示非独立因素。

（2）饭店女性部门经理职业发展危机形成因素的内在联系

由表 4-5 可以看出，饭店女性部门经理职业发展危机的形成因素包括独立因素、相对独立因素和非独立因素三种类型。独立因素、相对独立因素都直接影响和制约着非独立因素,部分独立因素还间接影响着一些相对独立因素,非独立因素在一定条件下也会对相对独立因素产生一定影响,三种因素之间的内在作用与联系见图4-8。

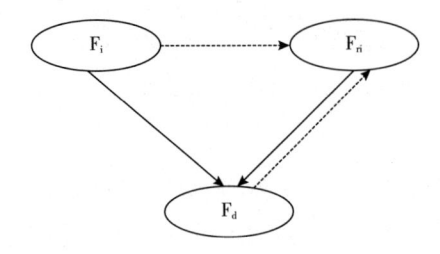

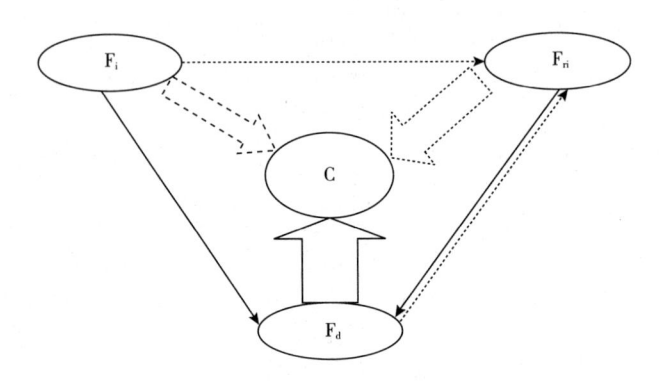

图4-8 饭店女性部门经理职业发展危机三类因素之间的内在关系

(3) 饭店女性部门经理职业发展危机形成因素的互动作用机理

独立因素、相对独立因素、非独立因素对饭店女性部门经理职业发展危机的作用和影响程度是不同的,其中独立因素的影响较为间接、隐蔽,其次为相对独立因素,非独立因素对饭店女性部门经理职业发展危机的影响最为直接、明显。它们之间的作用机理见图4-9。

图4-9 饭店女性部门经理职业发展危机三类因素之间的互动作用机理

注:图中用箭头线条粗细和连续性来表示其对饭店女性部门经理职业发展危机的作用和影响程度大小。

4.3.2 饭店女性部门经理职业发展危机的形成机理

基于以上分析,并结合饭店女性部门经理职业发展危机的形成机理,本书构建了饭店女性部门经理职业发展危机的形成机理模型,用来阐述哪些因素对饭店女性部门经理职业发展危机产生了关键性的影响，并用来判断饭店人力资源管理系统与饭店女性经理职业发展系统的"黑箱"中，什么样的变量分别起着调节、控制等作用。

在本书中，笔者主要采用深度访谈方法，访谈对象涉及国有企业（闽东宾馆、闽西宾馆、厦门航空酒店）、民营企业（石狮五洲大酒店、大华酒店）、外资企业（石狮曼哈顿·建联酒店、福州香格里拉大酒店）等13家企业，每家企业选取了3~5名中高层管理者，其职位涉及部门经理、部门副经理、人力总监、总办主任、副总经理、总经理等，共计41人。访谈过程由笔者和助手完成，访谈时间每人30分钟左右，主题为女性员工进入饭店前后，对其的要求、定位和职业规划等，女性部门经理的一般发展路径、饭店对女性部门经理的管理方式和基本评价、饭店女性部门经理的职业心理变化与问题、饭店女性部门经理的日常工作表现及饭店的干预方式、措施等。访谈结束后，笔者对访谈对象提到的内容进行归类、概括和整理，并结合前文的研究结果，从以下角度分析饭店女性部门经理职业发展危机的形成机理。

首先，认为职业发展的内涵涵盖薪酬增长、职业升迁、能力提升、人际关系发展四个方面，这一点基本不存在性别差异。

其次，饭店女性部门经理的职业发展危机主要是职业发展需求和现实之间存在落差或矛盾造成的，并受个体、家庭、组织、社会四个层面因素的影响，饭店女性部门经理的职业发展需求和现实之间表现出较大的动态性。

再次，当饭店女性部门经理的职业发展需求和现实有落差时，就会出现冲突。一方面，女性部门经理认为饭店没有为其提供所期望得到的回报（这种回报可以分为以薪酬为核心的交易性回报和以个人价值实现为核心的发展性回报），因此产生不满情绪；另一方面，女性部门经理认为饭店内部没有良好的性别文化氛围和关系氛围，其工作没有得到上司、同事和下属的理解、协助与支持，饭店也没有相应的支持性政策和制度。

最后，饭店女性部门经理会根据自己的职业期望、自己的工作表现以及组织的反应来分析自己职业发展危机的原因，她们一旦认为是组织因素造成期望落差，就会产生悖逆心理，进而引发抱怨、倦怠、抗拒、离职等一系列危机情绪或行为。

基于上述考虑和分析，本书建立了饭店女性部门经理职业发展危机的形成机理模型（见图4-10）。

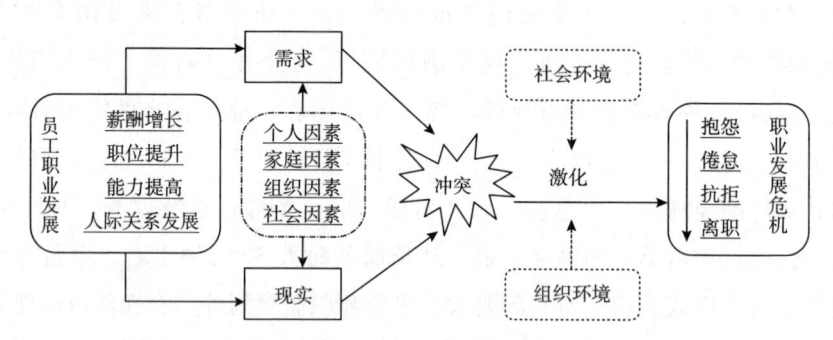

图4-10 饭店女性部门经理职业发展危机的形成机理模型

4.3.3 饭店女性部门经理职业发展危机的演变机理

通常情况下，危机的表现分为内隐形态和外显形态两种形态（李航，2008），女性部门经理职业发展危机也是如此。内隐形态的特征是饭店女性部门经理的劳动关系虽未变动，但已不安心于现有组织工作，缺乏工作动力；外显形态最突出的特征则是饭店女性部门经理的劳动关系和本人都脱离了现有组织。笔者在深入访谈中发现，通常饭店高层管理者关注的主要是外显形态，重点放在"留"人上；其实，内隐形态的危机比外显形态的危害更大。

（1）阶段分析

如图4-10所示，女性部门经理的职业发展危机经历了由内隐形态向外显形态的转化过程。当职业发展危机表现为内隐形态时，职业发展危机的过程就开始了。这个过程一般会经历抱怨、倦怠、抗拒和离职四个阶段。

①抱怨阶段。

当饭店女性部门经理对自己在饭店的职业发展感到不满意或者职业期望和现实存在较大落差，并且认为是组织因素导致这种状况时，就会通过抱怨等途径将这种消极情绪宣泄出来，其目的是引起饭店高层管理者的注意，期待高层管理者能够解决问题。在这一阶段，饭店女性部门经理虽然感觉不满，但尚无离职倾向，工作任务也能正常完成。此时，她们仍相信高层管理者能够解决问题，因此，如果饭店高层管理者在这一阶段注意到饭店女性部门经理有抱怨情绪，并尽快实施干预，一切将回归正常。

②倦怠阶段。

如果饭店高层管理者没有及时关注到女性部门经理的消极情绪，或采取放任不管的态度，或虽采取了措施但未达到其心理预期，则会导致女性部门经理情感上的失望和失意，进而产生职业倦怠。处于职业倦怠状态的饭店女性部门经理将会出现态度消极、行为懒散以及经常故意挑别人的毛病等。可见，此阶段饭店女性部门经理的表现已较大程度地偏离了正常轨道，对工作绩效产生了较大的影响。其目的是通过这种强烈的变化，促使管理者重视自己。因此，在其内心深处，饭店女性部门经理仍然寄希望于高层管理者。同样，若饭店高层管理者此时进行了恰当干预，饭店女性部门经理仍会回归正常。

③抗拒阶段。

如果饭店高层管理者关注到女性部门经理负面的职业情绪，但是没有对其负面情绪的深层原因进行分析，而是简单的批评、处罚，则会加剧饭店女性部门经理的不满，从而产生心理上的抗拒并萌生去意。这种抗拒情绪达到一定程度，极有爆发（外化）的可能，容易形成饭店女性部门经理与饭店高层管理者之间的对立。这种对立状况造成饭店女性部门经理的压力，为其离职准备了客观条件。但此时饭店女性部门经理并没有完全痛下离职的决心，其离职的主观条件尚未成熟。因此，高层管理者的诚恳和信任仍可能让其回心转意。

④离职阶段。

若饭店高层管理者对女性部门经理的行为变化处理不当，一旦外部条件（有更适合的组织聘任）具备，饭店女性部门经理就会向管理者明确表示离职的意愿。若饭店高层管理者仍没有实质性的挽留行动，饭店女性部门经理就会实施离职行为。

饭店女性部门经理职业发展危机主要包括抱怨、倦怠、抗拒和离职四个阶段，也是职业发展危机的过渡性环节，本书将其称为饭店女性部门经理职业发展危机征兆。危机征兆产生与演变的每个阶段都与饭店女性部门经理与个体、家庭、组织、社会等各层面的信息反馈以及各层面阻碍因素的相互作用密切相关。可见，个体、家庭、组织、社会对女性部门经理职业发展的阻碍因素与饭店女性部门经理职业发展危机征兆的表现程度密切相关，是引发饭店女性部门经理职业发展危机的直接原因。

（3）强度分析

饭店女性部门经理职业发展危机是循序渐进的，既有阶段性特征，又有强度差异。参考美国学者史蒂文·芬克1986年创建的"危机晴雨表"法，本书根据饭店女性部门经理职业发展危机的强度差异，将其划分为蓝色级、绿色级、黄色级、橙色级、红色级、黑色级四个等级。

①蓝色级、绿色级——安全。

饭店女性部门经理满意度较高，尚无明显悖逆行为，职业发展状况及自我感知状况良好，危机征兆不明显。

②黄色级——临界。

饭店女性部门经理对组织的人事政策或高层管理者的某些管理行为存在不满情绪，抱怨增多，如果不加以控制可能会加剧不满情绪，引发悖逆行为。饭店女性部门经理处于发生危机的边缘状态，虽然暂时还不会影响其工作表现和服务质量，也不会对企业的正常运行造成威胁，不会带来直接的经济损失，但此时应排除危机隐患、控制隐患或找到危机的源头。

③橙色级——危险。

饭店女性部门经理出现士气低落、消极怠工、工作积极性下降等消极情绪和行为表现，导致工作效率下降，服务质量、顾客满意度受到影响，组织中的人际关系冲突显著；已经表现出危机征兆，可能会造成直接经济损失及影响饭店的正常运行和长远发展，应立即采取防范措施。

④红色级、黑色级——危害。

饭店女性部门经理表现出明显的抗拒情绪和行为，表现为不安心本职工作，公开或者私下对高层管理者有较强烈的反对情绪，逆反心理严重。她们开始对高层管理者和组织丧失信心，会常利用各种机会批评现有管理制度、措施，且容易与高层管理者产生公开的冲突，有时还伴随一定程度的破坏行为，如损坏公共财物、侵吞组织金钱、损害组织形象，甚至结党营私、出卖组织机密等等。她们还可能随时做好跳槽的准备，开始搜集其他组织的招聘资料，或者已经与其他组织联系过，而且频频向有关领导表示离职的意愿或办理离职手续，并出现流动率大幅提高、过度离职现象。

5 饭店女性部门经理职业发展危机的因子分析

5.1 饭店女性部门经理职业发展危机的生成因素分析

上章从个体、家庭、组织、社会四个层面对饭店女性部门经理职业发展危机的形成因素进行研究与分析，总结了38个职业发展危机形成因素（见表4-5）。本章对职业发展危机的相关因子进行增补和筛选，并在此基础上制作饭店女性部门经理职业发展危机量表，对其进行定量分析和评价。

5.1.1 饭店女性部门经理职业发展危机生成因素的来源

本书除采用文献分析法提取相关因子之外，还采用了访谈、开放式问卷调查、相关量表分析三个途径对表4-5的职业发展危机形成因素进行了补充。

(1) 个人深度访谈和小组座谈

为深入了解我国饭店女性中层管理者职业发展危机的结构及其形成、影响因素，在编制问卷之前，首先对部分饭店的中高层管理者和若干专家进行了个人深度访谈。访谈分别以个别访谈和小组座谈的方式进行。访谈对象分别为福州外贸中心酒店（五星）总经理薛××、宁德闽东宾馆（四星）总经理范××、泉州迎宾馆（五星）总办主任陈×、泉州刺桐酒店（三星）总经理庄××、龙岩恒宝酒店（四星）人事部经理黄××等12人。

访谈主要得到以下结果。①子女教育、照顾丈夫等家庭束缚是饭店女性中层管理者职业发展的主要障碍。一些女性会因为支持丈夫工作和照顾子女而放弃培训、晋升机会,尽量减少自己的工作责任。②女性中层管理者操作能力强,但管理能力和意识较差,不适合做高层工作。这主要与饭店高层重经验、轻学历的传统意识有关。③女性中层管理者认为自己的能力不差,但在男权社会她们不得不让步于家庭和丈夫的事业。结婚之后,多数女性中层管理者的职业动机明显减弱。

(2) 开放式问卷调查

笔者针对部分星级饭店的人事部经理和中层管理者进行了开放式问卷调查。开放式调查问卷的内容为:①您认为男性还是女性更适合在饭店工作?您认为男性职业发展是否比女性更顺利?饭店从业女性职业发展最大的困难是什么?②在您所工作的饭店中,女性是否主要集中于基层、中层?女性无法顺利晋升到高层的原因主要有哪些?

开放式问卷的调查对象主要为泉州迎宾馆、泉州刺桐饭店、龙岩恒宝酒店、龙岩闽西宾馆、宁德闽东宾馆五家饭店的5位人事部经理(或总办主任、工会主席等)和35位部门经理,共发放问卷40份,回收有效问卷33份。

笔者将开放式问卷调查和访谈的结果进行了汇总,提取了开放式问卷调查和访谈中被提及两次以上的项目,共得到饭店女性部门经理职业发展危机涉及的项目19项(见表5-1)。

表5-1 开放式问卷调查和访谈涉及的部分项目

序号	项目	序号	项目
B_1	女性自我进取意识	B_{11}	缺乏职业指导者
B_2	家庭责任的羁绊	B_{12}	女性无法进入高层交际圈
B_3	内部人际关系复杂	B_{13}	高层管理者的性别歧视
B_4	高层管理者对女性的不信任	B_{14}	培训机会少
B_5	丈夫的工作性质	B_{15}	缺乏针对女性的职业规划
B_6	女性生理特征	B_{16}	组织文化偏男性化
B_7	女性受教育程度	B_{17}	自信心不足
B_8	女性工作投入程度	B_{18}	年龄歧视
B_9	女性性格特征	B_{19}	性骚扰
B_{10}	女性多重角色冲突		

(3) 收集国内外相关研究问卷、量表

笔者通过在爱思唯尔（Elsevier - SDOL）数据库、爱墨瑞得（Emerald）数据库、施普林格数据库（SpringerLink）三个外文数据库以及中国知网（CNKI）、万方、维普、台湾硕博士论文网等数据库对国内外女性职业发展相关文献进行了检索，并着重对相关文献所采用的问卷和量表进行了分析和整理。本书主要参考的问卷和量表见表5-2、表5-3。

表5-2 前人制作并经过验证的职业发展阻隔量表（CBIs）

作者	测量对象	量表及内容
Ferri, Keller（1986）	电视女主播	用35个问题评量受试者所知觉到的职业生涯阻隔因素，结果得到六个因素，依次为：①过度强调女性的身体外观；②在任用、甄选、薪资上的性别差别待遇；③对女性的性别刻板印象；④女性需要证明其能力和价值的压力；⑤家庭和事业的冲突；⑥缺乏专业网络
Russell, Rush（1987）	女性管理者	知觉到的职业阻隔因素量表，包括28个问题，6个分量表：①在管理方面的人格特质不够；②在家庭及社会方面的顾虑；③来自工作环境中的阻碍；④教育背景或工作经验方面的限制；⑤女性所关心的特殊问题；⑥所知觉到的未来下属的抗拒情形
Swanson, Tokar（1991）	在校大学生	职业生涯阻隔因素量表（CBI）。该量表共有112题，18个分量表分别为：①性别歧视；②缺少信心；③多重角色冲突；④子女的干扰；⑤年龄和种族歧视；⑥性别角色冲突；⑦不适当的经验或训练；⑧缺少重要他人的支持；⑨对未来不确定；⑩未决策或信息不够；⑪对职业生涯不满意；⑫需要重新安置；⑬不知道如何找工作；⑭就业市场过于饱和；⑮不确定结婚生子的计划；⑯缺少伴侣的支持；⑰不被鼓励进入非传统学习领域；⑱身体状况不好等
Swanson, Daniels（1996）	女性管理者	职业生涯发展阻隔因素量表（CBI-R），包含70题，13个分量表，较为简便。13个因素分别为：①性别歧视；②缺乏自信；③多重角色冲突；④小孩和职业生涯需求的冲突；⑤种族歧视；⑥职业生涯准备不足；⑦重要他人不赞成；⑧很难作决定；⑨对职业生涯不满意；⑩不被鼓励选择非传统领域的职业生涯；⑪健康方面的问题；⑫工作市场的限制；⑬社会化困难或支持网络不足

续表

作者	测量对象	量表及内容
田秀兰（1998）	在校大学生	职业生涯阻碍因素量表，该量表包含80题，12个分量表：①自我认识；②性别上的差别待遇；③家庭责任；④学校科系；⑤他人支持；⑥对女性的态度；⑦多重角色压力；⑧不鼓励选择非传统职业；⑨对工作不满；⑩竞争条件；⑪不可控制之个人条件；⑫婚姻及子女问题
杨淑珍（1998）	在校大学生	生涯阻力量表，包括4个分量表：①职业抉择阻力检核表；②谋职阻力检核表；③工作阻力检核表；④职业与家庭兼顾阻力检核表
柯靖（2006）	女性MBA学员	30题，3个分量表：①背景/情境因素分量表；②社会/人际因素分量表；③个人/心理因素分量表
翟雪梅（2007）	女性管理者	职业发展阻滞量表，31个问题，4个分量表：①个人因素分量表；②家庭因素分量表；③组织因素分量表；④社会因素分量表
杜艺婷（2008）	高学历女性	共40题，3个分量表：①个人/情境分量表；②社会/组织分量表；③家庭/角色分量表
林佳（2008）	女医生	33题，2个分量表：①组织层面阻隔分量表；②个体内部阻隔分量表

表5-3 职业发展危机其他相关量表（问卷）

作者（出版日期）	量表（问卷）名称
林慧丽、林文火（2008）	职业高原自测量表
罗美娟（2008）	工作倦怠量表
Colette Darcy, Alma McCarthy（2007）	工作-家庭冲突量表
许红华、庄玉良、龙迪（2006）	职业停滞成因量表
马超等（2006）	政治认知量表
赵慧军、王丹（2006）	自我感知的玻璃天花板量表
黄焕荣（2000）	玻璃天花板自我认知量表
Kossek等（1998）	职业自我效能量表
Greenhaus（1991）	职业发展预期量表
Schwarzer（1999）	一般自我效能量表
Still（1993）	性别歧视量表
Burke（1995）	离职意向量表

续表

作者（出版日期）	量表（问卷）名称
Hunsaker（1991）	性别刻板印象量表
Hunsaker（1991）	导师支持量表
Burke（1991）	离职意向量表
Greenhaus 等（1990）	自我职业满意度量表
Quinn，Shepard（1974）	工作满意度量表
Lodahl，Kejner（1965）	工作卷入度量表

通过对上述量表的分析，笔者主要对卢塞尔、卢什（Russell、Rush，1987），斯温森、柯靖（2006），翟雪梅（2007）的职业发展阻隔量表以及许红华等（2006）的职业停滞成因量表，格林豪斯（Greenhaus，1997）的职业发展预期量表，格林豪斯等（Greenhaus 等，1990）的自我职业满意度量表中的各项目进行整理，并筛选出其中出现两次以上的项目共30项（见表5-4）。

表5-4 相关量表中提取的项目

序号	项目	序号	项目
C_1	女性较情绪化	C_{16}	学习意识不强
C_2	女性管理能力较差	C_{17}	女性人际关系不好
C_3	多种角色冲突	C_{18}	组织的年龄歧视
C_4	成功恐惧心理	C_{19}	饭店行业门槛低
C_5	工作-家庭矛盾与平衡	C_{20}	饭店行业工资低
C_6	饭店工作加班、倒班等	C_{21}	家庭责任的承担
C_7	饭店职业声望与地位	C_{22}	自我效能感较弱
C_8	饭店属于"青春饭"行业	C_{23}	女性管理者的威信较差
C_9	缺乏职业指导者	C_{24}	组织职业规划缺乏性别视角
C_{10}	女性政治能力较男性差	C_{25}	对组织的前景预期
C_{11}	饭店环境复杂，不适合女性	C_{26}	组织高层被男性控制
C_{12}	女性外派机会少	C_{27}	无法加入组织高层社交圈
C_{13}	照顾子女	C_{28}	重要他人的支持与理解
C_{14}	生育的风险与代价	C_{29}	职业动机较弱
C_{15}	传统性别观念约束	C_{30}	个人欠缺职业规划

5.1.2 饭店女性部门经理职业发展危机因子的初步形成

本书通过综合表4-5、表5-1、表5-4得出饭店女性部门经理职业发展危机因子的雏形（共57项），详见表5-5。

表5-5 初步的饭店女性部门经理职业发展危机相关因子（共57项）

饭店女性部门经理职业发展危机形成因素	个体因素	基本特征	性别 A_1
			年龄 A_2
			受教育程度 A_3
			健康状况 A_4
			部门/工种 A_5
		职业态度与能力	成功恐惧心理 C_4
			职业知识与技能 A_7
			工作满意度 A_8
			职业压力 A_9
			职业投入 A_{10}
			在组织内的威信 C_{23}
			外派机会少 C_{12}
			缺乏个人职业规划 C_{30}
			缺乏职业指导 B_{11}
		其他特征	情绪化性格 C_1
			自信心 A_{12}
			个人进取意识 A_{13}
			女性生理特征的影响 B_6
			自我效能感较弱 C_{22}
			多种角色期望的平衡 B_{10}
			女性政治能力较男性差 C_{10}
	家庭因素	家庭基本状况	家庭经济状况 A_{14}
			住房状况 A_{15}
			家务分担状况 A_{16}
			工作-家庭矛盾 C_5
		婚姻因素	婚否 A_{17}
			丈夫职业 A_{18}
			丈夫对妻子工作的态度 A_{19}

续表

家庭因素	子女因素	子女个数	A_{20}
		最后一胎子女的年龄	A_{21}
		照顾子女的精力和时间	C_{13}
		生育的风险和代价	C_{14}
组织因素	组织属性	组织性质	A_{22}
		组织档次	A_{23}
		组织规模	A_{24}
	组织政策与制度	职业培训制度	A_{25}
		人事任用与晋升政策	A_{26}
		职业生涯制度	A_{27}
	组织环境与文化	组织高层被男性控制	C_{26}
		高层社交圈对女性的排斥	B_{12}
		对组织的前景预期	C_{25}
		职场性骚扰	A_{29}
		组织人际关系	A_{30}
		饭店环境复杂,不适合女性	C_{11}
		组织的年龄歧视	C_{18}
	行业性质与特点	经常需要加班、倒班	C_6
		饭店工作社会地位低	C_7
		"青春饭"行业	C_8
		饭店行业工资低	C_{20}
		饭店行业门槛低	C_{19}
社会因素	职业的社会声望	职业社会声望	A_{32}
		职业刻板印象	A_{33}
	社会文化认同	传统性别观念	A_{34}
		社会对饭店从业女性的认同	A_{35}
	社会公共政策与体系	平等就业保障机制	A_{36}
		女性保护政策	A_{37}
		公共服务体系对女性的支持	A_{38}

（饭店女性部门经理职业发展危机形成因素）

5.1.3 饭店女性部门经理职业发展危机形成因素的筛选

笔者还邀请华侨大学旅游学院博士生导师郑××、华侨大学工商学院博士生导师李××等5名教授及饭店管理或人力资源管理专家就表5-5的各相关因子进行了审核和评定，删掉被2名以上专家否定的因素，增加被2名以上专家提名的因素，最终形成饭店女性部门经理职业发展危机的形成因素（见表5-6）。

表5-6　筛选后的饭店女性部门经理职业发展危机形成因素（共52项）

饭店女性部门经理职业发展危机形成因素	个体因素	基本特征	性别	$A_1 \to f_1$
			年龄	$A_2 \to f_2$
			受教育程度	$A_3 \to f_3$
			健康状况	A_4
			部门/工种	$A_5 \to f_4$
			收入状况	f_5
			从事饭店工作的时间	f_6
		职业态度与能力	成功恐惧心理	$C_4 \to f_7$
			职业知识与技能	A_7
			工作满意度	$A_8 \to f_8$
			职业压力	A_9
			职业投入	$A_{10} \to f_9$
			组织内的威信	$C_{23} \to f_{10}$
			外派机会少	C_{12}
			缺乏个人职业规划	$C_{30} \to f_{11}$
			缺乏职业指导者	$B_9 \to f_{12}$
		其他特征	情绪化性格	$C_1 \to f_{13}$
			自信心	A_{12}
			个人进取意识	$A_{13} \to f_{14}$
			女性生理特征	$B_6 \to f_{15}$
			自我效能感	$C_{22} \to f_{16}$
			多种角色的平衡	$B_{10} \to f_{17}$
			政治能力	$C_{10} \to f_{18}$
	家庭因素	家庭基本状况	家庭经济状况	A_{14}
			住房状况	$A_{15} \to f_{19}$
			家务分担状况	$A_{16} \to f_{20}$
			工作-家庭矛盾	$C_5 \to f_{21}$

续表

饭店女性部门经理职业发展危机形成因素	家庭因素	婚姻因素	婚姻状况	$A_{17} \rightarrow f_{22}$
			~~丈夫职业~~	~~A_{18}~~
			配偶的支持	$A_{19} \rightarrow f_{23}$
		子女因素	子女个数	$A_{20} \rightarrow f_{24}$
			~~最后一胎子女的年龄~~	~~A_{21}~~
			照顾子女的时间和精力	$C_{13} \rightarrow f_{25}$
			生育的风险和代价	$C_{14} \rightarrow f_{26}$
	组织因素	组织属性	组织性质	$A_{22} \rightarrow f_{27}$
			组织档次	$A_{23} \rightarrow f_{28}$
			组织规模	$A_{24} \rightarrow f_{29}$
			开业年限	f_{30}
		组织政策与制度	职业培训制度	$A_{25} \rightarrow f_{31}$
			人事任用与晋升制度	$A_{26} \rightarrow f_{32}$
			职业生涯制度	$A_{27} \rightarrow f_{33}$
		组织环境与文化	男性化的高层管理结构	$C_{26} \rightarrow f_{34}$
			高层社交圈对女性的排斥	$B_{12} \rightarrow f_{35}$
			组织的前景预期	$C_{25} \rightarrow f_{36}$
			职场性骚扰	$A_{29} \rightarrow f_{37}$
			组织人际关系	$A_{30} \rightarrow f_{38}$
			饭店环境复杂，不适合女性	$C_{11} \rightarrow f_{39}$
			组织的年龄歧视	$C_{18} \rightarrow f_{40}$
		行业性质与特点	经常需要加班、倒班	$C_6 \rightarrow f_{41}$
			饭店工作社会地位低	$C_7 \rightarrow f_{42}$
			"青春饭"行业	$C_8 \rightarrow f_{43}$
			饭店行业工资低	$C_{20} \rightarrow f_{44}$
			饭店行业门槛低	$C_{19} \rightarrow f_{45}$
	社会因素	职业的社会声望	职业的社会声望	$A_{32} \rightarrow f_{46}$
			职业刻板印象	$A_{33} \rightarrow f_{47}$
		社会文化认同	传统性别观念	$A_{34} \rightarrow f_{48}$
			社会对饭店从业女性的认同	$A_{35} \rightarrow f_{49}$
		社会公共政策与体系	平等就业保障机制	$A_{36} \rightarrow f_{50}$
			女性保护政策	$A_{37} \rightarrow f_{51}$
			公共服务体系支持	$A_{38} \rightarrow f_{52}$

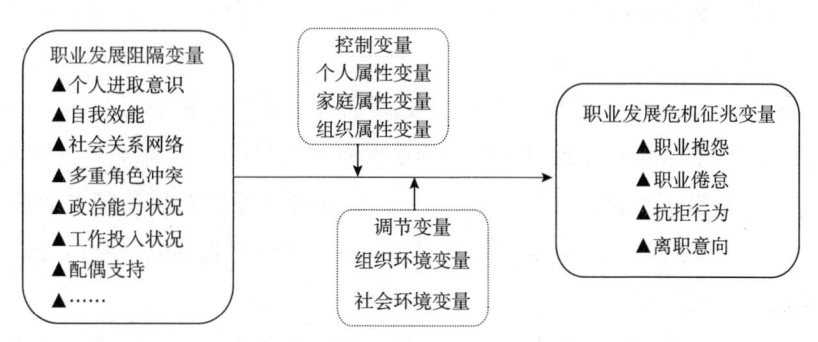

5.2 饭店女性部门经理职业发展危机的因子分析模型

通过前文的定性分析可知，饭店女性部门经理职业发展危机的形成因素有 50 多项，而且在测量过程中，一些复合因子还需要分解，需要分析的因子非常多。因此，本书采用因子分析法，对饭店女性部门经理职业发展危机的形成机理进行定量研究。

5.2.1 研究模型的建立

从第 4 章的机理分析可知，饭店女性部门经理职业发展危机是由个人、家庭、组织、社会四个层面的因素造成的，四个层面的因素相互影响、相互依存，最终导致饭店女性部门经理出现抱怨、倦怠、抗拒甚至离职等职业发展危机。因此，笔者根据第 4 章的定性分析，结合饭店女性部门经理职业发展危机形成因素与饭店女性部门经理职业发展危机征兆之间的关系，构建了饭店女性部门经理职业发展危机的因子分析模型（见图 5-1）。

图 5-1 饭店女性部门经理职业发展危机的因子分析模型

在上述模型中，本书设定了相应的自变量、因变量、控制变量和调节变量。各变量的含义如下。

（1）自变量（职业发展阻隔变量）

本书选取个体在工作、家庭中的态度与特征变量作为自变量，这些变量涵盖了直接影响饭店女性部门经理的所有因素，每一项都具有鲜明的特色。本书的最终目的就是要检验这些变量是否是导致饭店女性部门经理职业发展危机的因素，并在此基础上进一步探究这些变量对饭店女性部门经理职业发展危机的影响及过程。

①个体的职业态度与特征。

a. 成功恐惧心理（f_7）。成功恐惧心理是指由于社会上流行的对成功女性的偏见和曲解给女性造成的压力。例如，"女强人""女博士"等都是社会强加给女性的歧视性标签，这可能对女性的职业进取意识造成一定的打击和抑制，影响其职业发展。

b. 工作满意度（f_8）。职业满意度是员工对自我职业发展以及所在组织的职业体验，决定着员工的忠诚度、工作积极性，从而对其职业发展产生影响。

c. 职业投入（f_9）。职业投（卷）入是指员工对职业的投入状况和程度，其投入度越高，工作表现就越好，取得职业发展的可能性就越大。所以，个体的职业投入与其职业发展有非常直接的关系。

d. 组织内的威信（f_{10}）。饭店部门经理在饭店的威信越高，执行力越强，越有利于工作的完成和落实，这对于中层管理者的职业发展尤为重要。因此，本书尝试衡量这一指标在饭店部门经理中是否有性别差异以及对其职业发展造成的影响程度。

e. 缺乏个人职业规划（f_{11}）。个人是否有职业规划说明了个体的职业意识状况，个体的职业意识越强，其职业发展的效率就越高。

f. 缺乏职业指导者（f_{12}）。缺乏职业指导者是很多女性管理者职业发展面临的主要阻碍之一，本书将试图分析这一变量对饭店女性部门经理职业发展危机的解释程度。

g. 情绪化性格（f_{13}）。很多学者和业界管理者认为，女性的情绪化性格影响其能否成为一名合格的管理者。因此，本书将继续探悉饭店女性部门经理是否有情绪化倾向及其对职业发展危机的影响。

h. 个人进取意识（f_{14}）。个人进取意识标志着个体对职业的追求，是职业成功的必备要素之一。

i. 女性生理特征（f_{15}）。女性特殊的生理特征会对女性的情绪、生活造成一些影响，这一特征是否与职业发展危机有关将是本书要探究的问题。

j. 自我效能感（f_{16}）。自我效能是员工对自己工作能力的自我评价，既可以说明其自信心状况，还可以说明其职业能力。因此，自我效能感与职业发展状况之间有较为密切的关系。

k. 多种角色的平衡（f_{17}）。每个人在生活中都需要扮演多种角色，由于传统性别观念影响，现代已婚职业女性需要同时扮演好子女、妻子、母亲、管理者等多种角色，多种角色失衡必将对其职业发展造成消极影响。

l. 政治能力（f_{18}）。政治能力是指一个人处理"关系"的能力，在中国现代社会中，个体的政治能力与其职业发展紧密相关。

②家庭成员的态度与特征。

a. 家务分担状况（f_{20}）。家务分担状况可以说明已婚女性的家庭压力状况，本书将探悉这一因素与其职业发展之间的相关关系。

b. 工作-家庭矛盾（f_{21}）。工作-家庭矛盾是已婚职业女性面临的最大的心理压力，工作-家庭矛盾势必会影响女性的工作积极性、工作效率，从而对其职业发展产生影响。

c. 配偶的支持（f_{23}）。配偶对工作的支持也会对个体的职业投入、职业满意度等职业相关行为和价值观产生影响，因此，配偶的支持对于饭店女性部门经理的职业发展危机产生一定的影响。

d. 照顾子女的时间和精力（f_{25}）。传统观念认为，照顾子女是女性的主要责任，因此，女性照顾子女所花费的时间和精力将会影响其职业投入，从而对其职业发展造成影响。

e. 生育的风险和代价（f_{26}）。生育可能给女性带来晋升、学习等机会的损失，这将会对其职业发展造成一定的消极影响。

③组织的态度与特征。

a. 男性化的高层管理结构（f_{34}）。男性化的高层管理结构表明组织的话语权主要掌握在男性手中，从而使得组织的制度和决策偏向男性化，这将会对女性的职业发展造成阻隔。

b. 高层社交圈对女性的排斥（f_{35}）。组织的高层社交圈是指组织的高层管理者组成的非正式的小团体，他们会深夜出去饮酒、打牌或参加其他社交活动，如果高层社交圈多为男性，交往方式也是男性化的方式，形成对女性中层管理者的排斥，也会对女性的职业发展造成阻隔。

c. 组织的前景预期（f_{36}）。组织的前景是否乐观决定着个体的职业忠诚度，影响其职业表现和态度，从而对其职业发展造成一定影响。

d. 职场性骚扰（f_{37}）。职场性骚扰会对受害者的心理造成一定伤害，影响其工作表现。饭店行业又是性骚扰发生频率较高的行业，因此，职场性骚扰对饭店女性部门经理职业发展危机的影响将是本书要探究的问题之一。

e. 组织人际关系（f_{38}）。组织人际关系是个体职业成功的主要因素之一，另外，组织人际关系还会影响员工的工作体验和工作表现。因此，个人在组织中的人际关系状况与其职业发展也有一定的关联。

f. 饭店环境复杂，不适合女性（f_{39}）。传统观念认为，饭店环境复杂，可能会对女性的价值观和行为产生负面影响。因此，这种观念可能会影响饭店女性部门经理对自我职业的热爱和投入，从而对其职业发展产生影响。

g. 组织的年龄歧视（f_{40}）。组织若在人事聘用和升迁上排斥年纪较大的员工，可能会影响员工的职业忠诚度，从而对其职业发展造成消极影响。

h. 饭店经常需要加班、倒班（f_{41}）。饭店属于服务性行业，从业人员需要经常加班和倒班，这可能会影响女性的家庭生活，尤其是影响其照顾家庭的责任，增加其工作－家庭冲突，最终对其职业发展造成消极影响。

i. 饭店工作社会地位低（f_{42}）。传统观念认为，饭店行业属于伺候人的职业，不被人尊重，不是高雅的行业。这种错误观念会影响其将饭店职业作为长期的从业目标，影响其在组织内的职业发展。

j. "青春饭"行业（f_{43}）。传统观念认为，饭店从业女性必须是年轻貌美的，一旦超过35岁，就没有职业发展机会了。这种观念影响着饭店高层管理者的决策和组织制度，也对饭店女性部门经理的职业忠诚度、职业热情等造成消极影响。

k. 饭店行业工资低（f_{44}）。一些饭店女性管理者认为，与其他行业相比，饭店行业工作复杂、工作时间长，而且工资低。因此，当在酒店工作一段时间后,女性管理者容易产生职业倦怠,从而加速其职业发展危机。

1. 饭店行业门槛低（f_{45}）。饭店行业门槛较低,就目前状况来看,一般具有中等学历的人就可以进入饭店工作,这造成饭店专业的大学生对饭店行业的好感和认可度较低,从而影响其职业忠诚度。

（2）因变量（职业发展危机征兆——行为或态度变量）

本书将饭店女性部门经理的职业发展危机征兆作为因变量,并根据研究需要将饭店女性部门经理职业发展需求与现实矛盾导致的结果作为感知饭店女性部门经理职业发展危机的因变量。这些变量主要从饭店女性部门经理在职业期望落差出现后表现出的工作情绪、行为特征、与周边同事的协作关系、与管理者之间的关系及其不满意态度、离职倾向,以及影响企业声誉的相关行为这些方面进行衡量。这些变量主要如下。

①抱怨。

抱怨是职业发展危机的行为征兆之一。本书将从饭店女性部门经理的职业抱怨程度、抱怨对象等来衡量其职业发展危机状况。

②工作倦怠。

倦怠也是职业发展危机的行为或态度征兆之一。本书将从饭店女性部门经理对职业的逃避、排斥、自我情感枯竭等几个维度衡量其职业发展危机状况与征兆。

③抗拒。

抗拒行为和意识也是职业发展危机的主要征兆之一。本书将从认同感、企业归属感、工作热情等角度来测量其抗拒行为或态度的程度。

④离职意向。

离职是职业发展危机的最终体现和爆发。本书将用离职意向分量表来测量饭店女性部门经理的职业发展危机状况。

（3）调节变量

本书将组织环境、社会环境等因素作为调节变量。组织环境涉及饭店职业相关的文化、制度、规章等；社会环境主要涉及传统性别观念、平等就业制度、女职工保护政策、家政等公共服务体系对女性的支持等。这些环境因素与职业阻隔因素一起影响着饭店女性部门经理的职业发展及其心理状态。要稳定或改善饭店女性部门经理的工作状态,使员工形成强烈的、共同的认知，就必须使管理政策、个人自我管理策略、家庭支持策略与环境相协调，这是消除危机征兆的关键环节。因此，本章中将组织环境和社会环境作为调节变量。

①组织环境变量。

a. 职业培训制度（f_{31}）。饭店企业的职业培训制度是否完善及其落实情况对部门经理的职业知识和能力提升有一定作用，从而对其职业发展产生影响。

b. 人事任用和晋升制度（f_{32}）。人事聘用和晋升制度的公平、公正、透明等可以在一定程度上增强员工对企业的信任，反之，则会增加员工对企业的不满，影响其职业生涯。

c. 职业生涯制度（f_{33}）。企业是否为员工制定职业生涯制度，以及职业生涯制度是否考虑到性别问题，尤其是对生育的社会价值的承认，会影响女性的职业发展和职业心理。

②社会环境变量。

a. 职业的社会声望（f_{46}）。饭店职业的社会声望和在人们心目中的形象可以影响饭店从业者的职业体验、职业价值观和职业投入状况。前人的职业发展相关研究均未涉及该问题，本书将尝试性地对饭店职业的社会声望与饭店女性部门经理职业发展危机状况之间的相关关系进行探讨。

b. 职业刻板印象（f_{47}）。职业刻板印象是指人们对职业的传统看法，习惯于将某职业看作"女性职业"或"男性职业"。

c. 传统性别观念（f_{48}）。社会流行的、根深蒂固的传统性别观念通过影响女性自身、家庭成员、组织高层等对女性的评价以及女性工作、生活的各个方面，而影响其职业发展。传统性别观念才是饭店女性部门经理职业发展危机的根本原因所在。

d. 社会对饭店从业女性的认同（f_{49}）。现代社会人们对饭店从业女性的看法、态度等舆论评价是其从业的大环境。这一因素也影响着饭店女性部门经理的职业动机、职业态度等。

e. 平等就业保障机制（f_{50}）。平等就业保障机制是女性职业发展的宏观政策保障，其完善程度与落实状况与组织、社会为女性提供的发展环境密切相关。

f. 女性保护政策（f_{51}）。国家颁布的针对女性的四期（经期、孕期、产期、哺乳期）保护政策落实状况如何，也是女性企业发展环境和发展前景的影响因素。

g. 公共服务体系支持（f_{52}）。家政等公共服务体系的完善与成熟可以在很大程度上减轻女性的家庭负担，对其职业发展产生积极影响。因此，公共服务体系的支持也是衡量女性宏观发展环境的重要变量之一。

（4）控制变量

本书将个人、家庭、组织的属性和特征变量作为控制变量。为控制与个体、家庭、组织采用的态度和策略都相关的因素，本书从个体、家庭、组织三个层面选取了一些特征变量作为控制变量。此外，性别、年龄、家庭经济状况、组织性质、组织规模等因素都可能会影响职业发展与职业发展危机征兆之间的关系，这也是本书选取这些因素作为控制变量的主要原因。

这些变量主要包括 F_i 中的变量及后面添加的几个家庭属性变量。

①个人属性变量。

a. 性别（f_1）。本书通过对比男女性部门经理职业发展危机状况及其成因的差异，来说明饭店部门经理职业发展性别差异的存在，从而揭示本书研究的意义所在。

b. 年龄（f_2）。分析年龄与饭店女性部门经理职业发展危机的相关性，揭示饭店是否存在年龄歧视、饭店是否是"青春饭"行业等问题。

c. 受教育程度（f_3）。受教育程度可以体现个体的职业能力和素质，因此，受教育程度这一变量将用来检验职业能力和素质因素对饭店女性部门经理职业发展危机的解释程度。

d. 部门/工种（f_4）。部门/工种这一变量既可以反映饭店部门经理的性别分布状况，也可以反映职业发展危机与部门/工种的相关性。

e. 收入状况（f_5）。本书主要通过月收入这一变量来描述饭店部门经理的收入状况。收入状况反映饭店部门经理的薪酬状况，这一变量可用于解释薪酬水平与职业发展危机的相关性问题。

f. 工作年限（f_6）。这里的工作年限主要指被访者从事饭店工作的时间长度。由于个体在饭店行业的工作年限可以在一定程度上反映个体的工作经验，因此，本书将利用这一变量衡量工作经验对饭店女性部门经理职业发展危机的解释程度。

②家庭属性变量。

a. 住房状况（f_{19}）。从近几年的状况看，购房成为城市居民的最大支出项目。因此，本书用住单位宿舍、租房、自有房和与亲人同住等几个项目来衡量饭店女性部门经理的经济压力状况。

b. 婚姻状况（f_{22}）。前人的研究说明，婚姻状况与女性的职业动机、工作-家庭冲突等变量直接相关，从而影响女性的职业发展危机，因此，本书通过该变量检验婚姻状况与职业发展危机的相关性及相关度。

c. 子女个数（f_{24}）。子女个数通过影响饭店女性部门经理的家务负担、工作投入程度，影响其职业发展水平，因此，本书将探讨子女个数与饭店女性部门经理的职业发展相关性问题。

③组织的属性。

a. 组织性质（f_{27}）。组织性质主要是指国有企业、私营企业、外资企业等，本书通过组织性质与饭店女性部门经理职业发展危机之间的冲突，检验两者的相关关系。

b. 组织档次（f_{28}）。组织有档次、级别之分，对酒店来讲，星级标准是区分酒店企业档次的直观标尺，一般来讲，酒店星级越高，各项规章制度越完善，管理越规范。因此，本书以三、四、五星级饭店的部门经理为调查对象，分析组织档次与饭店女性部门经理职业发展危机的相关关系。

c. 组织规模（f_{29}）。组织规模主要说明企业的大小，在本书中，主要用饭店的客房数来近似地描述饭店的规模，并探讨其与饭店女性部门经理之间的关系。

d. 开业年限（f_{30}）。开业年限可以近似地表示酒店企业的成熟程度和发展状况，一般来讲，企业经营越久，其组织越有序、制度越完善。

5.2.2 研究假设的提出

（1）职业发展阻隔与职业发展危机征兆之间的关系

①个人的职业态度和特征与职业发展危机征兆的关系。

参照本书第 4 章第 3 节对各项目的分析，并结合上述对各变量的分析可知，饭店女性部门经理的职业动机、职业满意度、职业投入等因素与其职业发展危机有密切的关系。

针对个人职业态度和特征与职业发展危机的相关关系，关于星级饭店女性部门经理，本书提出以下假设：

H_1 个人的职业态度和特征与其职业发展危机相关；

H_{1a} 个体的成功恐惧心理与其职业发展危机正相关；

H_{1b} 个体的职业满意度与其职业发展危机负相关；

H_{1c} 个体在组织内的威信与其职业发展危机负相关；

H_{1d} 个体的自我生涯规划状况与其职业发展危机负相关；

H_{1e} 个体的自我进取意识与其职业发展危机负相关；

H_{1f} 职业指导者的缺乏会恶化饭店女性部门经理职业发展危机征兆的表现；

H_{1g} 饭店女性部门经理的情绪化性格会加剧其职业发展危机征兆的表现；

H_{1h} 饭店女性部门经理的生理劣势会加剧其职业发展危机征兆的表现；

H_{1i} 饭店女性部门经理的自我效能状况与其职业发展危机征兆负相关；

H_{1j} 角色冲突状况与饭店女性部门经理的职业发展危机征兆正相关；

H_{1k} 饭店女性部门经理的政治能力弱势与其职业发展危机征兆正相关。

②家庭因素与职业发展危机征兆的关系。

家庭是个人成长的微环境，家庭、家庭成员的各种状况都与已婚饭店女性部门经理的职业发展有非常密切的关系，基于本书第 4 章第 3 节以及上文的分析，针对家庭属性与职业发展危机征兆之间的关系，本书从饭店女性部门经理的角度提出以下假设：

H_2 家庭状况和影响与职业发展危机相关，积极的家庭因素可以在一定程度上减少饭店女性部门经理职业发展危机征兆的出现；

H_{2a} 较重的家务负担与饭店女性部门经理职业发展危机正相关；

H_{2b} 配偶支持的缺乏与饭店女性部门经理的职业发展危机正相关；

H_{2c} 工作 – 家庭冲突与饭店女性部门经理的职业发展危机正相关；

H_{2d}饭店女性部门经理照顾子女的时间、精力与职业发展危机正相关；

H_{2e}生育带来的风险与饭店女性部门经理的职业发展危机正相关。

③组织的态度、特征与饭店女性部门经理职业发展危机的关系。

根据前人的相关研究、本书的访谈结果以及上文的综合分析可知，饭店的组织态度等积极因素与女性部门经理的职业发展危机有一定程度的关联。因此，针对星级饭店，本书提出以下假设：

H_3饭店积极的组织态度可以减少女性部门经理职业发展危机征兆的出现；

H_{3a}饭店高层男性所占比例与女性部门经理职业发展危机正相关；

H_{3b}饭店高层社交圈对饭店女性部门经理职业发展的排斥与其职业发展危机正相关；

H_{3c}对饭店积极的前景预期可以减少女性部门经理职业发展危机征兆的出现；

H_{3d}职场性骚扰与饭店女性部门经理职业发展危机正相关；

H_{3e}女性部门经理积极的人际关系可以减少职业发展危机征兆的表现；

H_{3f}饭店环境与女性的不适应程度与女性部门经理的职业发展危机正相关；

H_{3g}饭店的年龄歧视与女性部门经理的职业发展危机正相关；

H_{3h}饭店加班、轮班、倒班与女性部门经理职业发展危机正相关；

H_{3i}组织的性别歧视与女性部门经理的职业发展危机征兆正相关。

（2）职业发展阻隔变量、环境变量与职业发展危机征兆变量之间的关系

来自组织、社会积极的政策、制度、规章等环境因素对阻碍饭店女性部门经理的职业发展阻隔因素有直接作用，而这些阻隔因素对女性部门经理的危机表现和感知起直接作用。可见，组织环境变量对职业发展阻隔因素、职业发展危机征兆及两者之间的作用效果具有调节作用。基于此，本书拟提出以下研究假设：

H_4职业环境变量会对饭店女性部门经理职业发展阻隔变量、职业发

展危机征兆变量及二者的关系产生影响；

H_{4a}积极的环境因素可以减少女性部门经理的职业发展阻隔；

H_{4b}积极的环境因素可以削弱女性部门经理职业发展危机的表现；

H_{4c}环境变量可以调节饭店女性部门经理职业发展阻隔与职业发展危机征兆之间的关系。

（3）控制变量与饭店女性部门经理职业发展危机关系的假设：

H_5控制变量会对饭店女性部门经理职业发展危机产生影响；

H_{5a}个人相关控制变量会对女性部门经理职业发展危机产生影响，其中，女性职业发展危机比男性显著，此外，年龄越大、学历越低、收入越低，工作年限越长，职业发展危机征兆就越明显；

H_{5b}家庭相关控制变量会对女性部门经理职业发展危机产生影响，具体来讲，已婚者比未婚者的职业发展危机更显著，住房状况越不乐观、子女越多，其职业发展危机也就越明显；

H_{5c}企业相关控制变量会对女性部门经理职业发展危机产生影响，国有饭店的职业发展危机比民营、私营饭店更明显，饭店的档次越低、规模越小、开业年限越短，其女性部门经理的职业发展危机越明显。

5.3 分析方法与问卷设计

5.3.1 研究方法

（1）描述性统计分析

针对本书的各个变量，分别计算样本的平均值和标准差等，以了解样本在研究变量上的分布情形。

（2）因素分析

利用主成分分析法进行因素分析，对问卷的信度进行检验。

（3）内部一致性分析

分别计算各分量表的 Cronbach's ∂ 值，对各量表的信度进行检验。

(4) 相关分析

利用皮尔森（Pearson）积距相关，探讨各变量之间可能具有的相关关系，以初步验证本书提出的假设1、假设2、假设3、假设4。

(5) F 检验

根据中介变量的性质，利用F检验就控制变量对职业发展危机的影响进行分析。

(6) 回归分析

利用多元线性回归的方法验证自变量和调节变量对因变量的影响程度，主要用以进一步验证假设1、假设2、假设3、假设4、假设5。

5.3.2 量表的选择

根据本章研究中的变量类型，需要四个方面的数据来源，因此整个问卷包括四个部分。各分量表的设计参考国内外已经发表和经过实测检验的量表（见表5-2、表5-3），同时参考专家学者的意见进行相应修改后使用，以保证其内容效度。用于测量各变量的研究工具和研究方法，分别如下。

(1) 自变量量表（职业发展阻隔量表）

本书的职业发展阻隔量表主要参考了卢塞尔、卢什（Russell, Rush, 1987），斯温森、柯靖（2006），翟雪梅（2007）的职业发展阻隔量表，在各项目的编制与表述过程中还参考了奎因、谢帕德（Quinn、Shepard, 1974）的工作满意度量表，格林豪斯等（Greenhaus 等, 1990）的自我职业满意度量表，汉萨克（Hunsaker, 1991）的导师支持量表，汉萨克（Hunsaker, 1991）的性别刻板印象量表，斯蒂尔（Still, 1993）的性别歧视量表，格林豪斯（Greenhaus, 1997）的职业发展预期量表，寇塞科（Kossek 等, 1998）的职业自我效能量表，李岚、罗伯特（Lan Li, Robert Wang Leung, 2001）的人际关系可进入性量表，许红华等（2006）的职业停滞成因量表，马超等（2006）的组织政治认知量表。量表主要包含3个维度、29个项目、49题，每个项目以1~5个题进行测试，通过被调查者的回答来了解饭店女性部门经理职业发展各阻隔因素的状况。

量表为五级李克特量表，填写人在"非常符合""比较符合""不确定""比较不符合""非常不符合"中选择一个最适当的答案，正向计分依次为5、4、3、2、1分，反向计分依次为1、2、3、4、5分（见表5-7）。

表5-7　饭店女性部门经理职业发展阻隔量表

Q_1	我有自己的职业发展计划和目标
Q_2	只要我尽力，就能解决所有问题
Q_3	我能冷静地面对困难，因为我相信自己处理问题的能力
Q_4	面对一个难题，我通常能找到几个解决方法
Q_5	有麻烦的时候，我通常能想到一些应付的方法
Q_6	即使遭到他人反对，我仍有办法取得我想要的
Q_7	我自信能有效地应付饭店任何突如其来的事件
Q_8	上司对我很信任，很尊重我的意见
Q_9	同事对我很信任，能够听从我的意见
Q_{10}	我在下属中很有威信，执行力较强
Q_{11}	工作是我生活中最重要的追求
Q_{12}	我会主动利用节假日学习工作相关知识和能力
Q_{13}	我会排除一切困难，完成自己的工作任务
Q_{14}	我会努力抓住企业组织的各种培训机会
Q_{15}	我与上司、同事、家属的关系都很融洽
Q_{16}	我有工作外的个人社交网络
Q_{17}	我对我目前的职位升迁状况感到满意
Q_{18}	我对我目前的收入增长状况感到满意
Q_{19}	我对我目前的能力提升感到满意
Q_{20}	我对自己目前在企业内/外的人际关系很满意
Q_{21}	我的职位比原先单位更理想，而且提升的可能性较大
Q_{22}	相信企业在未来几年将会有非常好的发展
Q_{23}	（未来的）配偶不喜欢我在饭店工作
Q_{24}	事业发展成功的女性往往不会有美满的婚姻、爱情
Q_{25}	工作/家庭冲突给我带来很多压力
Q_{26}	妻子（丈夫）、母亲（父亲）、饭店管理者多种角色给我造成压力
Q_{27}	照顾子女占用了我很多时间，影响了我的工作
Q_{28}	生育（可能会）使我在饭店的发展受到影响
Q_{29}	性骚扰因素使我不能安心工作

Q_{30} 当职业发展遇到困难时,没有人为我提供建议
Q_{31} 没有人能指导我工作,否则我会比现在发展得更好
Q_{32} 没有人可以提供让我展示自己能力和特长的机会和平台
Q_{33} 没有人能指导我如何平衡好工作和家庭等多种角色
Q_{34} 我不清楚饭店的薪酬和晋升政策
Q_{35} 我不知道应该如何让他人喜欢我
Q_{36} 我不知道如何表现才能提高自己在上司和同事面前的形象
Q_{37} 我不清楚上司的喜好,不能迎合上司的要求
Q_{38} 我不会利用公司的各种政策为自己寻求职业发展机会
Q_{39} 我比较情绪化,这影响了我的职业发展
Q_{40} 女性难以应付饭店管理中复杂的人际关系
Q_{41} 女性应该主动承担较多的家务劳动
Q_{42} 女性的管理能力远弱于男性
Q_{43} 上司对女性有性别歧视
Q_{44} 饭店经常加班、倒班,不适合女性
Q_{45} 饭店的高层管理者多为男性
Q_{46} 我无法加入饭店高层的社交圈
Q_{47} 饭店在人事晋升上会优先考虑年轻员工
Q_{48} 与其他行业相比,饭店行业工资较低
Q_{49} 与其他行业相比,饭店行业门槛较低

(2) 因变量量表(职业发展危机征兆量表)

对于职业发展危机征兆量表,由于目前还没有这方面的量表,笔者根据本书对职业发展危机的界定以及职业发展危机征兆的解释,参考员工期望落差、心理契约等研究成果,参考了伯克(Burke, 1991)的离职意向量表、罗美娟(2008)的职业倦怠量表、李航(2008)设置的企业人力资源危机征兆量表等,设置了该分量表。本量表包含抱怨、倦怠、抗拒、离职意向4个项目,共25题。

本书参考采用主观感觉评分的方法,程度量表为五级李克特量表,受访者通过每个指标来反映对自我职业发展的感知,在"非常符合""基本符合""不确定""比较不符合""非常不符合"中选择一个最恰当的答案，正向计分依为 5、4、3、2、1 分，反向计分依次为 1、2、3、4、5 分（见表 5-8）。

表 5-8 饭店女性部门经理职业发展危机征兆量表

抱怨	（1）我的职业发展受挫，主要是我个人原因造成的
	（2）我的职业发展受挫，主要是饭店原因造成的
	（3）职业发展遭遇困境时，我经常抱怨自己
	（4）我经常向饭店提出员工管理方面的不足
	（5）我经常对饭店的一些做法提出意见和抱怨
	（6）我经常向同事、朋友或亲人倾诉职业发展方面的苦衷
倦怠	（7）我感到工作让我心力耗竭
	（8）工作一天下来我感觉筋疲力尽
	（9）早上起床后我感到十分乏力，但又不得不面对又一天的工作
	（10）我很厌倦目前的工作，很想逃避
抗拒	（11）企业的发展不是我个人的发展
	（12）我不愿接受上司给我安排的任务，很烦上司找我
	（13）我不太认同现在饭店的企业文化
	（14）我对饭店高层的管理思想和风格不太认同
	（15）我个人的价值观与饭店的价值观存在冲突
	（16）我看不惯饭店高层的管理思想和风格
离职意向	（17）离开现在的饭店重新找一份这样的工作对我来说并不难
	（18）以我的技能和条件，找一份满意的工作并不难
	（19）我觉得自己离开这家饭店后会有更多发展机会
	（20）我基本上没有想过要离开目前工作的饭店
	（21）我计划在现在的饭店作长期的职业发展
	（22）我常常厌烦现在的工作环境，想离开目前工作的饭店
	（23）我经常想辞去现在的工作
	（24）我会寻找其他工作机会
	（25）如果有合适的机会，我会离开饭店行业

（3）调节变量量表（环境因素量表）

调节变量主要包括组织环境、社会环境变量。本量表参考了赛格威（Segev，1989）的组织环境量表，还考虑了组织、社会的性别环境因素，自主设计了一些项目。此量表包括 2 个维度、10 个项目，共 13 个问题。

每个问题用 1～3 题对被访者的回答进行检测，量表为五级李克特量表（见表 5-9）。

表 5-9　饭店女性部门经理职业发展环境量表

（1）饭店会定期组织培训、考察等学习活动
（2）饭店的培训、考察等活动使我受益匪浅
（3）女性应该以照顾家庭为重，工作是其次
（4）在职位晋升方面，高层通常优先把机会留给男性
（5）饭店有针对员工制定的职业规划
（6）饭店针对男女员工制定不同的职业规划，且不存在性别歧视
（7）饭店工作是伺候人的工作，社会声望差，不受人尊重
（8）饭店工作环境混乱而不健康，不适合女性
（9）饭店工作属于劳动密集型，能力和知识得不到提升
（10）饭店工作是"青春饭"行业，不适合自我长期发展
（11）认为国家应该继续完善平等就业的相关制度
（12）社会对女性的四期（经期、孕期、产期、哺乳期）保护政策没有落实
（13）家政等公共服务体系应该完善，以减轻职业女性的负担

（4）控制变量量表（属性变量量表）

控制变量量表包含个人属性变量、家庭属性变量、组织属性变量三个层次，共 13 个项目、13 题（见表 5-10）。

表 5-10　饭店女性部门经理职业发展危机相关主体属性量表

维度	项目	分级
个人属性	性别	男/女
	年龄	18 岁及以下/19～25 岁/26～35 岁/36～45 岁/46～55 岁/56 岁及以上
	学历	高中以下/专科/本科/硕士/博士
	部门/工种	财务部/人事部/客房部/采购部/保安部/工程部/餐饮部/康乐部/行政部/前厅部/其他
	饭店工作年限	3 年以下/3～5 年/6～10 年/11～15 年/16 年及以上
	月收入状况	2000 元以下/2000～2999 元/3000～3999 元/4000～4999 元/5000～5999 元/6000～7999 元/8000～9999 元/10000 元及以上

续表

维度	项目	分级
家庭属性	婚姻状况	未婚/已婚/离异/其他
	子女数量	0个/1个/2个/3个/4个及以上
	住房状况	单位宿舍/租房/与父母同住/已购房
组织属性	饭店星级	三星/四星/五星
	饭店性质	国有企业/民营企业/外资企业
	客房数	100间以下/100~199间/200~299间/300~499间/500间及以上
	开业年限	3年以下/3~5年/6~10年/11~15年/16年及以上

5.3.3 量表的预测试

本书的问卷包括三部分，分别用来测试饭店女性部门经理职业发展阻隔（包括职业发展环境因素）、饭店女性部门经理职业发展危机征兆、饭店女性部门经理属性。本书随机选取了泉州、厦门、福州、宁德13家饭店进行了先导测试，预测试样本的基本特征见表5-11。本书还对问卷的信度和效度进行了检验。

表 5-11 预测试样本的基本特征

项目	类别	样本数（个）	百分比（%）
性别	男	22	45.8
	女	26	54.2
年龄	18岁及以下	0	0.0
	19~25岁	8	16.7
	26~35岁	25	52.1
	36~45岁	10	20.8
	46~55岁	4	8.3
	56岁及以上	1	2.1
学历	高中以下	7	14.6
	专科	35	72.9
	本科	6	12.5
	硕士	0	0.0
	博士	0	0.0

续表

项　目	类　别	样本数（个）	百分比（%）
婚姻状况	已婚	24	50.0
	未婚	22	45.8
	离异	2	4.2
企业性质	国有企业	4	28.6
	民营企业	7	50.0
	外资企业	3	21.4
饭店星级	三星	2	15.4
	四星	8	61.5
	五星	3	23.1
客房数	100 间以下	2	15.4
	100～199 间	7	53.8
	200～299 间	3	23.1
	300～499 间	1	7.7
	500 间及以上	0	0.0

（1）效度检验

内容效度（content validity），是检查测验内容是否是所欲测量的行为领域的代表性取样的指标。内容效度的确定一般没有可用的数量化指标，只能依靠推理和判断来进行评估。本书通过文献研究、专家咨询等方式就所使用问卷的内容效度进行了分析。

（2）信度检验

信度分析（reliability analysis），又称为可靠性分析，是一种度量综合评价体系是否具有一定的稳定性和可靠性的分析方法，可以用来检测一组问题是否测量同一个概念。本书将采用 Cronbach's ∂ 系数来衡量饭店女性部门经理职业发展危机阻隔量表和饭店女性部门经理职业发展危机征兆量表的题项的内在一致性程度。就行为科学而言，∂ 系数在 0.7 左右就可以接受（见表 5-12、表 5-13、表 5-14）。

表 5-12　预测试样本的案例处理汇总情况

案例		N	%
案例	有　效	45	93.8
	已排除[a]	3	6.3
	总　计	48	100.0

a. 在此程序中基于所有变量的列表方式删除。

表 5-13　职业发展阻滞量表的信度检验结果

Cronbach's Alpha	基于标准化项的 Cronbachs Alpha	项数
0.928	0.922	62

注：考虑到环境因素也是阻碍饭店女性部门经理职业发展的因素，本书在制作调查问卷时，为便于被访者填写，将此量表与表 5-7 合并为一个量表。因此，这里的项数为 62。

表 5-14　职业发展危机征兆量表的信度检验结果

Cronbach's Alpha	基于标准化项的 Cronbachs Alpha	项数
0.880	0.906	25

由此可见，本书两个量表的信度系数分别为 0.922 和 0.906，大于 0.7。因此，总体上该研究所用的两个量表的信度都是比较高的。

5.4　各变量的因子分析

笔者于 2009 年 12 月到 2010 年 5 月在福建省泉州市（包括石狮、晋江两个县级市）、厦门市、福州市、三明市、龙岩市、莆田市、漳州市、宁德市、武夷山市 31 家三星级以上饭店进行了问卷调查，被访者均为饭店的部门经理、部门副经理。共发放问卷 350 份，回收有效问卷 260 份，回收率为 74.3%。其中包括女性部门（副）经理 138 人，男性部门（副）经理 122 人。被访者的具体情况见表 5-15 至表 5-23。

表 5-15　被访者所在饭店星级分布状况

性别		星级	频率（人）	百分比（%）	有效百分比（%）	累积百分比（%）
男	有效	三	9	7.4	7.4	7.4
		四	61	50.0	50.0	57.4
		五	52	42.6	42.6	100.0
		合计	122	100.0	100.0	

续表

性别		星级	频率（人）	百分比（%）	有效百分比（%）	累积百分比（%）
女	有效	三	25	18.1	18.1	18.1
		四	74	53.6	53.6	71.7
		五	39	28.3	28.3	100.0
		合计	138	100.0	100.0	

表 5-16 被访者所在部门分布

性别		部门	频率（人）	百分比（%）	有效百分比（%）	累积百分比（%）
男	有效	行政部	9	7.4	7.4	7.4
		人事部	9	7.4	7.4	14.8
		客房部	12	9.8	9.8	24.6
		餐饮部	26	21.3	21.3	45.9
		康乐部	7	5.7	5.7	51.6
		财务部	8	6.6	6.6	58.2
		营销部	5	4.1	4.1	62.3
		前厅部	8	6.6	6.6	68.9
		质检部	1	0.8	0.8	69.7
		安保部	15	12.3	12.3	82.0
		工程部	16	13.1	13.1	95.1
		其他部门	6	4.9	4.9	100.0
		合计	122	100.0	100.0	
女	有效	行政部	11	8.0	8.0	8.0
		人事部	14	10.1	10.1	18.1
		客房部	22	15.9	15.9	34.1
		餐饮部	28	20.3	20.3	54.3
		康乐部	4	2.9	2.9	57.2
		财务部	14	10.1	10.1	67.4
		营销部	27	19.6	19.6	87.0
		前厅部	12	8.7	8.7	95.7
		质检部	2	1.4	1.4	97.1
		其他部门	4	2.9	2.9	100.0
		合计	138	100.0	100.0	

5 饭店女性部门经理职业发展危机的因子分析

表 5-17 被访者所在饭店的所有制状况

性别		所有制	频率（个）	百分比（%）	有效百分比（%）	累积百分比（%）
男	有效	国有企业	45	36.9	36.9	36.9
		民营企业	57	46.7	46.7	83.6
		外资企业	20	16.4	16.4	100.0
		合计	122	100.0	100.0	
女	有效	国有企业	41	29.7	29.7	29.7
		民营企业	84	60.9	60.9	90.6
		外资企业	13	9.4	9.4	100.0
		合计	138	100.0	100.0	

表 5-18 被访者的年龄分布

性别		年 龄	频率（人）	百分比（%）	有效百分比（%）	累积百分比（%）
男	有效	18 岁及以下	1	0.8	0.8	0.8
		19~25 岁	12	9.8	9.8	10.7
		26~35 岁	62	50.8	50.8	61.5
		36~45 岁	39	32.0	32.0	93.4
		46~55 岁	7	5.7	5.7	99.2
		56 岁及以上	1	0.8	0.8	100.0
		合计	122	100.0	100.0	
女	有效	19~25 岁	32	23.2	23.2	23.2
		26~35 岁	76	55.1	55.1	78.3
		36~45 岁	26	18.8	18.8	97.1
		46~55 岁	4	2.9	2.9	100.0
		合计	138	100.0	100.0	

表 5-19 被访者的学历分布

性别		学 历	频率（人）	百分比（%）	有效百分比（%）	累积百分比（%）
男	有效	高中及以下	55	45.1	45.1	45.1
		大专	51	41.8	41.8	86.9
		本科	16	13.1	13.1	100.0
		合计	122	100.0	100.0	

续表

性别		学历	频率（人）	百分比（%）	有效百分比（%）	累积百分比（%）
女	有效	高中及以下	48	34.8	34.8	34.8
		大专	82	59.4	59.4	94.2
		本科	8	5.8	5.8	100.0
		合计	138	100.0	100.0	

表 5-20 被访者的婚姻状况

性别			频率（人）	百分比（%）	有效百分比（%）	累积百分比（%）
男	有效	未婚	26	21.3	21.3	21.3
		已婚	96	78.7	78.7	100.0
		合计	122	100.0	100.0	
女	有效	未婚	61	44.2	44.2	44.2
		已婚	71	51.4	51.4	95.7
		离异	6	4.3	4.3	100.0
		合计	138	100.0	100.0	

表 5-21 被访者的子女状况

性别		子女个数	频率（人）	百分比（%）	有效百分比（%）	累积百分比（%）
男	有效	没有	43	35.2	36.1	36.1
		1个	63	51.6	52.9	89.1
		2个	11	9.0	9.2	98.3
		3个	1	0.8	0.8	99.2
		3个以上	1	0.8	0.8	100.0
		合计	119	97.5	100.0	
	缺失	系统	3	2.5		
	合计		122	100.0		
女	有效	没有	70	50.7	52.6	52.6
		1个	58	42.0	43.6	96.2
		2个	5	3.6	3.8	100.0
		合计	133	96.4	100.0	
	缺失	系统	5	3.6		
	合计		138	100.0		

表 5-22 被访者住房状况

性别			频率（人）	百分比（%）	有效百分比（%）	累积百分比（%）
男	有效	单位宿舍	41	33.6	33.6	33.6
		租房	24	19.7	19.7	53.3
		自有住房	51	41.8	41.8	95.1
		尚未购房，与父母或他人同住	6	4.9	4.9	100.0
		合计	122	100.0	100.0	
女	有效	单位宿舍	41	29.7	29.7	29.7
		租房	32	23.2	23.2	52.9
		自有住房	52	37.7	37.7	90.6
		尚未购房，与父母或他人同住	13	9.4	9.4	100.0
		合计	138	100.0	100.0	

表 5-23 被访者的月收入状况

性别			频率（人）	百分比（%）	有效百分比（%）	累积百分比（%）
男	有效	3000 元及以下	13	10.7	10.7	10.7
		3001~5000 元	71	58.2	58.2	68.9
		5001~6000 元	12	9.8	9.8	78.7
		6001~7000 元	12	9.8	9.8	88.5
		7001~8000 元	6	4.9	4.9	93.4
		8001~10000 元	4	3.3	3.3	96.7
		10000 元以上	4	3.3	3.3	100.0
		合计	122	100.0	100.0	
女	有效	3000 元及以下	31	22.5	22.5	22.5
		3001~5000 元	88	63.8	63.8	86.2
		5001~6000 元	11	8.0	8.0	94.2
		6001~7000 元	3	2.2	2.2	96.4
		7001~8000 元	3	2.2	2.2	98.6
		8001~10000 元	1	0.7	0.7	99.3
		10000 元以上	1	0.7	0.7	100.0
		合计	138	100.0	100.0	

由以上统计结果可以得出以下结论：从饭店档次看，女性部门经理相对集中于星级较低的饭店，饭店星级越高，男性部门经理越多；从工

种角度看，男性部门经理主要集中于餐饮部、安保部、工程部，而女性部门经理相对集中于客房部、餐饮部和营销部；从饭店性质看，男性部门经理在民营、国有、外资三类所有制饭店中分布较为均匀，而女性则主要集中于民营饭店，外资饭店中的女性部门经理明显少于男性；从被访者的年龄看，男性部门经理的年龄分布跨度大，各个年龄段都有一定比例，并主要集中在 26 ~ 35 岁、36 ~ 45 岁这两个年龄段，女性部门经理的年龄分布跨度小，并且主要集中在 19 ~ 25 岁、26 ~ 35 岁。这在一定程度上说明，女性部门经理在从基层到中层的晋升中略优于男性；从婚姻状况看，已婚男性的比例明显高于女性，而未婚和离异女性部门经理的比例则明显高于男性，这说明职业对女性婚姻状况的消极影响大于男性；从子女状况看，一半以上的女性没有子女，一半以上的男性有 1 个子女，这主要是由于女性年龄相对较小，而且未婚者占多数；从住房状况看，男女性部门经理没有明显差异，一半以上部门经理尚未购房，自有住房的男性略多于女性；从月收入看，男女性部门经理的月收入主要集中在 3001 ~ 5000 元，但与男性相比，女性部门经理更多地集中于较低收入。

　　总体上看，虽然女性部门经理比男性部门经理更为年轻，但是其工作的饭店档次、收入都比男性低，未婚、离异者比男性多，可见，饭店女性部门经理的整体就业状况比男性部门经理差，其面临的职业发展问题比男性更为严峻。

　　本书中的 3 个量表共有 87 个变量，用来收集尽可能多的数据信息，以对饭店女性部门经理职业发展危机有较为全面、综合的认识。但当处理这些海量信息时，信息杂乱以致无从下手，这些变量因存在一定的相关性和信息重叠现象，处理难度进一步加大。为解决上述问题，本书选择因子分析法，在保证信息损失尽可能小的前提下，减少变量个数，从而使问题更加清晰和明朗化。因子分析法能有效降低变量数量并已得到广泛应用，利用因子分析法处理数据，可以将众多的变量综合成较少的几个综合指标（将这些综合指标称为因子），虽然因子的个数远远少于变量，但能够反映原始变量的大部分信息，且因子之间不具有显著的线性关系。总之，因子分析就是用少数因子来表示众多的变量，并保证信息损失最小和因子间不具有显著相关性的多元统计分析方法。

因此，笔者将采用因子分析法对本书所涉及的众多变量之间的关系进行分析。

5.4.1 职业发展阻隔变量（自变量）的因子分析

这一量表用来衡量饭店女性部门经理职业发展危机的原因，包括本部分研究的自变量和环境变量。由于阻碍职业发展的原因也是引起职业发展危机的主要因素，笔者将此量表命名为职业发展阻隔量表（CDB – F, Career Development Barrier Index for Female）。如前文所述，本量表共包括49个题项、13个维度。由于题项多而繁杂，本书首先采用因子分析法对其进行降维，从而使得该量表的结构更为清晰。

（1）饭店女性部门经理职业发展阻隔变量的因子分析

①KMO 和球形 Bartlett 检验。

表 5 – 24 给出了因子分析的 KMO 和球形 Bartlett 检验结果。Bartlett 球形度检验的概率 p 值为 0.000，即假设被拒绝，也就是认为相关系数矩阵与单位矩阵有显著差异。同时，KMO 值为 0.775，根据 KMO 度量标准可知，原变量适合进行因子分析。

表 5 – 24 KMO 和 Bartlett 检验[a]

取样足够度的 Kaiser – Meyer – Olkin 度量		0.775
Bartlett 的球形度检验	近似卡方	3631.025
	df	1176
	Sig.	0.000

a. 您的性别 = 女。

②因子分析的总方差解释。

本书的因子分析采用了主成分分析法来提取公因子，并通过方差最大法（Varimax）的正交旋转方法获得各因子负荷值，确定公因子个数的标准为"特征根大于1"。本书采用 SPSS17.0 首先将数据标准化，求出49个变量的相关系数矩阵，再根据相关系数矩阵计算出矩阵 R 的特征值、方差百分比和累积百分比（见表 5 – 25）。

表 5-25　因子分析的总方差解释[a]

成分	初始特征值 合计	初始特征值 方差百分比	初始特征值 累积百分比	提取平方和载入 合计	提取平方和载入 方差百分比	提取平方和载入 累积百分比	旋转平方和载入 合计	旋转平方和载入 方差百分比	旋转平方和载入 累积百分比
1	9.425	19.235	19.235	9.425	19.235	19.235	6.124	12.498	12.498
2	5.363	10.945	30.179	5.363	10.945	30.179	3.957	8.076	20.574
3	4.330	8.837	39.016	4.330	8.837	39.016	3.636	7.421	27.995
4	2.786	5.685	44.702	2.786	5.685	44.702	3.592	7.331	35.326
5	2.411	4.920	49.621	2.411	4.920	49.621	2.840	5.796	41.122
6	1.752	3.575	53.196	1.752	3.575	53.196	2.829	5.774	46.896
7	1.525	3.113	56.309	1.525	3.113	56.309	2.361	4.819	51.715
8	1.409	2.876	59.185	1.409	2.876	59.185	2.025	4.132	55.848
9	1.278	2.608	61.794	1.278	2.608	61.794	2.021	4.124	59.971
10	1.218	2.485	64.279	1.218	2.485	64.279	1.553	3.169	63.140
11	1.048	2.139	66.417	1.048	2.139	66.417	1.353	2.762	65.902
12	1.020	2.082	68.499	1.020	2.082	68.499	1.273	2.597	68.499
13	0.947	1.932	70.431						
14	0.916	1.868	72.299						
15	0.848	1.731	74.030						
16	0.813	1.659	75.689						
17	0.766	1.563	77.252						
18	0.734	1.497	78.749						
19	0.715	1.460	80.209						
20	0.670	1.367	81.576						
21	0.618	1.261	82.837						
22	0.609	1.243	84.080						
23	0.551	1.124	85.204						
24	0.546	1.115	86.319						
25	0.507	1.035	87.354						
26	0.467	0.954	88.308						
27	0.442	0.902	89.210						
28	0.423	0.863	90.073						
29	0.399	0.815	90.888						
30	0.396	0.807	91.695						
31	0.387	0.790	92.485						

续表

成分	初始特征值 合计	初始特征值 方差百分比	初始特征值 累积百分比	提取平方和载入 合计	提取平方和载入 方差百分比	提取平方和载入 累积百分比	旋转平方和载入 合计	旋转平方和载入 方差百分比	旋转平方和载入 累积百分比
32	0.350	0.715	93.200						
33	0.326	0.665	93.865						
34	0.306	0.625	94.490						
35	0.290	0.592	95.082						
36	0.285	0.582	95.664						
37	0.249	0.508	96.171						
38	0.234	0.477	96.648						
39	0.205	0.419	97.067						
40	0.200	0.408	97.475						
41	0.199	0.407	97.882						
42	0.178	0.362	98.244						
43	0.169	0.345	98.589						
44	0.152	0.311	98.900						
45	0.134	0.274	99.174						
46	0.122	0.250	99.424						
47	0.111	0.227	99.651						
48	0.100	0.204	99.855						
49	0.071	0.145	100.000						

提取方法：主成分分析。

a. 您的性别＝女。

表5-25包括初始因子解的方差解释、提取因子解和旋转因子解的方差解释三部分内容。由表5-25可以看出，共有12个公因子（特征值大于1）被提取和旋转，累计解释了所有49个项目的68.499%，用这12个公因子来反映饭店女性部门经理职业发展阻隔状况损失了少部分（31.501%）信息。

③主成分分析法计算因子载荷矩阵。

因子载荷矩阵可以说明每个原始变量被各公因子解释的状况。因此，本书采用主成分分析法计算了因子在旋转前后的载荷矩阵，结果见表5-26和表5-27。

表 5-26　旋转前的因子载荷矩阵[a,b]

	成分											
	1	2	3	4	5	6	7	8	9	10	11	12
Q_{47} 与其他行业相比,饭店行业工资较低	0.653	-0.216	0.032	0.000	-0.217	-0.042	-0.109	0.190	0.176	-0.102	0.007	0.197
Q_{45} 我无法加入饭店高层的社交圈	0.617	-0.368	0.177	0.079	0.260	0.129	0.079	-0.134	0.110	-0.203	-0.055	0.024
Q_{43} 饭店经常加班、倒班,不适合女性	0.600	-0.254	-0.004	-0.142	0.329	-0.057	0.142	0.163	0.169	0.283	-0.088	-0.016
Q_{37} 我不清楚上司的喜好,不能迎合上司的要求	0.562	0.020	-0.097	0.449	0.177	0.255	-0.299	0.038	0.036	0.010	0.081	-0.061
Q_{14} 我会努力抓住企业组织的各种培训机会	-0.547	-0.125	0.305	0.290	0.085	-0.029	0.237	0.115	-0.085	0.057	0.138	0.219
Q_7 我自信能有效地应付饭店任何突如其来的事情	-0.513	0.136	0.387	0.053	-0.193	0.187	-0.266	0.223	0.188	-0.080	0.004	0.031
Q_{36} 我不知道如何表现才能提高自己在上司和同事面前的形象	0.513	0.223	-0.082	0.499	0.291	0.051	-0.158	0.099	-0.003	0.147	-0.062	-0.174
Q_{48} 与其他行业相比,饭店行业门槛较低	0.512	-0.384	0.168	-0.036	0.030	0.167	0.092	0.187	0.150	-0.347	-0.009	0.222
Q_{10} 我在下属中很有威信,执行力较强	-0.503	0.417	-0.188	0.086	-0.216	0.134	0.066	0.031	0.208	-0.081	0.199	0.189

续表

	成分											
	1	2	3	4	5	6	7	8	9	10	11	12
Q_{33} 没有人能指导我如何平衡好工作和家庭等多种角色	0.503	0.406	0.230	0.199	−0.127	−0.216	−0.248	0.001	−0.375	−0.133	0.009	0.058
Q_{31} 没有人能指导我工作，否则我会比现在发展得更好	0.499	0.391	0.423	0.153	−0.063	−0.091	−0.039	−0.054	−0.174	−0.120	0.105	0.143
Q_{19} 我对我目前的能力提升感到满意	−0.493	0.003	0.440	9.460E−5	0.284	0.121	−0.303	0.009	0.037	−0.052	−0.031	0.131
Q_{22} 相信企业在未来几年将会有非常好的发展	−0.493	0.256	0.028	0.332	0.138	0.000	0.214	−0.164	−0.201	0.120	−0.194	0.020
Q_{13} 我会排除一切困难，完成自己的工作任务	−0.476	−0.100	0.197	0.408	0.085	0.144	0.219	0.147	−0.279	−0.018	0.004	0.151
Q_{27} 照顾子女占用了我很多时间，影响我的工作	0.471	−0.410	0.470	−0.087	−0.168	0.098	−0.028	−0.180	−0.042	0.167	0.181	−0.063
Q_{15} 我与上司、同事、家属的关系都很融洽	−0.466	−0.175	0.262	0.227	0.052	−0.199	0.254	0.262	0.050	−0.144	−0.214	−0.007
Q_{20} 我对自己目前在企业内外的人际关系很满意	−0.449	−0.010	0.439	−0.115	0.220	−0.178	−0.108	−0.160	0.343	−0.099	−0.078	0.078

续表

	1	2	3	4	5	6	7	8	9	10	11	12
Q_{32} 没有人可以提供让我展示自己能力和特长的机会和平台	0.447	0.443	0.330	0.166	-0.156	-0.228	-0.122	0.011	-0.307	-0.268	0.090	-0.029
Q_{30} 当职业发展遇到困难时没有人为我提供建议	0.440	0.226	0.352	0.244	-0.221	-0.180	0.082	-0.246	0.167	-0.136	0.159	-0.016
Q_{13} 有麻烦的时候我通常能想到一些应付的方法	-0.435	0.064	0.091	0.153	-0.072	-0.094	-0.067	-0.025	0.364	0.031	0.209	-0.435
Q_{26} 妻子、母亲、饭店管理者多种角色给我造成压力	0.432	0.292	0.338	-0.084	-0.253	0.040	0.022	-0.238	-0.057	0.224	0.020	0.104
Q_3 我能冷静地面对困难,因为我相信自己处理问题的能力	-0.424	0.139	0.353	-0.044	-0.104	0.359	-0.039	0.172	-0.002	0.203	0.098	0.230
Q_{41} 女性的管理能力远弱于男性	0.423	0.405	0.200	-0.413	0.167	0.085	-0.133	0.169	-0.177	0.180	-0.159	-0.129
Q_{49} 女性应该主动承担较多的家务劳动	0.422	0.268	0.153	-0.368	0.037	0.094	-0.184	0.389	-0.039	0.175	0.050	-0.090
Q_{46} 饭店在人事晋升上会优先考虑年轻员工	0.407	-0.250	0.107	-0.226	0.111	0.325	0.273	0.070	0.053	-0.274	-0.060	0.027

续表

	1	2	3	4	5	6	7	8	9	10	11	12
Q_9 同事对我很信任，能够听从我的意见	-0.398	0.727	-0.220	-0.029	-0.028	-0.008	0.199	-0.046	0.118	0.064	-0.032	0.077
Q_8 上司对我很信任，很尊重我的意见	-0.441	0.701	-0.103	-0.125	0.021	-0.001	0.203	-0.072	0.076	0.029	-0.100	-0.017
Q_2 只要我尽力就能解决所有的问题	-0.432	0.653	-0.065	-0.010	-0.030	0.003	0.024	-0.029	0.082	0.018	0.151	0.047
Q_{28} 生育可能会使我在饭店的发展受到影响	0.439	-0.540	0.288	0.110	-0.074	-0.152	0.088	-0.068	-0.074	0.213	0.049	-0.024
Q_{25} 工作-家庭冲突会给我带来很多压力	0.291	0.523	0.363	-0.162	-0.227	0.030	0.116	-0.269	0.076	0.046	0.011	0.127
Q_{24} 事业成功的女性往往不会有美满的婚姻和爱情	0.388	0.489	0.313	-0.225	-0.124	0.239	0.012	-0.213	0.146	-0.036	-0.038	-0.120
Q_{40} 女性难以应付饭店管理中复杂的人际关系	0.374	0.478	0.126	-0.170	0.270	0.022	0.012	0.211	0.103	0.215	0.196	0.049
Q_{23} 配偶不喜欢我在饭店工作	0.224	0.397	0.240	-0.178	0.000	0.264	0.178	-0.113	0.004	-0.378	-0.357	-0.240

续表

	成分 1	2	3	4	5	6	7	8	9	10	11	12
Q_{18} 我对我目前的收入增长状况感到满意	-0.310	0.068	0.632	-0.101	0.401	-0.038	-0.186	0.084	-0.024	-0.002	-0.062	0.097
Q_{12} 我会主动利用节假日学习工作相关知识和能力	-0.263	-0.096	0.543	0.089	-0.016	0.378	0.178	0.087	-0.110	0.091	-0.094	-0.310
Q_{17} 我对我目前的职位升迁状况感到满意	-0.406	0.019	0.498	-0.035	0.461	-0.176	-0.274	-0.061	0.010	-0.023	-0.088	-0.040
Q_{29} 性骚扰因素使我不能安心工作	0.426	-0.170	0.484	0.114	-0.181	-0.195	0.269	-0.107	0.110	0.120	-0.049	-0.107
Q_{21} 我的职位比原先单位更理想,而且提升的可能性较大	-0.401	0.014	0.446	-0.067	0.381	0.012	0.041	-0.267	-0.137	0.076	-0.087	0.087
Q_1 我有自己的职业发展计划和目标	-0.309	-0.065	0.412	-0.092	-0.230	-0.227	0.333	0.239	-0.168	0.088	0.225	-0.139
Q_{38} 我不会利用公司的各种政策为自己寻求职业发展机会	0.445	0.166	-0.111	0.524	0.177	0.089	-0.114	-0.133	0.186	0.163	-0.020	0.223
Q_{35} 我不知道应该如何让他人喜欢我	0.447	0.361	-0.025	0.460	0.288	0.052	0.162	0.087	0.040	0.005	0.146	-0.205

5 饭店女性部门经理职业发展危机的因子分析

续表

	1	2	3	4	5	6	7	8	9	10	11	12
Q_{34} 我不清楚饭店的薪酬和晋升政策	0.405	0.300	0.055	0.410	-0.130	-0.206	0.120	0.299	0.088	-0.030	-0.291	0.103
Q_6 即使遭到他人反对,我仍有办法取得我想要的	-0.115	-0.256	0.467	0.096	-0.506	0.082	-0.242	0.050	0.264	0.114	-0.117	0.080
Q_{39} 我比较情绪化,这影响了我的职业发展	0.356	0.382	0.012	0.198	0.397	-0.153	0.183	0.057	0.304	0.028	-0.006	0.018
Q_4 面对一个难题,我通常能找到几个解决方法	-0.250	-0.170	0.319	0.329	-0.391	-0.075	0.012	0.103	0.149	0.196	-0.289	-0.105
Q_{11} 工作是我生活中最重要的追求	-0.342	0.066	0.102	0.364	-0.073	0.532	-0.054	0.108	-0.053	-0.193	0.271	-0.200
Q_{16} 我有工作外的个人社交网络	-0.316	-0.183	0.277	-0.106	0.268	-0.468	-0.045	0.008	0.094	-0.230	0.329	-0.148
Q_{44} 饭店的高层管理者多为男性	0.242	-0.314	0.180	-0.013	0.293	0.297	0.338	-0.240	0.019	0.100	0.241	0.121
Q_{42} 上司对女性有性别歧视	0.380	0.307	0.182	-0.312	0.023	-0.095	0.270	0.432	0.058	-0.056	0.119	0.078

提取方法:主成分分析法。

a. 您的性别 = 女。

b. 已提取了 12 个成分。

表 5-27 旋转后的因子载荷矩阵[a,b]

	成分											
	1	2	3	4	5	6	7	8	9	10	11	12
Q9 同事对我很信任，能够听从我的意见	-0.969	-0.017	0.052	0.136	0.046	0.082	-0.070	-0.052	-0.064	0.060	-0.049	-0.013
Q8 上司对我很信任，很尊重我的意见	-0.920	0.097	-0.036	0.136	0.077	0.093	-0.071	-0.059	-0.066	0.185	-0.114	0.016
Q2 只要我尽力就能解决所有的问题	-0.896	0.113	0.001	0.138	0.055	0.040	0.032	-0.042	0.115	-0.057	-0.039	0.093
Q28 生育可能会使我在饭店的发展受到影响	0.883	-0.086	0.041	0.187	-0.028	0.149	0.012	0.089	-0.134	-0.152	-0.070	0.036
Q27 照顾子女占用了我很多时间，影响我的工作	0.870	0.000	-0.089	0.437	0.090	-0.036	0.010	0.066	0.124	-0.072	-0.046	0.037
Q10 我在下属中很有威信，执行力较强	-0.857	-0.049	-0.073	0.049	-0.136	0.067	-0.101	0.072	0.240	-0.139	0.194	0.049
Q45 我无法加入饭店高层的社交圈	0.854	0.014	0.300	0.132	-0.048	-0.104	-0.029	-0.181	-0.060	0.231	0.255	-0.047
Q43 饭店经常加班、倒班，不适合女性	0.832	-0.098	0.310	0.016	0.392	-0.042	-0.254	-0.111	-0.339	0.008	0.054	-0.045

续表

	1	2	3	4	5	6	7	8	9	10	11	12
Q$_{29}$ 性骚扰因素使我不能安心工作	0.799	-0.049	0.107	0.469	0.036	0.236	0.074	0.216	-0.197	0.108	-0.002	0.175
Q$_{47}$ 与其他行业相比,饭店行业工资较低	0.745	-0.291	0.136	0.118	0.171	-0.203	0.164	0.169	-0.119	-0.070	0.411	-0.076
Q$_{44}$ 饭店的高层管理者多为男性	0.770	0.068	0.118	0.285	-0.048	0.171	-0.348	-0.385	0.133	-0.009	0.091	-0.081
Q$_{46}$ 饭店在人事晋升上会优先考虑年轻员工	0.621	-0.105	-0.023	0.075	0.151	0.010	-0.150	-0.207	0.069	0.385	0.345	-0.121
Q$_{22}$ 相信企业在未来几年将会有非常好的发展	-0.520	0.214	0.115	-0.027	-0.299	0.392	-0.022	-0.012	0.013	0.066	-0.315	-0.138
Q$_{17}$ 我对我目前的职位升迁状况感到满意	-0.030	0.829	-0.021	-0.101	0.003	0.056	0.055	0.033	-0.022	0.012	-0.137	0.146
Q$_{18}$ 我对我目前的收入增长状况感到满意	0.006	0.807	-0.049	0.009	0.186	0.168	0.065	0.054	0.068	0.024	-0.003	0.008
Q$_{19}$ 我对我目前的能力提升感到满意	-0.111	0.788	-0.087	-0.095	-0.041	0.047	-0.030	0.119	0.247	-0.047	0.020	-0.039

续表

	1	2	3	4	5	6	7	8	9	10	11	12
Q_{20} 我对自己目前在企业内外的人际关系很满意	-0.130	0.758	-0.140	0.079	-0.134	0.018	-0.151	0.160	-0.107	0.031	0.124	0.232
Q_{21} 我的职位比原先单位更理想，而且提升的可能性较大	-0.047	0.732	-0.110	0.119	-0.112	0.227	-0.097	-0.140	0.010	0.060	-0.200	-0.080
Q_{36} 我不知道如何表现才能提高自己在上司和同事面前的形象	0.134	-0.115	0.783	-0.036	0.139	-0.101	0.201	-0.014	0.024	0.031	-0.163	-0.043
Q_{38} 我不会利用公司的各种政策为自己寻求职业发展机会	0.062	-0.087	0.732	0.183	-0.117	-0.141	0.044	0.009	-0.035	-0.164	0.077	-0.206
Q_{35} 我不知道应该如何让他人喜欢我	-0.009	-0.171	0.722	0.117	0.150	0.113	0.169	-0.201	0.082	0.122	-0.030	0.148
Q_{37} 我不清楚上司的喜好，不能迎合上司的要求	0.295	-0.155	0.721	-0.018	0.033	-0.275	0.166	-0.031	0.245	-0.043	0.022	-0.103
Q_{39} 我比较情绪化，这影响了我的职业发展	-0.119	0.051	0.701	0.158	0.210	0.040	-0.001	-0.155	-0.271	0.097	0.159	0.136
Q_{34} 我不清楚饭店的薪酬和晋升政策	-0.043	-0.229	0.485	0.074	0.128	0.197	0.344	0.316	-0.256	0.123	0.184	-0.095

5 饭店女性部门经理职业发展危机的因子分析　165

续表

	成　分											
	1	2	3	4	5	6	7	8	9	10	11	12
Q_{25} 工作-家庭冲突会给我带来很多压力	-0.174	0.028	0.019	0.731	0.193	-0.064	0.186	0.026	-0.062	0.150	0.056	-0.072
Q_{26} 妻子、母亲、饭店管理者多种角色给我造成压力	0.096	-0.064	0.054	0.714	0.202	-0.073	0.194	0.070	-0.041	0.002	-0.087	-0.161
Q_{24} 事业发展成功的女性往往不会有美满的婚姻和爱情	-0.082	0.009	0.098	0.709	0.297	-0.256	0.103	0.009	0.090	0.367	0.019	-0.011
Q_{30} 当职业发展遇到困难时，没有人为我提供建议	0.131	-0.075	0.262	0.585	-0.079	-0.003	0.337	0.083	-0.053	0.057	0.154	0.243
Q_{49} 女性应该主动承担较多的家务劳动	0.089	-0.039	0.043	0.089	0.752	-0.191	0.136	0.021	0.036	0.037	0.006	-0.058
Q_{41} 女性的管理能力远弱于男性	0.029	0.086	0.064	0.183	0.742	-0.204	0.181	-0.093	-0.092	0.238	-0.182	-0.185
Q_{42} 上司对女性有性别歧视	-0.017	-0.119	0.020	0.181	0.740	0.168	0.139	-0.105	-0.148	0.114	0.330	0.073
Q_{40} 女性难以应付饭店管理中复杂的人际关系	-0.123	0.059	0.327	0.259	0.719	-0.061	0.043	-0.192	-0.048	-0.060	0.069	0.014
Q_{13} 我会努力抓住企业组织的各种培训机会	-0.116	0.335	-0.073	-0.069	-0.212	0.610	-0.084	0.068	0.175	-0.222	0.049	0.019

续表

	成分											
	1	2	3	4	5	6	7	8	9	10	11	12
Q_{14} 我会排除一切困难完成自己的工作任务	-0.098	0.215	0.014	-0.189	-0.254	0.605	0.017	0.036	0.296	-0.063	-0.040	-0.156
Q_1 我有自己的职业发展计划和目标	0.009	0.060	-0.389	0.103	0.163	0.573	0.075	0.124	0.065	-0.083	-0.085	0.310
Q_{15} 我与上司、同事、家属的关系都很融洽	-0.060	0.272	-0.080	-0.274	-0.177	0.543	-0.031	0.271	-0.075	0.123	0.103	0.148
Q_{32} 没有人可以提示我展示自己能力和特长的机会和平台	0.027	-0.033	0.174	0.328	0.162	0.006	0.785	-0.035	0.007	0.110	0.031	0.058
Q_{33} 没有人能指导我如何平衡好工作和个人家庭等多种角色	0.065	-0.050	0.236	0.265	0.162	-0.081	0.783	-0.011	-0.043	0.002	-0.054	-0.115
Q_{31} 没有人能指导我比现在发展得更好	0.099	0.057	0.259	0.487	0.188	0.042	0.566	-0.052	0.013	0.045	0.114	-0.064
Q_6 即使遭到他人反对，我仍有办法取得我想要的	0.215	0.141	-0.200	0.221	-0.095	-0.003	-0.025	0.712	0.189	-0.112	0.108	0.002
Q_4 面对一个难题，我通常能找到几个解决方法	0.061	0.046	-0.028	0.041	-0.186	0.288	-0.035	0.690	0.026	0.006	-0.134	0.059

5 饭店女性部门经理职业发展危机的因子分析   167

续表

	成分 1	2	3	4	5	6	7	8	9	10	11	12
Q₇ 我自信能有效应付饭店任何突如其来的事情	-0.287	0.387	-0.173	-0.029	0.032	0.067	0.019	0.464	0.403	-0.020	0.128	0.077
Q₁₁ 工作是我生活中最重要的追求	-0.165	0.032	0.092	-0.100	-0.162	0.152	-0.006	0.055	0.779	0.085	-0.001	0.093
Q₁₂ 我会主动利用节假日学习工作相关知识和能力	0.146	0.266	-0.088	0.098	0.069	0.396	-0.141	0.224	0.737	0.314	-0.240	0.031
Q₃ 我能冷静地面对困难，因为我信赖自己处理问题的能力	-0.243	0.307	-0.181	0.136	0.161	0.234	-0.154	0.222	0.718	-0.153	0.038	-0.206
Q₂₃ 配偶不喜欢我在饭店工作	-0.104	0.042	0.036	0.268	0.138	-0.084	0.153	-0.037	0.045	0.770	0.056	-0.061
Q₄₈ 与其他行业相比，饭店行业门槛比较低	0.164	-0.082	0.076	0.021	0.076	-0.016	0.019	-0.030	0.027	0.165	0.772	-0.102
Q₅ 有麻烦的时候我通常能想到一些应付的方法	-0.150	0.133	0.014	-0.033	-0.128	0.009	-0.176	0.250	0.197	-0.031	-0.154	0.797
Q₁₆ 我在工作外的个人社交网络	0.070	0.145	-0.206	-0.146	-0.062	0.125	0.088	-0.153	-0.105	-0.148	0.084	0.791

提取方法：主成分分析法。
旋转法：具有 Kaiser 标准化的正交旋转法。
a. 您的性别＝女。
b. 旋转在 15 次迭代后收敛。

旋转后的因子载荷矩阵是根据各公因子对应题项的因素负荷量大小进行排序的，很容易看出各公因子所包含的题项。考察表 5-27 的结果可以发现，这 11 个题项（Q_{46}、Q_{22}、Q_{34}、Q_{30}、Q_{13}、Q_{14}、Q_{15}、Q_1、Q_{31}、Q_4、Q_7）不能被任何一个公因子所解释（即所有因子负荷均小于0.7），因此，考虑将此 11 个因素删除。由于因素结构发生较大变化，需要再次进行因子分析。

④二次分析。

根据第一次因子分析的结果，本书删掉 Q_{46}、Q_{22}、Q_{34}、Q_{30}、Q_{13}、Q_{14}、Q_{15}、Q_1、Q_{31}、Q_4、Q_7 等 11 个题项进行第二次因子分析，计算过程和主要结果见表 5-28、表 5-29、表 5-30。

表 5-28　二次因子分析的 KMO 和 Bartlett 检验[a]

取样足够度的 Kaiser - Meyer - Olkin 度量		0.775
Bartlett 的球形度检验	近似卡方	2647.996
	df	703
	Sig.	0.000

a. 您的性别 = 女。

表 5-29　二次因子分析的总方差解释[a]

成分	初始特征值			旋转平方和载入		
	合计	方差百分比	累积百分比	合计	方差百分比	累积百分比
1	7.333	22.296	22.296	5.817	18.307	18.307
2	4.790	12.604	34.901	3.555	9.356	27.662
3	3.659	9.628	44.528	3.389	8.918	36.580
4	2.270	5.974	50.502	2.836	7.464	44.044
5	1.985	5.224	55.727	2.831	7.450	51.494
6	1.508	3.967	59.694	2.008	5.285	56.779
7	1.320	3.474	63.168	1.765	4.645	61.424
8	1.112	2.927	66.094	1.440	3.789	65.214
9	1.072	2.821	68.915	1.241	3.266	68.479
10	1.018	2.680	71.595	1.184	3.116	71.595

续表

成分	初始特征值			旋转平方和载入		
	合计	方差百分比	累积百分比	合计	方差百分比	累积百分比
11	0.967	2.405	73.900			
12	0.910	2.196	76.096			
13	0.831	1.906	78.002			
14	0.688	1.750	79.752			
15	0.664	1.648	81.400			
16	0.654	1.520	82.920			
17	0.612	1.411	84.331			
18	0.585	1.330	85.661			
19	0.540	1.302	86.963			
20	0.510	1.270	88.233			
21	0.479	1.201	89.434			
22	0.429	1.098	90.532			
23	0.411	1.002	91.534			
24	0.401	0.955	92.489			
25	0.372	0.909	93.398			
26	0.352	0.886	94.284			
27	0.335	0.782	95.066			
28	0.321	0.714	95.780			
29	0.298	0.703	96.483			
30	0.278	0.602	97.085			
31	0.237	0.554	97.639			
32	0.197	0.507	98.146			
33	0.189	0.457	98.603			
34	0.172	0.432	99.035			
35	0.156	0.370	99.405			
36	0.135	0.254	99.659			
37	0.126	0.180	99.839			
38	0.086	0.161	100.000			

提取方法：主成分分析。

a. 您的性别＝女。

表 5-30　二次因子分析的旋转成分矩阵[a,b]

	成分									
	1	2	3	4	5	6	7	8	9	10
Q_9	-0.871									
Q_8	-0.845									
Q_2	-0.836									
Q_{28}	0.808									
Q_{27}	0.793									
Q_{10}	-0.778									
Q_{45}	0.757									
Q_{48}	0.731									
Q_{29}	0.716									
Q_{43}	0.703									
Q_{47}										
Q_{17}		0.852								
Q_{18}		0.838								
Q_{19}		0.812								
Q_{20}		0.770								
Q_{21}		0.754								
Q_{36}			0.793							
Q_{38}			0.759							
Q_{35}			0.759							
Q_{37}			0.725							
Q_{39}			0.718							
Q_{49}				0.767						
Q_{41}				0.755						
Q_{42}				0.732						
Q_{40}				0.719						
Q_{25}				0.000	0.760					
Q_{26}					0.749					
Q_{24}					0.723					
Q_{11}						0.770				
Q_{12}						0.742				
Q_3						0.711				
Q_6						0.707				

续表

	成分									
	1	2	3	4	5	6	7	8	9	10
Q_{33}							0.737			
Q_{32}							0.711			
Q_{44}							-0.709			
Q_{23}								0.743		
Q_{16}									0.732	
Q_{5}									0.711	
Q_{47}										0.701

提取方法：主成分分析法。
旋转法：具有 Kaiser 标准化的正交旋转法。
a. 您的性别 = 女。
b. 旋转在 10 次迭代后收敛。

二次因子分析总共产生 10 个公因子，一共解释了总体方差变异的 71.595%。由表 5-30 可知，第一主成分（即公因子 1）对 Q_9（同事信任）、Q_8（上司信任）、Q_2（自我效能）、Q_{28}（生育）、Q_{27}（照顾子女）、Q_{10}（下属信任）、Q_{45}（饭店高层社交圈可进入性）、Q_{48}（行业门槛）、Q_{29}（性骚扰）、Q_{43}（经常加班、倒班和轮班）等 10 个因素有较大的负荷系数（>0.7），所以公因子 1（F_1）是这些变量的综合反映；第二主成分（即公因子 2）对 Q_{17}（职位升迁满意度）、Q_{18}（收入增长满意度）、Q_{19}（能力提升满意度）、Q_{20}（人际关系满意度）、Q_{21}（职业前景）等 5 个变量有较大的负荷系数（>0.7），因此，公因子 2（F_2）是这些指标的综合反映；第三主成分（即公因子 3）对 Q_{36}（在上司面前的表现）、Q_{38}（利用公司政策）、Q_{35}（让他人喜欢自己）、Q_{37}（迎合上司喜好）、Q_{39}（情绪化性格）等 5 个变量有较大的负荷系数。依次类推，第四主成分（公因子 4）是 Q_{49}（家务负担）、Q_{41}（管理能力）、Q_{42}（上司性别歧视）、Q_{40}（饭店复杂关系应对）等 4 个变量的综合反映；第五主成分（公因子 5）是 Q_{25}（工作-家庭冲突）、Q_{26}（多重角色冲突）、Q_{24}（成功恐惧）等 3 个变量的综合反映；第六主成分（公因子 6）是 Q_{11}（进取心）、Q_{12}（主动学习）、Q_3（自信心）、Q_6（执行力）等 4 个变量的综合反映；第七主成分（公因子 7）是 Q_{33}（他人指导）、Q_{32}（他人提供平台)、Q_{44}（饭店高层男性化结构）等3个变量的综合反映；第八主成分（公因子8）是Q_{23}（配偶支持）的反映；第九主成分（公因子9）是Q_{16}（社交能力）、Q_5（解决问题能力）的综合反映；第十主成分（公因子10）是Q_{47}（行业工资）的反映。

（2）修正后的饭店女性部门经理职业发展阻隔因素模型

基于上述分析，笔者针对各公因子对应的初始变量内容，分别为10个公因子进行了命名，具体见表5-31。

表5-31 修正后的饭店女性部门经理职业发展阻隔因素模型

	公因子	初始变量
饭店女性部门经理职业发展阻隔因素	（18.307%）F_1 女性生理、行业劣势	Q_9同事的支持（用因子分析法） Q_8上司的信任 Q_2自我效能感 Q_{28}生育 Q_{27}照顾子女 Q_{10}下属的配合 Q_{45}饭店高层的隔离 Q_{48}行业门槛低 Q_{29}性骚扰 Q_{43}经常加班、倒班、轮班
	（9.356%）F_2 职业发展满意度	Q_{17}职位升迁满意度 Q_{18}收入增长满意度 Q_{19}能力提升满意度 Q_{20}人际关系满意度 Q_{21}职业发展前景
	（8.918%）F_3 政治能力	Q_{36}上司面前的表现 Q_{38}利用公司政策 Q_{35}让他人喜欢自己 Q_{37}迎合上司喜好 Q_{39}情绪化
	（7.464%）F_4 性别偏见	Q_{49}家务负担 Q_{41}管理能力弱于男性 Q_{42}上司性别歧视 Q_{40}难以应对饭店的复杂环境

续表

公因子		初始变量
饭店女性部门经理职业发展阻隔因素	(7.450%) F_5 角色冲突	Q_{25} 工作-家庭冲突 Q_{26} 多重角色冲突 Q_{24} 成功恐惧
	(5.285%) F_6 职业素质与态度	Q_{11} 工作态度 Q_{12} 主动学习 Q_3 自信心 Q_6 执行力
	(4.645%) F_7 组织支持	Q_{33} 缺乏角色平衡的指导 Q_{32} 缺乏展示机会和平台 Q_{44} 饭店高层多为男性
	(3.789%) F_8 家庭支持	Q_{23} 缺乏配偶支持
	(3.266%) F_9 其他能力	Q_{16} 个人社交能力 Q_5 处理突发事件能力
	(3.116%) F_{10} 行业待遇	Q_{47} 行业工资低

（3）饭店女性部门经理职业发展阻隔变量的描述性统计分析

经过二次因子分析的饭店女性部门经理职业发展阻隔变量主要有10个维度，每个维度分别对应主成分分析中的一个公因子，结构清晰、明朗。在此基础上，本书对饭店女性部门经理职业发展阻隔量表的各题项（已剔除各因子无法解释的题项）及其10个维度进行了描述性统计分析。具体结果见表5-32。

表5-32 饭店女性部门经理职业发展阻隔变量的描述性统计量

性别=女	各题项均值	各题项标准差	各因子均值	各因子标准差
Q_1 我有自己的职业发展计划和目标	1.9124	0.74236		
Q_2 只要我尽力就能解决所有的问题	2.5401	1.29487		
Q_8 上司对我很信任，很尊重我的意见	2.7080	1.30700		
Q_9 同事对我很信任，能够听从我的意见	2.6058	1.33040	2.8900	0.36861
Q_{10} 我在下属中很有威信，执行力较强	2.2701	0.90345		
Q_{23} 配偶不喜欢我在饭店工作	3.2993	1.15914		
Q_{28} 生育可能会使我在饭店的发展受到影响	2.9927	1.34217		

续表

性别 = 女	各题项均值	各题项标准差	各因子均值	各因子标准差
Q_{29} 性骚扰因素使我不能安心工作	3.5912	1.16666		
Q_{43} 饭店经常加班、倒班,不适合女性	3.4964	1.01550	2.8900	0.36861
Q_{45} 我无法加入饭店高层的社交圈	3.0219	1.14061		
Q_{48} 与其他行业相比,饭店行业门槛较低	2.7007	1.21489		
Q_{17} 我对我目前的职位升迁状况感到满意	2.3869	1.00914		
Q_{18} 我对我目前的收入增长状况感到满意	2.5255	1.07156		
Q_{19} 我对我目前的能力提升感到满意	2.3431	0.88648	2.3614	0.73549
Q_{20} 我对自己目前在企业内外的人际关系很满意	2.2044	0.75866		
Q_{21} 我的职位比原先单位更理想,而且提升的可能性较大	2.2920	0.90879		
Q_{35} 我不知道应该如何让他人喜欢我	3.6934	1.01142		
Q_{36} 我不知道如何表现才能提高自己在上司和同事面前的形象	3.5839	1.09573		
Q_{37} 我不清楚上司的喜好,不能迎合上司的要求	3.5547	1.04965	3.5800	0.79939
Q_{38} 我不会利用公司的各种政策为自己寻求职业发展机会	3.2117	1.08079		
Q_{39} 我比较情绪化,这影响了我的职业发展	3.8175	1.03767		
Q_{40} 女性难以应付饭店管理中复杂的人际关系	3.7299	0.96637		
Q_{41} 女性的管理能力远弱于男性	4.0511	1.03128	3.8286	0.80359
Q_{42} 上司对女性有性别歧视	3.9416	1.04857		
Q_{49} 女性应该主动承担较多的家务劳动	3.5912	1.14117		
Q_{24} 事业发展成功的女性往往不会有美满的婚姻和爱情	3.6934	1.02586		
Q_{25} 工作-家庭冲突会给我带来很多压力	3.5036	1.09896	3.5167	0.87721
Q_{26} 妻子、母亲、饭店管理者多种角色给我造成压力	3.3942	1.10052		
Q_{3} 我能冷静地面对困难,因为我相信自己处理问题的能力	1.6642	0.73040		
Q_{6} 即使遭到他人反对,我仍有办法取得我想要的	2.2482	0.86416	1.9982	0.53602
Q_{11} 工作是我生活中最重要的追求	1.9854	0.80427		
Q_{12} 我会主动利用节假日学习工作相关知识和能力	2.0657	0.79709		
Q_{32} 没有人可以提供让我展示自己能力和特长的机会和平台	3.5839	1.04066		
Q_{33} 没有人能指导我如何平衡好工作和家庭等多种角色	3.5474	1.03591	3.1667	0.74428
Q_{44} 饭店的高层管理者多为男性	2.3431	1.34732		
Q_{23} 配偶不喜欢我在饭店工作	3.0000	1.10554	3.0000	1.10554
Q_{16} 我有工作外的个人社交网络	2.0073	0.76312	2.0214	0.58418
Q_{5} 有麻烦的时候我通常能想到一些应付的方法	1.9781	0.70154		
Q_{47} 与其他行业相比饭店行业工资较低	2.8394	1.17093	2.8394	1.17093

饭店女性部门经理职业发展阻隔变量的描述性统计结果表明，F_6（职业素质与态度）、F_9（其他职业能力）的评分最低，这说明饭店女性部门经理对自己的职业素质和态度、其他职业能力较为肯定，表明饭店女性部门经理有一定的自信心，这与以往的相关研究成果有一些出入；其次为F_2（职业满意度）、F_1（生理与行业劣势）、F_{10}（行业待遇），这说明虽然饭店女性部门经理意识到自我的职业发展面临生理与行业劣势，并认为饭店行业的待遇不是很好，但是她们仍然有较高的职业满意度。这与前面学者研究指出的"满意的女职工悖论"（the paradox of contented female employee）相符。

5.4.2 职业发展危机征兆（因变量）的因子分析

本书用女性职业发展危机征兆量表（CDS-F，Career Development Sign for Female）来表示饭店女性部门经理职业发展危机，即本书的因变量，该量表共包括25个题项，用来表示饭店女性部门经理职业发展危机的表现状况。本书首先对饭店女性部门经理的职业发展危机征兆变量进行了因子分析，以进一步明晰两表的内在结构与层次（见表5-33、表5-34）。

（1）饭店女性部门经理职业发展危机征兆的因子分析

①KMO 和球形 Bartlett 的检验。

表5-33　KMO 和 Bartlett 检验[a]

取样足够度的 Kaiser-Meyer-Olkin 度量		0.825
Bartlett 的球形度检验	近似卡方	1740.662
	df	300
	Sig.	0.000

a. 您的性别=女。

②饭店女性部门经理职业发展危机征兆因子分析的总方差解释。

表5-34　饭店女性部门经理职业发展危机征兆因子分析的总方差解释[a]

成分	初始特征值			提取平方和载入			旋转平方和载入		
	合计	方差百分比	累积百分比	合计	方差百分比	累积百分比	合计	方差百分比	累积百分比
1	10.851	33.404	33.404	7.851	33.404	33.404	4.429	20.717	20.717
2	4.341	11.365	44.769	2.341	11.365	44.769	3.132	14.529	34.246

续表

成分	初始特征值 合计	初始特征值 方差百分比	初始特征值 累积百分比	提取平方和载入 合计	提取平方和载入 方差百分比	提取平方和载入 累积百分比	旋转平方和载入 合计	旋转平方和载入 方差百分比	旋转平方和载入 累积百分比
3	2.049	8.197	52.966	2.049	8.197	52.966	2.636	10.544	44.790
4	1.827	7.309	60.275	1.827	7.309	60.275	2.436	9.745	54.535
5	1.401	5.605	65.881	1.401	5.605	65.881	2.135	8.538	63.073
6	1.156	4.626	70.506	1.156	4.626	70.506	1.858	7.433	70.506
7	0.998	3.300	73.806						
8	0.767	2.967	76.773						
9	0.747	2.530	79.303						
10	0.670	2.311	81.614						
11	0.643	2.231	83.845						
12	0.569	2.107	85.952						
13	0.514	1.817	87.769						
14	0.484	1.537	89.306						
15	0.415	1.428	90.734						
16	0.396	1.252	91.986						
17	0.321	1.221	93.207						
18	0.304	1.151	94.358						
19	0.298	1.121	95.479						
20	0.291	1.023	96.502						
21	0.252	0.900	97.402						
22	0.227	0.806	98.208						
23	0.193	0.703	98.991						
24	0.153	0.553	99.464						
25	0.135	0.536	100.000						

提取方法：主成分分析。

a. 您的性别＝女。

由表5-34主成分分析结果可以发现，有6个公因子被提取，6个公因子共解释原始变量总方差的70.506%。总体来看，6个公因子的解释情况较好，因子旋转后，累计的总方差解释没有变化，但是分配到各公因子的解释原始变量更为均匀。

③主成分分析法计算因子载荷矩阵（见表5-35）。

表5-35 旋转成分矩阵[a,b]

	成分					
	1	2	3	4	5	6
Q_8 工作一天下来我感觉筋疲力尽	0.817	0.183	0.123	0.098	0.107	-0.068
Q_7 我感到工作让我心力耗竭	0.784	0.259	0.264	0.074	0.024	-0.039
Q_{11} 企业的发展不是我个人的发展	0.782	0.179	-0.128	0.141	0.114	-0.029
Q_9 早上起床后我感觉十分乏力，但又不得不面对一天的工作	0.751	0.119	0.210	0.010	0.035	0.087
Q_{10} 我很厌倦目前的工作，很想逃避	0.730	0.222	0.154	-0.127	0.117	-0.219
Q_{22} 我常常厌烦现在的工作环境，想离开目前工作的饭店	0.708	0.302	0.158	0.088	0.270	-0.128
Q_{14} 我对饭店高层的管理思想和风格不太认同	0.183	0.859	-0.050	0.069	0.189	-0.027
Q_{16} 我看不惯饭店高层的管理思想和风格	0.171	0.749	0.124	0.034	0.110	-0.109
Q_{13} 我不太认同现在饭店的企业文化	0.327	0.748	0.173	0.136	0.009	-0.064
Q_{15} 我个人的价值观与饭店的价值观存在冲突	0.210	0.738	0.227	0.191	0.092	0.026
Q_{12} 我不愿接受上司给我安排的任务，很烦上司找我	0.250	0.738	-0.246	-0.098	0.124	-0.094
Q_4 我经常向饭店提出员工管理方面的不足	-0.033	-0.041	0.753	0.224	-0.127	0.135
Q_5 我经常对饭店的一些做法提出意见和抱怨	0.205	0.269	0.729	0.222	0.009	-0.029
Q_3 职业发展遭遇困境时我经常抱怨自己	0.217	-0.045	0.716	-0.094	0.186	-0.291
Q_2 我的职业发展受挫，主要是饭店的原因造成的	0.132	0.200	0.704	-0.105	0.258	0.060
Q_6 我经常向同事朋友或亲人倾诉职业发展方面的苦衷	0.483	0.050	0.559	0.073	0.098	-0.116
Q_{18} 以我的技能和条件找一份满意的工作并不难	0.084	0.042	0.028	0.904	0.041	0.099
Q_{17} 离开现在的饭店重新找一份这样的工作对我来说并不难	-0.028	0.034	0.049	0.842	0.065	-0.112
Q_{19} 我觉得我自己离开这家饭店后会有更多发展机会	0.161	0.199	0.207	0.799	0.224	0.084
Q_{24} 我会寻找其他工作机会	0.180	0.135	-0.062	0.251	0.750	-0.250
Q_{25} 如果有合适的机会我会离开饭店行业	0.305	0.072	0.029	0.245	0.732	-0.100
Q_1 我的职业发展受挫主要是我个人的原因造成的	-0.144	0.140	0.411	-0.258	0.704	0.073
Q_{23} 我经常想辞去现在的工作	0.448	0.345	0.119	0.151	0.461	-0.180

续表

	成分					
	1	2	3	4	5	6
Q₂₁ 我计划在现在的饭店作长期的职业发展	-0.023	-0.177	0.000	-0.003	-0.031	0.876
Q₂₀ 我基本上没有想过要离开目前工作的饭店	-0.112	-0.004	-0.051	0.031	-0.166	0.852

提取方法：主成分分析法。
旋转法：具有 Kaiser 标准化的正交旋转法。
a. 您的性别＝女。
b. 旋转在 9 次迭代后收敛。

④二次因子分析。

通过上述分析可知，Q_6、Q_{23} 所代表的两个变量不能被任何一个公因子所解释，因此，本书将删除这两个变量对饭店女性部门经理职业发展危机征兆进行二次分析。KMO 和 Bartlett 的检验结果显示，KMO 值为 0.809，说明原变量很适合用因子分析。主成分分析法共提取了 6 个公因子，可以解释 23 个原变量总方差的 71.772%，丢失了少部分（30.228%）信息，解释状况良好（见表 5-36、5-37、5-38）。

表 5-36　KMO 和 Bartlett 的检验[a]

取样足够度的 Kaiser-Meyer-Olkin 度量		0.809
Bartlett 的球形度检验	近似卡方	1515.307
	df	253
	Sig.	0.000

a. 您的性别＝女。

表 5-37　解释的总方差[a]

成分	初始特征值			提取平方和载入			旋转平方和载入		
	合计	方差百分比	累积百分比	合计	方差百分比	累积百分比	合计	方差百分比	累积百分比
1	7.014	34.495	34.495	7.014	34.495	34.495	4.207	20.289	20.289
2	2.323	10.101	44.596	2.323	10.101	44.596	3.021	14.135	34.424
3	1.934	8.408	53.003	1.934	8.408	53.003	2.560	12.131	46.555
4	1.804	7.841	60.845	1.804	7.841	60.845	1.968	8.555	55.110
5	1.369	5.954	66.799	1.369	5.954	66.799	1.934	8.409	63.518
6	1.144	4.973	71.772	1.144	4.973	71.772	1.898	8.253	71.772

续表

成分	初始特征值			提取平方和载入			旋转平方和载入		
	合计	方差百分比	累积百分比	合计	方差百分比	累积百分比	合计	方差百分比	累积百分比
7	0.928	3.837	75.609						
8	0.757	3.120	78.729						
9	0.701	2.500	81.229						
10	0.618	2.218	83.447						
11	0.585	2.042	85.489						
12	0.533	1.717	87.206						
13	0.455	1.609	88.815						
14	0.408	1.543	90.358						
15	0.377	1.430	91.788						
16	0.370	1.389	93.177						
17	0.321	1.315	94.492						
18	0.301	1.258	95.750						
19	0.286	1.143	96.893						
20	0.254	1.105	97.747						
21	0.216	0.940	98.687						
22	0.155	0.675	99.362						
23	0.147	0.638	100.000						

提取方法：主成分分析。

a. 您的性别＝女。

表 5-38 旋转成分矩阵[a,b]

	成分					
	1	2	3	4	5	6
Q_8 工作一天下来我感觉筋疲力尽	0.843	0.170	0.122	0.066	0.086	-0.085
Q_7 我感到工作让我心力耗竭	0.790	0.270	0.080	0.051	0.204	-0.044
Q_9 早上起床后我感觉十分乏力，但又不得不面对一天的工作	0.736	0.106	0.014	0.050	0.193	0.072
Q_{11} 企业的发展不是我个人的发展	0.716	0.180	0.178	-0.007	-0.184	-0.023
Q_{10} 我很厌倦目前的工作，很想逃避	0.724	0.212	-0.103	0.118	0.091	-0.234
Q_{22} 我常常厌烦现在的工作环境，想离开目前工作的饭店	0.708	0.214	0.158	0.272	0.050	-0.163

续表

	成分					
	1	2	3	4	5	6
Q_{14} 我对饭店高层的管理思想和风格不太认同	0.188	0.857	0.107	0.147	-0.121	-0.033
Q_{13} 我不太认同现在饭店的企业文化	0.325	0.758	0.125	0.029	0.148	-0.059
Q_{16} 我看不惯饭店高层的管理思想和风格	0.183	0.746	0.039	0.104	0.104	-0.124
Q_{15} 我个人的价值观与饭店的价值观存在冲突	0.219	0.746	0.202	0.117	0.172	0.020
Q_{12} 我不愿接受上司给我安排的任务,很烦上司找我	0.251	0.730	-0.053	0.044	-0.322	-0.089
Q_{18} 以我的技能和条件找一份满意的工作并不难	0.075	0.047	0.889	-0.127	0.112	0.104
Q_{17} 离开现在的饭店重新找一份这样的工作对我来说并不难	-0.034	0.039	0.837	-0.073	0.097	-0.106
Q_{19} 我觉得我自己离开这家饭店后会有更多发展机会	0.178	0.193	0.727	0.159	0.179	0.072
Q_{1} 我的职业发展受挫主要是我个人的原因造成的	-0.063	0.106	-0.125	0.776	0.141	0.025
Q_{2} 我的职业发展受挫主要是饭店的原因造成的	0.205	0.182	-0.009	0.768	0.376	0.008
Q_{24} 我会寻找其他工作机会	0.200	0.146	0.214	0.733	-0.264	-0.309
Q_{25} 如果有合适的机会我会离开饭店行业	0.234	0.080	0.296	0.704	-0.163	-0.157
Q_{4} 我经常向饭店提出员工管理方面的不足	-0.002	-0.039	0.202	0.065	0.810	0.113
Q_{5} 我经常对饭店的一些做法提出意见和抱怨	0.216	0.290	0.193	0.161	0.742	-0.041
Q_{3} 职业发展遭遇困境时我经常抱怨自己	0.267	-0.055	-0.067	0.178	0.733	-0.319
Q_{21} 我计划在现在的饭店作长期的职业发展	-0.022	-0.180	0.001	0.045	0.002	0.875
Q_{20} 我基本上没有想过要离开目前工作的饭店	-0.127	-0.004	-0.006	-0.118	0.026	0.863

提取方法:主成分分析法。
旋转法:具有 Kaiser 标准化的正交旋转法。
a. 您的性别 = 女。
b. 旋转在 10 次迭代后收敛。

二次因子结果分析表明,饭店女性部门经理职业发展危机征兆量表的 23 个变量都可以被 6 个公因子(C_1、C_2、C_3、C_4、C_5、C_6)所表示(见表 5-39)。此外,根据各公因子所解释变量的内容,本书将 6 个公因子分别命名为职业倦怠(C_1)、逆反情绪(C_2)、离职意向(C_3)、职业挫败感(C_4)、职业抱怨(C_5)、职业忠诚(C_6)。

(2) 修正后的饭店女性部门经理职业发展危机征兆模型

根据上述因子分析的结果,本书对本章第三节中提出的饭店女性部门经理职业发展危机征兆结构模型进行了相应的修正,具体见表 5-39。

表 5-39 修正后的饭店女性部门经理职业发展危机征兆模型

	公因子	初始变量
饭店女性部门经理职业发展危机征兆	(20.289%) C_1 职业倦怠	Q_8 工作一天下来我感觉筋疲力尽 Q_7 我感到工作让我心力耗竭 Q_9 早上起床后我感觉十分乏力,但又不得不面对一天的工作 Q_{11} 企业的发展不是我个人的发展 Q_{10} 我很厌倦目前的工作,很想逃避 Q_{22} 我常常厌烦现在的工作环境,想离开目前工作的饭店
	(14.135%) C_2 逆反情绪	Q_{14} 我对饭店高层的管理思想和风格不太认同 Q_{13} 我不太认同现在饭店的企业文化 Q_{16} 我看不惯饭店高层的管理思想和风格 Q_{15} 我个人的价值观与饭店的价值观存在冲突 Q_{12} 我不愿接受上司给我安排的任务,很烦上司找我
	(12.131%) C_3 离职前景预期	Q_{18} 以我的技能和条件找一份满意的工作并不难 Q_{17} 离开现在的饭店重新找一份这样的工作对我来说并不难 Q_{19} 我觉得我自己离开这家饭店后会有更多发展机会
	(8.555%) C_4 职业挫败感	Q_1 我的职业发展受挫主要是我个人的原因造成的 Q_2 我的职业发展受挫主要是饭店的原因造成的 Q_{24} 我会寻找其他工作机会 Q_{25} 如果有合适的机会我会离开饭店行业
	(8.409%) C_5 职业抱怨	Q_4 我经常向饭店提出员工管理方面的不足 Q_5 我经常对饭店的一些做法提出意见和抱怨 Q_3 职业发展遭遇困境时我经常抱怨自己
	(8.253%) C_6 职业忠诚	Q_{21} 我计划在现在的饭店作长期的职业发展 Q_{20} 我基本上没有想过要离开目前工作的饭店

(3) 饭店女性部门经理职业发展危机征兆的描述性统计分析

在上文基础上,本书对修正后的饭店女性部门经理职业发展危机征兆的各原始变量以及各公因子进行描述性统计分析,各项目的得分情况见表 5-40。

表 5-40　饭店女性部门经理职业发展危机征兆的描述性统计量

性别 = 女	各题项均值	各题项标准差	各因子均值	各因子标准差
Q_7 我感到工作让我心力耗竭	3.5507	1.08791		
Q_8 工作一天下来我感觉筋疲力尽	3.3986	1.02907		
Q_9 早上起床后我感觉十分乏力，但又不得不面对一天的工作	3.4275	1.10002	3.5869	0.80998
Q_{10} 我很厌倦目前的工作，很想逃避	3.8116	0.94019		
Q_{11} 企业的发展不是我个人的发展	3.7536	1.11271		
Q_{22} 我常常厌烦现在的工作环境，想离开目前工作的饭店	3.6159	0.92273		
Q_{12} 我不愿接受上司给我安排的任务，很烦上司找我	4.0652	0.87301		
Q_{13} 我不太认同现在饭店的企业文化	3.9275	0.97888		
Q_{14} 我对饭店高层的管理思想和风格不太认同	3.7319	1.00756	3.8557	0.74179
Q_{15} 我个人的价值观与饭店的价值观存在冲突	3.8406	0.88990		
Q_{16} 我看不惯饭店高层的管理思想和风格	3.7174	0.95893		
Q_{17} 离开现在的饭店重新找一份这样的工作对我来说并不难	2.5217	0.97575		
Q_{18} 以我的技能和条件找一份满意的工作并不难	2.5072	0.98341	2.6905	0.77701
Q_{19} 我觉得我自己离开这家饭店后会有更多发展机会	3.0362	0.81419		
Q_1 我的职业发展受挫主要是我个人的原因造成的	3.3406	0.97034		
Q_2 我的职业发展受挫主要是饭店的原因造成的	3.4638	0.91348	3.2357	0.70057
Q_{24} 我会寻找其他工作机会	3.2609	1.01308		
Q_{25} 如果有合适的机会我会离开饭店行业	2.9058	1.01008		
Q_3 职业发展遭遇困境时我经常抱怨自己	3.5507	0.98953		
Q_4 我经常向饭店提出员工管理方面的不足	2.7971	1.02636	3.0643	0.86881
Q_5 我经常对饭店的一些做法提出意见和抱怨	3.3333	0.98406		
Q_{20} 我基本上没有想过要离开目前工作的饭店	2.8116	0.96320	2.7893	0.85045
Q_{21} 我计划在现在的饭店作长期的职业发展	2.7464	0.91270		

　　从以上各变量及公因子的得分可以看出，C_4（离职前景预期）得分最低，这说明饭店女性部门经理对离职前景比较看好，认为自己具有一定的竞争力；其次为 C_6（职业忠诚）、C_5（职业抱怨），这表明女性部门经理是相对较为忠诚的员工，她们虽然自信离开所在企业可以找到更好的工作，但是她们还是对所在企业表现出较为明显的忠诚和依恋。同时，她们认为企业对其职业发展还存在不足，因此，抱怨情绪较为明显。此外，女性部门经理也有一定的职业挫败感（C_4）和职业倦怠（C_1），职业逆反情绪相对不太明显。

5.4.3 环境变量（调节变量）的因子分析

环境因素可以通过减少或增加影响饭店女性部门经理职业发展的阻隔变量，从而对饭店女性部门经理职业发展阻隔变量（自变量）与职业发展危机（因变量）的关系产生作用。因此，饭店女性部门经理职业发展环境量表（CDE-F）主要用来衡量饭店女性部门经理职业发展危机调节作用的环境因素，本书中的环境变量主要涉及企业环境、社会环境两个层面。为使自变量、因变量、环境变量之间的相互作用更为清晰，本书继续使用因子分析法对饭店女性部门经理职业发展环境量表进行降维（见表5-41）。

（1）因子分析

①KMO 和 Bartlett 检验。

表 5-41　KMO 和 Bartlett 检验[a]

取样足够度的 Kaiser-Meyer-Olkin 度量		0.727
Bartlett 的球形度检验	近似卡方	476.137
	df	78
	Sig.	0.000

a. 您的性别=女。

KMO 值为 0.727，说明饭店女性部门经理职业发展环境变量适合进行因子分析。基于此，本书用主成分分析法对其进行了因子分析（见表5-42、表5-43）。

②主成分分析法提取公因子。

表 5-42　解释的总方差[a]

成分	初始特征值			提取平方和载入			旋转平方和载入		
	合计	方差百分比	累积百分比	合计	方差百分比	累积百分比	合计	方差百分比	累积百分比
1	3.289	25.302	25.302	3.289	25.302	25.302	2.990	23.001	23.001
2	2.193	16.872	42.174	2.193	16.872	42.174	2.194	16.878	39.879
3	1.487	11.440	53.614	1.487	11.440	53.614	1.497	11.515	51.394
4	1.135	8.731	62.345	1.135	8.731	62.345	1.424	10.951	62.345
5	0.901	6.930	69.275						
6	0.761	5.853	75.128						
7	0.677	5.204	80.332						

续表

成分	初始特征值 合计	初始特征值 方差百分比	初始特征值 累积百分比	提取平方和载入 合计	提取平方和载入 方差百分比	提取平方和载入 累积百分比	旋转平方和载入 合计	旋转平方和载入 方差百分比	旋转平方和载入 累积百分比
8	0.615	4.732	85.064						
9	0.527	4.057	89.121						
10	0.424	3.262	92.384						
11	0.384	2.952	95.336						
12	0.340	2.615	97.952						
13	0.266	2.048	100.000						

提取方法：主成分分析。

a. 您的性别 = 女。

表 5-43　旋转成分矩阵[a,b]

	成分 1	成分 2	成分 3	成分 4
Q_9 饭店工作属于劳动密集型，能力和知识得不到提升	0.833	0.137	-0.025	-0.176
Q_8 饭店工作环境混乱且不健康，不适合女性	0.831	-0.063	-0.030	-0.122
Q_{10} 饭店工作是"青春饭"行业，不适合自我长期发展	0.753	0.042	0.002	-0.074
Q_7 饭店工作是伺候人的工作，社会声望差，不受人尊重	0.728	-0.042	-0.127	-0.040
Q_4 在职位晋升方面高层通常优先把机会留给男性	0.480	-0.175	-0.328	0.206
Q_3 女性应该以照顾家庭为重，工作是其次	0.474	-0.140	-0.361	0.411
Q_{13} 完善家政等公共服务体系，减轻职业女性负担	-0.012	0.852	0.111	-0.092
Q_{12} 社会对女性的经期、孕期、产期、哺乳期保护政策没有落实	-0.015	0.830	-0.066	-0.091
Q_{11} 我认为国家应该继续完善平等就业的相关制度	-0.006	0.767	-0.128	0.282
Q_2 饭店的培训考察等活动使我受益匪浅	-0.049	-0.087	0.833	0.063
Q_1 饭店会定期组织培训考察等学习活动	-0.130	-0.022	0.719	0.216
Q_6 饭店针对男女员工制定不同的职业规划且不存在性别歧视	-0.169	-0.172	0.165	0.769
Q_5 饭店针对员工制定了职业规划	-0.073	0.279	0.108	0.763

提取方法：主成分分析法。

旋转法：具有 Kaiser 标准化的正交旋转法。

a. 您的性别 = 女。

b. 旋转在 6 次迭代后收敛。

主成分分析共提取了 4 个公因子，共解释的总方差百分比为 62.345%，解释效果不是很理想。因子旋转载荷矩阵结果又显示，Q_3、Q_4 无法用其中任何一个公因子来表示，因此，笔者删掉这两个变量进行二次分析（见表 5-

44、表5-45、表5-46)。

③二次分析。

表5-44 KMO 和 Bartlett 检验[a]

取样足够度的 Kaiser-Meyer-Olkin 度量		0.824
Bartlett 的球形度检验	近似卡方	408.047
	df	55
	Sig.	0.000

a. 您的性别=女。

表5-45 解释的总方差[a]

成分	初始特征值			提取平方和载入			旋转平方和载入		
	合计	方差百分比	累积百分比	合计	方差百分比	累积百分比	合计	方差百分比	累积百分比
1	2.926	29.601	29.601	2.926	29.601	29.601	2.637	25.977	25.977
2	2.170	20.731	50.331	2.170	20.731	50.331	2.149	22.539	47.516
3	1.437	13.068	63.399	1.437	13.068	63.399	1.426	12.960	60.475
4	1.030	9.366	72.766	1.030	9.366	72.766	1.352	12.290	72.766
5	0.756	5.570	78.336						
6	0.653	5.033	83.369						
7	0.544	4.150	87.519						
8	0.440	3.604	91.123						
9	0.390	3.349	94.472						
10	0.347	3.058	97.530						
11	0.305	2.470	100.000						

提取方法：主成分分析。

a. 您的性别=女。

表5-46 旋转成分矩阵[a,b]

	成分			
	1	2	3	4
Q_9 饭店工作属于劳动密集型，能力和知识得不到提升	0.866			
Q_8 饭店工作环境混乱且不健康，不适合女性	0.842			
Q_{10} 饭店工作是"青春饭"行业，不适合自我长期发展	0.785			
Q_7 饭店工作是伺候人的工作，社会声望差，不受人尊重	0.714			
Q_{13} 完善家政等公共服务体系，减轻职业女性负担		0.865		
Q_{12} 社会对女性的经期、孕期、产期、哺乳期保护政策没有落实		0.846		
Q_{11} 我认为国家应该继续完善平等就业的相关制度		0.750		

续表

	成分			
	1	2	3	4
Q_2饭店的培训考察等活动使我受益匪浅			0.881	
Q_1饭店会定期组织培训考察等学习活动			0.755	
Q_5饭店针对员工制定了职业规划				0.754
Q_6饭店针对男女员工制定不同的职业规划且不存在性别歧视				0.727

提取方法：主成分分析法。
旋转法：具有 Kaiser 标准化的正交旋转法。
a. 您的性别 = 女。
b. 旋转在 5 次迭代后收敛。

分析结果表明，饭店女性部门经理职业发展环境变量的 11 个题项可以用 4 个公因子来表示，4 个公因子可以解释原始变量总方差的 72.766%。根据各公因子对相应题项的解释状况，本书将 4 个公因子分别命名为消极社会声望（E_1）、社会支持政策（E_2）、企业学习机会（E_3）、企业职业规划（E_4）。

（2）修正后的饭店女性部门经理职业发展环境模型

经过二次因子分析，饭店女性部门经理职业发展环境量表结构和内容都有了一定改变，基于上文的分析结果，本书对饭店女性部门经理职业发展环境模型进行了修正。具体见表 5 - 47。

表 5 - 47　修正后的饭店女性部门经理职业发展环境（CDE - F）模型

	公因子	初始变量
饭店女性部门经理职业发展环境	消极社会声望 E_1	Q_9饭店工作属于劳动密集型，能力和知识得不到提升
		Q_8饭店工作环境混乱且不健康，不适合女性
		Q_{10}饭店工作是"青春饭"行业，不适合自我长期发展
		Q_7饭店工作是伺候人的工作，社会声望差，不受人尊重
	社会支持政策 E_2	Q_{13}完善家政等公共服务体系，减轻职业女性负担
		Q_{12}社会对女性的经期、孕期、产期、哺乳期保护政策没有落实
		Q_{11}我认为国家应该继续完善平等就业的相关制度
	企业学习机会 E_3	Q_2饭店的培训、考察等活动使我受益匪浅
		Q_1饭店会定期组织培训、考察等学习活动
	企业职业规划 E_4	Q_5饭店针对员工制定了职业规划
		Q_6饭店针对男女员工制定不同的职业规划且不存在性别歧视

(3) 描述性统计分析

根据问卷调查结果，饭店女性部门经理职业发展环境的各题项、各公因子的具体得分状况见表 5-48。

表 5-48　饭店女性部门经理职业发展环境变量的描述性统计分析

您的性别 = 女	各题项均值	各题项标准差	各因子均值	各因子标准差
Q_7 饭店工作是伺候人的工作，社会声望差，不受人尊重	3.8986	1.12237	3.8161	0.89744
Q_8 饭店工作环境混乱且不健康，不适合女性	4.0145	1.05322		
Q_9 饭店工作属于劳动密集型，能力和知识得不到提升	3.6667	1.17972		
Q_{10} 饭店工作是"青春饭"行业，不适合自我长期发展	3.6884	1.09278		
Q_{11} 我认为国家应该继续完善平等就业的相关制度	2.1159	1.09459	2.1762	0.90513
Q_{12} 社会对女性的经期、孕期、产期、哺乳期保护政策没有落实	2.2754	1.11897		
Q_{13} 完善家政等公共服务体系，减轻职业女性负担	2.1449	1.05020		
Q_1 饭店会定期组织培训考察等学习活动	1.9710	0.74424	2.6475	0.70827
Q_2 饭店的培训考察等活动使我受益匪浅	2.1812	0.91409		
Q_5 饭店针对员工制定了职业规划	2.6957	1.07804	2.8214	0.86305
Q_6 饭店针对男女员工制定不同的职业规划且不存在性别歧视	2.9130	1.12359		

统计结果显示，E_2（社会支持政策）得分最低，这表明女性部门经理对有关平等就业、女性保护、家政等方面的政策、制度完善有较为迫切的期盼；其次为 E_3（企业学习机会）、E_4（企业职业规划），说明饭店企业关注到了职业培训、职业规划的重要性，但是还需要继续提高和完善。

5.5　各变量的相关性分析

本节主要利用统计分析软件 SPSS17.0 中的 Pearson 积差相关分析对饭店女性部门经理职业发展阻隔、职业发展危机征兆、职业发展环境等变量之间的相关程度进行实证分析。一般来说，当相关系数的绝对值介于 0~0.3 时，两变量只具有低度的相关性；当绝对值介于 0.3~0.7 时，显示两变量具有中度的相关性；当绝对值介于 0.7~1.0 时，两变量间存在高度的相关性；绝对值等于 1 表示两变量为完全正相关或完全负相关；绝对值等于 0 时则表示两变量不相关。

5.5.1 饭店女性部门经理职业发展阻隔（CDB – F）与其职业发展危机（CDS – F）的相关性

本书将各公因子的平均得分作为各因子的衡量值，并用 C、E 的平均得分分别表示饭店女性部门经理职业发展危机、职业发展环境的衡量值。各因子具体得分状况见表 5 – 49。

在前文因子分析的基础上，本书对饭店女性部门经理职业发展阻隔变量的 10 个公因子与饭店女性部门经理职业发展危机征兆的 6 个公因子的相关关系进行了衡量，从而更清楚地了解饭店女性部门经理职业发展危机征兆变量与饭店女性部门经理职业发展阻隔变量的相关关系。

统计分析结果表明，饭店女性部门经理职业发展阻隔变量的 10 个公因子与职业发展危机征兆变量的 6 个公因子的相关程度均达到显著性水平。具体来讲，饭店女性部门经理的职业倦怠与厌烦（C_1）、职业逆反情绪（C_2）与性别偏见（F_4）、角色冲突（F_5）的正相关程度最高，其次为家庭支持（F_8）、组织政治能力（F_3）、组织支持（F_7）等，此外，倦怠与厌烦（C_1）与其他能力（F_9）呈较低程度负相关；饭店女性部门经理的离职意向（C_3）与其职业发展满意度（F_2）呈明显负相关，与其组织政治能力（F_3）呈较低程度正相关；饭店女性部门经理的职业挫败感（C_4）与其职业发展满意度（F_2）、其他能力（F_9）呈明显负相关，其次为职业素质和能力因素（F_6），与生理因素带来的劣势（F_1）、性别偏见（F_4）、行业待遇差（F_{10}）则呈较明显正相关；饭店女性部门经理的职业抱怨（C_5）与性别偏见（F_4）、角色冲突（F_5）呈较高程度的正相关关系；饭店女性部门经理的职业忠诚度（C_6）与其自我感知的生理因素带来的劣势（F_1）呈明显负相关。总体来讲，饭店女性部门经理职业发展危机（C）与性别偏见（F_4）、角色冲突（F_5）呈较高程度正相关，其次为组织政治能力（F_3）、组织支持（F_7）、家庭支持（F_8）与职业发展满意度（F_2）、其他能力（F_9）呈较低程度负相关。

表5-49 CDB-F 与 CDS-F 的 Pearson 相关系数矩阵

	F_1	F_2	F_3	F_4	F_5	F_6	F_7	F_8	F_9	F_{10}	C_1	C_2	C_3	C_4	C_5	C_6	C
F_1	1																
F_2	-0.032	1															
F_3	0.243**	-0.246**	1														
F_4	0.290**	-0.073	0.284**	1													
F_5	0.436**	-0.050	0.226**	0.503**	1												
F_6	-0.024	0.383**	-0.234**	-0.171*	0.025	1											
F_7	0.375**	-0.086	0.405**	0.374**	0.454**	-0.077	1										
F_8	0.242**	0.021	0.117	0.338**	0.443**	0.040	0.236**	1									
F_9	-0.156	0.560**	-0.341**	-0.166	-0.166	0.410**	-0.172*	-0.081	1								
F_{10}	0.293**	-0.381**	0.286**	0.256**	0.249**	-0.215*	0.258**	0.042	-0.230**	1							
C_1	0.253**	-0.139	0.304**	0.460**	0.453**	-0.165	0.242**	0.337**	-0.176*	0.188*	1						
C_2	0.178*	-0.037	0.295**	0.344**	0.312**	-0.125	0.113	0.294**	-0.080	0.209*	0.640**	1					
C_3	-0.011	-0.223**	0.187*	0.017	0.057	-0.104	0.039	-0.037	-0.089	0.039	0.211*	0.218*	1				
C_4	0.287**	-0.365**	0.255**	0.352**	0.169*	-0.292**	0.197*	0.191*	-0.380**	0.262**	0.417**	0.397**	0.255**	1			
C_5	0.026	-0.082	0.066	0.169*	0.266**	-0.060	0.111	0.086	-0.014	-0.032	0.305**	0.224**	0.292**	0.284**	1		
C_6	-0.242**	0.191*	-0.113	-0.141	-0.146	0.157	-0.118	-0.114	0.126	-0.182*	-0.208*	-0.192*	-0.009	-0.234**	0.032	1	
C	0.131	-0.182*	0.285**	0.347**	0.330**	-0.163	0.169*	0.218**	-0.167*	0.128	0.696**	0.660**	0.586**	0.598**	0.661**	0.151	1

**在 0.01 水平（双侧）上显著相关。
*在 0.05 水平（双侧）上显著相关。

分析结果表明，饭店女性部门经理的职业发展满意度（F_2）、组织政治能力（F_3）、性别偏见（F_4）、角色冲突（F_5）、家庭支持（F_8）、其他能力（F_9）等因素与女性部门经理职业发展危机的相关关系均达到显著的中度相关水平。因此，饭店企业在人力资源管理过程中应该注意以上因素，女性自身也需要从以上几方面进行自我调节、自我提升，否则其职业发展危机将会恶化。

5.5.2 饭店女性部门经理职业发展环境变量（CDE-F）与其他变量的相关性分析

饭店女性部门经理职业发展的社会环境、企业环境也可能对其职业发展危机造成一定影响，因此，本书对饭店女性部门经理职业发展环境变量与职业发展阻隔变量（CDB-F）、职业发展危机征兆变量（CDS-F）的相关关系进行了实证分析。

（1）CDE-F 与 CDB-F 的相关性分析

表 5-50 的分析结果表明，饭店女性部门经理 CDE-F 与 CDB-F 的相关性达到显著水平，具有中高度的相关性。这说明环境变量既可以直接作用于饭店女性部门经理职业发展危机，也可以通过影响饭店女性部门经理职业阻隔因素对其产生间接作用。具体来说，饭店行业负面的社会声望（E_1）与其遭遇的性别偏见（F_4）高度正相关，与组织政治能力（F_3）、角色冲突（F_5）、组织支持不足（F_7）、行业工资低（F_{10}）中度正相关。这说明，饭店行业负面的社会声望对行业工资、组织对女性的支持产生消极影响，饭店行业本身存在的一些劣势加剧了女性部门经理的角色冲突，并进一步影响了女性的政治能力提升等。饭店女性部门经理的社会支持政策期待（E_2）与职业发展满意度（F_2）、行业工资低（F_{10}）有显著低度正相关，这说明饭店女性部门经理职业发展满意度越高，对社会相关政策和行业工作的期望越高。饭店女性部门经理的企业学习机会（E_3）与其期待的家庭支持（F_8）显著高度正相关，与角色冲突（F_5）中度正相关，这说明，女性部门经理的自我提升机会、自我提升愿望的实现将会加剧其角色冲突，因此，女性部门经理的自我职业能力提升特别需要家庭成员（尤其是配偶）的支持。整体来看，饭店女性部门经理职

表 5-50　CDE-F 与 CDB-F 的 Pearson 相关系数矩阵

	F_1	F_2	F_3	F_4	F_5	F_6	F_7	F_8	F_9	F_{10}	E_1	E_2	E_3	E_4	E
F_1	1														
F_2	-0.032	1													
F_3	0.243**	-0.246**	1												
F_4	0.290**	-0.073	0.284**	1											
F_5	0.436**	-0.050	0.226**	0.503**	1										
F_6	-0.024	0.383**	-0.234**	-0.171*	0.025	1									
F_7	0.375**	-0.086	0.405**	0.374**	0.454**	-0.077	1								
F_8	0.242**	0.021	0.117	0.338**	0.443**	0.040	0.236**	1							
F_9	-0.156	0.560**	-0.341**	-0.166	-0.166	0.410**	-0.172*	-0.081	1						
F_{10}	0.275**	-0.366**	0.277**	0.239**	0.237**	-0.191**	0.248**	0.036	-0.244**	1					
E_1	0.203**	-0.164	0.361**	0.707**	0.352**	-0.107	0.331**	0.221**	-0.199**	0.415**	1				
E_2	0.087	-0.248**	0.143	-0.138	-0.130	-0.102	0.183**	0.848**	-0.211**	0.275**	-0.007	1			
E_3	0.214*	0.176*	0.048	0.157	0.340**	0.176*	0.187**	-0.125	-0.008	-0.121	0.053	-0.101	1		
E_4	0.082	0.045	0.094	-0.198*	0.022	0.232**	0.070	0.360**	0.003	-0.189*	-0.204*	0.050	0.081	1	
E	0.308**	-0.129	0.350**	0.250**	0.281**	0.082	0.402**	0.360**	-0.229**	0.231**	0.465**	0.535**	0.447**	0.478**	1

** 在 0.01 水平（双侧）上显著相关。
* 在 0.05 水平（双侧）上显著相关。

业发展阻隔中的行业与生理劣势（F_1）、组织政治能力（F_3）、组织支持不足（F_7）、期待的家庭支持（F_8）与其职业发展环境（E）显著中度正相关。

（2）CDE-F 与 CDS-F 的相关性分析

为弄清组织环境是否对饭店女性部门经理职业发展危机有干涉和影响作用，本书对饭店女性部门经理的 CDE-F 与 CDS-F 进行了分析和考察。具体见表 5-51。

表 5-51　CDE-F 与 CDS-F 的 Pearson 相关系数矩阵

	C_1	C_2	C_3	C_4	C_5	C_6	E_1	E_2	E_3	E_4	C	E
C_1	1											
C_2	0.640**	1										
C_3	0.211*	0.218*	1									
C_4	0.417**	0.397**	0.255**	1								
C_5	0.305**	0.224**	0.292**	0.284**	1							
C_6	-0.208*	-0.192*	-0.009	-0.234**	0.032	1						
E_1	0.418**	0.352**	0.165	0.391**	0.086	-0.166	1					
E_2	-0.063	-0.134	0.122	0.207*	0.029	0.118	-0.007	1				
E_3	0.250**	0.184*	-0.062	0.066	0.030	-0.050	0.053	-0.101	1			
E_4	-0.157	-0.166	-0.084	-0.106	0.000	0.114	-0.204*	0.050	0.081	1		
C	0.696**	0.660**	0.586**	0.598**	0.661**	0.151	0.355**	0.081	0.122	-0.112	1	
E	0.221**	0.112	0.088	0.304**	0.076	0.012	0.465**	0.535**	0.447**	0.478**	0.236**	1

＊＊在 0.01 水平（双侧）上显著相关。
＊在 0.05 水平（双侧）上显著相关。

表 5-51 的统计结果表明，饭店女性部门经理职业发展危机征兆与职业发展环境的相关程度达到显著性水平，具有中低度的相关性。具体来看，饭店行业负面的社会声望（E_1）与饭店女性部门经理的职业倦怠与厌烦（C_1）、职业逆反情绪（C_2）、职业挫败感（C_4）危机征兆有显著的正相关关系，表明扭转饭店女性部门经理本身对饭店行业的负面消极看法、评价和定位将有助于消减职业发展危机带来的危害；饭店女性部门经理的社会支持政策期待（E_2）、企业学习机会（E_3）、企业职业规划（E_4）与职业发展危机各因子呈低度相关，其中社会支持政策期待（E_2）

与职业挫败感（C_4）、企业学习机会（E_3）与职业倦怠与厌烦（C_1）正相关系数较大，接近中度相关水平。这说明社会对女性的支持政策和制度完善将会减少其职业挫败感，从而减缓其职业发展危机。企业学习机会的增加会增强女性的职业倦怠，因此，饭店提供员工培训、学习机会时，在时间安排、内容设定、模式等方面需要改善，提高其针对性、效率、趣味性等，减少对员工的负面影响。

5.5.3 控制变量对饭店女性部门经理职业发展危机征兆的影响分析

本书采用单因素 ANOVA 分析了个体、家庭、组织等层面控制变量对饭店女性部门经理职业发展危机征兆的影响。

（1）个体控制变量对饭店女性部门经理职业发展危机征兆的影响分析

①性别。

由表 5-52 的分析结果可知，饭店部门经理的职业倦怠（C_1）、职业挫败感（C_4）、职业忠诚度（C_6）的性别差异最为显著，女性部门经理的职业倦怠强于男性，但是女性部门经理的职业挫败感却弱于男性，职业满意度高于男性，从而再次印证了学者提出的"满意度的女性职工悖论"，这主要与职业期望的性别差异有直接关系。

表 5-52 性别对饭店部门经理职业发展危机征兆（CDS-F）的 F 检验

	男		女		F 值	显著性 ρ
	均值	标准差	均值	标准差		
C	3.1622	0.50116	3.2037	0.43756	0.511	0.476
C_1	3.6584	0.77126	3.1869	0.80998	0.579	0.468
C_2	3.8810	0.83250	3.8557	0.74129	0.067	0.796
C_3	2.6616	0.77262	2.6905	0.77701	0.673	0.413
C_4	3.0992	0.165708	3.2357	0.70057	2.611	0.097
C_5	3.0620	1.23249	3.0643	0.86881	0.000	0.986
C_6	2.6612	0.90649	2.7893	0.85043	1.386	0.094

从表 5-52 的检验结果来看，性别对职业挫败感（C_4）、职业忠诚度（C_6）的影响达到了显著性水平（满足 $F > \rho$，且 $\rho < 0.1$），但整体来讲，

性别虽对饭店部门经理的职业发展危机有一定影响,但相关性未达到统计意义上的显著性水平。

②年龄。

从表5-53的分析结果可以看出,具体来讲,年龄对饭店女性部门经理职业逆反情绪(C_2)的影响达到了统计学意义上的显著性水平,46~55岁年龄段女性部门经理的职业逆反情绪最为严重。总体来看,尽管46~55岁年龄段女性部门经理职业发展危机征兆较为明显,19~25岁年龄段女性部门经理的职业发展危机征兆最不明显,但年龄并未对饭店女性部门经理职业发展危机征兆(C)产生显著影响。

表5-53 年龄对饭店女性部门经理职业发展危机影响的F检验

	19~25岁		26~35岁		36~45岁		46~55岁		F值	显著性
	均值	标准差	均值	标准差	均值	标准差	均值	标准差		
C	3.2632	0.32591	3.1835	0.46651	3.2126	0.46660	3.0688	0.51460	0.379	0.769
C_1	3.6510	0.80696	3.6118	0.78381	3.5000	0.92496	3.3750	0.84300	0.273	0.844
C_2	4.0063	0.73350	3.8368	0.74312	3.8077	0.70989	3.3500	0.59722	1.142	0.095
C_3	2.7500	0.72339	2.5965	0.78564	2.8718	0.84893	2.7500	0.73912	0.899	0.444
C_4	3.0938	0.62136	3.2467	0.69461	3.4038	0.76836	3.3125	0.31458	0.993	0.398
C_5	3.2813	0.71772	2.9934	0.89998	3.0385	0.93726	2.8750	0.85391	0.907	0.440
C_6	2.7969	0.77104	2.8158	0.84397	2.6538	0.94625	2.7500	0.95743	0.241	0.867

③学历。

表5-54的检验结果表明,整体上看,饭店女性部门经理的学历越高,其职业发展危机征兆越不明显,但学历对职业发展危机征兆的影响没有达到统计学意义上的显著水平。具体来看,学历对饭店女性部门经理的离职前景预期(C_3)、职业忠诚度(C_6)的影响达到了统计学意义上的显著水平:其中高中及以下(包括中专)学历的饭店女性部门经理对自己的离职前景(C_3)最为乐观,认为自己离职后可以找到更好的出路,其次为本科学历的女性部门经理,这是因为前者多为经验丰富的中年女性,而后者则拥有相对较高的学历;饭店女性部门经理的职业忠诚度(C_6)则与学历反向相关,学历越高,职业忠诚度越低,这与相关学者的研究结论一致。

表 5-54　学历对饭店女性部门经理职业发展危机影响的 F 检验

	高中及以下		大专		本科		F 值	显著性
	均值	标准差	均值	标准差	均值	标准差		
C	3.1533	0.41638	3.2213	0.44309	3.3306	0.52280	0.726	0.486
C_1	3.6156	0.87811	3.5602	0.77327	3.6875	0.84251	0.136	0.873
C_2	3.8449	0.74416	3.8458	0.74528	4.0250	0.76672	0.218	0.804
C_3	2.5510	0.82088	2.7711	0.74522	2.7083	0.80549	1.242	0.098
C_4	3.2245	0.75561	3.2470	0.68242	3.1875	0.60872	0.035	0.965
C_5	3.0102	0.79379	3.0964	0.92215	3.0625	0.82104	0.150	0.861
C_6	2.6735	0.90457	2.8072	0.80331	3.3125	0.88388	2.016	0.097

④收入状况。

表 5-55 的统计数据表明，饭店女性部门经理的收入状况与职业发展危机达到显著性水平，收入多少与职业发展危机状况反向相关。具体来讲，饭店女性部门经理的收入状况与职业逆反情绪（C_2）、离职前景预期（C_4）、职业忠诚度（C_6）也达到显著性水平，收入多少与职业逆反情绪（C_2）、离职前景预期（C_4）呈反向相关关系，但与职业忠诚度正向相关，工资越低，女性部门经理的职业忠诚度越高。原因在于工资低的饭店企业多为国有企业，福利比较有保障，而工资相对较高的外资企业竞争力强，职业安全感相对较低，这与女性的求稳心理相符。

表 5-55　收入状况对饭店女性部门经理职业发展危机影响的 F 检验

	3000 元以下		3000~5000 元		5000~6000 元		6000~7000 元		7000~8000 元		F 值	显著性
	均值	标准差	均值	标准差	均值	标准差	均值	标准差	均值	标准差		
C	3.1198	0.4395	3.1859	0.40897	3.3823	0.46660	3.2130	0.43263	3.5352	0.22574	1.558	0.064
C_1	3.6559	0.95736	3.5204	0.79316	3.7424	0.70460	3.9444	0.53576	3.8333	0.16667	0.525	0.788
C_2	3.8452	0.79785	3.8133	0.74520	4.0364	0.57144	4.6667	0.41633	4.2667	0.30551	1.277	0.072
C_3	2.5161	0.90201	2.7259	0.73707	2.6970	0.67420	2.6970	0.67420	2.6970	0.67420	0.692	0.656
C_4	3.1371	0.83376	3.2167	0.63952	3.6364	0.81673	3.5000	0.43301	3.1667	0.62915	1.066	0.096
C_5	2.9032	0.90755	3.0500	0.84816	3.4091	1.02025	3.3333	0.76376	3.6667	0.57735	0.866	0.522
C_6	2.6613	0.91640	2.7889	0.76796	2.7727	1.19587	3.5000	1.32288	3.5000	0.50000	1.080	0.098

⑤从事饭店工作年限。

表 5-56 的统计结果表明，饭店女性部门经理从事饭店行业的工作年

限对其职业发展危机（C）没有显著影响。但行业工作年限对其职业抱怨（C_5）有显著影响，工作年限越长的女性部门经理，职业抱怨情绪和行为越突出。

表 5-56　饭店行业工作年限对饭店女性部门经理职业发展危机影响的 F 检验

	3 年以下		4~7 年		8~11 年		12~15 年		16 年以上		F 值	显著性
	均值	标准差	均值	标准差	均值	标准差	均值	标准差	均值	标准差		
C	3.2091	0.4055	3.2009	0.45657	3.2454	0.41220	3.2327	0.52465	3.0569	0.44780	0.422	0.793
C_1	3.6437	0.88273	3.5472	0.81281	3.6176	0.68844	3.6806	0.68703	3.4444	1.11313	0.208	0.934
C_2	3.8207	0.82001	3.8755	0.75674	3.9529	0.69292	3.8000	0.69282	3.6333	0.72279	0.451	0.772
C_3	2.5747	0.77611	2.7925	0.78508	2.6667	0.74309	2.7222	0.64875	2.5556	0.99832	0.485	0.747
C_4	3.1638	0.85114	3.1887	0.70354	3.3382	0.67667	3.1458	0.47023	3.4167	0.56842	0.561	0.692
C_5	3.1897	0.98574	3.0472	0.80422	3.1765	0.85176	3.0000	1.00000	2.5833	0.70173	1.242	0.096
C_6	2.8621	0.62531	2.7547	0.89132	2.7206	0.91446	3.0417	1.01036	2.7083	0.86493	0.415	0.798

（2）家庭控制变量对饭店女性部门经理职业发展危机征兆的影响分析

①婚姻状况。

表 5-57 的检验结果表明，婚姻状况对女性部门经理的职业发展危机没有显著影响。但婚姻状况对饭店女性部门经理的职业挫败感（C_4）有显著影响，未婚女性部门经理的职业挫败感最强，其次为已婚女性。这主要是由于未婚女性比较年轻，工作经验少，职业发展需求较为强烈，而已婚女性的职业发展需求则相对较弱，离异女性多为中年女性，工作经验丰富，职业挫败感相对较小。

表 5-57　婚姻状况对饭店女性部门经理职业发展危机影响的 F 检验

	未婚		已婚		离异		F 值	显著性
	均值	标准差	均值	标准差	均值	标准差		
C	3.1834	0.38108	3.2197	0.47482	3.2162	0.56955	0.115	0.891
C_1	3.5464	0.83285	3.6233	0.80125	3.5556	0.79349	0.152	0.859
C_2	3.8820	0.78941	3.8329	0.71648	3.8667	0.64083	0.072	0.930
C_3	2.6230	0.78758	2.7489	0.77536	2.6667	0.76012	0.436	0.648
C_4	3.1475	0.69128	3.2911	0.70589	3.4583	0.73172	1.014	0.095
C_5	3.1311	0.83617	3.0342	0.88713	2.7500	1.03682	0.613	0.543
C_6	2.7705	0.81432	2.7877	0.89721	3.0000	0.70711	0.197	0.822

②子女个数。

表 5-58 的统计分析结果表明，总体来看，饭店女性部门经理的子女个数对其职业发展危机造成一定影响，但是未达到统计学意义上的显著性水平。但子女个数对其职业倦怠（C_3）、职业忠诚度（C_6）有显著影响。其中拥有 2 个子女的女性部门经理的职业倦怠（C_3）最为明显，职业忠诚度则与子女个数正向相关，子女越多，职业忠诚度（C_6）越高。

表 5-58　子女个数对饭店女性部门经理职业发展危机影响的 F 检验

	没有		1 个		2 个		F 值	显著性
	均值	标准差	均值	标准差	均值	标准差		
C	3.1634	0.39667	3.2401	0.48391	3.3794	0.54183	0.890	0.413
C_1	3.4460	0.85717	3.7345	0.72788	3.4333	0.99722	2.130	0.093
C_2	3.8817	0.76687	3.8373	0.71773	3.5600	0.97365	0.442	0.644
C_3	2.7089	0.77034	2.6441	0.77525	3.3333	0.97183	1.806	0.168
C_4	3.2042	0.69861	3.2331	0.73822	3.5500	0.59687	0.550	0.578
C_5	3.0563	0.88054	3.0763	0.87007	3.3000	0.97468	0.180	0.836
C_6	2.6831	0.85457	2.9153	0.82604	3.1000	1.24499	1.501	0.097

③住房状况。

表 5-59 的统计数据表明，住房状况对饭店女性部门经理的职业发展危机影响达到显著水平。总体来讲，"未购房，与父母同住"的女性部门经理职业发展危机（C）最为严重，其次为住在"单位宿舍""自有住房"的女性，最后为"租房"的女性。具体来看，住房状况对饭店女性部门经理的职业逆反心理（C_2）、离职前景预期（C_3）、职业受挫心理（C_4）的影响也已经达到统计学意义上的显著性水平。其中"未购房，与父母同住"的女性部门经理的职业逆反心理（C_2）、离职前景预期（C_3）、职业受挫心理（C_4）最为明显。原因主要在于，"未购房，与父母（或他人）同住"的女性部门经理多为未婚或者已婚中青年女性，目前社会普遍存在的购房压力以及父母或公婆等带来的家庭

压力对其职业心理造成一定的负面影响。

表 5-59 住房状况对饭店女性部门经理职业发展危机影响的 F 检验

	单位宿舍 均值	标准差	租房 均值	标准差	自有住房 均值	标准差	未购,与父母同住 均值	标准差	F 值	显著性
C	3.1302	0.41570	3.2982	0.47502	3.2476	0.44922	3.0207	0.27985	1.856	0.094
C_1	3.5528	0.86397	3.7292	0.82496	3.5648	0.74916	3.4359	0.88855	0.512	0.675
C_2	3.8098	0.81970	4.0625	0.73342	3.8407	0.68115	3.5538	0.68874	1.628	0.086
C_3	2.5772	0.77468	2.7708	0.83575	2.8395	0.77091	2.2308	0.41688	2.677	0.050
C_4	3.1829	0.68013	3.3359	0.71451	3.2963	0.72045	2.9038	0.59981	1.415	0.241
C_5	2.9634	0.80925	3.0625	0.93109	3.1574	0.89981	3.0000	0.81650	0.409	0.746
C_6	2.6951	0.70603	2.8281	0.99684	2.7870	0.93467	3.0000	0.45644	0.451	0.717

(3) 企业控制变量对饭店女性部门经理职业发展危机征兆的影响分析

①饭店档次。

饭店星级是决定饭店档次的主要标准。表 5-60 的检验结果显示,饭店档次对女性部门经理的职业发展危机（C）有显著影响,四星级酒店部门经理的职业发展危机（C）较为明显,其次为三星、五星级酒店。具体来说,饭店档次对女性部门经理的职业倦怠（C_1）、职业逆反情绪（C_2）、离职前景预期（C_3）、职业抱怨（C_5）都有显著影响,四星级酒店女性部门经理的职业倦怠（C_1）、职业逆反情绪（C_2）、离职前景预期（C_3）、职业抱怨（C_5）最明显,其次为三星、五星级饭店的。本书认为,四星级酒店女性部门经理的职业发展危机之所以强于三星、五星级,主要在于四星级酒店女性部门经理本身的职业素质强于三星级的,自我职业发展需求也相对三星级的要高,职业发展危机就是职业发展需求与现实矛盾的产物,因此,四星级酒店女性部门经理的职业发展危机较为明显。四星级酒店部门经理的职业发展危机弱于五星级酒店,主要是由于五星级酒店各项制度较为完善,而且女性部门经理的职业满意度较高。

表 5-60　饭店星级对饭店女性部门经理职业发展危机影响的 F 检验

	三星		四星		五星		F 值	显著性
	均值	标准差	均值	标准差	均值	标准差		
C	3.3451	0.44948	3.1098	0.46708	3.2961	0.32035	4.099	0.019
C_1	3.8867	0.79308	3.4254	0.89210	3.7094	0.55240	3.817	0.024
C_2	4.1040	0.70266	3.6974	0.77045	4.0051	0.64480	4.098	0.019
C_3	2.7600	0.84174	2.5921	0.78617	2.8376	0.70450	1.417	0.096
C_4	3.2400	0.77554	3.2138	0.71961	3.2756	0.62512	0.100	0.905
C_5	3.3400	0.95438	2.9737	0.91976	3.0641	0.67062	1.689	0.089
C_6	2.7400	0.94780	2.7566	0.83464	2.8846	0.83083	0.340	0.712

②饭店规模。

本书用饭店拥有的客房数作为衡量饭店规模的指标。

表 5-61 的统计结果表明，饭店规模对女性部门经理的职业发展危机（C）具有显著影响，饭店规模越小，也就是饭店客房数越少，饭店女性部门经理的职业发展危机越明显和严重。具体来说，饭店规模对女性部门经理的职业倦怠（C_1）、职业逆反情绪（C_2）、职业忠诚（C_6）有显著影响，小规模饭店女性部门经理的职业倦怠比大中型饭店职业倦怠更为明显，但是小规模饭店的职业忠诚度却明显高于大中型饭店的，这可能与小型饭店对员工要求较低有关，因此，小型饭店女性部门经理的职业素质和能力比大中型饭店的部门经理相对要差一些，导致其在劳动力市场上的流动能力较弱，职业忠诚度相对较高。

表 5-61　客房数对饭店女性部门经理职业发展危机影响的 F 检验

	50 间以下		5~100 间		101~200 间		201~300 间		301~500 间		F 值	显著性
	均值	标准差	均值	标准差	均值	标准差	均值	标准差	均值	标准差		
C	2.7611	0.41426	3.1809	0.41858	3.1899	0.46587	3.2602	0.25393	3.3951	0.41571	1.747	0.093
C_1	3.4167	0.98601	3.9271	0.75760	3.4682	0.87571	3.8333	0.34694	3.6806	0.69434	1.744	0.094
C_2	3.1500	0.86987	3.8250	0.83227	3.8180	0.74079	4.2105	0.54354	3.8500	0.71922	2.123	0.081
C_3	2.2500	0.83333	2.5208	0.38430	2.6929	0.83064	2.7544	0.71009	2.9444	0.83887	0.861	0.489

续表

	50间以下		5~100间		101~200间		201~300间		301~500间		F值	显著性
	均值	标准差	均值	标准差	均值	标准差	均值	标准差	均值	标准差		
C_4	2.7500	0.88976	3.2188	0.88447	3.2331	0.67399	3.2105	0.54812	3.4792	0.80098	0.848	0.497
C_5	2.5000	1.08012	3.0625	0.83417	3.0899	0.93408	2.9737	0.61178	3.2083	0.72169	0.568	0.686
C_6	2.5000	0.40825	2.5313	0.71807	2.8371	0.87183	2.5789	0.78640	3.2083	0.94046	1.600	0.078

③饭店性质。

表5-62的检验结果表明，饭店性质对女性部门经理职业发展危机（C）具有显著影响，其中，国有饭店的职业发展危机最为明显，其次为民营饭店、外资饭店。此外，饭店性质对饭店女性部门经理的职业倦怠（C_1）、职业忠诚度（C_6）也有显著影响，国有饭店女性部门经理的职业倦怠、职业忠诚度高于民营企业、外资企业。这说明，虽然国有企业的女性部门经理职业倦怠较为明显，但这并未对其职业忠诚度造成影响，从而说明女性部门经理的职业倦怠与职业忠诚度不存在反向相关关系。

表5-62 饭店所有制状况对饭店女性部门经理职业发展危机影响的F检验

	国有企业		民营企业		外资企业		F值	显著性
	均值	标准差	均值	标准差	均值	标准差		
C	3.1824	0.50355	3.1865	0.40553	3.3583	0.41563	1.051	0.093
C_1	3.5000	0.85878	3.5794	0.81258	3.8667	0.62106	1.137	0.094
C_2	3.8585	0.78898	3.8286	0.73935	4.0000	0.64587	0.337	0.714
C_3	2.6016	0.91960	2.6905	0.71095	2.9333	0.70373	1.001	0.370
C_4	3.2683	0.71674	3.2113	0.69799	3.2833	0.71256	0.128	0.880
C_5	3.0122	0.91165	3.1012	0.87736	3.0000	0.73193	0.188	0.829
C_6	2.7083	0.98262	2.8537	0.78850	3.0667	0.77613	1.301	0.075

④饭店开业年限。

表5-63的统计数据表明，饭店开业年限对女性部门经理的职业发展危机有显著影响。除开业20年以上的饭店女性部门经理职业发展危机最为明显外，总体来讲，开业时间较短的饭店女性部门经理的职业发展危机相对较为明显，这是因为样本中开业20年以上的几个饭店均为国有

表 5-63　饭店开业年限对饭店女性部门经理职业发展危机影响的 F 检验

	3 年以下		4～7 年		8～11 年		12～15 年		16～20 年		20 年以上		F 值	显著性
	均值	标准差	均值	标准差	均值	标准差	均值	标准差	均值	标准差	均值	标准差		
C	3.2358	0.35572	3.1576	0.41633	3.2885	0.50220	3.1672	0.36130	3.6139	0.66821	3.0068	0.43956	2.135	0.065
C_1	3.5965	0.74900	3.4425	0.91100	3.7688	0.82852	3.5882	0.54044	4.1667	0.79057	3.3500	0.88836	1.371	0.099
C_2	3.8842	0.65699	3.8621	0.72329	4.0968	0.75166	3.6353	0.57981	4.2000	1.16619	3.5200	0.81409	2.079	0.072
C_3	2.8684	0.65549	2.8046	0.79441	2.5591	0.82725	2.5294	0.75516	2.6667	1.02740	2.5333	0.84050	1.012	0.413
C_4	3.2500	0.64984	3.0948	0.73319	3.3065	0.76023	3.2500	0.47599	3.6500	0.51841	3.1875	0.85407	0.663	0.652
C_5	2.9474	0.76925	3.1552	0.84625	3.2097	0.91081	3.1765	0.91756	3.5000	1.27475	2.7250	0.83469	1.307	0.065
C_6	2.8684	0.69442	2.5862	0.93607	2.7903	0.92893	2.8235	0.61087	3.5000	1.11803	2.7250	0.95249	1.128	0.098

企业，一般来说，开业时间较长的饭店的各项规章制度都较为完善，女性部门经理的职业发展危机就相对不明显。此外，饭店开业年限对饭店女性部门经理的职业倦怠（C_1）、职业逆反情绪（C_2）、离职前景预期（C_5）、职业忠诚度（C_6）的影响也达到显著水平。总体上看，开业年限较短的饭店女性部门经理的职业倦怠（C_1）、职业逆反情绪（C_2）、离职前景预期（C_5）较高，而职业忠诚度（C_6）较低。

⑤部门/工种。

表5-64的检验结果表明，饭店女性部门经理所在部门对其职业发展危机没有显著影响，但对饭店女性部门经理的离职前景预期（C_3）、职业

表5-64 部门/工种对饭店女性部门经理职业发展危机影响的F检验

	行政部		人事部		客房部		餐饮部		康乐部		F值	显著性
	均值	标准差	均值	标准差	均值	标准差	均值	标准差	均值	标准差		
C	3.2811	0.29635	3.2650	0.23636	3.2313	0.58367	3.1393	0.55494	3.2400	0.33128	0.422	0.793
C_1	3.7879	0.47194	4.0000	0.39764	3.4621	0.96764	3.5357	0.91740	3.6667	0.62361	0.991	0.451
C_2	3.9818	0.47711	4.0000	0.60764	3.6000	0.78316	3.8714	0.87129	3.8400	0.71274	0.660	0.744
C_3	2.7576	0.89556	2.7381	0.43713	2.9848	0.92854	2.5000	0.88657	2.9333	0.43461	1.415	0.088
C_4	3.1591	0.47792	3.0893	0.49621	3.2500	0.73193	3.1429	0.73418	2.8000	0.75829	1.129	0.097
C_5	3.1818	0.56003	2.9643	0.88718	3.0455	0.98693	2.9643	0.69293	3.3000	1.09545	0.781	0.635
C_6	2.8182	0.64315	2.6786	0.42095	3.0455	1.02247	2.8214	0.90487	2.9000	0.96177	0.508	0.867

	财务部		营销部		前厅部		质检部		其他部门	
	均值	标准差	均值	标准差	均值	标准差	均值	标准差	均值	标准差
C	3.2491	0.40133	3.1201	0.33756	3.2641	0.43408	2.8931	0.43408	3.4694	0.60237
C_1	3.6333	0.80721	3.5617	0.84751	3.2778	0.71185	2.8333	0.23570	3.8333	1.13039
C_2	3.7333	0.87396	4.0074	0.77951	3.7167	0.45494	3.9000	0.42426	4.1500	0.75498
C_3	2.5778	0.55587	2.4938	0.67539	2.8611	0.75823	2.0000	0.00000	3.3333	1.05409
C_4	3.4833	0.80438	3.1759	0.79304	3.4792	0.43247	3.1250	0.17678	3.8750	0.85391
C_5	3.4333	1.08342	2.8889	0.84732	3.3333	0.86164	2.5000	0.70711	2.8750	1.18145
C_6	2.6333	0.63994	2.5926	1.00036	2.9167	0.63565	3.0000	1.41421	2.7500	1.25831

受挫感（C_4）的影响已达到统计学意义上的显著水平。其中，营销部、财务部、餐饮部的离职前景预期（C_3）较为乐观，客房部、康乐部女性部门经理的离职前景预期则不如前者，这主要是由于客房部、康乐部部门经理的学历较低、工作经验较少等；康乐部女性部门经理的职业受挫感（C_4）最为严重，财务部的最弱。这可能与康乐部的就业门槛相对较低，而财务部多为拥有财会相关学历的专业人才担任部门经理、门槛相对较高有关。

5.6 模型各变量的回归分析

相关分析可以说明各因素之间是否存在关系以及关系的紧密度与方向，回归分析则可以进一步指明关系的方向，说明因素之间是否存在因果关系。本节主要采用SPSS17.0多元线性回归对各变量的相关关系进行分析，并在此基础上建立了饭店女性部门经理职业发展危机的多元方程。

5.6.1 饭店女性部门经理CDB-F及CDE-F与CDS-F的相关系数及其显著性

由表5-65的检验结果可以看出，饭店女性部门经理职业发展危机（C）与饭店女性部门经理职业发展阻隔（F_1、F_2、F_3、F_4、F_5、F_6、F_7、F_8、F_9、F_{10}）及职业发展环境变量（E_1、E_2、E_3、E_4）之间的相关系数以及显著性单位检验概率值均小于0.10，这说明饭店女性部门经理的CDB-F、CDE-F与CDS-F有很强的相关性。

5.6.2 模型汇总

从表5-66可以看出，模型1的拟合状况良好。模型1的复相关系数为0.992，判定系数为0.983，调整判定系数为0.981，估计值的标准差为0.44285。

表 5－65 变量间的 Pearson 相关系数及显著性

性别			C	F_1	F_2	F_3	F_4	F_5	F_6	F_7	F_8	F_9	F_{10}	E_1	E_2	E_3	E_4
女	Pearson 相关性	C	1.000														
		F_1	0.158	1.000													
		F_2	−0.196	−0.071	1.000												
		F_3	0.293	0.259	−0.245	1.000											
		F_4	0.360	0.310	−0.093	0.294	1.000										
		F_5	0.339	0.450	−0.080	0.227	0.507	1.000									
		F_6	−0.183	−0.057	0.409	−0.240	−0.192	−0.004	1.000								
		F_7	0.184	0.377	−0.086	0.416	0.383	0.441	−0.085	1.000							
		F_8	0.222	0.244	0.016	0.122	0.341	0.440	0.033	0.241	1.000						
		F_9	−0.157	−0.143	0.530	−0.335	−0.155	−0.153	0.385	−0.168	−0.079	1.000					
		F_{10}	0.151	0.288	−0.384	0.289	0.258	0.249	−0.215	0.257	0.042	−0.231	1.000				
		E_1	0.366	0.213	−0.177	0.369	0.662	0.356	−0.122	0.337	0.224	−0.192	0.423	1.000			
		E_2	0.098	0.109	−0.263	0.153	−0.116	−0.112	−0.124	0.194	−0.104	−0.200	0.292	0.007	1.000		
		E_3	0.106	0.183	0.204	0.046	0.138	0.307	0.200	0.186	0.833	−0.021	−0.136	0.042	−0.114	1.000	
		E_4	−0.111	0.070	0.069	0.099	−0.195	0.003	0.242	0.086	−0.119	−0.007	−0.189	−0.201	0.045	0.103	1.000

续表

性别		C	F_1	F_2	F_3	F_4	F_5	F_6	F_7	F_8	F_9	F_{10}	E_1	E_2	E_3	E_4
女	Sig.（单侧）															
	C	0.000														
	F_1	0.032	0.000													
	F_2	0.010	0.203	0.000												
	F_3	0.000	0.001	0.002	0.000											
	F_4	0.000	0.000	0.137	0.000	0.000										
	F_5	0.000	0.000	0.173	0.004	0.000	0.000									
	F_6	0.015	0.252	0.000	0.002	0.012	0.480	0.000								
	F_7	0.015	0.000	0.156	0.000	0.000	0.000	0.160	0.000							
	F_8	0.004	0.002	0.425	0.076	0.000	0.000	0.350	0.002	0.000						
	F_9	0.032	0.047	0.000	0.000	0.034	0.036	0.000	0.024	0.176	0.000					
	F_{10}	0.038	0.000	0.000	0.000	0.001	0.002	0.006	0.001	0.310	0.003	0.000				
	E_1	0.000	0.006	0.019	0.000	0.000	0.000	0.076	0.000	0.004	0.012	0.000	0.000			
	E_2	0.095	0.101	0.001	0.036	0.087	0.094	0.073	0.011	0.112	0.009	0.056	0.465	0.000		
	E_3	0.087	0.015	0.008	0.297	0.052	0.000	0.009	0.014	0.000	0.404	0.013	0.310	0.091	0.000	
	E_4	0.096	0.207	0.209	0.122	0.011	0.487	0.002	0.156	0.081	0.469		0.009	0.300	0.115	0.000

表 5-66　模型汇总

性别	模型	R	R 方[b]	调整 R 方	标准 估计的误差
女	1	0.992[a]	0.983	0.981	0.44285
	2	0.000	0.000	0.000	3.23152

a. 预测变量：环境公因子 4、成因公因子 10、成因公因子 8、环境公因子 2、成因公因子 2、成因公因子 9、成因公因子 6、环境公因子 1、成因公因子 5、成因公因子 3、成因公因子 7、成因公因子 4、环境公因子 3、成因公因子 1。

b. 对于通过原点的回归（无截距模型），R 方可测量（由回归解释的）原点附近的因变量的可变性比例。对于包含截距的模型，不能将此与 R 方相比较。

5.6.3　Anova 方差分析

通过对各模型进行方差分析后可以看出（见表 5-67），模型 1 的 F 统计量的观察值为 519.755，显著性为 0.000，在显著性水平为 0.05 的前提下，说明因变量 C 与 F_1、F_2、F_3、F_4、F_5、F_6、F_7、F_8、F_9、F_{10}、E_1、E_2、E_3、E_4 之间有线性关系。

表 5-67　方差分析表（Anova[c,d]）

性别	模型		平方和	df	均方	F	Sig.
女	1	回归	1427.025	14	101.930	519.755	0.000[a]
		残差	24.514	125	0.196		
		总计	1451.539[a]	139			
	2	回归	0.000	0	0.000	0.000	0.000
		残差	1451.539	139	10.443		
		总计	1451.539[b]	139			

a. 预测变量：环境公因子 4、成因公因子 10、成因公因子 8、环境公因子 2、成因公因子 2、成因公因子 9、成因公因子 6、环境公因子 1、成因公因子 5、成因公因子 3、成因公因子 7、成因公因子 4、环境公因子 3、成因公因子 1。

b. 因为通过原点回归的常量为零，所以对于该常量此总平方和是不正确的。

c. 因变量：危机综合因子。

d. 通过原点的线性回归。

5.6.4　建立回归方程

表 5-68 是饭店女性部门经理 CDB-F、CDE-F、CDS-F 三组变量的多元线性回归系数列表。可以看出，多元线性回归方程中的常数项为

2.280，各自变量对应的偏回归系数分别为 -0.036，-0.070，0.094，0.055，0.134，-0.077，-0.036，0.007，0.055，-0.053，0.100，0.078，0.034，-0.031。经过 T 检验，F_1（行业和生理劣势）、F_8（配偶支持）、E_3（离职前景预期）的显著性水平（Sig.）大于 0.10，故其对应的系数不能引入方程，其余变量的系数均具有显著性意义。

表 5-68 回归系数表

模型		非标准化系数		标准系数	t	Sig.
		B	标准误差	Beta		
1	（常量）	2.280	0.400		5.692	0.000
	F_1	-0.036	0.110	-0.030	-0.331	0.741
	F_2	-0.070	0.062	-0.118	-1.138	0.097
	F_3	0.094	0.051	0.172	1.828	0.070
	F_4	0.055	0.065	0.102	0.858	0.093
	F_5	0.134	0.053	0.268	2.527	0.013
	F_6	-0.077	0.076	-0.094	-1.009	0.100
	F_7	0.036	0.057	-0.112	-1.150	0.092
	F_8	0.007	0.065	0.018	0.103	0.918
	F_9	0.055	0.073	0.074	0.751	0.100
	F_{10}	-0.053	0.037	-0.143	-1.440	0.092
	E_1	0.100	0.055	0.206	1.814	0.072
	E_2	0.078	0.042	0.162	1.837	0.069
	E_3	0.034	0.104	0.055	0.326	0.745
	E_4	-0.031	0.046	-0.062	-0.690	0.092
2	（常量）	3.202	0.037		86.073	0.00

因此，根据模型 1，本书构建了饭店女性部门经理 CDS-F 的多元线性回归方程：

$$C = 2.280 - 0.070F_2 + 0.094F_3 + 0.055F_4 + 0.134F_5 - 0.077F_6 + 0.036F_7 + 0.055F_9 - 0.053F_{10} + 0.1E_1 + 0.078E_2 - 0.031E_4 \quad （式5.1）$$

由此可见，女性部门的职业冲突（F_5）、消极的行业社会声望（E_1）对饭店女性部门经理职业发展危机的影响最大，其次，女性部门经理政治能力（F_3）、职业素质与态度（F_6）、社会政策支持（E_2），职业发展满意度（F_2）、其他能力（F_9）、行业工资低（F_{10}）等因子也有较为明显的影响。要缓解女性部门经理的职业发展危机，也必须从以上几方面下手。

5.7 饭店女性部门经理职业发展危机因子分析的结论

本书通过实证分析，采取相关分析和多元线性统计的方法分析了饭店女性部门经理职业发展危机的相关因素，即饭店女性部门经理职业发展危机征兆、职业发展阻隔因素、职业发展环境因素三个变量之间的关系，验证了本书对饭店女性部门经理职业发展危机的界定和理解，同时也有了一些新的理论发现。

5.7.1 研究中各变量的基本情况

（1）饭店女性部门经理职业发展阻隔变量（CDB – F）

通过对饭店女性部门经理职业发展阻隔变量的因子分析可知，饭店女性部门经理职业发展阻隔主要表现为10个维度，即前文提到的F_1、F_2、F_3、F_4、F_5、F_6、F_7、F_8、F_9、F_{10}，描述性统计分析的结果显示（见表5 – 32），F_6（职业素质与态度）的得分最低，其次是F_1（生理与行业劣势）、F_2（职业发展满意度）。可见，女性部门经理对自己的职业素质、职业发展总体评价较为乐观，同时，她们也认识到职业发展面临的一些劣势。此外，F_4（性别偏见）的得分最高，可见女性部门经理对职业发展中遭遇的性别偏见的认识相对较弱。如何消减或中和职业素质和态度带来的职业发展阻碍是应对饭店女性部门经理职业发展危机的主要手段和策略。

（2）饭店女性部门经理职业发展危机征兆变量（CDS – F）

通过因子分析可知，饭店女性部门经理职业发展危机征兆可以从6个维度进行衡量，描述性统计结果表明（见表5 – 40），C_3（离职前景评价）、C_6（职业忠诚度）得分较低，其次为C_5（职业抱怨），这说明饭店女性部门经理既认为自己离职后会有更好的职业前景，又表现出相对较高的职业忠诚度，但是饭店女性部门经理的职业抱怨情绪也较为明显。由此可见，由于女性多安于现状、求稳心态较重，因此她们多用抱怨来宣泄对职业发展的不满。如何让饭店女性部门经理既能自信、客观地评价自我竞争力，又能减少职业抱怨，也是饭店人力资源管理应该反思的问题之一。

(3) 饭店女性部门经理职业发展环境变量（CDE-F）

因子分析结果表明，饭店女性部门经理职业发展环境变量主要表现为 4 个维度，描述性统计结果显示，总体来看，环境变量的综合平均得分为 2.8653（见表 5-48），这说明社会、企业没有为饭店女性部门经理提供一个理想的职业发展环境，其中，E_2（社会政策环境）的得分最低，其次为 E_3（学习环境）、E_4（职业规划环境）。可见，改善社会平等就业政策，为女性部门经理提供学习提升的环境和职业规划环境，将有助于消减其职业发展危机。

5.7.2 饭店女性部门经理职业发展阻隔（CDB-F）与职业发展危机征兆（CDS-F）的关系验证

(1) 假设 1 的验证

假设 1 主要是关于饭店女性部门阻隔变量的个人因素与职业发展危机征兆相关关系的验证。表 5-69 列出了每个假设在 CDB-F 量表中的题项（第 2 列）及其对应的因子分析得出的公因子（第 3 列），第 4 列则是说明检验结果的证据、出处，第 5 列则表明原假设中对两者相关关系的假定。本章的实证研究结果表明，在原假设 1 包含的 11 个分假设中，9 个假设被充分验证，假设 H_{1c} 被部分证明，原因在于该假设对应的 Q_{7-9} 在因子分析中被归入 F_1，而 F_1 受其他变量的影响，该假设未能得到充分验证，此外，H_{1d} 在 CDB-F 量表中对应的题项 Q_1 由于在因子分析中被剔除，亦无法在本书中验证。

表 5-69 假设 1 验证信息列表

原假设	对应题项	对应公因子	检验证据	相互关系	检验结果
H_{1a}	Q_{26}	F_5	表 5-68	正相关	√√
H_{1b}	Q_{17-21}	F_2	表 5-68	负相关	√√
H_{1c}	Q_{7-9}	F_1	表 5-49	负相关	√
H_{1d}	Q_1*	因子分析中被剔除	—	—	—

续表

原假设	对应题项	对应公因子	检验证据	相互关系	检验结果
H_{1e}	Q_{11-12}	F_6	表 5-68	负相关	√√
H_{1f}	Q_{32-35}	F_7	表 5-68	正相关	√√
H_{1g}	Q_{39}	F_3	表 5-68	正相关	√√
H_{1h}	Q_{28}	F_3	表 5-68	正相关	√√
H_{1i}	Q_{3-6}	F_6	表 5-68	负相关	√√
H_{1j}	Q_{24-26}	F_5	表 5-68	正相关	√√
H_{1k}	Q_{34-38}	F_3	表 5-68	正相关	√√

* 表示其对应题项在因子分析中被剔除，无法在本书中得到验证；√√表示对应的原假设得到充分验证，√表示对应的原假设被部分验证。

(2) 假设 2 的验证

本书提出的第 2 组假设主要是关于家庭方面的消极因素与饭店女性部门经理职业发展危机的相关性。表 5-49、表 5-68 分别对 5 个分假设所对应的题项与饭店女性部门经理职业发展危机的关系进行了验证，5 个分假设均得到充分验证（见表 5-70）。也就是说，女性情绪化的性格（Q_{41}）、（未来）配偶对其职业支持的缺乏（Q_{23}）、角色冲突（Q_{24-26}）、照顾子女的负担（Q_{27}）、生育带来的风险（Q_{28}）均与饭店女性部门经理的职业发展危机呈正向相关关系。因此，饭店、家庭和个人等若针对以上几方面为饭店女性部门经理提供相应支持，或作出改善和调整，饭店女性部门经理的职业发展危机也会减弱。

表 5-70 假设 2 验证信息列表

假设	对应题项	对应公因子	检验证据	相互关系	检验结果
H_{2a}	Q_{41}	F_4	表 5-68	正相关	√√
H_{2b}	Q_{23}	F_8	表 5-68	正相关	√√
H_{2c}	Q_{24-26}	F_5	表 5-68	正相关	√√
H_{2d}	Q_{27}	F_1	表 5-49	正相关	√√
H_{2e}	Q_{28}	F_1	表 5-49	正相关	√√

(3) 假设 3 的验证

本书的第 3 组假设主要是关于饭店人力资源管理实践对饭店女性部门

经理的影响与作用。该组假设在检验过程中，由于 Q_{22}、Q_{15}、Q_{47} 在因子分析中被提出，因此其对应的假设 H_{3c}、H_{3e}、H_{3g} 没有在本书中得到验证。其余假设对应的题项、公因子均在本书中得到充分验证。因此，本章验证结果表明，饭店高层的男性化结构（Q_{45}）、高层社交圈对女性的排斥（Q_{46}）、性骚扰（Q_{29}）、女性管理能力劣势（Q_{42}）、饭店经常加班倒班的特点（Q_{44}）、上司的性别歧视（Q_{43}）均与饭店女性部门经理的职业发展危机呈正相关。饭店企业若能在女性人力资源管理中制定针对以上几方面的策略，那么女性部门经理的职业发展危机也会得到缓解。

表 5-71　假设 3 验证信息列表

原假设	对应题项	对应公因子	检验证据	相互关系	检验结果
H_{3a}	Q45	F7	表 5-68	正相关	√√
H_{3b}	Q46	F1	表 5-49	正相关	√√
H_{3c}	Q22*	因子分析中被剔除	—	—	—
H_{3d}	Q29	F1	表 5-49	正相关	√√
H_{3e}	Q15*	因子分析中被剔除	—	—	—
H_{3f}	Q42	F4	表 5-68	正相关	√√
H_{3g}	Q47*	因子分析中被剔除	—	—	—
H_{3h}	Q44	F1	表 5-49	正相关	√√
H_{3i}	Q43	F4	表 5-68	正相关	√√

* 表示其对应题项在因子分析中被剔除，无法在本书中得到验证；√√ 表示对应的原假设被得到充分验证。

5.7.3　环境变量调节作用的验证

（1）作用 1：积极的环境因素（E）能缓解饭店女性部门经理的职业发展阻隔（F）

本章第 5 节就环境变量（CDE-F）对饭店女性部门经理职业发展阻隔变量（CDB-F）的影响进行了实证分析，检验结果表明，积极的环境因素（E）可以提高饭店女性部门经理的职业满意度（F_2），提升女性部门经理的其他职业能力（F_9），而且对行业与生理劣势（F_1）、政治能力较弱（F_3）、性别偏见（F_4）、角色冲突（F_5）等职业阻隔因素有缓解作用（见表5-50），从而证明了本书提出的假设 H_{4a}。

（2）作用2：积极的环境因素（E）能缓解饭店女性部门经理的职业发展危机（C）

表5-51就环境变量（CDE-F）对饭店女性部门经理职业发展危机变量（CDS-F）的影响进行了分析，检验结果显示，环境综合因子（E）与危机综合因子（C）的Pearson相关系数为0.236，这说明消极的环境因素可以助长职业发展危机，积极的环境因素则可以削弱职业发展危机。另外，具体来看，消极的环境因素（E）会降低女性部门经理的职业忠诚度（C_6），增强其职业倦怠（C_1）、职业逆反（C_2）、职业抱怨（C_5）等危机征兆，从而证明了本书的假设 H_{4b}。

（3）作用3：调节饭店女性部门经理CDB-F与CDS-F的相关关系

对比表5-49和表5-65可以发现，表5-49中加入环境变量（E）后，饭店女性部门经理职业发展阻隔变量与职业发展危机征兆变量的Pearson相关系数都明显变大，职业发展危机变量（C）与阻隔变量（F_{1-10}）的Pearson相关系数由0.131、-0.182、0.285、0.347、0.330、-0.163、0.169、0.218、-0.167、0.128分别变为0.158、-0.196、0.293、0.360、0.339、-0.183、0.184、0.222、-0.157、0.151，除危机变量（C）与F_9的相关系数绝对值减小0.01外，危机变量（C）与其他9个阻隔变量的相关系数都明显增加。可见，环境变量的调节使得职业阻隔变量与职业危机变量关系更为紧密。这说明，饭店企业在从角色冲突、职业满意度、职业素质与态度、职业能力等方面考虑人力资源管理以减少女性职业阻隔时，如果再加上社会、企业积极的职业发展环境支持和影响，企业的人力资源管理策略对职业危机的影响将会更加明显和有效。因此，表5-49和表5-65关于加入环境变量前后的职业发展阻隔变量与职业发展危机变量的相关关系变化可以证明本书的假设 H_{4c}。

5.7.4 控制变量对饭店女性部门经理职业发展危机征兆影响的验证

（1）个体相关控制变量

从个体相关属性变量看，总体上看，仅个体的收入状况（见表5-55）

与饭店女性部门经理职业发展危机整体（C）显著相关，收入多少与职业发展危机程度呈反向相关关系。

此外，具体来看，性别、年龄等其他因素虽对饭店女性部门经理职业发展危机的综合因子无显著相关性，但多数与其中的某些危机公因子显著相关。例如：①性别与饭店部门经理的职业逆反情绪（C_4）、职业忠诚（C_6）显著相关，男性的职业逆反情绪、职业忠诚度都比女性更高（见表5-52）；②年龄与女性部门经理的职业逆反情绪（C_2）显著正相关（见表5-53），即年龄越大的部门经理职业发展危机征兆越明显；③学历与饭店女性部门经理的离职前景预期（C_3）、职业忠诚度（C_6）显著相关，其中具有高中及以下（包括中专）学历的饭店女性部门经理对自己的离职前景（C_3）最为乐观，其次为本科学历的女性部门经理，这是因为前者多为经验丰富的中年女性，而后者则拥有相对较高的学历，饭店女性部门经理的职业忠诚度（C_6）则与学历显著负相关（见表5-54）；④女性部门经理的行业从业年限与职业抱怨（C_5）显著相关，即从业时间越长的女性对饭店人力资源管理的意见越多，职业抱怨（C_5）越严重（见表5-56）。

（2）家庭相关控制变量

从家庭相关属性看，住房状况（见表5-59）对饭店女性部门经理职业发展危机综合因子（C）有显著影响，其中"未购房，与父母同住者"者职业发展危机最为严重，其次为"住单位宿舍"者。婚姻、子女状况等因素则仅与饭店女性部门经理职业发展危机的部分因子显著相关。例如：①女性部门经理的婚姻状况与其职业受挫感（C_4）显著相关，未婚者最理智，其次为已婚、离异者（具体见表5-57）；②女性部门经理的子女状况与其职业倦怠（C_1）、职业忠诚度（C_6）显著相关，有"2个子女"者职业倦怠最严重，其次为"没有子女"和有"1个子女"者，子女的个数与饭店女性部门经理的职业忠诚度成反比（具体见表5-58）。

（3）企业相关属性变量

本书检验结果表明，饭店的档次、规模、所有制性质、开业年限均与饭店女性部门经理的职业发展危机显著相关。

①从饭店档次看，四星级饭店部门经理的职业发展危机（C）较为明

显，其次为三星、五星级饭店。具体来说，饭店档次对女性部门经理的职业倦怠（C_1）、职业逆反情绪（C_2）、离职前景预期（C_3）、职业抱怨（C_5）都有显著影响，四星级饭店女性部门经理的职业倦怠（C_1）、职业逆反情绪（C_2）、离职前景预期（C_3）、职业抱怨（C_5）最明显，其次为三星、五星级（见表5-61）。

②饭店规模对女性部门经理的职业发展危机（C）具有显著影响，饭店规模越小，也就是饭店客房数越少，饭店女性部门经理的职业发展危机越明显和严重。具体来说，饭店规模对女性部门经理的职业倦怠（C_1）、职业逆反情绪（C_2）、职业忠诚（C_6）有显著影响，小规模饭店女性部门经理的职业倦怠比大中型饭店更为明显，但是小规模饭店的职业忠诚度却明显高于大中型饭店（见表5-61）。

③饭店性质对女性部门经理职业发展危机（C）有显著影响，其中，国有饭店的职业发展危机最为明显，其次为民营饭店、外资饭店。此外，饭店性质对饭店女性部门经理的职业倦怠（C_1）、职业忠诚度（C_6）也有显著影响，国有饭店女性部门经理的职业倦怠、职业忠诚度高于民营企业、外资企业（见表5-62）。

④饭店开业年限对女性部门经理的职业发展危机有显著影响，总体来讲，开业时间较短的饭店女性部门经理的职业发展危机相对较为明显。此外，饭店开业年限对饭店女性部门经理的职业倦怠（C_1）、职业逆反情绪（C_2）、离职前景预期（C_5）、职业忠诚度（C_6）的影响也达到显著水平。总体上看，开业年限较短的饭店女性部门经理的职业倦怠（C_1）、职业逆反情绪（C_2）、离职前景预期（C_5）较高，而职业忠诚度（C_6）较低（见表5-63）。

⑤部门/工种与饭店女性部门经理的离职前景预期（C_3）、职业受挫感（C_4）显著相关。其中，营销部、财务部、餐饮部的离职前景预期（C_3）较为乐观，客房部、康乐部女性部门经理的离职前景预期则不如前者；康乐部女性部门经理的职业受挫感（C_4）最为严重，财务部的最弱（见表5-64）。

6 饭店女性部门经理职业发展危机预警体系

北京零点调查公司 2003 年 8 月公布的调查结果（零点调查，2003）显示，我国企业中高层管理人员普遍具有危机识别能力差、处理能力薄弱的"通病"。漆丽（2007）的研究指出，如果分别将能从 19 种潜在危机中正确识别出 5 种以下或 5 种、6~10 种、10 种以上的管理者依次界定为低危机识别能力者、中等危机识别能力者和高危机识别能力者，目前我国约有 72.7% 的中高层管理者属于低危机识别能力者，9.3% 属于中等危机识别能力者，仅有 18% 属于高危机识别能力者。另外，她还指出，企业中高层管理人员不仅危机识别能力较弱，对危机识别还具有一定的短视性。表现为：对与企业生产经营和效益有直接关联的危机有较高的敏感度，如产品服务危机等，而对与企业经营和效益间接关联的危机有较低的敏感度，如人力资源危机等。

考虑到饭店企业不可能也没有必要针对女性部门经理建立专门的危机预警系统，但饭店女性部门经理的职业发展危机关乎企业的日常运作和长远发展，再加上危机本身具有传染性和蔓延性，饭店女性部门经理的职业发展危机将可能最终造成饭店人力资源危机。因此，本章将从饭店人力资源管理角度出发探讨饭店女性部门经理职业发展危机的预警问题，以期为饭店人力资源管理提供借鉴和参考。

6.1 饭店女性部门经理职业发展危机预警的系统分析

饭店女性部门经理职业发展危机预警研究建立在前文的因子分析基础

上，是本书的第三个环节。本书构建的饭店女性部门经理职业发展危机预警系统将对饭店女性部门经理职业发展危机的迹象进行监测、识别、诊断与评价，并根据监测、识别、诊断与评价的结果作出相应的警示和预报，目的是引起社会、组织、家庭、个体等利益相关群体对饭店女性部门经理职业发展危机的重视，以便做好必要的应对准备。

危机预警并非在某个紧要关头大喊一声"狼来了"就了事，而是基于日常的风险管理，着眼战略全局，全面、系统地预报和控制危机的一整套管理机制。参照国内外危机预警管理方面的理论研究和实践发展，本书认为饭店女性部门经理职业发展危机预警系统主要由监测、评估、预报三个子系统构成。具体见图6-1。

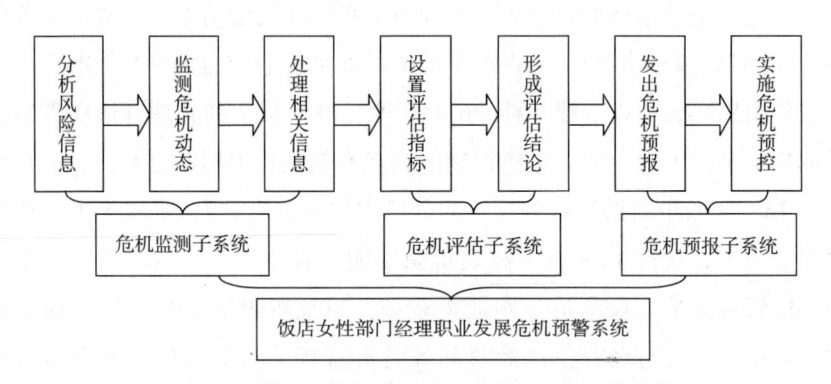

图6-1 饭店女性部门经理职业发展危机预警系统

6.1.1 饭店女性部门经理职业发展危机预警系统的必要性

目前国内很多饭店企业人力资源管理危机的预警机制还不健全，出现问题都是事后采取措施，有的时候甚至很被动。例如，关键人才流失导致客户资源流失，影响业务的正常进展，等等。

部门经理是饭店管理的中流砥柱，是负责企业决策传达、执行的管理层。因此，饭店部门经理的职业素质、能力、态度等直接影响着饭店的正常运作。而饭店部门经理中又有一半以上为女性，且多为餐饮部、客房部、前厅部等业务部门或营销部、财务部、人事部等主要职能部门的管理者，与客户接触较频繁和直接。前厅部直接为客户提供服务，决定着客户对饭店的第一印象，是饭店的形象和脸面，影响着宾客的决策及对饭店的整体感知；餐饮部、客房部则为客人提供最基本、最核心的饭店服务，其服务质量和水准将成为宾客对饭店整体评价的最主要部分，同时，餐饮部、客房部也是饭店的主要收入来源部门，其运营状况直接决定着饭店的经济收益；营销部、财务部虽与顾客直接接触相对较少，但掌握着饭店运行的宾客资料和财会资料，而且这两个部门的运作状况也对饭店的赢利和正常运作起着非常重要的作用；人事部则承担着饭店人力资源的招聘、培训、管理等各项工作，是饭店正常运作的人力保障。但目前饭店人力资源管理往往忽视中层管理者、女性员工，从而导致"员工荒""中层危机"等一系列人力资源问题。因此，本书认为，饭店应充分重视女性人力资源，逐步建立和健全饭店的人力资源危机预警系统，并将女性部门经理作为人力资源管理的重点。

饭店女性部门经理职业发展危机预警系统能够提前预防危机的发生，进行事前、事中控制，以减少饭店女性部门经理职业发展危机引发的其他危机和损失。同时，还可根据危机发生的周期建立相应的预警机制，以减少由于危机预警不及时造成直接或者间接的巨大损失。一般情况下，危机的产生包括潜伏期、爆发期、扩散期、处理期、恢复期等阶段，相应预警机制中的预警过程则应包括危机的监测、危机的诊断与识别、危机的分析、危机的处理与预测等。此外，建立危机预警机制还能减少企业由于危机发生导致的人才流失给企业带来的成本增加，具体包括人力资源交替成本（对人力资源的招聘、培训等成本）、专用资产的流失（主要指人力资源所包含的技术）、人力资源风险成本的增加、企业为自身信誉降低所支付的成本等。

6.1.2 饭店女性部门经理职业发展危机预警系统的组织结构及运行

（1）饭店女性部门经理职业发展危机预警系统的组织结构

危机预警重在"预"。因此，饭店应在危机爆发前的平常状态下，成立危机预警的常设机构。综合考虑饭店设立危机管理部门的必要性、经济性、可行性等方面因素，本书认为饭店首先应设置专门的人力资源危机管理机构，有两套机构设置方案可供参考（见图6-2、图6-3）：一是在饭店设立专门的危机管理部门（常设机构），并在该部门下设经济危机、人力资源危机、行业危机、质量危机等小组；二是在饭店人事部增设人力资源危机管理小组。

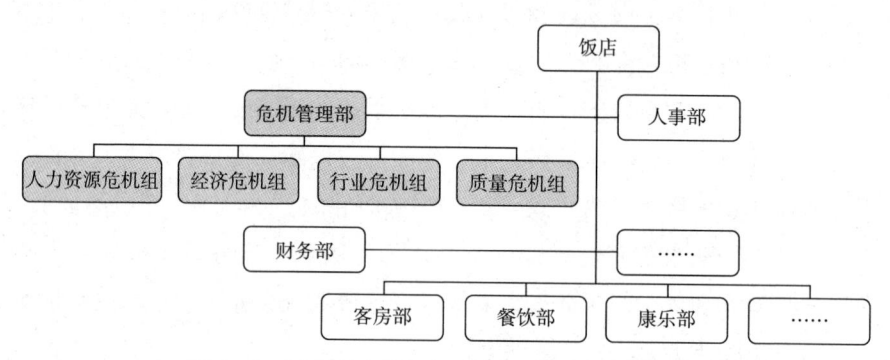

图 6-2 饭店人力资源危机管理的机构设置方案 1

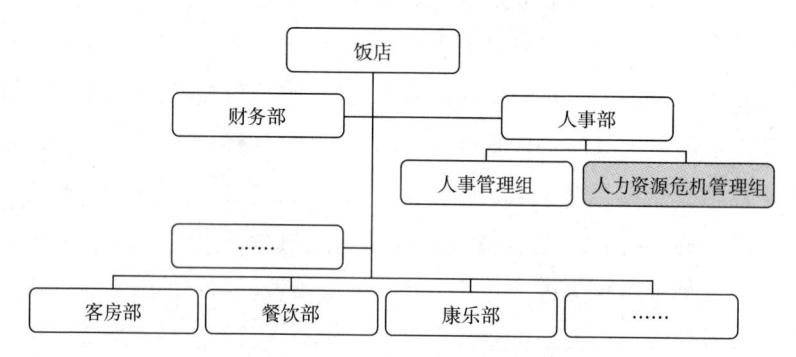

图 6-3 饭店人力资源危机管理的机构设置方案 2

从图 6-2 和图 6-3 可以看出，人力资源危机管理机构隶属部门（分别为危机管理部、人事部）与财务部、质检部等一样，都属于饭店的职能部门，可以直接与客房部、餐饮部、康乐部等饭店业务部门互动。

饭店人力资源危机管理组应成为饭店的常设机构，负责饭店人力资源危机的监测、预警和处理，该组组长主要由饭店负责人事的最高管理者担任，成员主要包括人事管理专家、危机处理专家及负责相关信息收集、处理的专门人员；在政策制度上，饭店应该制订相应的人事分析结果定期预报、各部门人事状况定期报告、本机构工作人员守则等相关制度，以保障机构相关人力资源危机管理活动的有序进行；在管理内容上，饭店人力资源危机管理组既要分别针对一线员工、基层管理者、中层管理者、高层管理者的职业发展危机进行横向判断和比较，也要从员工的应聘、培训与发展、职位升迁、离职等方面进行纵向监测、评估和预控。

此外，饭店人力资源危机管理组应将饭店女性部门经理职业发展危机管理作为重点，特别是中层女性管理人员危机管理的主要内容。结合饭店中层管理者的性别结构特征，引入性别视角对饭店部门经理的职业发展危机进行有针对性的诊断和治理，以保证饭店各部门的有序运转和饭店服务质量的提升。

（2）饭店女性部门经理职业发展危机预警系统的人员要求

上文提到饭店女性部门经理职业发展危机预警系统所属的饭店人力资源危机管理小组的人员主要包括人事管理专家、危机处理专家及负责相关信息收集、处理的专门人员等，除以上要求外，该组成员还需具备一定的素质和能力。

由于饭店女性部门经理职业发展危机预警管理的日常工作涉及饭店大量机密或者危及企业重大利益的信息，成员必须对企业有较高的忠诚度。只有保证管理人员可靠，对公司危机预警管理信息能够保守秘密，危机预警管理才能顺利进行，所得出的管理信息才真实可靠。一般情况下，人力资源危机管理组应制定相关的规章制度，对各成员进行合理约束，保证饭店信息安全。

另外，人力资源危机管理人员要有丰富的经验、宽广的眼界和相对广博的综合知识。危机预警管理工作者不仅要有人力资源管理、危机管理等专业理论知识，而且还应具备综合的分析判断能力。危机管理人员应该掌握国家人事、饭店等相关的政策和法律法规，了解饭店行业特点和发展趋势，具备扎实的经营管理知识，能够熟练地应用企业人力资源危机诊断方法和企业人力资源危机预测的定性、定量分析方法。

（3）饭店女性部门经理职业发展危机系统的运作程序

饭店人力资源危机管理小组是饭店女性部门经理职业发展危机预警机制的行使主体。针对饭店女性部门经理职业发展危机，人力资源危机管理小组应通过对饭店女性部门经理职业发展危机风险源、危机征兆进行不间断监测，并争取在危机的各种征兆来临之际及时向组织发出警报，提醒组织对危机采取行动，在危机来临之前缩小损失范围和爆发规模，甚至阻止饭店女性部门经理职业危机的爆发。饭店女性部门经理职业发展危机预警机构的具体运作程序见图6-4。

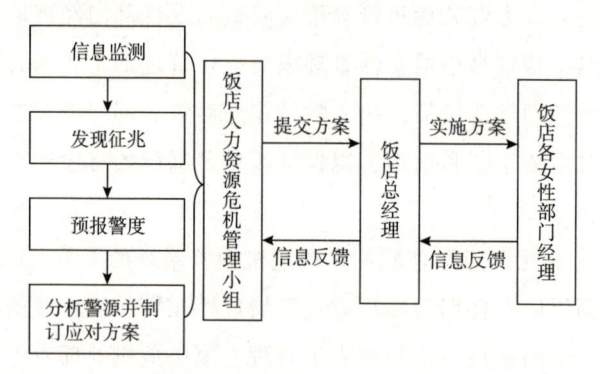

图6-4 饭店女性部门经理职业发展危机预警系统的运作程序

6.1.3 饭店女性部门经理职业发展危机预警系统的功能

对应前文提出的构成饭店女性部门经理职业发展危机系统的三个子系统，饭店女性部门经理职业发展危机预警系统主要有三大功能。其中，监测功能主要是指对企业外部人力资源相关信息和企业自身人力资源各项信息的收集、整理及传递（王延安，2007）；评价功能主要是指针对收集的信息进行分析，输入评估模型；预控功能是指通过评估结果预测警度并发出警报，并根据警情作出分析判断，寻找警源并制订针对性应对方案，预防危机爆发。

（1）监测功能

信息是危机管理的关键，也是饭店进行女性部门经理职业发展危机评价的基础，是危机预警的判断依据。饭店女性部门经理职业发展危机预警系统将通过建立及时、准确提供可靠信息的网络，全面收集饭店女性部门经理职业相关的企业内外部信息，并在此基础上，集中精力分析处理那些对饭店女性部门经理有重大或潜在影响的内外部环境信息，获得饭店女性部门经理职业发展危机的先兆信息；同时重点收集能灵敏、准确反映饭店女性部门经理职业发展状况的饭店内部生产、经营、市场开发、财务、人力资源管理等方面的信息，并对这些信息进行分析和处理，找出可能引起危机的因素。

由此可见，观察、捕捉饭店女性部门经理职业发展危机前的征兆性信息是预警系统的主要功能之一。此外，信息的真实性是至关重要的，任何信息失真（虚假）都会导致预警系统预测不准，从而出现失灵现象。因此，排除虚假信息，确保信息的真实性、可靠性也是危机预警系统必须具备的辅助性功能。

（2）评价功能

饭店女性部门经理职业发展危机预警系统的评价功能主要是通过危机评价指标体系与评价模型来实现的。危机评估子系统通过将监测子系统搜集并检验过的信息输入饭店女性部门经理职业发展危机评价模型，并结合设定的警戒值，作出危机程度判断，判断系统是否该发出危机警报，发出何种程度的警报以及用什么方式发出警报。饭店女性部门经理职业发展危机预警管理对象是企业员工，其行为与思想是复杂的，因此在选取危机评价指标时要充分考虑指标的科学性、合理性、全面性，从而保障其对危机状况作出正确评价。

因此，要实现饭店女性部门经理职业发展危机预警模型的评价功能，必须建立预警指标体系和评价模型。

（3）预控功能

危机预控是企业针对引发饭店女性部门经理职业发展危机的众多可能性因素，事先确定防范、应对措施和制订各种危机处理预案，以有效地避免危机的发生或尽量使危机的损失降到最小。当危机发生后，危机预警系统将根据危机的性质和破坏程度，启动不同的危机应对策略，危机处理人员可以根据计划从容决策和行动，掌握主动权，对危机迅速作出反应。需要特别指出的是，针对饭店可能出现的危机制订危机预案后，饭店应将危机管理应急措施制成通俗易懂的小册子，并通过其他多种途径，让饭店女性部门经理对危机的可能性和应付方法有足够的了解，同时还要加强培训和演练，进行定期的危机管理模拟训练。模拟训练不仅可以提高危机管理小组的快速反应能力，强化危机管理意识，还可以检测已拟订的危机应急方案内容是否充实、可行。

6.1.4 饭店女性部门经理职业发展危机预警系统的特点

（1）积累性与突发性并存

预警系统的关键是要有大量数据或者案例库的支持，因此预警系统建立前期是数据与案例积累阶段，真正起作用则是在后面的阶段。另外，即使数据积累足够，危机发生依然有突发性，因此系统预警与人工经验要相结合，不能完全依赖系统。而数据的收集阶段很关键的一点又是数据库的规划，由于信息化的实施不仅是一个部门的事情，系统信息的积累需要饭店内部多个部门的协调和领导的支持，一把手带头，全员参与，是预警系统成功的基础。

（2）一定的滞后性

预警系统同现实社会的其他系统有相似的特征，即系统运行与实际危机发生有时间偏差，往往当人们通过系统辨识到警兆时，实际上警情的危害性已经产生，因此我们在本预警系统中持续做调查的目的就是尽量减少这种滞后性，尽早洞察变化，找出原因，而此类方法有多种，需要我们在预警的过程中不断摸索并调整。

（3）动态性

饭店在成长的不同生命周期面临的问题不同，危机的表现形式也不同，因此预警系统的设计要充分考虑饭店成长的动态性，不管是员工满意度调查的内容，还是危机预警的指标，都要随着饭店的具体发展进行调整，才能找到问题的关键。另外，预警指标间关系复杂，预警系统不同模块间的关系也很复杂，我们要充分估计这种复杂性，在模块划分与功能规划方面更加注重可操作性与科学性。

（4）依赖性

目前我们的预警系统从数据输入到信息采集，针对的都是饭店内部，随着中小饭店的发展不断融入社会化，危机预警就不仅仅是饭店内部的事情，来自外部的竞争与变化可能是导致危机发生的主要原因。能够预测饭店内部的变化已不容易，更要预测外部环境的变化进而实现提前控制，因此预警系统在警源的信息采集方面实现内部与外部相结合将是趋势，而如何灵活地掌控变化，就不仅仅是预警系统所能解决的问题，人力资源管理战略观的形成及管理者敏锐的洞察力将不断完善预警系统，使之更加智能化、人性化。

6.2 饭店女性部门经理职业发展危机监测子系统研究

饭店女性部门经理职业发展危机监测子系统的职能主要体现在三个方面：一是分析风险源，保证饭店女性部门经理职业发展危机预警及管理在策略、行动两个层面的对接与连续；二是监测饭店女性部门经理职业发展危机动态，了解和把握危机的演进过程；三是处理相关信息，保证饭店女性部门经理职业发展危机信息监测的全面性。

本书认为，饭店企业应通过各种渠道，对饭店女性部门经理职业发展危机的主要诱因、征兆进行全过程的监测，具体主要包括分析风险信息、监测危机动态、处理相关信息三方面的功能。

6.2.1 饭店女性部门经理职业发展危机监测子系统的功能

饭店对女性部门经理职业发展危机的监测主要表现在以下几方面。

（1）初步判断饭店女性部门经理职业发展危机的演进

饭店女性部门经理职业发展危机监测子系统的功能在于，在危险向危机转化的过程中及时、敏锐地发现危机征兆，并通过分析危机征兆得出饭店女性部门经理职业发展危机演进状况的初始判断，并对其进行验证。在危机早期阶段果断地作出判断是非常必要的，如果对危机的初始判断过于武断，有可能引发新的危机。因此，饭店应该建立民主统一、垂直与水平渠道交织的风险信息网络，以确保危机信息在组织内传递的及时性和准确性，并制定明确的危机信息沟通与报告制度。此外，饭店还可以利用组织管理信息化建立组织内部交流网络和平台，以电子邮件、论坛等方式加强各级管理者、员工之间的沟通，提高危机信息的可见度。饭店还可以通过组织结构柔性化等方式促进信息的及时沟通，从而最大限度地保证危机信息初步判断的有效性、及时性、准确性。

（2）探测饭店女性部门经理职业发展危机的发展速度和影响程度

饭店女性部门经理职业发展危机监测子系统可以对危机发展速度和影

响程度进行即时探测，以便饭店对危机应对策略和计划及时作出调整，从而实现"以不变应万变"与"以变制变"的有机统一。危机的"度"决定着危机管理的"度"，依据危机的发展趋向确定危机管理"行"与"止"的边界，是饭店女性部门经理职业发展危机预警机制应着力解决的一个基本问题。

（3）监测主要矛盾、重大损害和紧迫问题

饭店女性部门经理职业发展危机涉及个人、配偶、子女、上司、同事、下属等诸多利益相关者，而饭店女性部门经理职业发展危机监测子系统需要调查研究以上利益相关者的态度和行为，并着眼大局、权衡利弊，在与利益相关者的互动中正确处理大与小、点与面、远与近的辩证关系。此外，危机管理的统筹兼顾并不意味着全面出击、到处撒网。鉴于饭店女性部门经理职业发展危机的相对偶发性和饭店企业资源的有限性，饭店女性部门经理职业发展危机管理不可能像常态管理那样整体式推进，而应着重通过监测系统发现主要矛盾、重大损害和紧迫问题，以实现重点突破，渐进式把控全局。这就要求饭店必须在女性部门经理职业发展危机出现危急的情势下，尽可能通过抽样调查、个案访谈、分析媒体信息和直接沟通等方式，了解各利益相关者，特别是核心利益相关者的态度和行为，以制定针对性的化解策略。

（4）追踪媒体和公众相关议题

饭店女性部门经理职业发展危机监测子系统还负责追踪危机议题，了解议题的形成原因、传播机制和变化趋向，从而为有效设置、引导或改变议题并提供决策资讯。危机事件一经传播，便会成为一定时空范围内公众操持的议题。议题的扩散、变异和放大是主导危机传播环境变化的重要因素。因此，饭店女性部门经理职业发展危机监测子系统对媒体和公众相关危机议题的检测有利于顺利引导后续危机管理工作的有序进行。

6.2.2 饭店女性部门经理职业发展危机主要诱因（风险源）分析

对于饭店企业来讲，高层管理者应该对引起饭店女性部门经理职业发展危机的主要诱因（在危机管理中也叫风险源）有一个基本的判断。第5章的研究结果表明，在当前的社会环境下，饭店女性部门经理面临来自社会、组织、家庭、个人等多方面、多层次的诱因，各诱因对饭店女性部门经理职业发展危机的影响程度有所不同，有些诱因可能会对饭店女性部门经理甚至饭店企业造成难以承受的后果，有些诱因则对饭店女性部门经理或饭店企业的影响程度较小。对于饭店女性部门经理职业发展危机管理而言，关键是要控制那些影响程度较大的因素。根据第5章的研究结果，按照各因素影响程度的大小，本书对饭店女性部门经理职业发展危机的诱因进行了分类，而对饭店女性部门经理职业发展危机影响较大的诱因则成为危机预警管理的主要对象。

第5章的实证分析结果表明，饭店女性部门经理的职业发展危机征兆主要表现为职业倦怠（C_1）、职业逆反情绪（C_2）、职业挫败感（C_4）、职业忠诚度（C_3）、职业抱怨（C_5）、离职意向（C_7）等几个方面；同时，本书第5章第7节中构建的多元回归方程也表明，角色冲突（F_5）、消极的行业社会声望（E_1）对饭店女性部门经理职业发展危机的影响最大；另外，女性部门经理政治能力不足（F_3）、职业素质与态度（F_6）、社会政策支持不足（E_2）、职业发展满意度（F_2）、其他能力（F_9）、行业工资低（F_{10}）等因子也有较为明显的影响。这些因素都是引起或导致饭店女性部门经理职业发展危机的风险源，因此，饭店人力资源危机管理小组在对女性部门经理职业发展危机的预警管理中，应该尽可能收集以上有关风险源的信息，并适时运用到人力资源管理实践中，促进饭店人力资源管理的良性发展。

6.2.3 饭店女性部门经理职业发展危机预警指标的采集原则

饭店女性部门经理危机预警指标体系是采集信息的依据，也是危机预警体系运作的基础，为促进饭店女性部门经理职业发展危机预警系统能够更客观、真实地反映饭店女性部门经理职业发展危机状况，本书的预警指标采集须遵循以下原则。

（1）综合性原则

饭店女性部门经理职业发展危机众多的诱因之间往往相互影响、相互作用，为准确、灵敏地开展危机预警，要求各项预警指标相互联系、互相补充，构成一个有效的指标体系。因此，预警指标的选择要综合考虑女性部门经理个人、家庭、组织、社会等多层面的问题,以及心理、行为等多方面因素。

(2) 层次性原则

饭店女性部门经理职业发展危机的评价对象是一个结构复杂、功能完善的多目标、多指标、多层次的系统。由于涉及个人、家庭、组织、社会等多个层面,指标的选取应该有一定的层次性,既要有体现微观层面因素的指标,也要有体现宏观层面的指标,从而提高指标体系的针对性和可行性。

(3) 动态性原则

饭店女性部门经理危机预警系统是一个动态的、复杂多变的系统。人力资源结构本身、评价技术等都是动态变化的,饭店本身条件、人力资源变化和时空分布不均等也导致饭店女性部门经理职业发展危机预警指标体系必须与时俱进。因此,饭店女性部门经理职业发展危机预警指标的选取必须遵循动态性原则,以扩大其适用范围,延长其适用期限。

(4) 可比性原则

饭店女性部门经理职业发展危机相关指标的收集和指标体系的使用,在时间上应保障相对长期性。因此,饭店女性部门经理职业发展危机预警指标体系在时间和空间上都应具有一定的可比性,便于饭店开展纵向和横向比较,孤立的指标对于危机预警意义不大。

(5) 可得性原则

饭店女性部门经理职业发展危机预警指标体系的数据应该是比较容易获得的,计算方法也应该是比较容易掌握的,这样才能确保指标体系的实用性和可行性。

(6) 可控性原则

预警指标体系还要求从所控对象入手进行指标设置。深入分析饭店女性部门经理职业发展危机的特征,抓住其要害,尽可能设置量化指标,并尽可能将定性指标实现量化,以提高预警指标体系的可控型。

(7) 预见性原则

预警指标必须真正起到预先发出预警信号和预防功能的作用,因此,指标的制订是以事先的预警、预防以及过程中的预警、预防、预控为主要目标的。

(8) 灵敏性原则

饭店女性部门经理职业发展危机预警指标要能准确、科学、及时地反映饭店女性部门经理流失过程中的变化情况，具有较强的敏感性，成为饭店企业人力资源了解职业状况的"晴雨表"。

6.2.4 饭店女性部门经理职业发展危机预警指标体系构建

饭店女性部门经理职业发展危机监测系统就是通过饭店人力资源危机管理小组的信息收集和监测，发现女性部门经理职业发展危机的征兆。饭店女性部门经理职业发展危机的征兆主要包括离职率高、情绪低落、工作积极性下降、职业抱怨增加、工作推诿行为明显、与饭店内部他人关系紧张、工作场所暴力或冲突、学习能力下降、怠工和罢工等。

在第5章研究结果的基础上，本书的危机预警指标选取原则结合相关学者在人力资源危机等方面的研究成果，从预警指标体系的实用性和可操作性角度出发，将饭店女性部门经理职业发展危机预警指标体系划分为综合性指标、关键性指标、特殊性指标三类。其中综合性指标主要指体现饭店人力资源状况的综合性指标，这类指标可以用来考察饭店人力资源危机的整体状况；关键性指标主要是与饭店中层管理者（特别是部门经理）职业问题相关的指标，这类指标加上前面的整体性指标可以用来评价饭店是否存在中层危机；特殊性指标是直接与饭店女性部门经理职业发展相关的指标。

(1) 综合性指标

综合性指标主要用来反映饭店人力资源危机的整体状况。因此，综合性指标的设计目的就是要通过监测饭店企业人力资源的状况，从而发现人力资源危机的症状。

根据已有的研究成果，企业人力资源危机的症状主要表现为员工（特别是关键性岗位人员）离职率高、员工关系紧张、人心涣散、情绪低落、工作效率低下、管理人才流失、劳资纠纷、怠工和罢工事件、工作场所暴力、性骚扰、人才年龄老化、人才知识结构老化等（吴思嫣、严军生，2004；陈向军、田志龙，2003；齐义山，2002等）。

此外，还有一些学者专门分析饭店人才危机的原因得出结论，专业管理水平较低（李华生，2007等），管理体制和管理模式落后（李华生，2007；肖波，2007等），用人标准及人才评价方面存在偏差（罗旭华，2006；李华生，2007；李云霞、李洁，2008等），缺乏人才约束机制和人才储备计划（罗旭华，2006；李云霞、李洁，2008等），人才再培育力度不够（罗旭华，2006；李云霞、李洁，2008等），难以应对日益激烈的人才市场竞争（王飞，2007；肖波，2007等），薪酬水平低下（张娅，2006；肖波，2007等），缺乏发展战略、管理理念和企业文化（张娅，2006等），领导缺乏魅力、有失公正，缺乏有效的激励机制，员工缺少归属感（王飞，2007等）等是造成饭店人才危机的主要原因。

基于上述分析，本书认为饭店女性部门经理职业发展危机预警的综合性指标主要表现在以下几个方面。

①效益性指标。效益性指标主要包括饭店有关人力资本投资、回报等方面的财务统计数据。这类数据可以反映饭店人力资本投资回报的效益。

a. 人均劳动生产率。人均劳动生产率是指单位劳动时间内单位劳动力所能生产的物质财富的数量。其表达公式为：

$$人均劳动生产率 = \frac{产品总产值}{员工总数 \times 劳动时间} \times 100\% \quad (式6.1)$$

b. 人均人力资源投资回报率。人均人力资源投资回报率是指在一定时期内饭店的人力资本投资为饭店带来的收益状况。其表达公式为

$$人均人力资源投资回报率 = \frac{利润 - 人力资源成本}{员工总人数} \times 100\% \quad (式6.2)$$

其中，人力资源成本 = 薪资 + 福利 + 缺勤人员成本 + 人员流动成本 + 临时劳动力成本

c. 培训系数。培训系数指饭店在一定时期内参加培训的人次占饭店员工总人次的比重。

$$培训系数 = \frac{参加培训人次}{企业员工总人次} \times 100\% \quad (式6.3)$$

d. 培训费用系数。培训费用系数指一定时期内饭店用于员工培训的总费用与这一时期参加培训的员工总人次的比值。

$$培训费用系数 = \frac{培训总费用}{参加培训总人次} \times 100\% \quad (式6.4)$$

②表现性指标。表现性指标主要指员工在职业方面的外在表现状况，这些指标可以综合反映饭店员工总体的职业状态，是衡量饭店人力资源危机最直接有效的指标。

a. 招聘到岗率。招聘到岗率是指在一定时期内饭店新到岗员工数量占这一时期饭店招聘岗位总数的比重。其表达公式为

$$招聘到岗率 = \frac{到岗普通员工数}{招聘普通岗位总数} \times 100\% \quad (式6.5)$$

b. 员工余缺率。员工余缺率是指饭店相对实际需要员工数量而富裕或缺少的员工数量占实际员工数量的比重。其表达公式为

$$员工余缺率 = \frac{|实际需要员工数 - 现有员工数|}{现有员工数} \times 100\% \quad (式6.6)$$

c. 老年员工比例。老年员工比率是指饭店老年员工数量占员工总数的比重。其表达公式为

$$老年员工比例 = \frac{老年员工数}{员工总数} \times 100\% \quad (式6.7)$$

d. 缺勤/迟到率。缺勤/迟到率是指一定时期内饭店缺勤、迟到人次占全体员工全勤应到人次的比重。其表达公式为

$$缺勤/迟到率 = \frac{员工迟到人次 + 缺勤人次}{员工全勤人次} \times 100\% \quad (式6.8)$$

e. 员工投诉率。本书中的员工投诉率是指员工针对饭店运营过程中的决策、管理规章制度、人际关系等向饭店决策层或管理层投诉的人数占饭店员工总数的比重。其表达公式为

$$员工投诉率 = \frac{员工投诉人数}{员工总数} \times 100\% \quad (式6.9)$$

f. 员工流失率。员工流失率是指一定时期内饭店总流失的员工数占

这一时期内饭店岗位总数的比重。其表达公式为

$$员工流失率 = \frac{流失员工数}{饭店岗位总数} \times 100\% \qquad (式6.10)$$

g. 员工违纪率。员工违纪率是指一定时期内饭店内有违纪记录的员工数占这一时期饭店平均总员工数的比重。其表达公式为

$$员工违纪率 = \frac{违纪员工数}{饭店平均总员工数} \times 100\% \qquad (式6.11)$$

h. 员工人际关系冲突频度。员工人际关系冲突频度是指一定时期内饭店发生的员工之间的冲突次数。其表达公式为

$$人际关系冲突频度 = \frac{人际关系冲突次数}{统计时间} \qquad (式6.12)$$

i. 人际关系冲突强度。人际关系冲突强度主要反映员工发生冲突时的激烈程度。即使同样的冲突频度，如果冲突的强度不一样，其影响范围及体现的危机程度也不一样，高强度的人际关系冲突甚至可能直接导致饭店人力资源危机。因此，该指标量化的困难较大，但不可缺少。部门冲突强度可分为五个等级：弱、中、较强、强、很强。本书将根据历史资料及内部问卷调查来测量该指标数据。

（2）关键性指标

饭店女性部门经理职业发展危机预警指标体系中的关键性指标用来反映饭店中层管理者（主要是部门经理）的职业状况，其设计目标为：结合综合性指标来共同监测饭店中层管理者是否存在职业危机症状。

国内外关于中层管理者的研究主要在绩效管理、执行力问题、中层危机、工作倦怠等几个方面，而中层危机则主要指缺失危机（缺乏合格中层）和流失危机（合格中层不断跳槽），而对于企业中层的职业发展危机则较少涉及。其实，企业中层的职业发展危机才是中层危机的根本症结所在。正是由于企业中层没有得到企业的足够重视，能力提升、职位升迁等职业发展需求或职业遗憾没有得到满足，才导致企业合格中层的缺失和流失，最终导致企业人力资源危机或企业危机。基于此，本书拟从中层管理者角度出发，构建相关指标体系来监测和检验饭店中层职业危机问题。

①绩效性指标。部门绩效可以在一定程度上反映部门经理的工作状态和质量，可以作为判断部门经理职业危机的参考指标之一。饭店的部门绩效可以简单用以下几个指标来表示。

a. 部门受奖率。部门受奖率是指饭店各部门在某一时期内得到饭店的奖励数占饭店在这一时期内颁发的奖励总数的比重。其表达公式为

$$部门受奖率 = \frac{部门得奖数}{饭店颁发奖励总数} \times 100\% \quad (式6.13)$$

b. 部门目标未达率。部门目标未达率是指在某一时期内饭店未达到的目标数占这一时期内饭店为该部门设计的目标总数的比重。其表达公式为

$$部门目标未达率 = \frac{未达到的目标数}{部门计划目标总数} \times 100\% \quad (式6.14)$$

c. 部门顾客投诉率。部门顾客投诉率是指饭店某部门在某一时间周期接到顾客投诉的次数占该部门在这一时期内接待的顾客总人次的比重。其表达公式为：

$$部门顾客投诉率 = \frac{顾客针对本部门的投诉次数}{本部门接待顾客总人次} \times 100\% \quad (式6.15)$$

②行为性指标。部门经理的行为性指标用来衡量部门经理的工作相关行为或心理状况。因此，这一类指标可以反映部门经理对自我工作状况、职业状况的评价以及由此作出的相应表现。

a. 认同率。认同率是指对饭店持认同态度，对饭店具有归属感的部门经理人数占全体部门经理的比重。其表达公式为

$$认同率 = \frac{认同团队的部门经理数}{部门经理总数} \times 100\% \quad (式6.16)$$

b. 加班率。加班率是一定时间周期内饭店部门经理的加班工作日（工时）占制度规定的总工作日（工时）的比重。

$$加班率 = \frac{加班工作日（工时）}{制度工作日（工时）} \times 100\% \quad (式6.17)$$

c. 指令失效率。指令失效率指一定时期内饭店决策层向部门经理发

出的指令信息（包括饭店的重大决策、规划、规章制度等）没有得到部门经理贯彻执行的数量占总指令数量的比重。用公式表示为

$$指令失效率 = \frac{决策指令失效数}{决策指令发出数} \times 100\% \qquad (式6.18)$$

d. 请假率。请假率是指在某一时期内，部门经理请假次数总和占其在这一时期内全勤数的比重。其表达公式为

$$缺勤/请假率 = \frac{部门经理缺勤数 + 部门经理请假数}{部门经理全勤数} \times 100\% \qquad (式6.19)$$

e. 晋升率/降职率。晋升率/降职率是指某一时期内饭店获得晋升/降职的部门经理数占这一时期内饭店平均部门经理总数的比重。其表达公式为

$$晋升/降职率 = \frac{晋升/降职部门经理数}{饭店平均部门经理总数} \times 100\% \qquad (式6.20)$$

f. 准备离职率。准备离职率是指在某一时期内具有离职意向的部门经理数占部门经理总人数的比重。其表达公式为

$$准备离职率 = \frac{有离职意向的部门经理数}{饭店部门经理总数} \times 100\% \qquad (式6.21)$$

g. 离职率。离职率是指在某一时期内饭店由于各种原因导致最终离职的部门经理数占这一时期内部门经理总人数的比重。其表达公式为

$$部门经理离职率 = \frac{离职的部门经理数}{饭店部门经理总数} \times 100\% \qquad (式6.22)$$

③管理性指标。管理性指标主要用来反映饭店对部门经理的管理状况。因此，管理性指标可以在一定程度上反映饭店在中层管理中存在的问题，并可直接影响部门经理的职业表现状况。因此，这类指标也可以作为衡量饭店是否存在中层职业危机的标准之一。

a. 对口就业率。对口就业率是指所学专业与其岗位对口的部门经理数占饭店部门经理总数的比例。其表达公式为

$$对口就业率 = \frac{专业与岗位对口的部门经理数}{饭店部门经理总数} \times 100\% \qquad (式6.23)$$

b. 后备人才培养率。后备人才培养率是指饭店针对（副）部门经理培养后备人才的岗位数占公司（副）部门经理岗位总数的比重。其表达公式为

$$后备人才培养率 = \frac{已培养后备人才的岗位数}{（副）部门经理岗位总数} \times 100\% \qquad (式6.24)$$

c. 职业生涯满意率。职业生涯满意率指对饭店提供的职业生涯设计感到满意的部门经理数占饭店部门经理总数的比重。其表达公式为

$$职业生涯满意率 = \frac{对职业生涯满意的部门经理数}{部门经理总数} \times 100\% \qquad (式6.25)$$

d. 培训满意率。培训满意率指对饭店提供的培训感到满意的部门经理数占饭店部门经理总数的比重。其表达公式为

$$培训满意率 = \frac{对职业培训满意的部门经理数}{部门经理总数} \times 100\% \qquad (式6.26)$$

e. 工作环境满意率。工作环境满意率指对饭店的工作环境感到满意的部门经理数占饭店部门经理总数的比重。其表达公式为

$$工作环境满意率 = \frac{工作环境满意的部门经理数}{饭店部门经理总数} \times 100\% \qquad (式6.27)$$

f. 薪酬满意率。薪酬满意率指对饭店提供的薪酬感到满意的部门经理数占饭店部门经理总数的比重。其表达公式为

$$薪酬满意率 = \frac{薪酬满意部门经理数}{饭店部门经理总数} \times 100\% \qquad (式6.28)$$

g. 激励机制满意率。激励机制满意率指对饭店提供的激励机制感到满意的部门经理数占公司部门经理总数的比重。其表达公式为

$$激励机制满意率 = \frac{激励机制满意部门经理数}{饭店部门经理总数} \times 100\% \qquad (式6.29)$$

（3）特殊性指标

本书中的特殊性指标主要指能够直接反映或直接影响饭店女性部门经理职业发展状况的指标。因此，这类指标应该具有较高的性别敏感度。本类指标将结合前文的综合性指标和关键性指标共同反映饭店女性部门经理

职业发展危机的状况。

目前有关女性职业发展危机的相关研究主要集中于对其影响因素的分析，大多数研究侧重于量表分析或者文献研究，尚无学者就其危机预警指标进行过相关探讨。笔者通过分析前人的研究成果，结合访谈资料，认为本书的特殊性指标可以从诊断性指标、措施性指标两个方面进行设计。

①诊断性指标。诊断性指标用来直观判断饭店女性部门经理是否存在职业发展危机及其程度状况。这类指标主要涉及性别公平、性别结构等性别相关问题，用以检测饭店是否存在隐形的性别歧视或性别偏见。

a. 高层管理者的女性比例。主要指女性在饭店高层管理者中所占的比重，这一指标可以反映饭店高层组织的性别结构。饭店高层的女性比重越小，就越不利于女性部门经理的职业晋升。其表达公式为

$$高层管理者的女性比例 = \frac{饭店女性高层管理者数}{饭店高层管理者总数} \times 100\% \quad （式6.30）$$

b. 中层管理者的女性比例。指女性在饭店中层管理者（部门经理）中所占的比重，这一指标既可以反映基层女性从业人员的职业晋升状况，也可以与高层管理者的组织结构共同反映饭店女性中层管理者职业晋升的可能性大小。其表达公式为

$$中层管理者的女性比例 = \frac{饭店女性部门经理数}{饭店部门经理总数} \times 100\% \quad （式6.31）$$

c. 工资性别比。指在某一时期内，饭店女性部门经理的工资总额与男性部门经理工资总额的比重。工资是衡量职业发展状况的主要指标之一，因此，饭店部门经理的工资性别比可以在一定程度上反映女性部门经理的职业发展状况。其表达公式为

$$工资性别比 = \frac{饭店女性部门经理工资总额}{饭店男性部门经理工资总额} \times 100\% \quad （式6.32）$$

d. 性别公平感。性别公平感主要用来衡量女性部门经理对饭店为其提供的发展机会（学习、考察、晋升等）的看法，本书用认为饭店发展机会男女平等的女性部门经理数占女性部门经理总数的比重来表示。其表

达公式为

$$性别公平感 = \frac{认同机会性别平等的女性部门经理数}{饭店部门经理总数} \times 100\% \quad （式6.33）$$

e. 晋升性别比。指在某一时期内得到晋升机会的女性部门经理与男性部门经理人数的比值。这一指标用来直接反映女性部门经理的职业发展状况。其表达公式为

$$晋升性别比 = \frac{晋升的女性部门经理数}{晋升的男性部门经理数} \times 100\% \quad （式6.34）$$

f. 离职性别比。指在某一时期内离职女性部门经理人数与离职男性部门经理人数的比值。其表达公式为

$$离职性别比 = \frac{离职的女性部门经理数}{离职的男性部门经理数} \times 100\% \quad （式6.35）$$

②措施性指标。措施性指标主要用来描述饭店在女性部门经理管理方面所制定或遵守的制度、规定及其落实状况。一般来讲，相关措施的针对性、落实状况越差，女性部门经理的职业发展环境也就越不乐观。

a. 保健政策满意率。指女性部门经理对饭店对女职工劳动相关政策（如国际劳工组织的《男女同工同酬公约》、我国国务院颁布的《女职工劳动保护规定》、我国劳动部颁布的《女职工禁忌劳动范围的规定》等女职工相关规定）落实情况的满意度状况，在本书中用满意的女性部门经理数与女性部门经理总数的比值来表示。其表达公式为

$$保健政策满意率 = \frac{满意的女性部门经理数}{女性部门经理数} \times 100\% \quad （式6.36）$$

b. 激励机制参与率。指参与饭店中层激励机制的女性部门经理占饭店女性部门经理总数的比例。该指标主要用来衡量饭店中层管理者激励机制的有效性、针对性及其落实状况。其表达公式为

$$激励机制参与率 = \frac{参与激励机制的女性部门经理数}{女性部门经理数} \times 100\% \quad （式6.37）$$

在上述分析的基础上，为保证指标的准确性、可获得性，本书选择了华侨大学旅游学院旅游安全研究基地主任郑××教授（博导）、华侨大学

工商管理学院人力资源管理专家李××教授（博导）、福建省旅游局行管科科长王××（硕士）、福州阳光假日酒店总经理金××（硕士）、泉州鲤城大酒店总经理吴××（硕士）、厦门会展中心酒店总经理王×（博士）、龙岩恒宝酒店人事部总监黄×（硕士）、宁德闽东宾馆人事总监张××（硕士）等8位学者、业界专家对指标进行再分析和修正之后，得到表6-1所示的饭店女性部门经理职业发展危机预警指标体系。

表6-1 饭店女性部门经理职业发展危机预警指标体系

目标层	评价指标准则层	准则要素层	指标层	
饭店女性部门经理职业发展危机预警指标体系（F）	综合性指标（F_1）	效益性指标（F_{11}）	人均劳动生产率	（F_{111}）
			人力资源投资回报率	（F_{112}）
			培训系数	（F_{113}）
			培训费用系数	（F_{114}）
		表现性指标（F_{12}）	招聘到岗率	（F_{121}）
			员工余缺率	（F_{122}）
			老年员工比例	（F_{123}）
			缺勤/迟到率	（F_{124}）
			员工投诉率	（F_{125}）
			员工流失率	（F_{126}）
			员工违纪率	（F_{127}）
			人际关系冲突频度	（F_{128}）
			人际关系冲突强度	（F_{129}）
	关键性指标（F_2）	绩效性指标（F_{21}）	部门受奖率	（F_{211}）
			部门目标未达率	（F_{212}）
			部门顾客投诉率	（F_{213}）
		行为性指标（F_{22}）	认同率	（F_{221}）
			加班率	（F_{222}）
			指令失效率	（F_{223}）
			请假率	（F_{224}）
			升职率	（F_{225}）
			降职率	（F_{226}）
			离职率	（F_{227}）
			准备离职率	（F_{228}）

续表

目标层	评价指标准则层	准则要素层	指标层	
饭店女性部门经理职业发展危机预警指标体系（F）	关键性指标（F_2）	管理性指标（F_{23}）	对口就业率	（F_{231}）
			后备人才培养率	（F_{232}）
			职业生涯满意率	（F_{233}）
			培训满意率	（F_{234}）
			工作环境满意率	（F_{235}）
			薪酬满意率	（F_{236}）
			激励机制满意率	（F_{237}）
	特殊性指标（F_3）	诊断性指标（F_{31}）	高层管理者的女性比例	（F_{311}）
			中层管理者的女性比例	（F_{312}）
			工资性别比	（F_{313}）
			晋升性别比	（F_{314}）
			离职性别比	（F_{315}）
			性别公平感	（F_{316}）
		措施性指标（F_{32}）	保健政策满意率	（F_{321}）
			激励机制参与率	（F_{322}）

6.3　饭店女性部门经理职业发展危机评估子系统

饭店女性部门经理职业发展危机评估子系统的功能主要体现在整理和评估职业发展监测子系统中所得到的信息，并在此基础上跟踪职业发展危机的发展趋向，从而对饭店女性部门经理职业发展危机的危害程度与爆发的可能性作出预先估计。由此可见，饭店女性部门经理职业发展危机评估子系统的一切工作都是在危机检测和信息处理基础之上进行的，是饭店女性部门经理职业发展危机预警系统中的重要环节和核心子系统，对危机预警的成效起着关键性的作用。

总而言之，饭店女性部门经理职业发展危机评估子系统是对饭店女性部门经理的职业发展状况进行分析，观察指标体系发生的变化。其中，指标体系各个指标的预警线、各指标的权重的研究分析是预警信息分析和判断的关键。

6.3.1 饭店女性部门经理职业发展危机预警指标的警戒线（单个指标的判断）

预警线的设定在饭店女性部门经理职业发展危机预警系统中有非常重要的作用，是衡量企业是否出现危机的标准。本书用问卷调查的方式对预警线进行了确定。本书对 21 家饭店的人事总监和 14 名饭店管理或人力资源方面的学者进行了问卷调查。笔者对问卷调查所得数据进行汇总后，得到各个指标的警戒线（见表 6-2）。

表 6-2 饭店女性部门经理职业发展危机预警指标警戒线

评价指标准则层	指标		警戒线
综合性指标（F_1）	人均劳动生产率	（F_{111}）	低于同行业正常标准 10%
	人力资源投资回报率	（F_{112}）	低于同行业正常标准 10%
	培训系数	（F_{113}）	低于 85%
	培训费用系数	（F_{114}）	低于同行业平均水平 10%
	招聘到岗率	（F_{121}）	低于 80%
	员工余缺率	（F_{122}）	高于 3%
	老年员工比例	（F_{123}）	高于 30%
	缺勤/迟到率	（F_{124}）	高于 3%
	员工投诉率	（F_{125}）	高于 3.5%
	员工流失率	（F_{126}）	高于 20%
	员工违纪率	（F_{127}）	高于 4%
	人际关系冲突频度	（F_{128}）	5 次/月
	人际关系冲突强度	（F_{129}）	中
关键性指标（F_2）	部门受奖率	（F_{211}）	低于 30%
	部门目标未达率	（F_{212}）	高于 5%
	部门顾客投诉率	（F_{213}）	高于 3%
	认同率	（F_{221}）	低于 70%
	加班率	（F_{222}）	高于 10%
	指令失效率	（F_{223}）	高于 5%
	请假率	（F_{224}）	高于 4%
	升职率	（F_{225}）	低于 15%
	降职率	（F_{226}）	高于 10%
	离职率	（F_{227}）	高于 25%

续表

评价指标准则层	指标		警戒线
关键性指标（F_2）	准备离职率	（F_{228}）	高于 30%
	对口就业率	（F_{231}）	低于 70%
	后备人才培养率	（F_{232}）	低于 20%
	职业生涯满意率	（F_{233}）	低于 75%
	培训满意率	（F_{234}）	低于 75%
	工作环境满意率	（F_{235}）	低于 75%
	薪酬满意率	（F_{236}）	低于 75%
	激励机制满意率	（F_{237}）	低于 75%
特殊性指标（F_3）	高层管理者的女性比例	（F_{311}）	低于 15%
	中层管理者的女性比例	（F_{312}）	低于 35%
	工资性别比	（F_{313}）	低于 80%
	晋升性别比	（F_{314}）	低于 40%
	离职性别比	（F_{315}）	高于 200%
	性别公平感	（F_{316}）	高于 50%
	保健政策满意率	（F_{321}）	低于 50%
	激励机制参与率	（F_{322}）	低于 30%

6.3.2 指标权重的确定

（1）指标权重的确定方法及其计算原理

在现代管理评价技术工作中，评价指标体系中多项指标权重的确定是关键，具体方法主要有排序法、权重因子判断表法、层次分析法、专家直观判定法等几种。本书构建的饭店女性部门经理职业发展危机预警指标体系中还存在一些不太容易被准确量化的指标，如人际关系冲突强度等。因此，在对饭店女性部门经理职业发展危机进行定量测评时，必须对多个层次各因素的具体状态进行数量化的综合分析，不太容易被量化的指标会使饭店女性部门经理职业发展危机的测度存在一定的模糊性。综合考虑以上因素，本书首先采用层次分析法来确定各指标的权重。

层次分析法（Analytic Hierarchy Process，AHP）是美国运筹学家萨蒂（T. L. Saaty）教授20世纪70年代初期提出的一种简便灵活而又实用的多准则决策方法，可对一些较为复杂、模糊的问题作出判断，特别适用于那些难于完全进行定量分析的问题。其基本思路为：首先，把复杂的事物分成若干有序层次，构建具有描述系统功能或特征的内部独立层次结构（即模型树);然后,根据对某一客观事物的判断,就每一层次的相对重要性作出定量判断,即构建"比较判断矩阵",以这个矩阵的最大特征值及其相应的特征向量,在通过一致性检验的前提下,确定每一层次中各元素的相对重要性次序即权重;通过对各层次的分析,进而导出对整个问题的分析,即总排序权重。由此可见,层次分析法通过将人的思维过程层次化、数量化,从而运用数学手段为分析、决策提供定量依据。可以说,层次分析法是一种定性与定量相结合进行权重分析的较好方法。具体步骤如下。

①将所要分析的问题层次化,根据问题的性质和要达到的总目标,将问题分解成不同的组成因素,按照因素间的相互关系及隶属关系,将因素的不同层次聚集组合,构造一个多层分析结构模型。

②确定各层次因素的判断标度。

③参考专家意见并结合综合分析,构造两两判断矩阵(正互反矩阵)。

以 F 为评价目标,U_i($i=1,2,3,\cdots,n$)表示评价目标或因素,U_{ij} 表示 U_i 对 U_j 的相对重要性数值($i,j=1,2,3,\cdots,n$),U_{ij} 的取值按照表 6-3 的标准确定,当有 m 位专家独立进行成对比较时,记第 k 位专家对 U_i/U_j 的赋值为 U_{ijk}($i,j=1,2,3,\cdots,n;k=1,2,3,\cdots,m$),然后利用几何平均数来计算 U_{ij}:

$$U_{ij} = \sqrt[m]{\prod_{k=1}^{m} U_{ijk}} \qquad (式6.38)$$

$$判断矩阵\ F = \begin{array}{c|cccc} & U_1 & U_2 & \cdots & U_n \\ \hline U_1 & U_{11} & U_{12} & \cdots & U_{1n} \\ U_2 & U_{21} & U_{22} & \cdots & U_{2n} \\ \cdots & \cdots & \cdots & \cdots & \cdots \\ U_n & U_{n1} & U_{n2} & \cdots & U_{nn} \end{array} \qquad (式6.39)$$

④根据 F 矩阵,用方根法求出最大特征根所对应的特征向量。所求出的特征向量即为评价因素的重要性排序,也就是权重的分配。

a. 计算判断矩阵每一行元素的乘积 M_i:

$$M_i = \prod_{j=1}^{n} U_{ij}\ (i=1,2,3,\cdots,n) \qquad (式6.40)$$

b. 计算 M_i 的 n 次方根 $\overline{w_i}$:

$$\overline{w_i} = \sqrt[n]{M_i} \qquad (式6.41)$$

c. 对其进行归一化处理：

$$\overline{w_i} = \frac{w_i}{\sum_{j=1}^{n} w_j} \qquad (式6.42)$$

其中，$\sum_{j=1}^{n} w_j = 1$，w_i（$j = 1, 2, 3, \cdots, n$）构成系数向量，即可求得特征向量的近似值，这也是各元素的相对权重值。

⑤计算判断矩阵的最大特征值 λ_{max}：

$$\lambda_{max} = \sum_{i=1}^{n} \frac{(FW)_i}{nw_i} = \frac{1}{n} \sum_{i=1}^{n} \frac{(FW)_i}{w_i} \qquad (式6.43)$$

其中 $(FW)_i$ 为向量 FW 的第 i 个元素。

$$FW = \begin{bmatrix} (FW)_1 \\ (FW)_2 \\ \cdots \\ (FW)_n \end{bmatrix} = \begin{bmatrix} U_{11} & U_{12} & \cdots & U_{1n} \\ U_{21} & U_{22} & \cdots & U_{2n} \\ \cdots & \cdots & \cdots & \cdots \\ U_{n1} & U_{n2} & \cdots & U_{nn} \end{bmatrix} \begin{bmatrix} W_1 \\ W_2 \\ \cdots \\ W_n \end{bmatrix} \qquad (式6.44)$$

⑥对判断矩阵进行一致性检验，计算其随机一致性比率 CR，当 $CR < 0.10$ 时即认为判断矩阵具有满意的一致性，说明权数分配是合理的，否则，需调整判断矩阵，直到达到满意的一致性为止。

$$CR = \frac{CI}{RI} \quad (式中 CI = \frac{\lambda_{max} - n}{n - 1}) \qquad (式6.45)$$

RI 值见表 6-3。

表 6-3　平均随机一致性指标 RI

维数 n	1	2	3	4	5	6	7	8	9
RI	0	0	0.58	0.90	1.12	1.24	1.32	1.41	1.45

本书将采用 yaahp（层次分析软件）完成以上计算过程。

（2）指标权重问卷设计

①在 yaahp 软件中建立层次分析模型。

yaahp 软件是专门针对层次分析研究方法的一个数理计算软件。笔者首先在软件中输入表6-1的指标体系，经软件处理，得到相应的层次分析模型（见图6-5）。

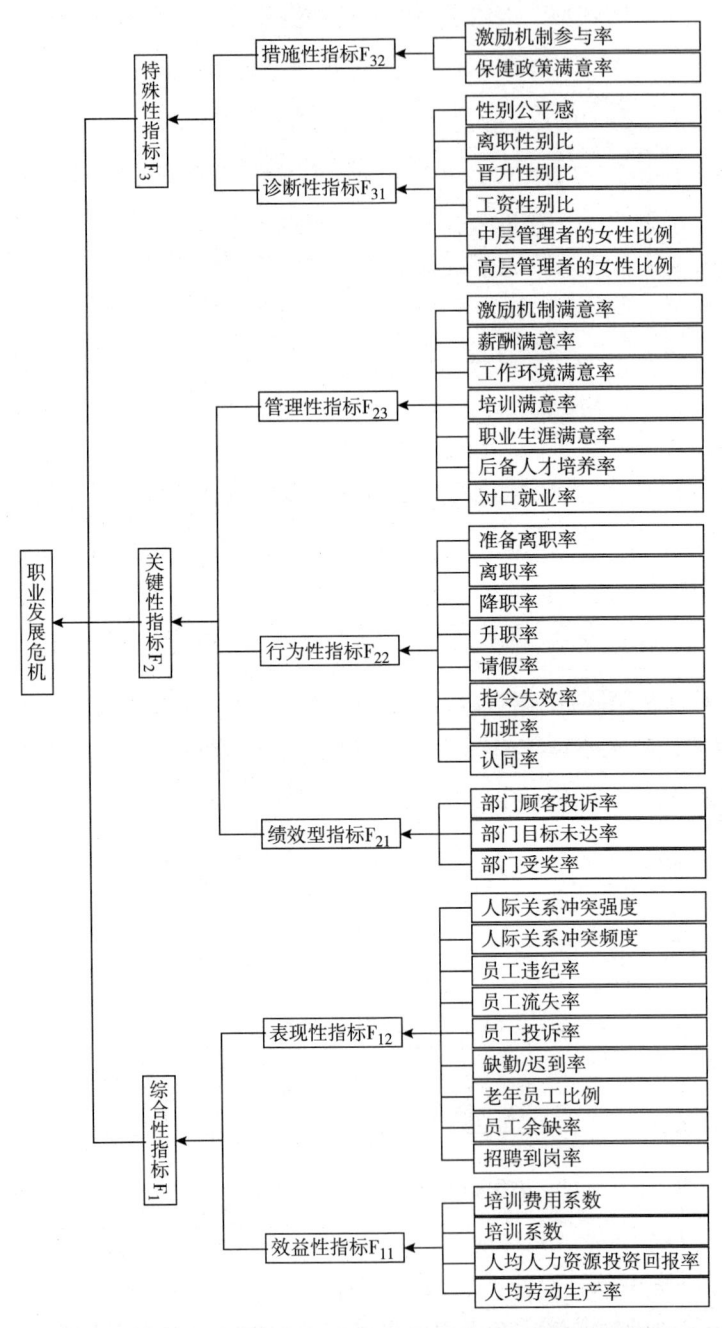

职业发展危机
├─ 特殊性指标F_3
│   ├─ 措施性指标F_{32}
│   │   ├─ 激励机制参与率
│   │   └─ 保健政策满意率
│   └─ 诊断性指标F_{31}
│   ├─ 性别公平感
│   ├─ 离职性别比
│   ├─ 晋升性别比
│   ├─ 工资性别比
│   ├─ 中层管理者的女性比例
│   └─ 高层管理者的女性比例
├─ 关键性指标F_2
│   ├─ 管理性指标F_{23}
│   │   ├─ 激励机制满意率
│   │   ├─ 薪酬满意率
│   │   ├─ 工作环境满意率
│   │   ├─ 培训满意率
│   │   ├─ 职业生涯满意率
│   │   ├─ 后备人才培养率
│   │   └─ 对口就业率
│   ├─ 行为性指标F_{22}
│   │   ├─ 准备离职率
│   │   ├─ 离职率
│   │   ├─ 降职率
│   │   ├─ 升职率
│   │   ├─ 请假率
│   │   ├─ 指令失效率
│   │   ├─ 加班率
│   │   └─ 认同率
│   └─ 绩效型指标F_{21}
│   ├─ 部门顾客投诉率
│   ├─ 部门目标未达率
│   └─ 部门受奖率
└─ 综合性指标F_1
    ├─ 表现性指标F_{12}
    │   ├─ 人际关系冲突强度
    │   ├─ 人际关系冲突频度
    │   ├─ 员工违纪率
    │   ├─ 员工流失率
    │   ├─ 员工投诉率
    │   ├─ 缺勤/迟到率
    │   ├─ 老年员工比例
    │   ├─ 员工余缺率
    │   └─ 招聘到岗率
    └─ 效益性指标F_{11}
        ├─ 培训费用系数
        ├─ 培训系数
        ├─ 人均人力资源投资回报率
        └─ 人均劳动生产率

图6-5 饭店女性部门经理职业发展危机预警指标体系层次分析模型（yaahp）

由图 6-5 可知，本书中的危机预警指标权重层次分析模型共分为四层：目标层即为危机预警程度；中间层是实现目标所必需的几个环节或因素，即分别为代表饭店全体人力资源的综合性指标、代表饭店中层管理者（部门经理）的关键性指标以及针对女性部门经理职业发展的特殊性指标，该中间层的每一个因素也由不同的因素或环节构成下一层中间层；最底层一般为方案层或措施层，企业人力资源危机预警指标体系的最底层由 39 个指标构成。层次分析模型的目标层、准则层和准则要素层构成 AHP 的考评体系层。它包括目标层 F 所涉及的范围、包含的因素以及各因素之间的相互关联隶属关系，指标层则是 AHP 最终要评估确定指标的权重。

②权重调查问卷的生成、发放与回收。

当软件检测层次分析模型（见图 6-5）构建准确后，将自动生成权重调查问卷（见附录），问卷内容为自动生成的相关决策判断矩阵。决策判断矩阵用以表示同一层次各指标要素两两相对重要性的判断值，它由若干专家来判定。考虑到专家对若干指标直接评估权重的困难，根据心理学家的研究结论"人对信息等级的极限能力为 7±2"，AHP 在对指标的相对重要程度进行测量时，引入了九分位比例标度，其含义见表 6-4。

表 6-4 1~9 标度法的标度值意义

标度值	标度值的含义
1	表示指标 U_i 与 U_j 相比，具有同等重要性
3	表示指标 U_i 与 U_j 相比，U_i 比 U_j 略重要
5	表示指标 U_i 与 U_j 相比，U_i 比 U_j 重要
7	表示指标 U_i 与 U_j 相比，U_i 比 U_j 非常重要
9	表示指标 U_i 与 U_j 相比，U_i 比 U_j 绝对重要
1/3	表示指标 U_i 与 U_j 相比，U_i 比 U_j 稍不重要
1/5	表示指标 U_i 与 U_j 相比，U_i 比 U_j 明显不重要
1/7	表示指标 U_i 与 U_j 相比，U_i 比 U_j 强烈不重要
1/9	表示指标 U_i 与 U_j 相比，U_i 比 U_j 绝对不重要
2，4，6，8，1/2，1/4，1/6，1/8	分别表示介于 1，3，5，7，9，1/3，1/5，1/7，1/9 之间的值。

笔者将问卷修订后用电子邮件方式向 50 位饭店管理、人力资源管理、危机管理等方面业界和学界的专家学者发出了权重调查问卷，共收回有效问卷

37份，有效回收率为74%。问卷回收后，笔者打开软件的"判断矩阵"窗口，依次选择"群决策""群决策控制""添加专家"，如各位专家名称等个人信息，然后关闭"群决策控制"，在"判断矩阵"输入窗口的左上角"标度方法"选择"1~9标度法"，最后，输入各位专家的权重调查问卷。

（3）危机预警评价指标各指标权重的计算

将回收的37份专家问卷输入yaahp软件后，先检查各判断矩阵的一致性状况，经核查，本次调查结果有3个矩阵一致性比率略大于0.10，选择该矩阵进行"一致性自动调整"，使所有矩阵一致性比率略小于0.10；然后选择"群决策控制"，并在"结果集结"窗口选择"加权几何平均"；最后选择"计算群决策结果"，得到结果见表6-5。

①饭店人力资源危机预警指标体系权重的计算。

综合性指标（F_1）主要用来反映饭店人力资源危机状况，因此，其指标及其权重状况可以警示饭店人力资源危机状况，可以称为饭店人力资源危机预警指标体系。经yaahp计算该指标体系中各指标的权重及排序状况见表6-5。

表6-5　饭店人力资源危机预警指标权重及其总排序

目标层	准则层	指标及其相对权重	绝对权重	排序
饭店人力资源危机（F_1）	效益性指标（F_{11}）0.4013	人均劳动生产率　（F_{111}）0.2245	0.0901	4
		人力资源投资回报率（F_{112}）0.3030	0.1216	2
		培训系数　　　　　（F_{113}）0.2245	0.0901	4
		培训费用系数　　　（F_{114}）0.2480	0.0995	3
	表现性指标（F_{12}）0.5987	招聘到岗率　　　　（F_{121}）0.0585	0.0350	11
		员工余缺率　　　　（F_{122}）0.0490	0.0293	12
		老年员工比例　　　（F_{123}）0.0448	0.0268	13
		缺勤/迟到率　　　 （F_{124}）0.0799	0.0478	10
		员工投诉率　　　　（F_{125}）0.1043	0.0624	9
		员工流失率　　　　（F_{126}）0.2652	0.1588	1
		员工违纪率　　　　（F_{127}）0.1192	0.0713	8
		人际关系冲突频度　（F_{128}）0.1303	0.0780	7
		人际关系冲突强度　（F_{129}）0.1488	0.0891	6

标度类型：1~9；群决策——专家数据集结方法：各专家排序向量加权几何平均；判断矩阵一致性比例为0.0889；最底层指标对总目标的权重为1；专家数量N=37。

由表6-5可知，饭店整体人力资源的表现性指标和效益性指标能综合反映其人力资源危机状况（一致性比例小于0.1，且专家人数多于20人）。其中，员工流失率（F_{126}）、人均人力资源回报率（F_{112}）最能反映饭店整体的人力资源危机状况。其次，培训费用系数（F_{114}）、培训系数（F_{113}）、人均劳动生产率（F_{111}）、人际关系冲突强度（F_{129}）、人际关系冲突频度（F_{128}）、员工违纪率（F_{127}）等指标也可以在较大程度上揭示饭店的人力资源危机状况。因此，饭店的危机、人事等相关管理部门应该着重收集以上这些指标信息，以便及时掌握饭店整体的人力资源状况。当发现某一指标超过表6-2中所示的警戒线时，立即采取对应的策略适时调整，避免饭店出现人力资源危机。

②饭店部门经理职业危机预警指标权重的计算。

关键性指标（F_2）主要用来反映饭店部门经理所面临的职业状况和危机程度。因此，关键性指标（F_2）的所有隶属指标构成饭店部门经理职业危机预警指标体系，该指标体系中各指标的权重及其重要性排序状况见表6-6。

表6-6　饭店部门经理职业发展危机预警指标权重及排序

目标层	准则要层	指标及其相对权重		绝对权重	排序
饭店部门经理职业危机（F_2）	绩效性指标（F_{21}）0.2120	部门受奖率	（F_{211}）0.2062	0.0437	13
		部门目标未达率	（F_{212}）0.5245	0.1112	1
		部门顾客投诉率	（F_{213}）0.2693	0.0571	7
	行为性指标（F_{22}）0.4718	认同率	（F_{221}）0.0660	0.0311	15
		加班率	（F_{222}）0.0568	0.0268	17
		指令失效率	（F_{223}）0.1088	0.0513	10
		请假率	（F_{224}）0.1035	0.0488	12
		升职率	（F_{225}）0.1264	0.0596	6
		降职率	（F_{226}）0.1397	0.0659	5
		离职率	（F_{227}）0.2192	0.1034	2
		准备离职率	（F_{228}）0.1794	0.0846	3
	管理性指标（F_{23}）0.3162	对口就业率	（F_{231}）0.0936	0.0296	16
		后备人才培养率	（F_{232}）0.0664	0.0210	18
		职业生涯满意率	（F_{233}）0.2335	0.0738	4

续表

目标层	准则要层	指标及其相对权重	绝对权重	排序
饭店部门经理职业危机（F_2）	管理性指标（F_{23}）0.3162	培训满意率 （F_{234}）0.0991	0.0313	14
		工作环境满意率 （F_{235}）0.1755	0.0555	8
		薪酬满意率 （F_{236}）0.1755	0.0555	8
		激励机制满意率 （F_{237}）0.1565	0.0495	11

标度类型：1~9；群决策——专家数据集结方法：各专家排序向量加权几何平均；判断矩阵一致性比例为0.0573；最底层指标对总目标的权重为1；专家数量N＝37。

Yaahp针对所有有效的专家权重问卷的群决策结果表明，部门经理所负责部门的目标未达率（F_{212}）、部门经理的离职率（F_{227}）及其准备离职率（F_{228}）为最能体现饭店部门经理职业危机的指标。此外，部门经理的职业生涯满意率（F_{233}）、降职率（F_{226}）、升职率（F_{225}）、部门顾客投诉率（F_{213}）也可以在较大程度上揭示饭店部门经理的职业危机状况。由此可见，饭店在进行人力资源管理或危机管理过程中，可以从以上指标去判断部门经理是否存在职业危机。

③饭店女性部门经理职业发展危机预警指标权重的计算。

女性部门经理是饭店中层管理者中主要的群体，也是饭店重要的人力资源。因此，本书提出专门针对饭店女性部门经理职业发展危机状况的特殊性指标（F_3），并结合前文提出的饭店人力资源危机预警指标（F_1）、饭店部门经理职业危机预警指标（F_2）来共同反映饭店女性部门经理职业发展危机状况。该指标体系中各指标的权重和总排序状况见表6－7。

表6－7　饭店女性部门经理职业发展危机预警指标权重及总排序

目标层	综合性指标	准则层	指标及其相对权重	绝对权重	排序
饭店女性部门经理职业发展危机预警（F）	综合性指标（F_1）0.2149	效益性指标（F_{11}）0.4013	人均劳动生产率 （F_{111}）0.2245	0.0194	23
			人力资源投资回报率 （F_{112}）0.3030	0.0261	14
			培训系数 （F_{113}）0.2245	0.0194	23
			培训费用系数 （F_{114}）0.2480	0.0214	20
		表现性指标（F_{12}）0.5987	招聘到岗率 （F_{121}）0.0585	0.0075	37
			员工余缺率 （F_{122}）0.0490	0.0063	38
			老年员工比例 （F_{123}）0.0448	0.0058	39
			缺勤/迟到率 （F_{124}）0.0799	0.0103	35
			员工投诉率 （F_{125}）0.1043	0.0134	30

续表

饭店女性部门经理职业发展危机预警（F）	综合性指标（F_1）0.2149	表现性指标（F_{12}）0.5987	员工流失率 （F_{126}）0.2652	0.0341	9
			员工违纪率 （F_{127}）0.1192	0.0153	28
			人际关系冲突频度 （F_{128}）0.1303	0.0168	27
			人际关系冲突强度 （F_{129}）0.1488	0.0192	24
	关键性指标（F_2）0.4187	绩效性指标（F_{21}）0.2120	部门受奖率 （F_{211}）0.2062	0.0183	26
			部门目标未达率 （F_{212}）0.5245	0.0465	4
			部门顾客投诉率 （F_{213}）0.2693	0.0239	16
		行为性指标（F_{22}）0.4718	认同率 （F_{221}）0.0660	0.0130	32
			加班率 （F_{222}）0.0568	0.0112	34
			指令失效率 （F_{223}）0.1088	0.0215	19
			请假率 （F_{224}）0.1035	0.0250	15
			升职率 （F_{225}）0.1264	0.0276	13
			降职率 （F_{226}）0.1397	0.0204	22
			离职率 （F_{227}）0.2192	0.0433	6
			准备离职率 （F_{228}）0.1794	0.0354	8
		管理性指标（F_{23}）0.3162	对口就业率 （F_{231}）0.0936	0.0124	33
			后备人才培养率 （F_{232}）0.0664	0.0088	36
			职业生涯满意率 （F_{233}）0.2335	0.0309	10
			培训满意率 （F_{234}）0.0991	0.0131	31
			工作环境满意率 （F_{235}）0.1755	0.0232	17
			薪酬满意率 （F_{236}）0.1755	0.0232	17
			激励机制满意率 （F_{237}）0.1565	0.0207	21
	特殊性指标（F_3）0.3664	诊断性指标（F_{31}）0.6900	高层管理者的女性比例（F_{311}）0.1433	0.0362	7
			中层管理者的女性比例（F_{312}）0.0602	0.0152	29
			工资性别比 （F_{313}）0.1173	0.0297	11
			晋升性别比 （F_{314}）0.2285	0.0578	3
			离职性别比 （F_{315}）0.3485	0.0862	1
			性别公平感 （F_{316}）0.1098	0.0277	12
		措施性指标（F_{32}）0.3100	保健政策满意率 （F_{321}）0.5987	0.0680	2
			激励机制参与率 （F_{322}）0.4013	0.0456	5

标度类型：1~9；群决策——专家数据集结方法：各专家排序向量加权几何平均；判断矩阵一致性比例为0.0043；专家数量 N = 37。

表6-7不仅给出了各指标相对于上一层指标的相对权重，还计算出最底层指标相对于总目标（即饭店女性部门经理职业发展危机F）的绝对权重，并按照其重要性程度进行了排序。由该预警指标体系的准则层指标的权重状况可以看出，关键性指标（F_2）所占权重最大（0.4187），然后依次为特殊性指标（F_3）、综合性指标（F_1）；从准则层各指标要素来看，各准则指标分别对应的表现性指标（F_{12}）、行为性指标（F_{22}）、诊断性指标（F_{31}）最能反映其所归属的准则层指标；从最底层指标的绝对权重来看，部门经理的离职性别比（F_{315}）、晋升性别比（F_{314}）以及保健政策满意率（F_{321}）最能反映饭店女性部门经理职业发展危机状况。其次，女性部门经理的部门目标未达率（F_{212}）、激励机制参与率（F_{322}）、离职率（F_{227}）、准备离职率（F_{228}）、饭店高层女性比例（F_{311}）、职业生涯满意率（F_{233}）等也是主要的预测指标。

6.3.3 饭店女性部门经理职业发展危机评价模型

根据前文的指标分析、权重计算与排序，可得到以下评价模型：

F（饭店女性部门经理职业发展危机）= $0.2149F_1 + 0.4187F_2 + 0.3364F_3$

F_1（饭店人力资源危机）= $0.4013F_{11} + 0.5987F_{12}$

F_2（饭店部门经理职业危机）= $0.2120F_{21} + 0.4187F_{22} + 0.3162F_{23}$

$F_3 = = 0.6900F_{31} + 0.3100F_{32}$

$F_{11} = 0.2245F_{111} + 0.3030F_{112} + 0.2245F_{113} + 0.2480F_{114}$

$F_{12} = 0.0585F_{121} + 0.0490F_{122} + 0.0448F_{123} + 0.0799F_{124} + 0.1043F_{125} + 0.2652F_{126} + 0.1192F_{127} + 0.1303F_{128} + 0.1488F_{129}$

$F_{21} = 0.2062F_{211} + 0.5245F_{212} + 0.2693F_{213}$

$F_{22} = 0.0660F_{221} + 0.0568F_{222} + 0.1088F_{223} + 0.1035F_{224} + 0.1264F_{225} + 0.1397F_{226} + 0.2192F_{227} + 0.1794F_{228}$

$F_{23} = 0.0936F_{231} + 0.0664F_{232} + 0.2335F_{233} + 0.0991F_{234} + 0.1755F_{235} + 0.1755F_{236} + 0.1565 F_{237}$

$F_{31} = 0.1433F_{311} + 0.0602F_{312} + 0.1173F_{313} + 0.2285F_{314} + 0.3485F_{315}$

$+ 0.1098F_{316}$

$F_{32} = 0.5987F_{321} + 0.4013F_{322}$

6.4 饭店女性部门经理职业发展危机预报子系统

危机预报子系统是饭店女性部门经理职业发展危机预警体系的重要组成部分，其主要功能是向预警指标体系传递有价值的信息，将指标所反映的实际状况与预警线进行连续对比，形成监测报告，目的在于全面客观地反映饭店女性部门经理职业发展危机的态势，从而有针对性地采取防范措施。

6.4.1 危机预警级别的评判

危机预警级别的评判主要有两种方法，一种为单指标评判法，另一种为多指标综合评判法。单指标评判简单、快捷，多指标综合评判则是在单因素评判基础上，继续对多个指标进行综合评判，因此，多指标评判相对准确、细致，两种评判方法各有利弊。

（1）危机的单指标评判

单指标危机评判是对饭店女性部门经理职业发展危机识别指标进行单独分析、评价。其评判方法和步骤如下。

①收集预警指标值。

单指标评判首先要通过监测子系统得到预警各指标的值。

②对比警戒线（值）。

本书采用经验判断法对各预警指标的警戒值进行了确定。本次调查共向福建省三星级以上饭店（副）总经理（共24份）及相关领域学者（共12份）发放问卷36份，采用问卷结合访谈的形式初步确定了各预警指标的警戒值，其后，笔者又将初步结果与福建省旅游局行政管理处处长苏××、泉州行政管理科科长林××、华侨大学旅游学院郑××教授、华侨大学工商学院李××教授等8位专家进行了再商榷，其结果见表6-8。

表 6-8　HS 酒店女性部门经理职业发展危机预警指标及评价结果

	指　　标	警戒线
综合性 指标 （F₁）	人均劳动生产率（万元/人）	↑6
	人力资源投资回报率（万元/人）	↑3
	培训系数（%）	↑85
	培训费用系数（元/人）	↑200
	招聘到岗率（%）	↑80
	员工余缺率（%）	↑5
	老年员工比例（%）	↑20
	缺勤/迟到率（%）	↑3
	员工投诉率（%）	↑3.5
	员工流失率（%）	↑20
	员工违纪率（%）	↑4
	人际关系冲突频度（次/月）	↑5
	人际关系冲突强度	↑中
关键性 指标 （F₂）	部门受奖率（%）	↓30
	部门目标未达率（%）	↑5
	部门顾客投诉率（%）	↑3
	认同率（%）	↓70
	加班率（%）	↑10
	指令失效率（%）	↑5
	请假率（%）	↑4
	升职率（%）	↓15
	降职率（%）	↑10
	离职率（%）	↑25
	准备离职率（%）	↑30
	对口就业率（%）	↓70
	后备人才培养率（%）	↓20
	职业生涯满意率（%）	↓75
	培训满意率（%）	↓75
	工作环境满意率（%）	↓75
	薪酬满意率（%）	↓75
	激励机制满意率（%）	↓75

续表

指标		警戒线
特殊性指标 (F_3)	高层管理者的女性比例（%）	↑15
	中层管理者的女性比例（%）	↑35
	工资性别比（%）	↓80
	晋升性别比（%）	↓40
	离职性别比（%）	↑200
	性别公平感（%）	↑50
	保健政策满意率（%）	↓50
	激励机制参与率（%）	↓30

注："↑"表示其对应的警戒值为下限，"↓"表示其对应的警戒值为上限。

将指标监测值与警戒线（值）相比，简单而直观地判断其是否已经存在危机。

③对危机严重程度进行评价。

对单个超过警戒值的指标病症、成因、严重程度及趋势进行预测，可使用经验法、同行业平均水平及标准对比、专家确定法等方法进行评价。

（2）危机预警级别的评判

前文在使用 AHP 过程中，少数定性评价指标不能转化成数值，必须用自然语言的方式强调不同指标的重要程度。模糊层次分析法（Fuzzy - AHP）通过综合运用模糊数学和 AHP 进行多目标决策，可以对受多种因素影响的事物作出全面评价，其特点是评价结果不是绝对地肯定或否定，而是以一个模糊集合来表示。因此，为更进一步明确饭店女性部门经理职业发展危机的程度，本书结合 yaahp 计算出的危机预警指标权重，引入模糊层次分析法，对饭店女性部门经理职业发展危机的程度进行综合评价，从而确定危机的预警级别。具体步骤如下。

①建立饭店女性部门经理职业发展危机因素集 F。

饭店女性部门经理职业发展危机预警指标体系构成其危机因素集。危机评判因素集主要由 3 个层次构成，第 1 层因素为 $F = \{F_i\}$；第 2 层因素 F_i 又分别由第 3 层因素 F_{ij} 构成，即 $F_i = \{F_{ij}\}$；第 2 层因素 F_{ij} 由第 3 层因素 F_{ijt} 构成，即 $F_{ij} = \{F_{ijt}\}$。以上因素集构成了该模型的研究领域。

②建立各因素的评判指标集 S。

本书借鉴国内外有关危机预警调查表格的设计方法,将模型中各因素的评判等级划分为 5 个。本书将该模型的评判指标集合记为 S,$S = \{S_1, S_2, S_3, S_4, S_5\}$,其评价集元素的含义为:{高度危机状态,中度危机状态,低度危机状态,基本正常状态,正常状态},分别对应 5 个预警档次隶属度。对不同层次的因素而言,各等级的具体含义有所差异。

③建立单因素模糊评判矩阵 R。

由一组评判人员(人力资源管理、危机管理等相关领域的专家学者、业界人士,一般以 20~50 人为宜)对所调查的因素进行等级评判,再对评判结果进行统计;r_{ijk} 是认为因素 F_{ij} 属于 S_k($k = 1, 2, 3, 4, 5$)等级的评判人员数除以评判人员总数的值。因此,r_{ijk} 是一种隶属度,其含义为全体评价人员对 F_{ij} 隶属于 S_k 的程度或可能性。R_i 可表示为:

$$R_i = \begin{Bmatrix} r_{i11} & r_{i12} & \cdots & r_{i1m} \\ r_{i21} & r_{i22} & \cdots & r_{i2m} \\ \cdots & \cdots & \cdots & \cdots \\ r_{in1} & r_{in2} & \cdots & r_{inm} \end{Bmatrix} \quad (i = 1, 2, 3; m = 5) \quad \text{(式 6.46)}$$

其中,R_i 的行数 n 决定于各 F_i 中所含因素的个数,因此,本书中 $n = 13, 18, 8$;R_i 的列数 m 决定于评价集 S 中元素的个数,本书中 $m = 5$,将各专家评价结果输入后,便得到 $R_{39 \times 5}$,归一化处理后得到 $\overline{R_{39 \times 5}}$。

④模糊综合评判。

多指标决策问题的决策理论与方法目前已成为决策科学、系统工程、管理与运筹等领域研究的热点。实际问题中,决策信息(多指标权重和决策矩阵)由于估计不精确或测量的误差常常带有不确定性,导致信息的量化多数以区间的形式出现。于是,区间数多指标决策问题的解决方法便成为决策界所关注的课题。本书基于模糊集合论中相对隶属度的概念,结合区间数的运算法则,对饭店女性部门经理职业发展危机的程度进行综合评判。由于该模型属于多层次综合评价问题,因此,模糊综合评判过程将由低层次向高层次逐步进行。

a. 建立第 2 层次的模糊综合评价集。

前文已经计算出最底层各指标的权重（见表 6-7），这里将最底层指标相对权重值构成的矩阵记作 A，由 A 和 R_i 可以得到第 2 层因素的模糊综合评价集 B_{ij}：

$$B_{ij} = AR_{ij} = (b_{i1}, b_{i2}, b_{i3}, b_{i4}, b_{i5}) \quad (i=1,2,3) \quad （式6.47）$$

其中，$b_{ik} = \bigvee_{i=1}^{n} (a_{ij} \wedge r_{ijk})$ ($i = 1, 2, 3; k = 1, 2, 3, 4, 5$)，$\wedge$ 表示 a_{ij} 与 r_{ijk} 比较取最小值，$\vee$ 表示在 ($a_{ij} \wedge r_{ujk}$) 的几个最小值中取最大值。

B_{ij} 表示在第 2 层次中，对决定 F_i 的各因素 F_{ij} ($j = 1, 2, 3, \cdots n$) 进行综合评判时，评判对象 F_i 对各评判要素 S_k 的隶属度。

b. 建立第 1 层次的模糊综合评价集。

按第 2 层次的评判矩阵进行第 1 层次的模糊综合评判，即

$$R = \begin{Bmatrix} B_1 \\ B_2 \\ B_3 \end{Bmatrix} = \begin{Bmatrix} A_1 \cdot R_1 \\ A_2 \cdot R_2 \\ A_3 \cdot R_3 \end{Bmatrix} = [R_{ij}]_{3 \times 4} \quad （式6.48）$$

则第一层次的模糊综合评价集为

$$B = A \cdot R = A \cdot \begin{Bmatrix} B_1 \\ B_2 \\ B_3 \end{Bmatrix} = (b_1, b_2, b_3, b_4, b_5) \quad （式6.49）$$

其中，$b_k = \bigvee_{i=1}^{n} (a_{ij} \wedge r_{ijk})$ ($k = 1, 2, 3, 4, 5$)

⑤评价结果。

第三层（最底层）指标相对于危机预警目标的绝对权重构成权重向量 U（见表 6-7），通过 $U^T \times \overline{R_{39 \times 5}}$ 可得到评价结果。然后，采用最大隶属法表征最终的评价结果，即以 $\max b$ 所对应的评价等级 S_k 作为评价结果，便于作一般性的描述。

6.4.2 饭店女性部门经理职业发展危机预报

(1) 危机预报的基本原理

不同等级的危机需要以不同的方式向利益相关者发出危机警报或危机

预报。大众媒体、文件、会议、海报、告示、烟火、警笛和钟声等都可以成为发送危机预告的管道或载体，关键在于预告的有效到达，使利益相关者警觉、了解危机，并采取预控行动。考虑到饭店女性部门经理职业发展危机本身所具备的综合性、累积性、非突发性等特征，本书认为内部文件、会议等应该成为危机预报的主要渠道和载体。

美国学者申农和韦弗在《通讯的数学原理》一书中提出了"沟通的数学模式"，这一模式由4个正功能单元和1个负功能单元组成：信源、发射器、接收器、信宿以及噪音。从传播学角度看，危机预报是信号从传者发向受者，并期望得到反馈的一个循环系统。因此，本书将引入申农韦弗模式对危机预报进行阐述。根据申农韦弗模式，确保危机预报的有效性，需要具备如下几个条件。

①危机预报主体。

饭店女性部门经理职业发展危机预报主体为前文提到的饭店人事部门或危机管理部门等相关部门下属的人力资源危机管理小组，将在危机预警中承担信源（传者）的角色。该预报主体具备以下条件。

a. 权威性与可信性。人力资源危机管理小组负责定期收集、监测、评价相关信息，此外，他们还具备人事管理或危机管理的经验或理论。因此，该预报主体的可信度越高，预报的告知和说服效果越好，传播学称此为"可信性效果"。

b. 编码与译码能力。危机预报其实是由传者将危机信息进行解读、符号编码，而后由受者进行符号译码并作出反馈，传者欲了解反馈信息，则又需要译码。本书中的人力资源危机管理小组成员除包括饭店内的人事管理、危机管理等方面业界专业人才外，还包括该领域的学界专家学者，因此，该小组可以对女性部门经理的职业发展危机及其征兆进行有效解读。

c. 对传播资源的占有与配置能力。饭店人力资源危机管理小组掌握着饭店人事相关的最准确资料，他们可以使用文件、会议、通告等形式将危机状况直接上报给饭店决策者，从而保证了预报信号的准确到达，免除了中间过程的干扰。

②传播媒介。

会议、文件、通告等是饭店女性部门经理职业发展危机预告的主要传播媒介，连接着危机信息的发出方和接收方。该传播媒介可以满足以下几方面要求。

一是适应性与便捷性。会议、文件、通告等是饭店人力资源危机管理小组与高层决策者之间最经常、最便捷、最愿意使用的沟通管道，不会对其他事务造成干扰或引起冲突。

二是组合化与立体化。单一媒介往往很难达到预期的警报效果，会议、文件、通告等不同沟通管道的综合使用，有助于形成立体化的危机预报体系，对危机预报具有重要意义。

三是信号清晰。危机管理专家德拉贝克认为：模糊信号往往会导致进一步的不信任和忽视，人们习惯等待明确的信号。饭店人力资源危机管理小组向饭店高层决策者传播的信号就具备清晰、明确的特征。

③危机预报客体。

在本书中，饭店高层决策者、女性部门经理等危机利益相关者是危机预报客体，在危机传播学中，被称为信宿。为避免和减少危机损害，危机预报客体要做到以下几点。

一是培养危机意识。饭店高层决策者、女性部门经理等相关利益群体都必须培养危机管理意识和危机意识，认识到自身所处环境的复杂性和多变性。

二是掌握一定的危机预防知识、经验和技能，具备一定的危机应变能力和承受能力。

三是危机预报客体一旦接收到危机预报，即应按预报指示内容采取行动，对预报主体作出明确、理智、积极的反馈，利益相关者的充分沟通和通力合作是克服危机的上策。

④危机干扰因素。

饭店女性部门经理职业发展危机在预报过程中可能会受到很多因素的干扰，这些干扰因素在传播学中被称为噪音。因此，本书中的危机预报主体，即饭店人力资源危机管理小组应该将危机预报中可能遇到的各方面干扰因素降至最低。从危机传播学角度讲，主要做法有：一是了解可能存在的预报噪音及其属性和干扰机制，如在文件传递、会议召开过程中可能会遇到的信息误读、忽视等问题；二是在预报过程中采取抗干扰策略,增强噪音排除能力,如加强危机预报信号的清晰度和说服力,排除谣言等因素干扰,加强谣言控制管理等;三是及时监测噪音的发展,必要时应向利益相关者对噪音作出专门解释,以强化他们对预报信息的认知和理解。

(2) 危机预报信号的确定

预报信号是基于预警模型对饭店女性部门经理职业发展危机的警源、警兆和警情的测算、计量分析,并与警戒线(值)相比而获取的,以相应的警情区位来表示。危机预告的方法主要包括计分法、信号灯法和图形法。计分法就是对危机预警指标体系的各指标赋以分值,再根据指标体系的标值和国际国内通行的标准相对比,进行恰当的表述,该方法比较适于比较通用的、普遍性的、被较多群体所熟知的危机预警指标体系,如通过短期利率、货币资产、证券、房地产、土地价格、商业破产数和金融机构倒闭数等数据对金融危机进行预告等;图形法是把各项统计指标(不管是绝对量还是相对量)都用图形的方法表述出来,使人一目了然,此方法适用于一个时期内监测目标的变化过程和总体状况,此方法对监测系统及信号处理系统的要求较高,如可以反映经济危机的汇率走势图等;信号灯法是借鉴交通信号的颜色设计表达的方式,这种表达方式直观、易懂,因此,本书将采用信号灯法对饭店女性部门经理职业发展危机进行预告。

对应危机程度的等级划分,饭店女性部门经理职业发展危机的预警信号也分为5个警度范围,即红色灯(重度危机)、橙色灯(中度危机)、黄色灯(轻度危机)、绿色灯(基本正常)、蓝色灯(良好)(见表6-9)。该危机预报信号既可以用于单个指标危机状况的标识,也可以用来标识整个危机预警指标体系。

表6-9 危机预警信号对应的危机状态及其含义

信号	安全状态	含义
●红色灯	危机态 (重度危机)	危机已处于爆发状态,面临失败的压力。采取"应急"原则,尽快集中人力、物力、财力解决最突出、最严重的问题
●橙色灯	威胁态 (中度危机)	危机处于发展的状态,采取"预防"原则,及时调整策略,争取将预警数值调整到安全态

续表

信号	安全状态	含义
●黄色灯	风险态 （轻度危机）	危机处于孕育和潜伏状态，采取"注意"管理原则，加强监控，明确其发展方向，以便及时采取策略
●绿色灯	不稳定态 （基本正常）	危机发生概率较小，采取"继续"监控原则
●蓝色灯	安全态 （良好）	不存在警情，采取"忽视"管理原则

（3）危机预报的发布

根据前文的计算结果，饭店人力资源危机管理小组应制作出相应的预报表格，简单、直观地表明目前饭店女性部门经理职业发展危机状况，并以文件、会议、通告等形式将危机预告给上一级管理者，以便与其共同制定应对策略。

7 饭店女性部门经理职业发展危机的防范与管理

危机防范胜于危机处理，因此，最好的解决或应对办法就是在危机到来之前做好一切准备，防患于未然，避免"温水青蛙效应"，将危机发生的可能性和危害性降到最小。

7.1 基于职业发展危机归因分析的防范对策

饭店女性部门经理职业发展危机是个体、家庭、组织、社会四方面因素综合作用的结果。在此基础上，本节将从个体、家庭、组织、社会四个层面提出饭店女性部门经理职业发展危机的防范对策。

7.1.1 个体层面的防范对策

本书第 4 章、第 5 章的文献分析、数理统计分析结果都表明，与男性相比，饭店女性部门经理在情绪化、自信心、专业知识和技能、职业抱负、成功动机、职业投入、工作效率等方面处于劣势。因此，女性部门经理应该着重从这几方面提升自我，减少职业发展中的阻力。

(1) 明确性别差异，制定生涯发展规划

心理和性格特点差异为男女性带来不同的职业优势和劣势。为避免职业发展危机，女性饭店从业人员在就业前应明确自己的职业优势和劣势，并对就业方向进行恰当定位。

一般来讲，个体的性格、心理具有以下性别差异。①女性的嗅觉、听觉、视觉等方面比男性强，但对时间、空间、重量的知觉不如男性敏感。

因此，女性在写作、手工、语言等方面优于男性，而在数学、逻辑、绘画、空间判断等方面往往表现出有所不足。②女性天性敏感、重感情。在宗教意识、礼貌习惯、博爱精神等方面比男性强，但感情细腻、灵敏、直觉力强等特点导致其感情较脆弱，易感情用事。③女性相对缺乏独立性、自主性，在职业观念、权力欲、参政欲、名誉欲等方面都弱于男性。工作中相对低调，谦虚谨慎，服从管理，尊重领导，遵守纪律，但她们有时会轻信他人，容易上当，但组织观念和合作精神比男性强。④在思维方式和能力上，由于大脑皮层结构不同，男性属于线性思维，女性属于网状思维，善于形象思维，想象力丰富，看待事物不像男性那样刻板正式，而是比较灵活，相对折中，这有助于女性"更系统、更广泛地看问题"（聂志毅，2010）。英国的一项调查也表明："与男性相比，女性管理者的事业素质有十大优势，即耐力持久、善于引导、敢于创新、富有灵感、开放纳新、决策清晰、长于合作、坚决果断、脚踏实地、善解人意等"（张再生，2008）。可见，女性作为管理者有不可忽视的优势。

心理学家德拉认为，如果环境为个体带来不良症状和障碍，个体将在该环境中遇到较多心理冲突。而要应对这些症状和障碍，个体首先要认识自身存在的冲突。因此，女性要打破传统性别刻板印象的束缚，战胜自身的弱点，将自身融入社会大潮之中，自觉奋斗，向社会争取自己应有的合法权利和平等就业机会（张营，2009）。因此，饭店女性从业人员可结合以上分析，客观分析自身存在的优势和劣势，充分发挥自身具备的敏锐的直觉力、合作的天赋、客观务实、工作认真、善于随机应变、精打细算等职业优势，不断学习、完善自我，克服自身的劣势，为职业晋升做好准备，从而在一定程度上避免职业发展危机，实现自我职业的可持续发展。

（2）提升自我情绪控制能力和影响感召能力

传统观念认为女人是"感性的动物"，饭店决策者也常将此作为"女性不能担当决策角色"的理由。事实上，只要女性正确利用这一特征，增强自我情绪控制能力，还可创造出女性所特有的领导风格。世界著名的化妆品公司枚琳凯就是典型案例。本书认为，女性部门经理可从以下几点来提升自我的情绪控制能力：无论在工作中遇到什么样的人和事，都尽量不将自己的喜怒哀乐过于外在化，避免过激行为的发生，保持自己在上司、同事和下属面前的形象，并逐渐提升自我政治、思想和感情上的成熟度，进一步促进自我应变能力、处世能力和疏通协调能力等的提升。

女性部门经理应利用自己情感细腻、善于沟通、交互式领导风格等优势，采用协商的、友好的、与人为善的柔性管理手段来提高自己在下属中的非权力性影响力和威信。具体来讲，可以采用以下策略。①以柔性化决策来提高威信。吸收下属参与到决策中来，变决策的"一言堂"为"群言堂"（钱素华、闵卫国，2002），通过让下属参与管理、参与决策，可以提高下属的投入程度、工作的自觉性、群体归属感、团队认同、工作满意度和积极性。②加强内在管理①。对员工采取感情投入、关心体贴、激励尊重的内在管理方式，提高自己在员工心目中的非权力性威信。③做到以身作则和公平公正。重视塑造自身良好的人格形象，这有利于下属产生认同感，消除下属对领导者的戒备心理、排斥心理和逆反心理。

(3) 增强自信，营造积极的心态

笔者在访谈过程中发现，虽然多数女性部门经理不认为自己比男性差，但还是会一再强调自己在工作中遇到比男性更多的麻烦，导致职业无法取得预期进展，一些年轻女性部门经理为了保全自己的岗位或者求得晋升而推迟婚期、孕期，甚至选择不婚、不孕，这都是自信心不足的表现。

女性部门经理或者饭店女性从业人员在日常工作中可通过以下几个小计策来增强自信。

①增强自我心理承受能力。在集会等场合，大部分人喜欢坐在后面，而且往往女性为多数，因为多数女性都不愿太显眼。这种态度长期持续下去，会逐渐影响个人对待工作的态度，从而显得畏缩不前，信心不足。因此，有这种心理的女性要争取在饭店开会、培训或其他集会场合，尽量坐在前面或者相对比较显眼的位置，通过引起别人注意来增强自我心理承受

---

① 内在管理与外在管理相对应，是针对人的两种管理方式。外在管理强调用法律法规、政策制度、合同公约以及各种监督机构和执法执纪人员等明确的形式向人们昭示，以公开的身份严格管理，这种管理形式带有明显的强制性和不可抗拒性：下属理解要如此，不理解也要如此。这种管理是必要的、有效的。另一类管理是内在管理，诸如说服教育、感情投入、关心体贴、形象影响、传统舆论、激励尊重、心理沟通等，它以潜在的、润物细无声的方式，在下属心目中形成深刻的、持久的影响，从而把领导者的心愿和组织的目标变为自觉的行动。

能力。

②主动发言。女性部门经理要注意抓住任何可以发表自己见解的机会，将自己的想法和大家沟通，避免有"也许我的观点一文不值，如果得不到赞同或者说得不好，别人会觉得我差劲，我还是不说好了"的念头。事实上，越能热情主动发言，自信就越能"如影随形"，有增无减。

③常微笑。微笑是每个饭店从业人员所必须坚持的，不仅要对宾客、家人微笑，更要对自己的上司、同事和下属微笑，通过微笑给别人自信、开朗的印象，从而吸引对方，并赢得好感和尊重。此外，微笑还可以消除误会和对抗，减少工作中的麻烦，快乐工作。

④注视对方的眼睛。不敢注视对方的眼睛通常是一种不自信、自卑、恐惧的表现，因此，在与客人、上司、同事和下属沟通时，要尽量克服恐惧心理，直视对方的眼睛，给别人以信任感。

女性职业发展的根本出路还在于女性自身主体能动性的发挥，要能够营造积极的心态，培育健康的心理。女性要营造积极的心态，不能错过任何一个表现的机会，即使是对于自己不熟悉的工作，也可以边做边学，充满信心地接受挑战。即使做错，也能得到宝贵的经验。自信心不是与生俱来的，是逐渐培养起来的。女性要想成功，就要敢于抓住一切机会表现自己，展示自己的特长，勇于同男性竞争。在遇到挫折时要拿出比男性更多的勇气和力量去承受，在逆境中不断完善自己、超越自己。现代心理学研究证明，积极的"心理暗示"方法的确有"弄假成真"的奇效，因为"人们对自己有信以为真的信念才会积极地身体力行"。因此，女性只有常常保持自信的良好心态和积极的心理暗示，才能将自己的聪明才智和潜力发挥到极致，最终实现职业的可持续发展。

（4）积极提升自身职业素质，提高工作效率

第三产业的迅速发展为女性提供了更多就业机会，然而，家庭角色的社会化延伸、女性就业的边缘化、社会保障的盲区等使得性别刻板印象、贫困女性化、性别歧视、女性权益缺失等问题在服务业中更加突出。在饭店行业，女性通常被安排做一线工资低、家务性质、兼职性的工作，只有少数女性能够进入中层管理岗位，而且主要集中于前厅部、营销部、客房

部等业务部门,进一步晋升的机会很少。女性部门经理职业素质相对弱于男性,是其职业发展受阻的主要原因。因此,女性部门经理应该在加强个人修养和心理素质的同时,提高自我职业素质。

作为现代饭店业的管理者,饭店女性部门经理应该通过积极参加饭店内部培训、社会培训、高校进修、参观考察等多种方式积累自己在计算机、外语、市场营销、现代服务管理、饭店管理等方面的基础知识,并将现代管理的新理念、新方法、新工具运用于日常管理,提高工作效率。具体来讲,女性部门经理还须具备以下几项基本的职业素质和意识。

一是服务意识。服务意识是指饭店员工一进入工作状态,就能自然地产生一种强烈的为客人提供优质服务的欲望和意识,以满足客人需要作为自己的最大快乐(李艺铃,2008)。只有具备服务意识,服务质量才会提升,才能让顾客满意。

二是服务质量意识。女性部门经理还须具备服务质量意识,时刻要求自己和部门员工将最好的服务提供给顾客,为顾客提供满意而高效的服务,提高部门绩效。

三是组织意识。饭店女性部门经理要将饭店作为一个协调和谐的整体,做好与其他部门的互动、互助、沟通与协调,共同维护饭店的运转和利益,避免与其他部门出现各自为政、互相推脱责任等现象,这是管理者晋升所必须具备的基本素质之一。

四是系统观念。饭店是一个有机系统,女性部门经理要在正确理解高层管理者的任务和目标的前提下,将上级下达的任务和目标准确无误地传达给下属和部门员工,并将饭店的总目标作为部门的努力方向,承担起部门应该承担的责任。

(5)学会自我解压、自我调适

职业发展危机实质为一种心理压力和心理冲突状态,因此,自我解压、自我调适能力的提升对女性部门经理预防和缓解职业发展危机有较大作用。

对于女性部门经理来说,掌握一些自我减压的方法可能是最及时、最有效的,这首先要求女性部门经理对自己的压力有清醒的认识。因此,建议女性部门经理要学会对自我工作压力进行客观分析，并作出评估：压力是积极的还是消极的？是可以承受的还是不可承受的？评估是对压力的认知过程，本身有助于减轻工作压力。其次，要善于转换角度认识工作压力，转换认知角度，将压力变成动力，利用能力、信息、知识、条件和手段等更多资源去应对工作压力，树立健康向上的人生观，学会乐观地看待一切，善于化消极因素为积极因素。另外，针对女性部门经理普遍遭遇的角色冲突问题，本书认为有以下几个应对策略。

①确立角色代偿意识①。确立角色代偿意识并非放弃家庭或工作目标，而是根据客观时间、精力等因素制约，适时调整期望值，量力而行，不要对自己过于苛刻。在家庭生活中，女性的母亲角色承载着男性无法替代的责任，这就要求女性价值实现应与自身能力相适应，不必在贤妻良母与职场强者间求全责备。这就要求女性尽早规划自己的人生，合理安排生活节奏，在不同的人生阶段解决不同的问题，避免在某些特定的人生阶段失于把握。可见，角色代偿意识能使女性更好地从自身出发，确定可实现的目标，减少工作、家庭冲突的危害。

②提高角色能力。饭店女性部门经理多数处于26～35岁，承担着社会工作和家庭生活的双重角色，她们期待自己在生活和工作中扮演好员工、好女儿、好妻子、好母亲等多种角色，然而，任何角色素质都需要通过学习获得。职业角色的压力来源于职业地位与职业素质的一致性程度，家庭角色扮演妥当与否则与家政管理能力和家务技能密不可分。因此，饭店女性部门经理在角色冲突与调适过程中，要通过文化知识、技能水平的不断丰富和提高，完善应对社会工作和家庭生活的能力，提高自我调适冲突和缓解压力的能力，找到工作和家庭的平衡点。

③增强自我意识。生理因素使得女性部门经理需要承担社会性别分工的更多责任，但女性对家庭的贡献并未得到社会认可，使得与男性竞争的职业女性天然地背负了劣势。当职业发展遭遇困境时，女性部门经理要注意不断调整心态，培养独立思维能力和主动性，克服自卑和依赖性，树立

---

① 角色代偿意识是指职业女性由于实际生活中不可避免的、客观因素的限制，需要在某个阶段或某个场合为了某个角色而暂时放松对另一角色的要求，或者在人生的不同阶段对角色的实践有所侧重（郑晨，1994）。

正确的世界观、人生观和价值观，在社会工作和家庭生活中实现人生价值。

7.1.2 家庭层面的防范对策

家庭作为女性部门经理所处的重要的微环境，其氛围、文化和模式等对女性部门经理的职业发展有一定影响。本书第4、5章的分析也表明，女性部门经理的婚姻状况、子女个数、住房状况、所在部门/工种等因素与职业发展危机（征兆）显著相关，尤其是住房状况与职业发展危机的相关程度最为明显。因此，本书将从家庭层面提出一系列防范职业发展危机的对策。

（1）家人的理解与支持

家庭是社会的细胞，也是最后的天堂（吉攀攀，2008）。对于已婚女性部门经理来讲，夫妻双方是家庭的核心成员。在目前较为普遍的双职工家庭中，丈夫在期待妻子成为"贤妻良母"的同时，有必要转变观念，适应形势，强调男性的双重角色。在妻子职业发展危机、工作-家庭角色紧张与角色冲突、工作压力等问题上，应从精神上给予妻子更多的理解、支持和宽容。在行动上，为妻子分担家务劳动等繁重压力；生活上，加强与妻子的沟通，给予妻子必要的关爱，当工作、生活压力使得妻子心力交瘁时，应该多多疏导妻子，必要时与妻子一起去看心理医生或者请专业社工人员做个案分析。夫妻双方尽量做到互相理解、互相支持、互相尊重，同舟共济、心心相印，形成和谐的家庭关系，使家庭成为已婚女性部门经理职业发展的有力保障。

（2）培育良好的家庭环境，增强女性成就动机

所谓家庭环境，一方面是指早期的女性家庭教育环境，另一方面是指女性婚后的家庭环境。成就动机是个体社会化的结果，早期教育影响深远。麦克里兰的研究指出，父母对儿童的独立性培养与儿童的成就动机高度正相关（张清涛，2009），即父母越是加强对子女独立性的培养，子女的成就动机就越强。因此，家长应尽早训练孩子的独立性。因此，本书认为，父母在子女的早期家庭教育中，要像对待男孩一样训练女孩的独立性，培养女孩的成就需求。另外，已婚女性家人的理解与支持同样影响其

成就动机，因此，家人应优化女性发展的家庭环境，为其双重角色减负，让其有更多的精力和时间去创造社会价值，反之，其工作投入必然会受到影响。家属如果能够在心理上对职业女性给予理解，在情感上给予支持，并尽可能给予实际的帮助，如协助分担家务、多花一些时间教育子女等，就可以帮助职业女性减轻家里家外"双肩挑"重担中的家庭负担，使其有更多时间和精力投身事业，实现职业发展目标。

(3) 实现家务劳动社会化、家庭设施现代化

宋海燕（2007）等学者通过实证研究指出，家务劳动的社会化、家庭设施的现代化为职业女性节省了更多时间来满足自己休闲娱乐、放松身心、学习充电、夫妻相处等方面的需求，从而为职业女性的婚姻家庭生活、事业发展带来正向的促进作用。因此，本书认为，在经济条件允许的前提下，双职工家庭可以请"钟点工"承担家务劳动，实现部分家务的社会化。此外，职业女性应该树立与时俱进的观念，留心现代社会的发展成果，充分发现和利用有效的科技成果服务家庭，购置洗衣机、电饭煲、电冰箱、电磁炉、微波炉、吸尘器、抽油烟机、多功能厨房电器等家用电器，提高家务劳动效率，节约出时间和精力投入学习、培训等，以提升自我职业素质。

7.1.3 企业层面的防范对策

女性部门经理作为饭店主要的中层管理者，在饭店决策层与执行层中起着桥梁作用，是企业重要的中枢系统。本书第 4、5 章的理论研究和实证分析证明：饭店的规模、档次、所有制状况、开业时间长短与女性部门经理的职业发展危机（征兆）显著相关；从人力资源管理角度讲，性别偏见（F_4）、角色冲突（F_5）、组织政治能力（F_3）、组织支持（F_7）、职业发展满意度（F_2）等因素与饭店女性经理职业发展危机征兆呈显著相关。本部分着重从企业的人力资源管理策略角度提出一些防范对策。

(1) 改变传统的人事管理观念，重视危机管理和女性人力资源开发

饭店管理层应摆脱传统性别观念，重视女性人力资源开发。服务业的飞速发展虽然提高了女性整体的就业率，女性在饭店业的比例已超过

60%（杨云，2008），但饭店女性职业发展仍存在晋升通道受限、"性别隔离[①]"等现象，职业发展危机明显。事实上，传统观念所认为的"女性只适合做辅助性的、操作性的基层工作"是片面的，女性与生俱来的亲和力强、沟通能力强、善于倾听、忠诚度较高、感知力和观察力强等性格特征契合了现代饭店管理所倡导的柔性管理战略和交换型领导-成员关系策略，因此，至少在饭店行业，女性完全具备管理层所需要的职业素质。对于女性部门经理来讲，她们既有卓越的职业技能，也有一定的管理素质，但仅有不足10%能够晋升至高级管理层，这严重影响了其工作积极性和职业忠诚度。因此，应该加强对饭店女性部门经理的培养、开发和激励，为其提供职业发展的机会，使其为饭店发展贡献更多的智慧和才能。

另外，本书建议饭店成立危机管理部门，并在危机管理部或人事部（或工会组织）等部门下设人力资源危机管理小组。成立人力资源危机管理小组是发达国家企业应对人力资源危机的成功经验。虽然危机管理并非企业特定部门或特定人员的职责，而是企业内各部门的联合责任，在企业内设立危机管理小组还是完全应该且必要的。如前文所述，人力资源危机管理小组应属于饭店人事部门或者专门的危机管理部门的一个重要组成部分，女性部门经理职业发展危机则应成为人力资源危机管理小组主要的工作内容。另外，人力资源危机管理小组应该成为饭店的常设机构，该小组由饭店总经理等决策层人员牵头，包括人事部主管、律师、公关人员、人力资源或饭店管理专家、财务人员等，甚至还可外聘危机管理等领域的专家，组成矩阵式组织的智囊团。他们在企业除了干好本职工作外，还要担当起防范和预警企业人力资源危机的角色，做好危机防范工作。企业一旦出现女性部门经理职业发展危机，他们就应该在高级管理人员的组织和协调下快速发挥处理危机的作用。

[①] 性别隔离（sex segregation）可以分为两种：水平隔离（horizontal sex segregation）和垂直隔离（vertical sex segregation）。水平隔离是指女性难以进入某些被视为"男性的工作"的领域，如以体力劳动为代表的职业：司机、搬运工，以及有较高的社会地位名声、强调专业的工作，如医生、律师、大学教授。垂直隔离则是指男性与女性在同一行业中，男性通常有较高的职位与薪资，女性则处于不太需要技术的较低职位，薪资低且不易升迁。即使同样一份工作，雇主也常透过某些方式造成男性与女性同工不同酬。

（2）开展人本管理，创建无性别歧视的工作环境

人本管理，即企业即人、企业靠人、企业为人，因此，人本管理亦称为3P管理。人本管理思想产生于西方20世纪30年代，并于60、70年代真正有效运用于企业管理，人本管理思想是现代企业管理思想、管理理念的革命。

①"企业即人"思想要求企业必须建立高度信任的文化，相信人的能力，把人的因素放在中心位置，时刻将开发人的潜能放在主导地位（漆丽，2007）。女性部门经理作为饭店主要赢利部门的负责人和企业决策上传下达的关键，对饭店的正常运转及其服务、口碑、效益起着决定性作用。为实现赢利，饭店首先必须进行有效的组织和管理，树立信任感，着重加强对其能力的开发和利用，使其在实现自我价值的同时，更大程度地为饭店发展贡献自己的智慧和力量。

②"企业靠人"指企业应充分依靠和利用组织的人力资本，调动人才的工作潜能，实现组织目标。就女性部门经理职业发展危机来讲，饭店在管理过程中应重视情感管理，运用行为科学、心理科学相关知识，改善人际关系，增强其企业归属感；将其视作企业的主体，鼓励其参与决策，为其提供为企业出谋划策、贡献和发挥自我智慧才能的机会，增强其主人翁意识；强化其执行决策的意愿和效率；通过充分授权鼓励自主管理，让其充分运用权力、信息和知识，在自我控制下有效完成任务，达到自我实现的目标。

③"企业为人"意即员工应成为企业管理活动的服务对象，管理活动成功的标志不但要看股东的利益是否实现，还要看企业员工的个人目标是否实现。就女性部门经理职业发展危机而言，饭店应将女性部门经理当作自己的服务对象，注重全面提升其生活工作质量，为其提供实现自我价值的机会和条件。

2009年6月12日，北京大学法学院妇女法律研究与服务中心"中国职场反性别歧视"课题组发布的《中国职场性别歧视状况研究报告》显示，我国女性在招聘、薪酬及待遇、职场升迁、职场性骚扰、退休等方面均面临不同程度的性别歧视，其中，孕期、产期、哺乳期"三期"性别歧视以及男女同工不同酬问题依然突出。笔者调查和访谈的结果表明，这

些性别歧视现象同样存在于饭店行业。因此，本书认为饭店行业应该落实《中国妇女发展纲要（2001~2010年）》要求，切实保护女性的合法权益和人身、名誉安全，为其提供安全、公平、公正的无性别歧视的工作环境，并将这种企业文化传输到所有员工的价值观和行为准则中，为女性的职业发展以及饭店的长期发展承担起企业应负的社会责任。

（3）实行家庭友好计划，为女性制定工作－家庭规划

工作－家庭冲突是影响女性部门经理职业发展的主要因素，也是困扰职业女性整个职业生涯的主要问题。近年来，很多知名企业大力推行企业员工支持计划（EAP），并将家庭友好计划或工作－生活平衡计划作为其中重要的工作内容之一。例如，微软（中国）、摩托罗拉（中国）、惠普（中国）、宝洁（中国）等跨国企业在华机构在这方面有很好的尝试。

对饭店企业来说，本书认为有以下几个具体策略。

①开展家庭援助计划。对女性部门经理而言，照顾老人、小孩往往需要一定的时间和精力，有时常常因为需要照顾家庭成员而出现请假或者其他低绩效行为。因此，一些较大型的饭店企业可以通过与护理公司合作建设托儿所和老年护理中心等，为需要照顾孩子、老人的女性员工提供支持，消除女性部门经理的心理负担。例如，花旗银行的专门看护中心设置了儿童医疗、智力、社会与情绪康乐等课程，每天为超过1500名儿童提供服务。此外，花旗集团在学校假期等特殊时期还为女性员工提供多种"补充儿童看护服务"。为了支持"工作妈妈们"的需要，花旗集团甚至还在美国、都柏林、伦敦等国家和地区的公司中配备了专门的哺乳设施（陈笃升、斯羽，2009）。实践证明，这会增强员工的劳动积极性，提高企业生产效率，为企业创造更多利润。

②与员工家属保持紧密联系。饭店企业应尽量尝试与员工家属建立较为紧密的联系，加强家属对饭店企业的感情联系，并能支持女性部门经理将较多时间和精力投入工作，这对于缓解女性部门经理的职业发展危机、激发其工作积极性有较大帮助。例如，饭店可以优惠补助等形式邀请员工亲属参加企业的表彰大会、酒会、奖励旅游等集体活动，共同分享员工的喜悦。阿里巴巴集团下属的支付宝公司通过"亲友日"主题活动邀请员工亲属参观企业、品尝午餐、与高管对话，让亲属们充分了解企业文化和公

司运营情况，从而更好地理解和支持员工的工作，这是很好的借鉴。工会、妇联等组织开展"事业家庭兼顾型先进个人""最佳家庭"等奖项的评选活动，对员工亲属进行精神上的激励。

③在自主福利中多使用员工自选式的"弹性福利计划"（cafeteria - style benefits）。这种福利计划允许员工选择一些自己偏爱的福利项目，可在企业指定的福利项目中选择，也可在一定的福利价值额度内自行选择。当然，福利项目的设置要综合考虑员工的性别、年龄、家庭等多方面因素，让员工选择适合自己的福利项目，从而提高福利项目的效用。

④为女职工制定工作 - 生活规划。女性面临的工作 - 家庭冲突往往比男性要严重得多，女性员工占多数的饭店完全有必要为女性职工制定工作 - 生活规划，一方面减小生活 - 工作冲突带来的压力、困扰及其对工作效率和服务质量的影响，另一方面还可以增加员工对企业的认同感和忠诚度（Kinnunen 等，2005），降低离职率。例如，摩托罗拉公司向员工宣传，人生目标包括家庭目标、生活目标和财务目标三个部分，要在三者之间寻求平衡，不可一味地追求财务目标。台湾宏碁公司董事长王振堂更是以身作则，每天晚上七点就开始催同事下班。在他看来，"知识经济的时代，应该要工作得更聪明、更轻松，把时间拿去陪家人"（刘永强，2006）。

7.1.4 社会层面的防范对策

本书第4、5章的研究结果表明，饭店行业消极的社会声望（E_1）、缺乏社会相关政策支持（E_2）等社会环境因素与饭店女性部门经理职业发展危机征兆显著相关。本书认为，社会可以从以下几方面对女性部门经理职业发展危机的防范提供支持。

（1）改变传统性别观念，将男女平等作为一项社会发展目标

目前，男女平等基本国策已得到中国社会各阶层的积极贯彻和回应，性别意识在决策层面也得到充分体现。在制定经济和社会发展的各项法律、政策和规划时，应将社会性别意识纳入决策主流，注意所制定的各项法律、政策和规划是否会对男女两性产生不同的影响，避免性别歧视，保证女性能和男性一样平等参与和分享经济社会发展的成果。充分发挥报

纸、电视台、电台等媒体的作用，通过制作播出倡导性别平等、维护妇女权益、展示妇女风采的节目，加大对男女平等基本国策的宣传力度，改变人们的传统思想观念，消除社会对妇女的偏见与歧视，展示女性在经济和社会发展中的作用，提高全社会对女性社会价值的认识，创造有利于性别平等与妇女发展的社会环境。

（2）加强女性职业生涯理论研究，指导女性职业生涯规划

职业生涯规划是将个人发展与组织发展相结合，对决定个人职业生涯的个人因素、组织因素和社会因素进行综合分析，制定有关个人事业发展的战略蓝图和计划安排。职业生涯规划的目的是追求人与职业的最佳配置。我国目前的女性职业生涯研究大多从宏观层面展开讨论且局限于理论演绎，针对实际的系统理论和实证研究比较薄弱（黄秋梅、苏穗，2009），对实践的指导作用没有有效发挥。

因此，我国各高校、研究机构、政府部门、非政府组织等应加强对本土女性职业生涯理论的研究，积极探索我国女性职业生涯规划的特殊性，综合利用多种手段进行跨学科研究，在此基础上，加强对女性职业生涯规划的实际指导。比如，高校应针对学生开展有性别差异的职业指导和职业生涯规划。

（3）提高饭店业的职业声望

饭店行业消极的社会声望是影响女性部门经理工作投入、职业忠诚度等的主要因素，也是导致饭店出现"员工荒"的原因之一。在 20 世纪 80 年代，高星级饭店被社会大众普遍认为是高档场所，很有神秘感，认为出入高星级饭店的都是身份和地位很特殊的人，能在这样的环境中工作也是被人羡慕和尊重的（杨翔，2009）。如今，星级饭店已揭去神秘的面纱，常人也可以光顾五星级饭店，而那些三星级及以下的中低档酒店甚至被认为是"白丁"出入的场所。在这样的环境中工作，自然也不再有高贵感，而且在相当长的时间内，一些不良现象经常发生在饭店，从而导致饭店行业的社会声望下降。饭店从业人员已经没有神秘感和自豪感，甚至让人瞧不起。

因此，本书认为，社会应尽量削弱或补偿饭店工作本身为从业人员带来的消极影响，通过报纸、电视等媒体，借助电视剧、新闻、人物访谈等

多种传播载体,改变大众对饭店行业的消极看法,扭转饭店行业消极的社会声望,树立正确、客观的职业价值观。

(4) 完善相关政策,提升女性职业竞争力

女性人力资源在饭店的就业质量明显低于男性,要解决女性部门经理职业发展危机问题,提升职业竞争力是关键。本书认为,社会可以通过完善生育等相关政策,提升女性职业竞争力。

①生育价值的社会肯定。生育行为是人类社会繁衍和人类文化延续的重要基石,应该得到全社会的肯定(强国民,2007)。许多国家已将其纳入国民收入再分配中,给予合理的经济补偿,如欧美各国妇女在生育期间普遍享受产假和育儿假,并领取比例不等的工资。确立生育的社会价值有以下对策。

a. 采取有效措施补偿用人单位雇用女职工的损失。在对企业实行定员管理时,按一定比例对女职工进行折算,在扣除女职工怀孕、生育、哺乳、照料 14 岁以下孩子占用时间的前提下,确定编制;按一定比例减少女职工较多的企业上缴的利税;对于养育 3 周岁以下子女的母亲给予特别带薪休假等。

b. 参照一些国家的做法,由国家补贴子女抚养费。

c. 完善女性就业培训服务体系,对女性实行灵活的教育制度和弹性工作制度。女性在生育过程中,可以享受由国家提供的学习培训机会,以弥补工作中断造成的机会损失,扩大女性的社会正式支持网络,开发和提高女性人力资本,增强女性的职业发展能力。

d. 完善职工生育社会保险制度,扩大覆盖面,提高社会统筹能力,从经济上肯定女性担负人类自身再生产的社会价值。

②男女平等就业相关条款的落实。与男性相比,虽然女性在生理和心理上存在一些劣势,但有耐心、细心、恒心等优势,受过高等教育的女性在工作中表现出较强的谈判能力、人际关系协调能力等,饭店女性从业人员的这些能力普遍强于其他行业女性。要充分发挥女性在某些领域的特殊潜力,政府应严格落实劳动法关于男女平等就业的条款,出台针对女性高层管理人员、教授等特殊群体的扶持政策,激励其在岗位上作出更大的贡献。2007 年"三八"妇女节前后,北京地区高校毕业生供需见面会、双

向选择会专门开设了女大学生招聘专场，青海省人才交流中心举办了首届"巾帼展英姿女性专场招聘会"，这些措施都有利于促进女性就业和择业。

③通过政策约束企业隐性规避公共政策的行为。女性可依靠法律和公共政策维护自身权益，反对性别歧视，但在劳动力市场供大于求的情况下，公共政策常常遭到企业的隐性规避。因此，相关政府部门应采取对策促进相关政策的落实。例如，在国家公共财政方面，可借鉴国外的"性别预算账户"，适当降低女性的人力资本投资成本，提升家庭和用人单位对女性进行教育培训的积极性。同时，要把开发和运用女性人力资源纳入人才战略的总体规划，健全女性人才培养机制，针对企业女性人力资源开发相对薄弱的状况，明确女性参加各类培训的比例，提高其技术创新能力和应用水平（刘建花，2009）。要建立科学合理的女性人才评价机制，摒弃传统性别文化的影响，构建以知识、能力、业绩为主要指标的评价体系，使女性人才得到公正的评价。

（5）推动男女共同分担家务，加快家务劳动的社会化进程

首先，单纯社会领域的分工平等不是完整意义上的男女平等，家务劳动的分工平等是男女两性真正平等的基础。比如，近期英国政府提出了一系列加强父亲作用的建议，其中包括将新生儿母亲的一半产假让给父亲。欧盟负责家庭事务和性别平等的官员 2007 年 5 月 15 日也召开会议，讨论如何使企业与个人改变传统观念，使男性在照顾孩子方面扮演积极角色，进而使他们了解工作和家庭之间实现平衡的必要性（蒋美华、柴丽红，2008）。

其次，加速家务劳动及儿童照料方面的社会化。大力发展家政服务业，使家务劳动逐步从家庭转移到社会，成为社会性劳动；加快家务劳动辅助用具的发明与创新，提高家务劳动的效率；倡导男女平等地共同承担家务责任，减轻女性的家务负担。根据女性的生育、生理条件，对就业女性特殊时期实行补偿优待政策，如合理的生育保险制度、产假和哺乳假制度，对因生育而暂时离开岗位的女性进行相应金额的经济补贴，实行生育期间岗位保留制度等。国际劳工组织 1981 年制定了旨在推动负有生活责任的劳动者在就业方面享有平等机会与待遇的《负有生活责任的劳动者公约》（156 号），可根据这一公约精神，尝试实行弹性就业制度，为职

业女性提供以下便利：照顾幼儿期间，给予其灵活的上下班时间；需照顾老人的，给予其灵活的假期安排；女性与丈夫同时享有产假；实现远程办公、在家办公等（黄秋梅、苏穗，2009）。

  总之，女性问题的复杂性和多元化是时代特征，需要制度、政策、法律、文化的力量，也需要女性组织的力量来推动和解决。女性在加强整体的社会责任与群体意识、从自由主义状态走向组织化、从单一角色走向多元化的选择中应起到表率作用。从人类的性别发展历史来看，文化传承的知识只代表一部分男性的价值选择，这就要求女性在树立女性新的价值标准时，合理定位自身的公众形象和风格，既要充分展现女性的本体价值，也要突出女性作为真正"人"的发展权利；不仅要注重男性和女性的差异，而且要注重女性内部的差异，最大化地释放女性的"潜能"，发展一种新的以平等、合作和尊重差异为主旋律的政治文化（林雯娟，2006）。

7.2　基于职业发展危机等级的防范对策

7.2.1　黄色级危机的管理对策

  黄色级危机对应饭店女性部门经理职业发展的轻度危机。根据前文论述，其危机征兆主要为危机主体的不满情绪明显、抱怨增多，如不加以控制，还可能进一步导致悖逆行为。总体来说，饭店女性部门经理职业发展轻度危机暂时不会对组织的正常运行带来明显影响，也不会带来直接的经济损失。

  （1）职业抱怨的主要表现

  饭店女性部门经理在这个阶段最突出的表现为，经常在公开或者私下场合流露出对饭店某事某人的不满，并主要以发牢骚、提意见、赌气或者打抱不平的形式来宣泄。虽然她们还会像往常一样履行自己的工作职责，但由于其注意力集中在抱怨上，精神处于紧张状态，工作积极性和创造性也受到影响。饭店女性部门经理的职业抱怨主要有以下特征。

  ①抱怨是一种情绪发泄。

  抱怨是一种正常的情绪发泄。当女性部门经理认为自己受到职位升迁、薪酬增长、培训机会等职业发展相关的不公正待遇时，抱怨就成为其发泄心中怨气最常见、破坏性最小的方式。虽然大多数发泄一般只停留在口头抱怨，但如果抱怨没有得到管理者的关注和重视，可能还会出现降低工作效率等情况，有时甚至会拒绝执行工作任务，出现破坏公司财物等过激行为。

②抱怨具有传染性。

抱怨具有一定的传染性。虽然刚开始可能只是某个女性部门经理在抱怨，但很快可能会有越来越多的员工抱怨。因为抱怨者在抱怨时需要听众，并且要争取听众的认同，所以会不自觉地夸大事件的严重性和范围。在这种鼓动下，自然会有越来越多的员工偏听偏信，最终加入抱怨的行列。

③抱怨与个体性格相关。

抱怨与个体性格相关。一些研究指出，抱怨与性格的相关性可能要大于与事件的相关性。也就是说，面对同样一件不公平的事情，不同性格的人的情绪波动程度可能会有很大区别。因此，在饭店管理实践中可以发现，在饭店所有的部门经理中，喜欢抱怨的多为女性，少数女性部门经理甚至对任何事情都不满意，或者为一件小事就可能大动干戈。这些部门经理就应该成为抱怨管理的主要对象。

（2）职业抱怨管理对策

由上文阐述得知，管理者不能轻视抱怨和牢骚，而女性部门经理作为饭店管理的重要成员，其抱怨更应得到关注和重视。因此，本书认为，饭店人力资源危机管理小组应对危机个体展开针对性的抱怨管理。具体要做到以下几点。

①及时沟通。

及时沟通也是抱怨管理的主要策略。当危机预警指标体系显示女性部门经理职业发展危机处于轻度危机状态或发现女性部门经理有抱怨相关情绪或行为时，应将与危机个体的及时沟通作为工作重点。当女性部门经理有抱怨情绪时，其直接目的就是要引起上级管理者的关注，寻找申诉渠道，发泄自己的不满。因此，沟通将在抱怨管理中发挥关键性的作用。此时，人力资源危机管理小组应通过多个渠道了解女性部门经理职业发展面临的困难，找出其抱怨和不满的原因，必要时，危机管理小组成员应直接与危机个体面谈、澄清误解、解释误解，对危机个体的态度和情绪予以充分理解，并尽量纠正管理中的失误。反之，若管理者没有体察到这种抱怨或没有及时采取应对策略，抱怨情绪的蔓延和发展将有可能导致饭店中间管理层甚至是全体中层、基层的消极怠工，影响饭店的正常运转。

②倾听。

倾听是最主要的沟通艺术之一。当饭店女性部门经理选择抱怨来宣泄自己的不满或以此引起组织的关注时，她们的直接目标就是希望组织能与其沟通。因此，危机管理小组成员应为其提供倾诉的条件，成为抱怨者的忠诚听众，从而阻止抱怨的传染和蔓延。

除了要倾听抱怨者本人外，人力资源危机管理小组还应综合抱怨者周围其他员工的意见。如果是同事之间或部门之间产生的抱怨，一定要认真听取双方当事人的意见，不要偏袒任何一方。在事情没有完全了解清楚之前，管理者不应该发表任何言论，过早地表态只会使事情变得更糟。

③了解起因。

笔者的观察、访谈结果表明，从女性部门经理的抱怨内容看，主要表现在以下几个方面。

a. 薪酬问题。薪酬是女性部门经理生存质量的保证和个人价值的直观体现，因此，不同企业、不同岗位、不同学历、不同业绩薪酬的差异，薪酬的晋升幅度、加班费计算、年终奖、差旅费报销等都是女性部门经理抱怨的主要话题。

b. 职业晋升机会的公平性问题。职业晋升机会的公平程度是影响女性部门经理职业满意度的主要因素，相当部分的女性部门经理认为饭店高层往往会将有发展潜力的岗位、部门留给男性，而且针对男性部门经理的授权、福利等也好于女性部门经理。

c. 人际关系问题。女性部门经理对同事关系、部门关系的抱怨也比较频繁。对同事关系的抱怨往往集中在与之工作交往密切的员工，尤其是部门内部员工之间的抱怨更突出，部门之间的抱怨主要由部门之间的利益矛盾、部门之间的工作衔接不畅等导致。

d. 培训学习机会问题。还有一些女性部门经理认为饭店更注重男性中层管理者的培养，因此，外派学习、出差考察等机会一般也都尽量留给男性，女性部门经理的能力提升受到局限。由此可见，饭店女性部门经理的抱怨内容、形式繁多，需要通过沟通才能对症下药地制定相应的调解策略。

④果断处理。

李勇泉（2010）对福建省饭店的调查表明，基层员工中有93.1%的员工有抱怨情绪，饭店员工抱怨频率也相对较高，有4.2%的员工几乎每天都在抱怨，16.6%的员工每月出现1次抱怨，47.9%的员工每个月会出现2~3次，31.3%的员工每个月抱怨4次以上。可见，饭店人力资源管理状况并不乐观。

为避免抱怨蝴蝶效应的发生，饭店人力资源危机管理小组应在弄清楚女性部门经理的抱怨原因后，及时采取有效的补救措施。具体来讲，主要有以下措施。

a. 合理疏导。针对女性部门经理抱怨的疏导，可从以下两个方面着手。一方面，疏导者可当场用言语进行开导。饭店人事管理小组在做开导工作时，要注意不打官腔，不说空话，切不可为博取下属一时欢心而许下空头愿，尽量以朴实的肺腑之言使之切实感受到领导的开明和关爱，感受到组织的团结与温馨。另一方面，在倾听完对方的抱怨之后，可以根据实际情况，综合考虑抱怨者提出的意见，制订切实可行的实施方案，从而有效地疏导下属的怨气。如果是由于饭店决策失误或不当导致的问题，应建议决策者停止执行或进行适当补救，尽量给抱怨者一个满意的答复。

b. 确立以人为本的管理理念。人本管理就是以人为中心的人性化管理，它要求饭店把员工看成饭店最宝贵的资源和最重要的财富，要求充分尊重每一位员工，饭店向客人出售的是服务产品，服务产品质量的高低直接取决于服务提供者，即每一位员工的服务技能和服务热情。有满意的员工才会有满意的顾客，也可以理解为员工第一，顾客第二。所以，饭店应适时走出"顾客就是上帝"的误区。

c. 制定针对性策略。对女性部门经理的主要抱怨内容进行深入综合分析后，饭店人力资源危机管理小组成员应与饭店决策者制定出抱怨管理的针对性策略。据笔者调查，薪酬福利的公平性、合理性、透明性是饭店女性部门经理经常抱怨的问题。此时，饭店人力资源危机管理小组应针对该问题，结合女性部门经理的实际状况，通过多种渠道、多种方式提高女性部门经理对薪酬、福利的满意度，如增加女性孕期、哺乳期的补贴等，从而更大程度地激发其工作积极性和创造性，减少员工流动。

7.2.2 橙色级（怠工）的防范对策

职业倦怠对应饭店女性部门经理职业发展的橙色级危机，这一阶段的危机个体已经表现出较为明显的危机征兆，其行为将可能会造成饭店直接的经济损失，从而可能会影响组织的正常运行和长远发展，应立即采取防范措施。

（1）职业倦怠的主要表现

职业倦怠又称"工作倦怠""工作崩耗""职业枯竭"等，它最早出现于20世纪70年代的西方国家，由弗罗伊登贝格尔（Freudenberger）首次提出，他认为职业倦怠是指个体无法应付外界超出个人能量和资源的过度要求而产生的身心耗竭状态（Freudenberger，1974）。它与生理疲劳不同，主要不是因体内能量消耗过多引起的，而是由个人认识、情感等因素引起的一种主观体验，属于一种心理疲劳，是一种与职业有关的综合症状，源于个体对付出和回报之间明显不平衡的知觉，这种知觉受个体、组织和社会因素的影响（焦晓波、张小兵，2010）。国内外临床心理学、社会心理学、组织心理学等领域专家针对职业倦怠的相关研究成果已经非常丰富，职业倦怠研究已有较为一致的理论构架。

本书认为，从危机个体本身的表现来看，处于橙色级危机阶段的饭店女性部门经理除具备疲乏无力、心情烦躁、情绪低落、记忆力衰退、注意力不集中、人际关系淡漠、工作效率低下等倦怠常规症状外，受性别和行业特征影响，饭店女性部门经理还会有痛经、经期综合症、乳腺疾病、性功能障碍、不孕不育、更年期提前、生育意愿下降、从业心态失衡等特殊的生理和心理征兆；对饭店而言，女性部门经理的职业倦怠会带来高缺勤率、高员工流动率、低工作效率、高离职意向和消极怠工等；此外，这种负面情绪还可能具有"溢出效应"，使个体倾向于减少社会交往、疏远家人和朋友（张开翠，2008）。由此可见，女性部门经理的职业倦怠与个体、组织以及社会有相当大的关联,许多实证研究也证实了上述观点(Maslach、Jackson,1984;Leiter、Maslach,1988;Shirom,2006等)。

(2) 针对职业倦怠的防范策略

①给对方以尊重。

饭店给予女性部门经理尊重,可以从两方面着手。一方面,饭店应充分肯定女性部门经理付出的辛勤劳动,建立完善、公平、公正的奖励机制和用人制度,如通过设立举贤任能制度、绩效管理制度、兼职兼薪制度、双向选择制度、利益驱动制度等来体现对女性部门经理的能力尊重;另一方面,饭店应设法增强女性部门经理的荣誉感、自豪感,给予其人格上的尊重。例如,引入员工援助计划[①](EAP,也称为员工精神按摩、全员心理管理技术),在节日、员工生日时送上贺卡、礼物等,让员工真切感受到被重视、被肯定、被激励、被尊重,自觉自愿地为企业创造更大的效益。

②制定相关应对策略。

a. 提高员工自我调节能力。首先,饭店应为员工提供更多学习和职业认知机会,使其能通过学习来调整工作期望,进行角色定位,学会调节情绪和心境,积极主动地适应环境的变化。人力资源危机管理小组应教育女性部门经理正确认识和应对压力,要学会化消极回避为积极应对,变压力为动力。此外,还应鼓励女性部门经理加强与上级、同事的交流和沟通,及时向家人、朋友倾诉,释放心中的郁闷,求助于心理医生、职业生涯顾问等,接受他们的指导。

b. 定期轮换岗位,加强服务授权。在一定时间段内,在部门内部或部门之间的岗位调换,能使饭店员工经常处于一个新的工作环境,既培养

---

① EAP(Employee Assistance Program),即员工援助计划,是企业组织为员工提供的系统的、长期的援助与福利项目;通过专业人员对组织以及员工进行诊断和提出建议,提供专业的指导、培训和咨询服务,帮助员工及其家庭成员解决心理和行为问题,提高绩效及改善组织气氛和管理。简而言之,EAP是企业用于管理和解决员工个人问题,从而提高员工与企业绩效的有效机制。目前世界500强中,有90%以上建立了EAP。美国有将近四分之一企业的员工享受EAP服务。经过几十年的发展,EAP的服务模式和内容有:工作压力、心理健康、灾难事件、职业生涯困扰、婚姻家庭问题、健康生活方式、法律纠纷、理财问题、减肥和饮食紊乱等,全方位帮助员工解决个人问题。

了"多面手",又让员工始终保持对工作的新鲜感和热情。

c. 建立压力宣泄机制。要有效防止和治疗女性部门经理的职业倦怠问题,人力资源危机管理小组还可建议饭店决策者在饭店内建立有效的压力宣泄机制,具体包括:上级定期与其沟通,倾听下属的心声;由人力资源部或聘请专业公司定期对从业人员做心理健康调查,对有问题的员工进行辅导;聘请心理咨询师或职业生涯顾问长驻店内。国外发达国家企业的一些做法也可以借鉴,如"爱抚管理"模式:设立员工"出气室"、成立烦闷发泄会、心理聊吧等(樊婷婷、陈雪琼,2007等),用以缓解员工的紧张情绪和压力等。

7.2.3 红色级危机的防范

红色级危机主要体现为女性部门经理的职业抗拒意识和离职意向明显。处于该阶段的女性部门经理主要表现为:不安心本职工作,公开或者私下对管理者持较强烈的反对情绪,逆反心理严重。因此,这一阶段应针对饭店女性部门经理着重开展"冲突管理"和"离职管理",并预防离职,将企业损失降到最小。

(1) 女性部门经理职业抗拒的主要表现

希莱姆的心理反抗理论提出,当个体感到自由处于危险中时,直接的反应可能是试图重新获得自由,而这种反应十分强烈,以至于个体会不厌其烦地保卫自己的信念,甚至改变信念以对抗其他人改变他们的企图(孙贺丰,2008)。此阶段的危机个体已经对饭店高层决策者丧失信心,经常推辞上司安排的任务,公开对上司的意见表示出明显的不满和对抗,凡事都吹毛求疵,与上司、同事、下属之间冲突的频率和强度都有所加大,人际关系变得紧张,常利用各种机会批评现有管理制度、措施,且容易与管理者产生公开的冲突,有的还伴随一定程度的破坏行为,如损坏公共财物、侵吞组织金钱、损害组织形象等,少数个体在该阶段表现出了强烈的离职意向,可能发生集体离职事件,等等(李航,2008)。

(2) 女性部门经理职业抗拒的管理对策

由于女性部门经理的职业抗拒多数最终以人际冲突或离职(意向)

等现象表现出来，因此，针对该阶段女性部门经理的职业发展危机防范和应对应着重从冲突管理和离职管理两方面着手。

①冲突管理

a. 冲突防范对策。

针对女性部门经理人际冲突，主要有以下防范策略。一是运用沟通手段。人力资源危机管理小组应加强与女性部门经理的信息沟通，增进团结，消除误会，提高组织的凝聚力。饭店一些重大决策在全面执行之前最好能采取投石问路的方法预防冲突发生。例如，饭店决策者故意将准备提升某人到某一重要岗位的消息"无意"透露出来，听一听人们对提升此人的评价。二是注意观察。当女性部门经理出现情绪异常，注意力不集中，经常迟到、早退或旷工等行为，都可能是冲突发生的前兆。通过观察其行为举止，及时了解其内心想法，加强沟通，可以预防冲突的发生。

b. 冲突的妥善处理。

已和他人发生冲突的女性部门经理，人力资源危机管理小组可采用以下方法进行处理。首先，协商是解决冲突最常见、最有效的方法之一。当女性部门经理与其他部门或本部门的员工发生冲突时，由人力资源危机管理小组主持双方（双方的代表）通过协商方式解决，并要求冲突双方都能顾全大局，互相作出让步和妥协。其次，调解也是解决冲突的常用方法和折中方法之一。当饭店人力资源危机管理小组针对双方的协商不能解决问题时，则请示饭店高层管理者或相关决策者出面调解冲突。最后为仲裁或诉讼途径。当协商、调解均无效时，可以采取仲裁甚至法律诉讼的方式来解决冲突。对与他人发生冲突的女性部门经理来说，仲裁是由饭店高层管理者或决策者（冲突双方共同的上级）或专门的民间仲裁机构来主持，诉讼则是通过法律机关依照法律法规予以裁决。这是一种强制行为，这种解决办法容易带来后遗症，因此应尽量避免使用。

②离职防范与管理

员工流动是社会和企业人力资源配置的重要形式之一（忻依娅、梁巧转，2004）。女性部门经理适当的职业流动对调整人员构成比例和群体结构有积极作用，有利于保持企业活力，但过度的职业流动也会带来士气低落、企业声望下降、职位链损害、机会丧失等负面影响。另外，女性部门经理作为饭店的关键人力资本,其流失在一定程度上意味着企业战略实施的中断、重置成本的大幅上涨等问题。

国外学者在 20 世纪初就开始了雇员离职研究,分析了工作满意度、业绩、薪水满意度等个体因素对离职的影响,将离职的模型扩展到包括个人对组织的适应性、组织环境等结构性因素（Robson、Wholey、Barefield, 1996）,并从微观视角引入了反映个体不同心理感受的构想概念来分析造成雇员离职的决定性因素。就中高端饭店来讲,中层管理人员是其主要流出人员,主要原因在于,这些饭店企业的组织结构基本成熟,重要岗位人员配置趋于稳定,晋升提拔机会较少,从而导致具备一定职业基础、寻求更大发展空间的中层员工流失,而女性部门经理流失更为明显和频繁（高容, 2003）。由此可见,有必要对饭店女性部门经理开展离职管理,降低饭店由于核心人员离职而带来的损失。

饭店人力资源危机管理小组应建立员工离职反馈机制,对员工离职原因进行分析,这是饭店人力资源危机管理的重要一环。本书对饭店女性部门经理离职因素及其作用机制进行了分析（见图 7 - 1）。

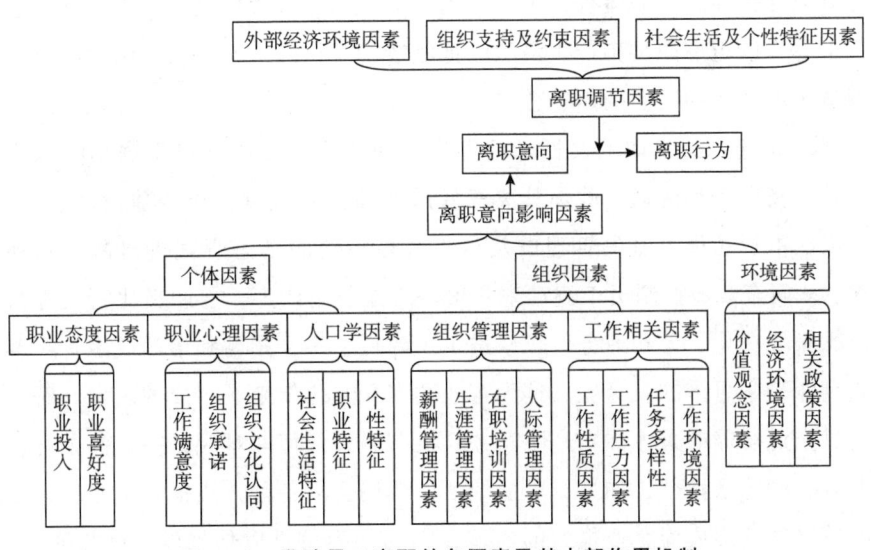

图 7 - 1　导致员工离职的各因素及其内部作用机制

总体而言,离职管理中要注意沟通和分阶段管理,即对处于不同离职阶段的员工应有不同的管理对策。

a. 对于有离职倾向的女性部门经理，管理重点在于留人。具有离职意向的女性部门经理尚处于考虑离职的犹豫期，饭店人力资源危机管理者或者饭店高层决策者应以务实精神亲自或委托适宜的管理人员与其进行面谈，积极交流，倾听其真实想法，设法满足需求，打消其离职念头。

b. 对于即将离职（已经向饭店提出辞职）的女性部门经理，人力资源危机管理者要通过沟通多收集具体详细的信息，要尽量引导其对饭店制度缺陷、工作环境、团队合作等作出评价，并了解其离开饭店的真正原因，这些信息可作为对人力资源管理工作的基本评估依据。人力资源危机小组要认真倾听他们的离职理由，尊重其离职决定，做好离职面谈（分阶段，至少在离职前后各进行一次）。虽然要挽回提出离职的女性部门经理的可能性不大，但还是要尽量挽回，因为她们对饭店绩效有举足轻重的作用。尽量避免"永不聘用从本饭店离职过的员工"等类似规定，相反，要告诉她们：欢迎日后重新加入。因为离职后的多数女性部门经理还将继续从事饭店类工作，她们可能与饭店未来的潜在员工进行交流，述说她们的离职感受，也可能成为饭店的客户、供应商，甚至竞争者。此外，还要注意人性化处理离职流程，不要试图在员工离职过程中报复员工，甚至进行羞辱，以免离职员工产生强烈的抵触情绪甚至破坏性行为，大大影响周围员工的情绪和饭店的声誉。

c. 对于已经离职的女性部门经理，饭店人力资源危机管理小组也应与其保持联系和沟通，收集其离职后的反馈信息及其提出的建设性意见，为以后的饭店员工流失管理以及员工心理契约的动态管理进行修正和补充，从而有效地控制员工流动率。很多跨国公司认为，前雇员比新人更为熟悉企业文化、公司业务，较新进员工降低了不少招聘和培养成本，还会给企业带来更多的新经验，这为企业的多元文化带来了积极的因素。而且受过企业培养的人才在顺利跳槽并且没有遇到任何非难后，一般都会对企业有一种感激情结，如果有可能的话，他们会以各种方式报答企业。这样的情结往往会成为企业很大的财富，它的作用是难以估量的。摩托罗拉、IBM 等很多公司都针对主动辞职的员工设立了"回聘制度"，尽可能留住有价值的人才。世界著名的管理咨询公司 Baln 公司更是专门设立了旧雇员关系管理主管，并建立了存有北美地区 2000 多名前雇员资料的"前雇员关系数据库",跟踪记录离职员工的职业生涯变化情况。其中不但包括他们职业生涯的变化信息,甚至还包括他们结婚生子之类个人生活的细节。Baln 公司定期向那些曾为公司效力的前雇员发送内部通讯,邀请他们参加公司的聚会活动。麦肯锡公司将离职员工看成"校友",花巨资培育遍布各行各业的"毕业生网络"。饭店也可以借鉴跨国公司在离职管理方面的经验,进行相应的离职管理。

8 总结

8.1 主要结论

通过研究，本书主要得出以下结论。

（1）采用文献分析法，收集、梳理和归纳了国内外饭店管理者、女性管理者、职业发展危机等方面的相关研究成果，获得以下研究成果与结论（第1~4章）。

①界定和分析了饭店女性部门经理职业发展危机的内涵与特征。本书认为，饭店女性部门经理职业发展危机的内涵可以界定为：饭店女性部门经理职业发展危机是指饭店各职能部门的正、副部门经理的职业发展需求与职业发展现实之间的矛盾被激化的一种状态，具体可以从薪酬发展危机、职位发展危机、能力发展危机和人际关系危机四个维度来衡量；饭店女性部门经理职业发展危机具有不均衡性、过程性、阶段性等特征。

②研究了职业发展危机带来的五种后果和女性部门经理职业发展危机的主要表现。职业发展危机可能有五种后果：一是危机个体顺利度过职业发展危机，学会了处理危机的新方式，心理健康水平得到提高；二是危机个体最终度过了职业发展危机，但对其心理造成创伤，形成偏见，职业价值观、职业态度等发生转变；三是危机个体无法忍受某一特定环境下的职业发展危机，最终离职、跳槽、改行；四是危机个体未能度过危机，陷于神经症或精神病；五是危机个体无法承受职业发展危机带来的强大心理压力，对未来产生失望，最终选择结束生命以获解脱。女性部门经理职业发展危机内在表现为抱怨、倦怠、抗拒、离职情绪或意向明显增强，外在表

现为薪酬增长缓慢、职位晋升受阻、能力发展受限、人际关系紧张等。

③提出女性部门经理职业发展危机的三种类型：职业生理危机、职业心理危机、职业价值观危机。

④从个体层面、家庭层面、组织层面和社会层面分析了饭店女性部门经理职业发展危机的归因：个人因素（性别、年龄、性格、受教育程度、健康因素、职业投入、职业相关动机、职业压力、自信心等）、家庭层面因素（经济收入状况、家务分担情况、婚姻状况、子女年龄、子女数量等）、组织因素（饭店星级、规模、所有制状况、开业年限、行业工作特征、组织性别文化等）、社会层面因素（职业社会声望、职业刻板印象、传统性别观念、社会对饭店女性从业人员的认可、女职工相关政策等）。

⑤本书分析和研究了饭店女性部门经理职业发展危机形成因素的互动机理、形成机理和演变机理，构建了互动机理模型和形成机理模型，提出了女性部门经理职业发展危机的四个阶段，即抱怨阶段、倦怠阶段、抗拒阶段、离职阶段。同时，本书把女性部门经理职业发展危机分为蓝色级（良好）、绿色级（基本正常）、黄色级（轻度危机）、橙色级（中度危机）、红色级（重度危机）五个强度等级。

(2) 通过访谈、座谈、文献（问卷）分析等多种方式，归纳分析了饭店女性部门经理职业发展危机的形成因素，设计了本书的因子分析量表（自变量量表、因变量量表、调节变量量表、控制变量量表），并对其信度和效度进行了检验，形成正式问卷。本书构建了女性部门经理职业发展危机因子分析模型，通过因子分析，得到以下结论（第5章）。

①饭店女性部门经理职业发展危机的形成因素主要包括：性别、年龄、受教育程度、部门/工种、成功恐惧心理、工作满意度、职业投入、个人进取意识、婚否等52项。

②借助统计分析工具 SPSS17.0，采用主成分分析法对各量表提取了公因子。其中，职业发展阻隔变量（自变量）提取了10个公因子，分别为 F_1（女性生理和行业劣势）、F_2（职业发展满意度）、F_3（政治能力）、F_4（性别偏见）、F_5（角色冲突）、F_6（职业素质与态度）、F_7（组织支持）、F_8（家庭支持）、F_9（其他能力）、F_{10}（行业待遇）；职业发展危机

征兆量表（因变量）提取了6个公因子，分别为职业倦怠（C_1）、逆反情绪（C_2）、离职意向（C_3）、职业挫败感（C_4）、职业抱怨（C_5）、职业忠诚（C_6）；环境变量量表（调节变量）共提取了4个公因子，分别为消极的社会声望（E_1）、社会支持政策（E_2）、企业学习机会（E_3）、企业职业规划（E_4）。

③职业发展阻隔（CDB－F）与职业发展危机（CDS－F）显著相关。

④环境变量（CBE－F）对职业发展阻隔（CDB－F）与职业发展危机（CDS－F）具有调节作用。饭店女性部门经理的CBE－F与CDB－F的相关性达到显著水平，具有中高度的相关性。

⑤控制变量对饭店女性部门经理职业发展危机征兆（CDS－F）有显著影响。研究表明，个体的收入、家庭住房状况及企业的性质、规模、所有制等对饭店女性部门经理职业发展危机征兆的影响最为显著。

⑥构建了饭店女性部门经理职业发展危机征兆的多元回归方程：

$$C = 2.280 - 0.070F_2 + 0.094F_3 + 0.055F_4 + 0.134F_5 - 0.077F_6 + 0.036F_7 + 0.055F_9 - 0.053F_{10} + 0.1E_1 + 0.078E_2 - 0.031E_4$$

（3）第6章的分析与研究得到以下成果与研究结论。

①分析了饭店女性部门经理职业发展危机预警系统的组织结构及运行机制、系统的功能与特点。本书提出两个设立专门女性部门经理职业发展危机预警系统的组织结构方案：一是在饭店设立专门的危机管理部门（常设机构），并在该部门下设经济危机、人力资源危机、行业危机、质量危机等小组；二是在饭店人事部增设人力资源危机管理小组。危机预警系统的运行机制应关注危机管理人员的素质、运作程序等相关问题，危机预警系统的功能应包括风险源监测、危机程度评价、危机预控等功能，危机预警系统的特点主要表现为积累性、突发型、滞后性、动态型、复杂性、依赖性等。

②研究了饭店女性部门经理职业发展危机监测子系统，构建了综合性指标、关键性指标、特殊性指标等3个层级39个指标（包括人均劳动生产率、人力资源投资回报率、升职率、降职率、空缺率、余缺率、培训系数、培训费用系数、老年员工比例、缺勤/迟到率、员工投诉率、员工流

失率、员工违纪率、人际关系冲突频度等）构成的女性部门经理职业发展危机预警指标体系。

③研究了饭店女性部门经理职业发展危机评估子系统，用专家问卷法初步确定了各预警指标的警戒线（值），并采用 yaahp 软件计算了各指标的相对权重和绝对权重，最终得到了饭店人力资源危机、饭店中层管理者（部门经理）职业危机、饭店女性部门经理职业发展危机的评价模型，分别为：

$$F_1（饭店人力资源危机）= 0.4013\ F_{11} + 0.5987\ F_{12}$$

$$F_2（饭店部门经理职业危机）= 0.2120\ F_{21} + 0.4718\ F_{22} + 0.3162\ F_{23}$$

$$F（饭店女性部门经理职业发展危机）= 0.2149 F_1 + 0.4187\ F_2 + 0.3364\ F_3$$

④研究了饭店女性部门经理职业发展危机预报子系统，使用隶属度计算法对危机等级进行了划分，并综合借鉴交通预报系统的信号设计，将危机划分为 5 个警度范围，即红色灯（重度危机）、橙色灯（中度危机）、黄色灯（轻度危机）、绿色灯（基本正常）、蓝色灯（良好），具体见表 6-9。

（4）第 7 章的分析与研究得到以下成果与研究结论。

①从个体层面、家庭层面、企业层面和社会层面四个角度研究了饭店女性部门经理职业发展危机的防范对策。包括：制定性别差异的生涯发展规划、提升自我情绪控制能力和影响感召能力、增强自信和自我职业素质、学会自我调适和解压、主动寻求外界支持、实现家务劳动社会化、加强危机管理和女性人力资源开发、创建无性别歧视的工作环境、实行家庭友好计划、改变传统性别观念、加强女性职业生涯理论研究、提高饭店业的社会声望等。

②从危机等级视角分析和研究了黄色级危机、橙色级危机、红色级危机三种职业发展危机等级的防范与管理。本书认为，三种职业发展危机等级的防范与管理应关注：黄色级危机主要以抱怨管理为主，管理者要做到及时沟通、认真倾听、合理疏导；橙色级危机则以职业倦怠管理为主，给危机个体以尊重和理解，并采取授权、换岗、设立压力宣泄机制等方式来

应对；红色级危机的管理则应以"冲突管理"和"离职管理"为主。

8.2 本书的主要贡献和创新点

本书在对国内外相关研究成果和理论进行梳理、归纳和分析的基础上，首次对职业发展、职业发展危机、饭店女性部门经理职业发展危机等概念及内涵进行了较为系统的分析和探讨，编制了女性部门经理职业发展危机量表，并进行了反复检验。假设检验结果证明，本书提出的饭店女性部门经理职业发展危机概念模型具有一定的普遍适用性。因此，本书主要在以下几个方面丰富了危机管理、人力资源管理等相关理论的研究成果。

（1）理论贡献

①首次对国内外涉及性别的旅游研究成果进行了系统梳理。

本书首次对国内外有关旅游性别研究的成果进行了系统分析和评述，在一定程度上丰富了旅游研究、性别研究等领域的研究成果，并为相关领域研究者提供了理论参考。

由于国内旅游性别研究刚刚起步，研究相对少且主要集中于少数研究焦点。因此，笔者对国内外所有旅游性别研究文献进行了梳理和分析，总结出了旅游性别研究的概念框架、研究内容、研究阶段及趋势。笔者对国内外女性旅游从业人员的研究现状进行了归纳、分析和评述，指出国外研究主要集中于乡村旅游中的女性从业人员、外地女性旅游从业人员、旅游企业女性从业人员，而国内研究则主要集中于饭店女性从业人员的研究，内容单一。

②首次提出了职业发展危机的概念。

虽然国内外一些学者对职业发展、职业发展危机等问题进行过一定的探讨，但并未对其概念和内涵进行过较为明晰的界定和解析。本书通过对职业、危机、职业发展等相关概念的辨析，提出了职业发展危机概念，并对其内涵、特征、表现等进行了分析和界定。这些创新的学术论点和研究成果丰富了人力资源管理、危机管理理论，填补了我国饭店管理学术界人力资源危机理论研究的空白，有助于推动我国饭店管理学术界进一步深入探讨饭店的人力资源危机管理理论。

③首次制订并验证了饭店女性部门经理职业发展危机相关量表。

迄今为止,国内外学界还没有一个被普遍接受的职业发展危机量表,人力资源管理理论工作者对已有的量表进行重复性检验的实证研究成果也极为少见。参考前人的相关量表,并结合前文研究结果和多渠道信息的收集,本书制订了饭店女性部门经理职业阻隔量表、职业发展危机征兆量表等,并对其进行了预测和修订,进行了信度和效度检验,从而为饭店相关研究提供了一种研究和测量工具。

④首次探讨职业发展危机的前因后果。

目前,国内外对职业发展危机的研究尚处于初级阶段,相关学者要么集中于对职业发展危机原因的分析,要么集中于对危机后果的分析,本书则首次以饭店女性部门经理为研究对象,对其职业发展危机的成因、后果进行综合分析。研究表明,性别歧视、角色冲突等职业发展因素是导致和影响饭店女性部门经理职业发展危机的重要因素,而组织、社会等层面的环境变量对前因后果的关系起到调节作用。这些研究成果在一定程度上补充了我国饭店管理学术界人力资源管理理论研究的空白,有助于推动我国饭店管理学术界进一步深入探讨女性从业人员相关问题。

(2)实践贡献

本书认为,饭店企业应该增强人力资源危机管理意识,关注中层管理者的职业发展需求,重视女性人力资源的开发,在企业内部培养公平、平等的文化氛围,加强人性化管理,为女性从业人员创造良好的工作环境和氛围,从而使其更有效地带领广大员工提高企业的经济效益和社会效益。

①引起各利益相关群体对女性部门经理职业发展危机的重视。

本书分别从危机发生机制、因子分析、危机预警机制等三个方面入手,运用定性与定量分析相结合的方法,对饭店女性部门经理职业发展危机的现状、形成与影响因素、内部作用机制、识别监测与评估等进行了较为系统的分析,可以在一定程度上引起女性自身、家庭、饭店、政府等利益相关群体对该问题的重视与关注。

②饭店女性部门经理职业发展危机多元回归方程有利于指导实践。

本书在对饭店女性部门经理职业发展危机进行归因分析、因子分析的基础上，最终构建了多元回归方程，饭店人力资源管理者可以从该方程一目了然地了解各因素对职业发展的影响程度，促进理论应用到人力资源危机管理中，更有效地指导饭店人力资源管理实践。

③危机预警指标体系可应用于饭店人力资源管理。

本书第6章从不同层面出发，构建了饭店人力资源危机预警指标体系、饭店部门经理职业危机预警指标体系和饭店女性部门经理职业发展危机预警指标体系，从而扩大了这一指标体系的适用范围，有利于饭店管理者的实际应用和操作，饭店相关管理部门可依据自己的状况，使用以上三个指标体系对饭店全部员工、饭店中层管理者、饭店女性部门经理分别进行衡量和评价。因此，本书第6章对于饭店识别、衡量、预测人力资源危机状况等具有较强的实用性。本书提出的预警指标体系可以为饭店的人力资源管理增加一份保障，可以在一定程度上缓解或解决饭店的"员工荒""中层危机"等相关问题。

（3）主要创新点

（1）从个体层面、家庭层面、组织层面和社会层面对饭店女性部门经理职业发展危机进行了归因分析，并构建了职业发展危机的引发机理模型和女性部门经理职业发展危机因子分析模型，理论上有一定创新。

（2）提出、制订、检验并使用了饭店女性部门经理职业阻隔量表、职业发展危机征兆量表，为饭店相关研究提供了一种研究和测量工具，在测量工具建立方面有所创新。

（3）开拓性地以饭店女性部门经理为研究对象，对其职业发展危机的类型、成因、后果进行综合分析与研究，在一定程度上补充了我国饭店人力资源管理、危机管理等理论研究的空白。

参考文献

奥古斯丁等：《危机管理》，吴佩玲译，天下远见出版社，2001。

包国宪、毛义臣：《国有企业核心员工的差异化激励》，《商业时代》2004年第8期。

鲍勇剑、陈百助：《危机管理——当最坏情况发生时》，复旦大学出版社，2003。

彼得·圣吉：《第五项修炼》，郭敬隆译，上海三联书店，1998。

蔡洁、赵毅：《国内女性游客旅游消费行为实证研究——以重庆旅游目的地为例》，《旅游科学》2005年第2期。

曾静：《基于人力资源管理的女性员工工作压力研究》，四川大学硕士学位论文，2007。

车玉玲：《发展危机的哲学根源》，《求是学刊》2000年第5期。

陈斌：《旅游发展对摩梭人家庭性别角色的影响》，《民族艺术研究》2004年第1期。

陈晨：《我国劳动力市场性别歧视的法律缺陷及其完善》，《人口与经济》2003年第10期。

陈笃升、斯羽：《职业女性工作-家庭冲突及其管理策略》，《商业文化》（学术版）2009年第10期。

陈向军、田志龙：《湖北省民营科技企业发展的障碍与对策：基于环境的研究》，《科技进步与对策》2003年第2期。

陈晓云：《和谐两性关系中的妇女解放问题》，《中国科技信息》2005年第18期。

陈晓云：《"天花板现象"与女性领导胜任力的保障、培育与开发》，

《行政与法》2007年第10期。

陈兴华、凌文辁、方俐洛:《工作-家庭冲突及其平衡策略》,《外国经济与管理》2004年第4期。

陈雪琼:《女性性别优势对饭店管理模式的影响》,《饭店现代化》2003年第5期。

陈艳红:《导游人员职业倦怠问题研究》,山东师范大学硕士学位论文,2008。

成剑慧:《职业性别刻板印象对招聘人员甄选行为的影响研究》,兰州大学硕士学位论文,2008。

程芳:《基于生涯阻隔理论的女性人力资源开发研究》,《经济师》2009年第9期。

程芳、周二华:《我国高校女教师的职业发展研究——基于10种管理期刊的实证研究》,《现代教育管理》2010年第2期。

慈勤英、田雨杰、许闹:《收入性别差异的表现形式与特点》,《人口学刊》2003年第3期。

崔春霞、王英等:《餐饮业服务员非婚性行为及影响因素研究》,《现代预防医学》2009年第12期。

戴斌:《现代饭店集团研究》,中国致公出版社,1998。

邓红:《从社会性别视角看农村妇女参与县域经济发展》,《黑龙江史志》2008年第13期。

邓敏、李丰生:《中国女性旅游消费市场初探》,《社会科学家》2003年第6期。

丁雨莲、陆林:《中国女性旅游市场的现状及潜力》,《资源开发与市场》2006年第1期。

董传仪:《危机管理学》,中国传媒大学出版社,2007。

董鸿安:《酒店员工职业倦怠及其双向调节》,《合作经济与科技》2009年第18期。

董玮:《近代女子海外游研究》,上海师范大学硕士学位论文,2005。

杜艺婷:《高学历女性职业生涯阻隔因素及对策研究》,厦门大学硕士学位论文，2008。

段永康：《中型城市女性群体旅游消费行为与市场营销对策研究》，重庆大学硕士学位论文，2006。

樊金燕、刘晓枫，张恒：《徐州高校在校大学生出游特征性别对比研究》，《学理论》2009年第16期。

樊婷婷、陈雪琼：《酒店从业者职业倦怠的根源及干预措施研究》，《中国人力资源开发》2007年第10期。

樊智勇：《高级酒店中层管理人员素质测评探究》，《廊坊师范学院学报》（自然科学版）2009年第2期。

饭店现代化编辑部：《饭店业女性角色定位及发展趋势》，《饭店现代化》2006年第3期。

范向丽、郑向敏：《女性旅游者研究综述》，《旅游学刊》2007年第3期。

范向丽、郑向敏：《基于台湾女性旅游者行为倾向的福建省旅游市场开发策略研究》，《福建师范大学学报》（哲学社会科学版）2008年第2期。

范向丽、郑向敏：《基于女性市场的花卉旅游产品开发》，载《国际花文化研讨会论文集》，东南大学出版社，2009。

范向丽、郑向敏：《女性旅游市场细分及其特征分析》，《经济论坛》2009年第17期。

付保红、徐旌：《曼春满村寨民族旅游中村民社会角色变化调查研究》，《云南地理环境研究》2002年第1期。

盖陆祎、张维志：《旅游饭店女性人力资源的开发对策研究》，《商场现代化》2008年第6期。

高容：《旅游企业人力资源流动性研究》，湘潭大学硕士学位论文，2003。

高燕翔：《浅谈企业核心员工职业生涯发展规划》，《生产力研究》2002年第4期。

郭乡村、李彦秋、陆翠岩：《中年女性心理压力转嫁中的伦理危机和干预原则》，《中国医学伦理学》2006年第5期。

郭英、严宽荣、张辉：《经济型饭店中层管理人员的受训激活机制探析》，《沿海企业与科技》2004年第1期。

国家统计局人口和就业统计司、人力资源和社会保障部规划财务司：《（2000－2005）中国劳动统计年鉴》，中国统计出版社，2001～2006。

郝永平：《危机成因解析》，《天津社会科学》2006年第4期。

郝永平：《危机问题的哲学探究》，《求是学刊》2003年第5期。

何建华：《国外女性职业生涯开发研究现状综述》，《外国经济与管理》2006年第1期。

何明洁：《劳动与姐妹分化：中国女性农民工个案研究》，清华大学博士学位论文，2007。

何明洁：《性别化年龄与女性农民工研究》，《妇女研究论丛》2007年第4期。

何友晖、彭泗清：《方法论的关系论及其在中西文化中的应用》，《社会学研究》1998年第5期。

胡百精：《危机传播管理》，中国传媒大学出版社，2005。

胡三嫚：《工作不安全感及其对组织结果变量的影响机制》，华中师范大学博士学位论文，2008。

黄翅勤、彭惠军：《旅游宣传中的女性形象文化内涵解析》，《商业经济》2009年第3期。

黄焕荣：《组织中玻璃天花板效应之研究：行政院部会机关女性升迁之实证研究》，政治大学公共行政研究所博士学位论文，2000。

黄静晗、郑逸芳、郭涵：《女性管理者职业发展障碍问题探讨——对福建省的调查与思考》，《福建农林大学学报》（哲学社会科学版）2006年第6期。

黄娟：《我国中小企业职业女性工作压力管理研究》，江苏大学硕士学位论文，2009。

黄庐进、周锡飞：《女性职业"天花板"问题的现状、根源及对策》，《产业与科技论坛》2008年第3期。

黄秋梅、苏穗：《女性职业生涯发展的制约因素与建议》，《创新》2009年第10期。

黄玮:《乡村旅游对农村女性的影响》,《经济论坛》2009 年第 5 期。

黄文波:《论酒店业员工压力与激励》,《天津商学院学报》2001 年第 1 期。

黄文波:《饭店员工压力及应对策略研究》,《企业经济》2004 年第 7 期。

吉攀攀:《构建和谐社会背景下的职业女性》,《四川省情》2008 年第 3 期。

贾莉莉:《美国的教师职业处在危机之中》,《比较教育研究》2003 年第 7 期。

江历明:《教师职业生涯危机与管理》,《福建论坛》(人文社会科学版) 2006 年第 8 期。

江锡民、唐传虎:《重视开拓 20 - 29 岁日本女性旅游市场》,《新华日报》2004 年 11 月 25 日。

蒋美华、柴丽红:《当代城市女性职业变动与孩子照料安排——基于郑州市的调查与思考》,《学习论坛》2008 年第 5 期。

焦晓波、张小兵:《企业女性员工职业倦怠成因探析——基于上海企业女性员工的调查》,《吉林工商学院学报》2010 年第 1 期。

焦自英:《企业员工无边界职业生涯管理研究》,厦门大学硕士学位论文,2009。

揭艾花:《单位制度变迁过程中的城市女性职业发展障碍》,《浙江大学学报》(人文社会科学版) 2003 年第 4 期。

杰弗里·R. 卡波尼格罗:《危机顾问》,杭建平译,中国三峡出版社,2001。

景怀斌:《中国人成就动机性别差异研究》,《心理科学》1995 年第 2 期。

景晓芬:《土族女性非农就业与女性角色转换》,《西北人口》2007 年第 6 期。

康宛竹:《中国上市公司女性高层任职状况调查研究》,《妇女研究论丛》2007 年第 4 期。

柯靖:《女性 MBA 学员的职业生涯阻隔和应对策略研究》,华中科技大学硕士学位论文，2006。

克长城：《饭店薪酬管理实证研究》，东北财经大学硕士学位论文，2007。

孔志强、邢以：《基于博弈论的核心员工激励模型的探讨》，《技术经济与管理研究》2003年第6期。

来逢波：《中国女性旅游市场发展前景与经营对策》，《中华女子学院山东分院学报》2003年第4期。

稂丽萍：《民族旅游时空中的少数民族女性社会角色的嬗变》，《贵州民族学院学报》（哲学社会科学版）2008年第1期。

李宝元：《中国企业人力资本产权变革三次浪潮评析》，《财经问题研究》2007年第7期。

李彬、包磊：《酒店员工抱怨管理浅析》，《邯郸学院学报》2007年第9期。

李成文：《论企业核心员工职业生涯发展规划的管理蕴意》，《西南民族学院学报》（哲学社会科学版）2003年第5期。

李传裕：《企业知识型核心员工的激励探讨》，《企业经济》2006年第3期。

李德忠、王重鸣：《核心员工激励：战略性薪酬思路》，《人类工效学》2004年第2期。

李芬、陆莹：《企业核心员工激励机制的探讨》，《武汉冶金管理干部学院学报》2005年第3期。

李恭、亮石伟：《组织变革中员工适应行为的表现及人格变量影响分析》，《集团经济研究》2007年第12期。

李航：《企业人力资源危机的感知与防范》，同济大学经济与管理学院博士学位论文，2008。

李华生：《饭店人才现状与人才管理机制提升》，《饭店现代化》2007年第6期。

李佳蔚：《唐代女性出游研究》，四川师范大学硕士学位论文，2006。

李金燕、张维国：《试论影响女性成就动机的因素》，《继续教育研究》1995年第1期。

李军、张正红等:《355名饭店女性流动人群性病艾滋病社会网络干预研究》,《中华疾病控制杂志》2009年第4期。

李军等:《284名饭店打工妹抑郁现状及其影响因素研究》,《安徽预防医学杂志》2009年第6期。

李兰萍:《高校中年知识女性的困扰与身心调节》,《萍乡高等专科学校学报》2001年第2期。

李莉:《图书馆工作的职业化管理与职业化建设》,《江西图书馆学刊》2003年第4期。

李琳:《基于KPI的饭店中层管理者绩效考核体系研究》,中国海洋大学硕士学位论文,2005。

李敏、唐书转:《浅析饭店业中女性员工的激励》,《经济贸易》2006年第4期。

李萍:《基于人力资源管理的员工工作倦怠研究》,四川大学硕士学位论文,2007。

李全喜:《女性科技工作者职业发展影响因素的三维解析》,《科学学与科学技术管理》2008年第12期。

李时荣:《会计职业道德危机再议》,《散装水泥》2005年第1期。

李双喜:《试论企业员工情绪对企业管理的影响》,《内蒙古科技与经济》2009年第9期。

李万星:《浅谈新闻职业道德危机的应对》,《东南传播》2008年第5期。

李业、杨媛媛:《西方日渐兴起女性饭店》,《中外企业文化》2008年第11期。

李艺铃:《饭店服务专业隐性课程与职业素质摭谈》,《昆明大学学报》2008年第4期。

李永红:《上海女性旅游消费研究》,华东师范大学硕士学位论文,2004。

李勇泉:《酒店基层员工的抱怨情绪及消除》,《科技和产业》2010年第3期。

李玥睿、张凡:《重庆女性旅游的 SWOT 分析及其发展对策》,《现代商贸工业》2009 年第 15 期。

李云霞、李洁:《云南省旅游饭店人才危机管理及措施分析》,《经济问题探索》2008 年第 9 期。

李正益:《试论女性人力资源的开发》,《中南林业科技大学学报》(社会科学版) 2008 年第 5 期。

梁巧转、忻依娅、关培兰:《管理中的女性和女性管理者》,载关培兰著《中外女企业家发展问题研究》,武汉大学出版社,2003。

梁漱溟:《人生态度及方法》,《银行家》2007 年第 6 期。

廖泉文:《人力资源管理》(第 2 版),高等教育出版社,2011。

林菲:《工作倦怠对企业中层管理者离职倾向影响的实证研究》,湖南大学硕士学位论文,2008。

林慧丽、林文火:《城镇女性的职业高原问题与对策研究》,《中国集体经济》2008 年第 7 期。

林佳:《中国女医生职业倦怠对其职业生涯阻隔的影响研究》,华中科技大学硕士学位论文,2008。

林雯娟:《解读性别政治下女性领导发展困境》,《重庆社会科学》2006 年第 12 期。

零点调查、清华大学公共管理学院危机管理课题组:《京沪两地企业危机管理现状研究报告》,中国惠普有限公司,2003。

刘嫦娥:《企业中层管理人员心理素质测评系统的研制》,湖南师范大学硕士学位论文,2002。

刘嫦娥、凌文铨:《企业职业化产生的客观条件》,《企业经济》2004 年第 11 期。

刘春燕、杨罗观翠:《社会性别主流化:香港推动社会性别平等的经验和启示》,《妇女研究论丛》2007 年第 1 期。

刘聘、徐学莹:《西部民族地区女性旅游人才开发存在的问题与对策》,《牡丹江教育学院学报》2007 年第 6 期。

刘东海:《危机的逻辑初探》,《经济与社会发展》2009 年第 8 期。

刘峰:《国有企业女工工作压力的调查与分析》,《职业时空》2007

年第 4 期。

刘红梅：《旅游管理专业女大学生在实习过程中遭遇性骚扰行为的分析研究——以湖南第一师范为例》，《甘肃政法成人教育学院学报》2008 年第 1 期。

刘华文、姚炳学：《区间数多指标决策的相对隶属度法》，《系统工程与电子技术》2004 年第 7 期。

刘建花：《城市女性的职业生涯阻隔及消除路径探索》，《中华女子学院山东分院学报》2009 年第 6 期。

刘建利：《员工忠诚的心理基础分析》，《交通企业管理》2008 年第 12 期。

刘剑荣：《企业中层管理者多维个性偏好及其优化配置研究》，西南交通大学硕士学位论文，2007。

刘军、宋继文、吴隆增：《政治与关系视角的员工职业发展影响因素探讨》，《心理学报》2008 年第 40 期。

刘钧：《风险管理概论》，清华大学出版社，2008。

刘同礼：《会计职业道德建设面临的危机及对策》，《山西财政税务专科学校学报》2004 年第 6 期。

刘湘国：《民企"老板"与职业经理人信用危机探析》，《嘉兴学院学报》2003 年第 15 期。

刘小红：《我国职业经理人信任危机研究》，四川大学硕士学位论文，2006。

刘兴民、汪宜丹、张庆彩：《高校知识女性职业能力问题研究》，《合肥工业大学学报》（社会科学版）2004 年第 4 期。

刘秀英：《中国劳动力市场性别歧视状况及其分析》，厦门大学硕士学位论文，2007。

刘祎洋、王立龙：《针对日本青年女性旅华市场的分析研究》，《经济师》2009 年第 3 期。

刘义：《当前高师学生教师职业情感危机初探》，《科技信息》2006 年第 10 期。

刘永刚：《管制员职业发展危机期的激励管理探析》，《中国民用航空》2009年第4期。

刘永涓：《饭店开发女性市场初探》，《福建师范大学福清分校学报》2007年第3期。

刘永强：《工作－家庭冲突及其平衡策略研究综述》，《外国经济与管理》2006年第10期。

刘韫：《乡村旅游对民族社区女性的影响研究》，《青海民族研究》2007年第4期。

刘智强、廖建桥：《员工职业停滞的理论分类与现实判定》，《中国工业经济》2007年第6期。

卢彦红、徐升艳、吴忠军：《女性参与民族旅游发展的障碍因素分析》，《民族论坛》2008年第9期。

陆远权、马良：《女性化管理的浪潮及女性化组织的管理特质分析》，《青年科学》2009年第4期。

罗宾斯：《管理学》，黄卫伟等译，中国人民大学出版社，1997。

罗伯特·希斯：《危机管理》，王成译，中信出版社，2001。

罗美娟：《饭店一线员工工作倦怠研究》，华侨大学博士学位论文，2009。

罗旭华：《2006我国饭店人才链的失位与调整研究》，《旅游学刊》2006年第9期。

吕建中、张海虹：《中国单体饭店发展策略探索》，《技术经济与管理研究》2005年第4期。

马超：《企业员工组织政治认知量表的构建》，《心理学报》2006年第1期。

马力：《职业发展研究——构筑个人和组织双赢模式》，厦门大学博士学位论文，2004。

马倩：《诚信危机与职业道德建设浅见》，《财会月刊》2003年第9期。

马新民：《浅析不良冲突及其处理方式》，《商场现代化》2009年第10期。

迈克尔·里杰斯特：《危机公关》，陈向阳等译，复旦大学出版社，

1995。

毛晓明:《试论现代职业女性的角色冲突问题》,贵州师范大学硕士学位论文,2009。

孟奕爽:《星级饭店员工工作压力源的分析及应对》,《管理世界》2008年第4期。

苗旋、刘永刚:《管制员职业发展危机期的激励管理探析》,《中国民用航空》2009年第4期。

牟真臻:《饭店员工离职影响因素及对策研究》,四川大学硕士学位论文,2007。

聂志毅:《女性的职业优势与领导力》,《学术界》2010年第3期。

宁本荣:《女性职业发展的障碍及对策》,《人才开发》2003年第9期。

宁本荣:《新时期女性职业发展的困境及原因分析》,《西北人口》2005年第4期。

宁本荣:《女性公务员职业发展困境及完善》,《人才开发》2007年第3期。

牛纪刚:《饭店员工工作压力与职业倦怠的关系研究》,厦门大学硕士学位论文,2009。

裴春秀:《人才流失过程控制》,《中国人才》2004年第12期。

漆丽:《企业人力资源危机管理》,贵州大学硕士学位论文,2007。

齐义山:《乡镇企业人才流失危机管理》,《乡镇企业》2002年第2期。

钱素华、闵卫国:《浅议柔性管理与现代领导者威信的树立》,《学术探索》2002年第3期。

强国民:《女性职业发展困境及对策分析》,《职业教育研究》2007年第5期。

乔丙武、曹晖:《职业经理人心理危机分析与对策》,《商场现代化》2008年第19期。

邱瑛:《大连女性旅游市场开发及营销策略》,《黑龙江对外经贸》2008年第8期。

曲常军：《试论我国女性旅游市场的开发》，《中华女子学院山东分院学报》2009年第4期。

商娜红：《美国新闻职业的危机和新趋向》，《北京广播学院学报》2004年第5期。

沈亚萍等：《女性经理人转行的挑战与危机》，《经理人》2006年第1期。

石庆华：《全球化时代女性领导力的新范式》，《延边大学学报》（社会科学版）2008年第6期。

舒晓兵、廖建桥：《工作压力与工作效率理论研究述评》，《南开管理评论》2002年第3期。

宋海燕：《杰出的妇女：美国第一夫人埃莉诺·罗斯福》，《天津市经理学院学报》2007年第2期。

宋晖：《早期记者的职业意识和精神危机》，《国际新闻界》2004年第5期。

宋丽君、林聚任：《职业地位取得的社会性别差异》，《安徽农业大学学报》2003年第3期。

苏洁：《餐饮业人力资源饥荒的应对》，《饭店现代化》2009年第3期。

苏伟伦：《危机管理——现代管理手册》，中国纺织出版社，2000。

孙海法：《现代企业人力资源管理》，中山大学出版社，2002。

孙贺丰：《组织变革中员工的抵抗性心理分析》，《今日南国》（理论创新版）2008年第5期。

孙晓华、戚振东、刘建伟：《组织结构扁平化与中层管理者职业发展策略探析》，《科技管理研究》2006年第9期。

谭箐：《自我概念在女性消费市场的应用研究》，西南交通大学硕士学位论文，2004。

汤傅佳、黄震方：《女性旅游者休闲度假偏好及其满意度研究》，《江苏商论》2009年第4期。

唐雪琼、朱竑：《旅游研究中的性别话题》，《旅游学刊》2007年第3期。

唐雪琼、朱竑、薛熙明：《旅游发展对摩梭女性的家庭权力影响研究》，《旅游学刊》2009年第7期。

田秀兰：《"生涯阻隔因素量表"之编制及因素结构》，《屏东学院学报》1998年第3期。

佟新、濮亚新：《研究城市妇女职业发展的理论框架》，《妇女研究论丛》2001年第3期。

王士红、彭纪生：《企业中层危机的原因分析及对策建议》，《现代管理科学》2009年第1期。

王飞：《旅游饭店人才危机的防范与治理》，《饭店现代化》2007年第2期。

王慧娟：《国家安全机关工作人员职业心理危机问题探略》，《科技信息》2008年第11期。

王娟、李渊、程静静：《女性旅游市场分析及开发策略》，《安徽农学通报》2007年第4期。

王兰楠：《试论二十世纪后半叶的美国家庭危机》，西南大学硕士学位论文，2008。

王奇：《女性旅游市场开发研究》，《企业家天地》2007年第7期。

王显成、陈艳：《城市女性游客旅游消费意愿与实际支出结构分析》，《市场论坛》2009年第9期。

王延安：《中小企业人力资源危机预警机制研究》，四川农业大学硕士学位论文，2007。

王艳：《知识女性职业发展障碍因素探究》，《科学之友》（B版）2009年第4期。

王伊欢、王珏、武晋：《乡村旅游对农村妇女的影响——以北京市延庆县农村社区为例》，《中国农业大学学报》（社会科学版）2009年第3期。

王益兰：《浅谈中国企业雇主品牌建设》，《企业家天地下半月刊》（理论版）2009年第1期。

王玉梅：《心理契约对星级饭店知识型员工离职意图影响的实证研究》，西南交通大学博士学位论文，2008。

王赠霖、张青：《中年知识女性心理健康问题探析》，《兵团工运》

2009 年第 1 期。

温芳芳：《职业刻板印象：表现形式、影响因素和社会效应》，华中师范大学硕士学位论文，2009。

吴贵明：《中国女性职业生涯发展研究》，中国社会科学出版社，2004。

吴国存：《企业职业管理与雇员发展》，经济管理出版社，1999。

吴晋峰、李馥利、熊冰：《城市职业女性旅游行为调查研究：以西安市为例》，《陕西师范大学学报》（自然科学版）2008 年第 4 期。

吴景、陈思明：《福建农村妇女非农化与乡村旅游》，《科技情报开发与经济》2008 年第 11 期。

吴娜、唐玉凤：《女性管理者在职培训问题研究》，《河南职业技术师范学院学报》（职业教育版）2008 年第 1 期。

吴思嫣、严军生：《试论现代企业人力资源危机管理》，《经济师》2004 年第 12 期。

吴晓美：《民族旅游中性别歧视现象的人类学透析》，《青海民族研究》2007 年第 4 期。

吴忠军、贾巧云、张瑾：《民族旅游开发与壮族妇女发展——以桂林龙脊梯田景区为例》，《广西民族大学学报》（哲学社会科学版）2008 年第 6 期。

伍锡康、李环：《中国大陆、台湾、香港服务业女性职业前景》，《中华女子学院学报》2004 年第 2 期。

伍晓奕、汪纯孝等：《薪酬管理公平性对员工薪酬满意感的影响》，《外国经济与管理》2006 年第 2 期。

伍燕：《酒店基层员工工作倦怠、组织承诺与工作绩效的关系》，湖南师范大学硕士学位论文，2009。

武中哲：《职业地位的性别差异与形成机制》，《上海行政学院学报》2009 年第 4 期。

席勇、马凌：《试论顾客满意的切入点——员工满意》，《经济论坛》2006 年第 18 期。

夏文桃：《青年女性健康旅游的心理需求与产品设计》，《全国商情》

（经济理论研究）2009 年第 12 期。

肖波：《饭店业的人才危机及对策》，《企业研究》2007 年第 4 期。

肖兰平、熊丽娟：《论女性人力资源在饭店管理中的作用》，《湖南经济管理干部学院学报》2006 年第 7 期。

谢晖、保继刚：《旅游行为中的性别差异研究》，《旅游学刊》2006 年第 1 期。

忻依娅、梁巧转：《性别构成对两性离职影响的实证研究》，《人口与经济》2004 年第 3 期。

熊丽娟：《饭店员工工作压力管理的研究》，中南林业科技大学硕士学位论文，2005。

熊玉英：《中年白领女性的心理危机及预防》，《解放军健康》2003 年第 6 期。

徐秀平：《高校女大学生旅游消费行为调查与营销对策分析》，《中南财经政法大学研究生学报》2008 年第 5 期。

徐正林、程甜：《我国女性旅游者购买行为影响因素探讨》，《经济地理》2009 年第 12 期。

许红华、庄玉良、龙迪：《企业员工职业生涯停滞原因的实证研究》，《科技导报》2006 年第 12 期。

许美娜：《我国女性领导者的特质及其发展》，吉林大学硕士学位论文，2008。

许秋红、单纬东：《女性旅游者的旅游行为及营销策略》，《信阳师范学院学报》（哲学社会科学版）2001 年第 2 期。

许艳丽、谭琳：《论性别化的时间配置与女性职业发展》，《中华女子学院学报》2002 年第 6 期。

杨从杰：《中层经理人力资源管理职责及胜任特征研究》，暨南大学硕士学位论文，2008。

杨凤：《女性能力发展与和谐社会的构建》，《中共山西省委党校学报》2009 年第 2 期。

杨冠琼：《不确定性、突变和政府危机管理》，《新视野》2003 年第 6 期。

杨海洪、张红梅:《饭店女性中层管理者职业生涯发展研究》,《商业文化》(学术版) 2009 年第 12 期。

杨淑珍:《生涯阻力量表的编制》,《测验年刊》1998 年第 5 期。

杨翔:《浅谈我国酒店人力资源流动》,《商业经济》2009 年第 23 期。

杨小燕:《论知识女性职业发展面临的困境》,《山西高等学校社会科学学报》2009 年第 5 期。

杨燕:《职业女性生涯发展研究》,厦门大学硕士学位论文,2001。

杨云:《我国饭店业女性员工的职业发展》,《经济管理》2008 年第 1 期。

叶秀霜、黄宝辉、张建融:《旅游饭店女性人力资源优势初探》,《浙江师范大学学报》(社会科学版) 2005 年第 4 期。

殷炜琳:《女性主题酒店的相关问题研究》,《饭店现代化》2007 年第 6 期。

于萍:《女性旅游心理探究》,《特区经济》2008 年第 5 期。

余明阳、张慧彬等:《危机管理战略》,清华大学出版社,2009。

余秋梅:《职业刻板印象研究综述》,《职业教育研究》2008 年第 9 期。

余艺:《浅析组织管理中的沟通艺术》,《经营管理者》2009 年第 5 期。

俞达、梁钧平:《对领导者-成员交换理论(LMX)的重新检验——一个新的理论模型》,《经济科学》2002 年第 1 期。

虞蓉:《国内女性游客消费行为实证研究——以昆明为旅游目的地为例》,《商场现代化》2009 年第 2 期。

袁凌:《现代企业中层管理者的激励问题》,《财经理论与实践》2002 年第 2 期。

翟雪梅:《女性管理者职业发展阻滞的原因分析》,首都经济贸易大学硕士学位论文,2007。

湛军、张占平:《全球女性创业现状与概述分析》,《河北大学学报》(哲学社会科学版),2007 年第 3 期。

张春霞：《性别歧视与性别人力资本投资差异的纠结》，《中国劳动关系学院学报》2006年第2期。

张建萍：《中国古代女性休闲方式及其特点分析》，《社会科学家》2003年第3期。

张金层：《长沙女性旅游影响因素及市场开发策略》，《企业家天地》2009年第7期。

张金岭：《中国古代女性出游行为特征新探》，《中华文化论坛》2005年第2期。

张瑾：《民族旅游发展对少数民族妇女影响的人类学探讨》，《桂林旅游高等专科学校学报》2008年第4期。

张静敏：《浅析生育对女性职业生涯的影响》，《中华女子学院山东分院学报》2008年第1期。

张开翠：《工作倦怠、工作满意度、顾客满意度关系研究》，南京理工大学硕士学位论文，2008。

张磊：《女性经理人工作应激投射研究》，华东师范大学硕士学位论文，2008。

张丽华、陈许亚：《女性管理者的管理动机及管理成功的追踪研究》，《甘肃社会科学》2009年第2期。

张丽娜：《女性旅游消费特点与市场策略》，《社科纵横》2009年第25期。

张丽霞：《浅谈会计人员的基本职业道德——不做假账》，《科技情报开发与经济》2003年第12期。

张丽霞：《组织变革对女性管理者升迁的影响》，《现代企业》2003年第8期。

张莉：《职业女性的工作-家庭冲突研究》，厦门大学硕士学位论文，2006。

张平：《高层次人才安全危机防范研究》，河海大学硕士学位论文，2007。

张清涛：《企业女性成就动机的开发》，《东南亚纵横》2009年第3期。

张薇:《探寻女性酒店发展策略》,《成都大学学报》(社会科学版) 2007 年第 4 期。

张薇:《我国女性酒店发展趋势与策略研究》,《重庆工商大学学报》 2006 年第 6 期。

张晓燕:《员工职业发展性别差异实证研究》,《职业技术教育》2008 年第 19 期。

张晓燕等:《基于性别差异的职业发展影响因素研究》,《中国矿业大学学报》(社会科学版) 2009 年第 1 期。

张雅琴:《略论海南旅游饭店中层管理人员岗位培训教学的几个问题》,《人才与教育》1997 年第 6 期。

张娅:《现代饭店人才流失现象分析及对策研究》,天津大学硕士学位论文, 2006。

张以宽:《论会计诚信危机与职业道德》,《财会月刊》2003 年第 9 期。

张营:《试析中国女性职业发展中的"玻璃天花板效应"》,《中华女子学院山东分院学报》2009 年第 3 期。

张玉波:《危机管理智囊》,机械工业出版社, 2003。

张玉改:《我国女性旅游的影响因素及开发策略》,《商场现代化》 2007 年第 3 期。

张再生:《职业生涯发展理论及中国本土新现象:隐喻视角分析》,《东北大学学报》(社会科学版) 2008 年第 4 期。

章达友:《职业生涯规划与管理》,厦门大学出版社, 2005。

赵慧军、王丹:《浅议职业女性玻璃天花板知觉及其效应》,《中国人力资源开发》2006 年第 5 期。

赵捷:《云南旅游业中民族女性角色分析》,《云南民族学院学报》 (哲学社会科学版) 1994 年第 2 期。

赵琦:《家务劳动对城镇女性职业发展的影响分析》,《人口与经济 (增刊)》2009 年第 S1 期。

赵瑞美、王乾亮:《职业性别隔离与歧视:理论、问题、对策》,《山东医科大学学报》(社会科学版) 2000 年第 2 期。

赵士德、胡善风，邓洪伟：《浅析旅游饭店员工流失原因及对策》，《淮南师范学院学报》2006年第3期。

郑昌江：《女性旅游消费动因的分析》，《商业研究》2002年第10期。

郑桂珍等：《上海市高校女教授健康状况的调查报告》，《妇女研究论丛》2004年第5期。

郑向敏：《中国古代旅馆流变》，旅游教育出版社，2000。

郑岩：《女性旅游消费行为特点与营销对策研究》，《学理论》2009年第10期。

郑耀洲：《公务员人力资源开发的战略思考》，《中国行政管理》2006第9期。

中国社会科学院语言研究所词典编译室：《现代汉语词典》，商务印书馆，1998。

中华人民共和国国家标准《旅行社饭店星级的划分与评定（GB/T14308-2003）》，中国标准出版社，2003。

钟威：《人力资本投资性别差异问题的经济学分析》，东北财经大学硕士学位论文，2007。

钟圆：《职业女性工作-家庭冲突分析及平衡策略》，《财富世界》2009年第7期。

周承顺：《论管理者权力性非权力性影响力》，《武警学院学报》2007年第5期。

周春燕：《家庭性别教育的思考》，《基础教育研究》2006年第4期。

周俊：《直面中年教师危机》，《教育文汇》2004年第8期。

周丽洁：《关于构建饭店中层管理者高效执行力的探讨》，《长沙大学学报》2008年第4期。

周婷：《论藏区旅游对藏族女性发展的影响》，《公共科学》2007年第11期。

周小燕：《职业健康与安全管理体系的培训，危险源辨识和绩效测量规范运行研究》，四川大学硕士学位论文，2006。

朱建平：《组织成员的政治知觉对离职倾向之影响工作满足的中介效

果》，台湾中山大学硕士学位论文，2003。

朱美荣：《"玻璃天花板"之谜》，《国外社会科学文摘》2005年第12期。

朱琪：《性别工资差异的理论应用与实践发展》，《经济评论》2008年第4期。

朱延智：《企业危机管理》，中国纺织出版社，2003。

祝洪艳：《生育对女性职业发展有何影响》，《职业》2009年第6期。

A. Broadbridge, "Retail managers: stress and the work－family relationship", *International Journal of Retail and Distribution*, 1999, 27.

A. Shirom, S. Melamed, "A comparison of the construct validity of two burnout measures in two groups of professionals", *International Journal of Stress Management*, 13, (2006).

A. Barak, W. A. Fisher, S. Houston, "Individual difference correlates of the experience of sexual harassment among female university students", *Journal of Applied Social Psychology* 22, (1992).

A. Berle, G. Means, *The Modern Corporation and private property* (New York: Macmillian, 1932).

A. Ghei, E. Nebel, The successful managers and psychological androgyny: a conceptual and 1994, 13.

A. Morrison, "Developing Diversity in Organizations", *Business Quarterly* 22, (1992).

A. Pizam, "The new gender gap", *International Journal of Hospitality Management* 25, (2006).

A. Juwaheer, D. T, "The career paths of hotel general managers in Mauritius", *International Journal of Contemporary Hospitality Management* 12, (2000).

A. M. Atkinson, "Providers' evaluation of the effect of family day care on own family relationships", *Family Relations* 37, (1988).

A. M. Pines, "Burnout－an existential perspective," in W. Schaufeli, C. Malach, T. Marek, eds., *Professional Burnout: Developments in Theory and Research*, (Washington DC: Taylor and Francis, 1993).

Abraham Pizam, Steven W, Thornburg, "Absenteeism and voluntary turnover in Central Florida hotels: a pilot study", *International Journal of Hospitality Management* 19, (2000).

Adams J Stacy, "Inequity in social exchange", *Advances in Experimental Social Psychology* 2, (1965).

Adele Ladkin, Michael Riley, "Mobility and structure in the career paths of UK hotel managers: A labour market hybrid of the bureaucratic model", *Tourism Management* 6, (1996).

Adele Ladkin, "Career analysis: A case study of hotel general managers in Australia", *Tourism Management* 4, (2002).

Alba Caballé, "Farm tourism in Spain: A gender perspective", *Geo - Journal* 48, (1999).

Alimo Metcalfe, "An investigation of female and male constructs of leadership and empowerment", *Women in Management Review* 10, (1995).

Alison Lever, "Spanish tourism migrants : The case of Lloret de Mar", *Annals of Tourism Research* 14, (1987).

Allen et al., "The impact of tourism development on residents' perceptions of community life", *Journal of Travel Research* 27, (1988).

Allison Munch, J. Miller McPherson, Lynn Smith, "Lovin, Gender, Children, and Social Contact: The Effects of Childrearing for Men and Women", *American Sociological Review* 62. (1997).

Anders K. T, "Who's harassing whom in restaurants", *Restaurant Business* 20, (1993).

Anderson, K. J, "Engendering Race Research", in Duncan N, eds., *Bodyspace: Destabilizing Geographies of Gender and Sexuality*, (London: Routledge, 1996).

Andrei G, Richter, "The Russian Press after Perestroika, Media in Eastern Europe", *Journal of Communist Studies and Transition Politics* 20, (1995).

Androniki Papadopoulou Bayliss et al., "Control and role conflict in food service providers", *International Journal of Hospitality Management* 20, (2001).

Angeline Cheng, Alan Brown, "HRM strategies and labor turnover in the hotel industry: A comparative study of Australia and Singapore", *The International Journal of Human Resource Management* 9, (1998).

Anholt S, "Confronting cultural diversity in advertising", in *International Leisure & Tourism Advertising Festival*, (Valencia: Paper presented at the II, 1998).

Annette Pritchard, Nigel J Morgan, Diane Sedgely, "Reaching out to the gay tourist: Opportunities and threats in an emerging market segment", *Tourism Management* 19, (1998).

Annette Pritchard, Nigel J, Morgan, "Privileging the male gaze: Gendered tourism landscapes, Annals of Tourism Research", *Annals of Tourism Research* 27, (2000).

Anoop Patiar, Lokman Mia, "The effect of subordinates' gender on the difference between self-ratings, and superiors' ratings, of subordinates' performance in hotels", *International Journal of Hospitality Management* 27, (2008).

Audrey M, Nelson, "Stress and women physicians", *Mayo Clinic Proceedings* 12, (1985).

Ayse Kuruuzum, Nilgun Anafarta, Sezgin Irmak, "Predictors of burnout among middle managers in the Turkish hospitality industry", *International Journal of Contemporary Hospitality Management*, (2008).

B. Faulkner, A. Patiar, "Workplace induced stress among operational staff in the hotel industry", *International Journal of Hospitality Management* 6, (1997).

B. S. Pawar, "Central conceptual issues in transformational leadership research", *Leadership and Organization Development Journal* 24, (2003).

Barbara A. Gutek, "The interdependence of work and family roles", *Journal of Organizational Behavior* 2, (1981).

Barbara Stallings, "The Reluctant Giant: Japan and the Latin American debt crisis", *Journal of Latin American Studies* 22, (1990).

Barton Laurence, *Crisis in Organizations: Managing and Communicating in the Heat of Chaos* (Cincinnati: South Western Publishing Company, 1993).

Basu R, Green S. G, "Leader – member exchange and transformational leadership: An empirical examination of innovative behaviors in leader – member dryads", *Journal of Applied Social Psychology* 27, (1997).

Bauer T, McKercher B, *Sex and tourism: Journeys of romance, love, and lust* (New York: The Haworth Hospitality Press, 2003).

Berscheid E, "Opinion change and communicator – communicated similarity and dissimilarity", *Journal of Personality and Social Psychology* 4, (1966).

Betsy Stevens, "Hospitality Ethics: Responses from Human Resource Directors and Students to Seven Ethical Scenarios", *Journal of Business Ethics* 30, (2001).

Betz et al., *The career psychology of women* (Orlando, FL: Academic Press, 1987).

Boissevain, J. *Coping with Tourists: European Reactions to Mass Tourism* (Providence, RI: Bergahn, 1996).

Bonnie J et al., "Dimensions of the Glass Ceiling in the Hospitality Industry", *Cornell Hospitality Quarterly* 40, (1999).

Breffni M, Noone, "Customer perceived control and the moderating effect of restaurant type on evaluations of restaurant employee performance", *International Journal of Hospitality Management* 27, (2008).

Briavel Holcomb, Michael Luongo, "Gay Tourism in the United States", *Annals of Tourism Research* 23, (1996).

Budig, M, J, "Male advantage and the gender composition of jobs: Who rides the glass escalator", *Social Problems*, 2002. 49 (2).

Burgess C, "Hotel accounts – do men get the best jobs", *International Journal of Hospitality*, 2000. 19 (4).

Burke et al., "A longitudinal study of psychological burnout in teachers", *Human Relations* 48, (1995).

C. Lehman, "Herstory in accounting: the first eighty years", *Accounting, Organizations and Society* 17, (1992).

C. Mok, D. Finley, "Job satisfaction and its relationship to demographics and turnover of hotel food – service workers in Hong Kong", *International Journal of Hospitality Management* 5, (1986).

C. Pearson, J. Clair, "Reframing crisis management", *Academy of Management* 23, (1998).

Caballé A, "Farm tourism in Spain: a gender perspective", *Geo – Journal*, (1999).

Camilla Veale, Jeff Gold, "Smashing into the glass ceiling for women managers", *Journal of Management Development* 17, (1998).

Carsten J. M., Specter PE, "Unemployment, job satisfaction, and employee turnover: A meta – analytic test of the Muchinsky model", *Journal of Applied Psychology* 72, (1987).

Catherine W. Ng, Ray Pine, "Women and men in hotel management in Hong Kong: Perceptions of gender and career development issues", *International Journal of Hospitality Management* 22, (2003).

CF Epstein, F Olivares, "Ways men and women lead", *Harvard Business Review* 69, (1991).

Cheng W – Y, Liao L – L, *Women managers in Taiwan* (In Adler&Izraeli above, 1994).

Chiappe, Flora, "Gendered elements of the alternative agriculture paradigm", *Rural Sociology* 63, (1998).

Chi – Ching, "Perceptions of external barriers and the career success of female Managers in Singapore", *Journal of Social Psychology* 132, (1992).

Choong – Ki Lee, Seyoung Kang, "Measuring earnings inequality and median earnings in the tourism industry", *Tourism Management* 19, (1998).

Chris Rees, "Quality management and HRM in the service industry: Some case study evidence", *Employee Relations* 17, (1995).

Chris Ryan, Rachel Kinder, "Sex, tourism and sex tourism: Fulfilling similar needs", *Tourism Management* 17, (1996).

Christer Thrane, "Earnings differentiation in the tourism industry: Gender, human capital and socio – demographic effects", *Tourism Management* 29,

(2008).

Christina Maslach, Michael P, Leiter, "Burnout", *Encyclopedia of Stress* (*Second Edition*), (2007).

Clark E. A, "University administrative careers in family and consumer sciences", *Journal of Family and Consumer Sciences* 92, (2000).

Clegg S. R, *Framework of Power* (London: Sage, 1987).

Cohen C, "Marketing Paradise, Making Nation", *Annals of Tourism Research* 22, (1995).

Colette Darcy, Alma McCarthy, "Work – life balance: One size fits all? An exploratory analysis of the differential effects of career stage", *European Management Journal* 2, (2012).

Collinson M, *Managing to Discriminate* (New York: Routledge, 1990).

Conger Kanungo, "The empowerment process: Integrating theory and practice", *Academy of Management Review* 31, (1988).

Cordes CL, Dougherty TW, "A review and integration of research on job burnout", *Academy of Management Review* 18, (1993).

Cox, TH et al., "Career paths and career success in the early career stages of male and female MBAs", *Journal of Vocational Behavior* 39.

Crompton R, Sanderson K, *Gendered Jobs and Social Change* (London: Unwin Hyman, 1990).

Crosby F, *Relative Deprivation and Working Women* (New York: Oxford University Press, 1982).

Cynthia Abbott Cone, "Crafting selves: The lives of two Mayan women", *Annals of Tourism Research* 22, (1995).

D. E. Super, D. T. Hall, "Career development: exploration and planning", *Annual Review of Psychology* 29, (1978).

D. Foulis, M. P. McCabe, "Sexual harassment: factors affecting attitudes and perceptions", *Sex Roles* 37, (1997).

D. Woodward, M. F. Ozbilgin, "Sex equality in the financial services sector in Turkey and the UK", *Women in Management Review* 14, (1999).

Dae - Young Kim, Xinran Y. Lehto, Alastair M. Morrison, "Gender differences in online travel information search: Implications for marketing communications on the internet", *Tourism Management* 2, (2007).

Daniel Nagin, Joel Waldfogel, "The Effect of Conviction on Income Through the Life Cycle", *International Review of Law and Economics* 1, (1998).

Dann D, "Strategy and managerial work in hotels", *International Journal of Hospitality Management* 3, (1991).

David Gilbert, Yvonne Guerrier, Jonathan Guy, "Sexual harassment issues in the hospitality industry", *International Journal of Contemporary Hospitality Management* 10, (1998).

De Leon, Ho S. C, *The Third Identity of Modern Chinese Women* (In Adler&Izraeli above, 1994).

De Leon, Ho S. C, "The third identity of modern Chinese women: women managers in Hong Kong," in Adler, Izraeli, eds., *Competitive Frontiers: Women Managers in a Global Economy*, Blackwell Business (Oxford: 1994).

Deborah Pruitt, Suzanne LaFont, "For love and money: Romance tourism in Jamaica", *Annals of Tourism Research* 22, (1995).

Dennison Nash, "The ritualization of tourism comment on Graburn's the anthropology of tourism", *Annals of Tourism Research* 3, (1984).

Diane E. Levy, Partricia B. Lerch, "Tourism as a factor in development implications for gender and work in barbados", *Gender and Society* 5, (1991).

Diaz PE, Umbreit WT, "Women leaders: a new beginning", *Hospitality Research Journal* 19, (1995).

Charles C, *Disasters, Riots and Terrorism*, (Thomas Publisher, 1989).

Dogan Gursoy, Claudia Jurowski, Muzaffer Uysal, "Resident attitudes: A structural modeling approach", *Annals of Tourism Research* 29, (2002).

Donald B, Mazer, Elizabeth F. Percival, "Ideology or experience? The relationships among perceptions, attitudes, and experiences of sexual harassment in university students", *Sex Roles* 20, (1989).

Donald E. Super, "The career development inventory", *British Journal of*

Guidance & Counseling 1, (1973).

Donald K. Wright, "The role of corporate public relations executives in the future of employee communications", *Public Relations Review* 21, (1995).

Donald Getz, Jack Carlsen, "Family business in tourism: State of the Art", *Annals of Tourism Research* 32, (2005).

Dong-Kyu Kim et al., "Altered serotonin synthesis, turnover and dynamic regulation in multiple brain regions of mice lacking the serotonin transporter", *Neuropharmacology* 49, (2005).

Drazga, B. M, "Mentoring helps break glass ceiling", *Denver Business Journal* 49, (1998).

Dubinsky K, "The pleasure is exquisite but violent: The imaginary geography of niagara falls in the nineteenth century", *Journal of Canadian Studies* 29, (1994).

Duncan N, "Sexuality in public and private spaces," in Duncan N, eds., *Bodyspace: Destabilizing Geographies of Gender and Sexuality* (London: Routledge, 1996).

Dworkin AG, "Perspectives on teacher burnoutand school reform", *International Education Journal* 4, (2001).

E McDermott, "Barriers to woman's career progression in LIS", *Library Management* 19, (1998).

E. Fischer, A. R. Reuber, L. S. Dyke, "A theoretical overview and extension of research on sex, gender, and entrepreneurship", *Journal of Business Venturing* 8, (1993).

E. Hong, *The Third World While it Lasts: The Social and Environmental Impact of Tourism with Special Reference to Malaysia* (Penang: Consumers' Association of Penang, 1985).

E. Terpstra, D. Baker, "A hierarchy of sexual harassment", *The Journal of Psychology* 121, (1987).

Eddystone C et al., "Hotel general manager career paths in the United States", *International Journal of Hospitality Management* 3, (1995).

Edgar H, Schein, "Culture as an environmental context for careers", *Journal of Organizational Behavior* 5, (1984).

Edward Gross, Plus Ca Change, "The sexual structure of occupations over time", *Social Problems* 16, (1968).

Edward Herold, Rafael Garcia, Tony DeMoya, "Female tourists and beach boys: Romance or sex tourism", *Annals of Tourism Research* 28, (2001).

EE Kossek, "Career self - management: A quasi - experimental assessment of the effects of a training intervention", *Personnel psychology* 51, (1998).

Egan, "Creating organizational advantage", *Long Range Planning* 4, (1996).

Einar De Croon, "The effect of office concepts on worker health and performance: A systematic review of the literature", *Ergonomics* 48, (2005).

Elery Hamilton Smith, "Four kinds of tourism", *Annals of Tourism Research* 3, (1987).

Elson Diane, *Male Bias in the Development Process*, Manchester: Manchester University Press, 1991.

Elspeth A. Frew, Robin N. Shaw, "The relationship between personality, gender, and tourism behavior", *Tourism Management* 20, (1999).

Emanuel de Kadt, "Social planning for tourism in the developing countries", *Annals of Tourism Research* 6, (1979).

Enloe C, *Bananas, Bases and Beaches: Making Feminist Sense of International Politics, Pandora and London*, Berkeley and Los Angeles, California: University of California Press, 1989.

Ercan Sirakaya, Sevil Sonmez, "Gender images in state tourism brochures: An overlooked area in socially responsible tourism marketing", *Journal of Travel Research* 38, (2000).

Fairbairn Dunlop, "Gender, culture and tourism development in Western Samoa," in V. Kinnaird, D. Hall, eds., *Tourism: A Gender Analysis* (Westview: Boulder Press, 1994).

Fernando Muñoz – Bullón, "The gap between male and female pay in the Spanish tourism industry", *Tourism Management* 30, (2009).

Ferri, A. J., Keller, "Perceived career barriers for female television news anchors", *Journalism Quarterly* 3, (1986).

Filby M, "The figures, the personality and the bums: Service work and sexuality work", *Employment and Society* 6, (1992).

Fink, S., *Crisis Management: Planning for the Inevitable* (New York: Amacom, 1986).

Fiona Jordan, "An occupational hazard: Sex segregation in tourism employment", *Tourism Management* 18, (1997).

Fischlmayr IC, "Female self – perception as barrier to international careers", *International Journal of Human Resource Management* 13, (2002).

Frances Brown, "Sex tourism: a cause for concern", *Tourism Management* 9, (1988).

Frederick Herzberg, "How do you motivate employees", *Harvard Business Review* 46, (1968).

Freudenberger HJ, "Staff burnout", *Journal of Social Issues* 30, (1974).

Gaertner S, "Structural determinants of job satisfaction and organizational commitment in turnover models", *Human Resource Management Review* 9, (1999).

Garcia – Ramon, Gemma Canoves, Nuria Valdovinos, "Farm tourism, gender and the environment in Spain", *Annals of Tourism Research* 2, (1995).

Gary S et al., "Institutional determinants of individual mobility: Bringing the professions back in", *The Academy of Management Journal* 39, (1996).

GE Birkelund, "Stratification and segregation", *Acta Sociologica* 35, (1992).

Gemma Cánoves, "Rural tourism in Spain: an analysis of recent evolution", *Geoforum* 35, (2004).

Ghei A, A cross – cultural analysis of interpersonal work values: field – theoretic evidence from American and Indian managers (Ph. D. Diss., Cornell University, 1997).

Ghiselli RF, La Lopa, JM Bai, "Job satisfaction, life satisfaction, and turnover intent among food – service managers", *Cornell Hotel and Restaurant Administration Quarterly* 42, (2001).

Gill Rowley, Kate Purcell, " 'As cooks go, she went': Is labor churn inevitable", *International Journal of Hospitality Management* 20, (2001).

Ginzberg, Eli, "Toward a theory of occupational choice", *Career Development Quarterly* 36, (1988).

Goodson WD, "Does career development needs exist for all tudents entering colleges or just the undecided major student", *Journal of CollegeStudent Personnel* 22, (1981).

Gordon Waitt, Kevin Markwell, *Gay Tourism: Culture and Context* (Haworth Hospitality Press, 2006).

Graburn N,, Jafari J, "Tourism social science", *Special Issue of Annals of Tourism Research* 8, (1991).

Green, P. S, "Reputation risk management", *Pitman/Financial Times*, (1992),

Greenhaus JH, Beutell NJ, "Sources of conflictbetween work and family roles", *Academy of Management Review* 10, (1985).

Gustav Visser, "Gay and lesbian tourism: The essential guide for marketing", *Annals of Tourism Research* 2, (2009).

H, Michael Erisman, "Tourism and cultural dependency in the West Indies", *Annals of Tourism Research* 10, (1983).

Harsh K, Luthar, Catherine Pastille, "Modeling subordinate perceptions of sexual harassment: The role of superior – subordinate social – Sexual interaction", *Human Resource Management Review* 10, (2000).

Heather J et al., "Small – scale event sport tourism: fans as tourists", *Tourism Management* 24, (2003).

Heilman, "Sex stereotypes and their effects in the workplace: What we know and whatwe don't know", *Journal of Social Behavior and Personality* 10,

(1995).

Helge Hoel, Denise Salin, "Organisational antecedents of workplace bullying," in Stle Einarsen, eds., *Bullying and emotional abuse in the workplace, International perspectives in research and practice* (London: Taylor and Francis, 2003).

Hermann C. F., *International Crises: Insights from Behaviour Research* (the Free Press).

Herr, Edwin L., "Career development and its practice: A historical perspective", *Career Development Quarterly* 49, (2001).

Herriot. P., "The career management challenge", *Oxford: Butterworth - Heinemann*, (1992).

Hetherington. A., "Traumatic stress on the roads", in RD Allen, eds., *Handbook of Post - disaster Interventions*, Corte Madera: Select Press, 1993.

Hogan JJ, "Turnover andwhat to do about it", *The Cornell HRA Quarterly* 33, (1992).

Holmes T., Cartwright S, "Mid - Career change: the ingredients for success", *Employee Relations* 16, (1994).

Howard L Hughes, Richard Deutsch, "Holidays of older gay men: Age or sexual orientation as decisive factors", *Tourism Management* 31, (2010).

Howard L, Nixon II, "Gender, sport and aggressive behavior outside sport", *Journal of Sport and Social Issues* 21, (1997).

http://www.globales - lernen.de/Schwerpunkte/Reisen/women.htm, 2004 - 8 - 9.

Hunsaker J., Hunsaker P, *Strategies and Skills for Managerial Women* (Cincinnati, OH: South - Western Publishing, 1991).

Hurley AE, Sonnenfeld JA, "The effect of organizational experienceon managerial career attainment in an internal labor market", *Journal of Vocational Behavior* 52, (1998).

Hymowitz C., Schellhardt TD, "The glass ceiling: Why women can't seem to break the invisible barrier that blocks them from the top jobs", *The Wall Street Journal* 4, (1986).

Hyun Jeong Kim, "Hotel job burnout: The role of personality characteristics", *Hospitality management* 26, (2007).

I. Young, *Illusion and Democracy*, Oxford: Oxford University Press, 2000.

Ian I et al., "Effective crisis management", *The Academy of Management Executive* 1, (1987).

Ian I, Mitroff, "The structure of man – made organizational crises: Conceptual and empirical issues in the development of a general theory of crisis management", *Technological Forecasting and Social Change* 2, (1988).

Inskeep E, *Tourism Planning: An Integrated and Sustainable Development Approach*, New York: Van Nostrand Reinhold, 1991.

Irmgard Bauer, "Relationships between female tourists and male locals in Cuzco/Peru: Implications for travel health education", *Travel Medicine and Infectious Disease* 7, (2009).

Iverson K. M, "The paradox of the contented female manager: An empirical investigation of gender differences in pay expectation in the hospitality industry", *International Journal of Hospitality Management* 19, (2000).

Iverson RD, Deery M, "Turnover culture in the hospitality industry", *Human Resource Management Journal* 7, (1997).

J Walsh, "Myths and counter – myths: an analysis of part – time female employees and their orientations to work and working hours", *Work, Employment and Society* 13, (1999).

J. Agrusa, J. Tanner, W. Coats, "Perception of restaurant employees in Asia Pacific on sexual harassment in the hospitality industry", *Asia Pacific Journal of Tourism Research* 5, (2000).

J. Haukeland, "Sociocultural impacts of tourism in scandinavia: Studies of three host communities", *Tourism Management* 5, (1984).

J. Liu and T. Var, "Residential attitudes toward tourism impacts in Hawaii", *Annals of Tourism Research* 13, (1986).

J. Traves, A. Brockbank, F. Tomlinson, "Careers of women managers in the retail industry", *Service Industries Journal* 17, (1997).

J. Tribe, *the Economics of Leisure and Tourism*, OXford: Butterworth - Heinmann, 1999.

J. H. Greenhaus, "An investigation of the role of career salience in vocational behavior", *Journal of Vocational Behavior* 1, (1971).

J. Poulston, "Hospitality workplace problems and poor training: A close relationship", *International Journal of Contemporary Hospitality Management* 20, (2008).

Jackson, Grabski, "Perceptions of fair pay and the gender wage Gap", *Journal of Applied Social Psychology* 18, (1998).

Jacqueline Sánchez Taylor, "Dollars Are a Girl's Best Friend? Female Tourists' Sexual Behaviour in the Caribbean", *Sociology* 3, (2001).

James Ike Schaap, Yvonne Stedham, Jeanne H. Yamamura, "Casino management: Exploring gender - based differences in perceptions of managerial work", *International Journal of Hospitality Management* 27, (2008).

James W, "Ludic and liminoid aspects of charter yacht tourism in the Caribbean", *Annals of Tourism Research* 1, (1983).

Jane Boyd Ohlin, Joseph J. West, "An analysis of the effect of fringe benefit offerings on the turnover of hourly housekeeping workers in the hotel industry", *International Journal of Hospitality Management* 12, (1993).

Janet L. Kottke, Mark D. Agars, "Understanding the processes that facilitate and hinder efforts to advance women in organizations", *Career Development International* 10, (2005).

Janice Monk, Charles S. Alexander, "Free port fallout: Gender, employment, and migration on Margarita Island", *Annals of Tourism Research* 13, (1986).

Jean Burrell, Simonetta Manfredi, Hilary Rollin, "Equal opportunities for women employees in the hospitality industry: a comparison between France, Italy, Spain and the UK", *International Journal of Hospitality Management* 16, (1997).

Jeannie Harvey, John Hunt, "Gender and community tourism dependence level", *Annals of Tourism Research* 2, (1995).

Jeffrey H. Greenhaus, Nicholas J. Betell, "Sources of conflict between work and family roles", *The Academy of Management Review* 10, (1985).

Jeffrey H. Greenhaus, Saroj Parasuraman, Wayne M. Wormley, "Effects of race on organizational experiences, Job performance evaluations and career outcomes", *The Academy of Management Journal* 3, (1990).

Jeffrey H. Greenhaus, Arthur G. Bedeian, Kevin W. Mossholder, "Work experiences, job performance, and feelings of personal and family well – being", *Journal of Vocational Behavior* 31, (1987).

Jennie Small, "Memory – work: a method for researching woman's tourist experiences", *Tourism Management* 20, (1990).

Jerome Agrusa, Hyun Jeong Kim, "Hospitality service employees' coping styles: The role of emotional intelligence, two basic personality traits, and socio – demographic factors", *International Journal of Hospitality Management* 3, (2011).

JL Holland, DC Gottfredson, PG Power, "Some diagnostic scales for research n decision making and personality: Identity, information, and barriers", *Journal of personality and Social Psychology* 22, (1980).

Joan Marshall, "Women and strangers: issues of marginalization in seasonal tourism", *Tourism Geographies* 3, (2001).

Joanne P. Sharp, "Hegemony, popular culture and geopolitics: the reader's digest and the construction of danger", *Political Geography* 6, (1996).

Joy A. Schneer, Frieda Reitman, "The interrupted managerial career path: A longitudinal study of MBAs", *Journal of Vocational Behavior* 3, (1997).

Judi Brownell, "Personality and career development: A study of gender differences", *The Cornell Hotel and Restaurant Administration Quarterly* 35, (1994).

Julie Scott, "Sexual and national boundaries in tourism", *Annals of Tourism Research* 22, (1995).

K. Kelly, D. Streeter, "The role of gender in organizations," in K. Kelley, eds., *Issues, theory and research in industrial/organizational psychology*

(New York: North – Holland, 1992).

K. Klenke, "Women leaders and women leaders in global community", *Career Development International* 4, (1999).

K. Saunders, R. Pullen, *An Occupational Study of Room Maids in Hotels*, London: Middlesex Polytechnic, 1987.

K. L. Stroh, "All the right stuff: a comparison of female and male managers' career progression", *Application Psychology* 77, (1992).

Kahn RL, et al., *Organizational stress: Studies in role conflictand ambiguity*, New York: Wiley, Kerlinger, FN, Pedhazur, 1964.

Kanter R. M, "Some effects of proportions on group life: Skewed sex ratios and responses to token women", *American Journal of Sociology* 82, (1997).

Karen S. Lyness, Michael K. Judiesch, "Are women more likely to be hired or promoted into management positions", *Journal of Vocational Behavior* 1, (1999).

Karla A. Henderson, "Broadening an understanding of women, gender, and leisure", *Journal of Leisure Research* 26, (1994).

Kathleen McKinney, "Sexual harassment of university faculty by colleagues and students", *Sex Roles* 23, (1990).

Kathy E. Kram, "Improving the mentoring process", *Training and Development Journal* 4, (1985).

Keith Johnson, "Towards an understanding of labor turnover", *The Service Industries Journal* 1, (1981).

Kemal Birdir, "General manager turnover and root causes", *International Journal of Contemporary Hospitality Management* 14, (2001).

Klaus de Albuquerque, Jerome L. McElroy, "Tourist harassment: Barbados survey results", *Annals of Tourism Research* 28, (2001).

Kristen Ghodsee, "State support in the market: Women and tourism employment in post – Socialist Bulgaria", *International Journal of Politics, Culture, and Society* 16, (2003).

L. Swanson, DM Tokar, "Development and initial validation of the Career

Barriers Inventory", *Journal of Vocational Behavior* 39, (1991).

L. Kalleberg, M. Wallace, R. P. Althauser, "Economic segmentation, worker power, and income inequality", *American Journal of Sociology* 87, (1981).

L. Smith, G. Godbey, "Leisure, recreation and tourism", *Annals of Tourism Research* 18, (1991).

Lahtinen H., Wilson F, "Women and Power in Organizations", *Executive Development* 7, (1994).

Leiter MP, "The impact of family and organizational resources on the development of Burnout: A longitudinal study", *Human Relations* 43, (1990).

Leontidou L, "Gender dimensions of tourism in Greece: Employment, sub cultures and restructuring," in V. Kinnaird, D. Hall, eds., *Tourism: a Gender Analysis* (Chichester: John Wiley, 1994).

Linda Burzotta Nilson, Murray Edelman, "The symbolic evocation of occupational prestige", *Society* 16, (1979).

Linda Richter, "Alternative tourism", *Annals of Tourism Research* 4, (1984).

Liz Doherty, Simonetta Manfredi, "Woman's employment in Italian and UK hotels", *International Journal of Hospitality Management* 20, (2001).

Lodahl T. M, Kejner M, "The definition and measurement of job involvement", *Journal of Applied Psychology* 49, (1965).

Lokman Mia, Anoop Patiar, "The use of management accounting systems in hotels: an exploratory study", *International Journal of Hospitality Management* 20, (2001).

London M, *Career barriers: How people experience, overcome and avoid failure*, Mawhaw, NJ: Lawrence Erlbaum Associates Publishers, 1998.

London, *Career barriers: How people experience, overcome and avoid failure*, New Jersey: Lawrence Erlbaum Associates, 1998.

Loscocco AK, Robinson J. Barriersto "Woman's small – business success in the United States", *Gender and Society* 5, (1991).

LT Lam, "Genomic – scale measurement of mRNA turnover and the mechanisms of action of the anti – cancer drug flavopiridol", *Genome Biology* 2, (2001).

Luella F, Anderson, Mary Ann Littrell, "Souvenir – purchase behavior of women tourists", *Annals of Tourism Research* 22, (1995).

M. Bland, *Communicating out of a crisis* (London: Macmillan, 1998).

M. Chesney Lind, Ian Lind, "Visitors as victims: Crimes against Tourists in Hawaii", *Annals of Tourism Research* 13, (1986).

M. Coeyman, "Trial and terror", *Restaurant Business* 97, (1998).

M. Davidson, C. Guilding, N. Timo, "Employment, flexibility and labour market practices of domestic and MNC chain luxury hotels in Australia: Where has accountability gone", *International Journal of Contemporary Hospitality Management* 25, (2006).

M. Dolors Garcia Ramon, Gemma Canoves, Nuria Valdovinos, "Farm tourism, gender and the environment in Spain", *Annals of Tourism Research* 22, (1995).

M. Granovetter, "Economic institutions as social constructions: A framework for analysis", *Acta Sociologica* 35, (1992).

M. Jeannie Harvey, John Hunt, Charles C. Harris, "Gender and community tourism dependence level", *Annals of Tourism Research* 22, (1995).

M. Swain, "Gender roles in indigenous tourism: Kuna Mola, Kuna Yala and cultural survival," in V. Smith, eds., *Hosts and Guests: The Anthropology of Tourism*, Philadelphia: University of Pennsylvania Press, 1989.

M. Carroll, R. Lee, "Occupational identity among pacific northwestern loggers: Implications for adapting to economic changes", in R. Lee, D. Field, W. Burch, eds., *Community and Forestry: Continuities in the Sociology of Natural Resources*, (Boulder: Westview Press, 1990).

M. T. Sinclair, *Gender, Work and Tourism*, London: Routledge, 1997.

Maguire, Theresa M., Brian H, Kleiner, "Formal and informal organisational barriers to women and how to overcome them", *Equal Opportunities Inter-*

national 12, (1993).

Maher KJ, "Gender – related stereotypes of transformational and transactional leadership", *Sex Roles* 37, (1997).

Major B., Konar E, "An investigation of sex differences in pay expectations and their possible causes", *Academy of Management Journal* 27, (1984).

Margaret A. Deery, Robin N. Shaw, "An investigation of the relationship between employee turnover and organizational culture", *Journal of Hospitality & Tourism Research* 29, (2005).

Margaret Linehan, Hugh Scullion, "European female expatriate careers: critical success factors", *Journal of European Industrial Training* 25, (2001).

Maria Kousis, "Tourism and the family in a rural Cretan community", *Annals of Tourism Research* 16, (1989).

Martin Oppermann, "Sex tourism", *Annals of Tourism Research* 26, (1999).

Martin Watts, "Occupational gender segregation: Index measurement and econometric modeling", *Demography* 35, (1998).

Mary Fish, "Deterring sex sales to international tourists", *International Journal of Comparative and Applied Criminal Justice* 8, (1984).

Maslach C, Schaufeli WB, Leiter MP, "Job burnout", *Annual Review of Psychology* 52, (2001).

Maslach C, *Burnout: The cost of caring*, Englewood Cliffs, NJ: Prentice – Hall, 1982.

Maslach C., Jackson S. E, "Burnout in organizational settings", *Applied Social Psychology* 5, (1984).

Mats Alvesson, Yvonne Due Billing, *Understanding gender and organizations*, London: Sage Publications, 1997.

Matthew W. Seeger, "Best practices in crisis communication: An expert panel process", *Journal of Applied Communication Research* 34, (2006).

Mattis MC, "Corporate issues for advancing women", *Women in Management Review* 10, (1995).

McFillan J., Riegel CD, Enz CA, "Why restaurant managers quit and how to keep them", *The Cornell Hotel Restaurant Quarterly* 27, (1986).

McKeen, R. J. Burke, "Work experiences and career success of professional women: Study design and preliminary findings", *Canadian Journal of Administrative Sciences* 8, (1991).

Meda Chesney – Lind, Ian Y. Lind, "Visitors as victims crimes against tourists in Hawaii", *Annals of Tourism Research* 2, (1986).

Mia L., Patiar A., "The interactive effect of superior – subordinate relationship and budget participation on managerial performance in the hotel industry: an exploratory study", *Journal of Hospitality and Tourism Research* 19, (2002).

Michael Bland, "Training managers to communicate effectively", *Industrial and Commercial Training* 30, (1998).

Michael Ireland, "Gender and class relations in tourism employment", *Annals of Tourism Research* 20, (1993).

Michael Lynn, "Turnover's relationships with sales, tips and service across restaurants in a chain", *International Journal of Hospitality Management* 21, (2002).

Michael Riley, "Role of age distributions in career path analysis: An example of UK hotel managers", *Tourism Management* 1, (1990).

Mitroff. I, *Managing Crises before They Happen*, New York: Amacom, 2000.

Mobley et al., "US National Guard members", *Journal of Applied Psychology* 64, (1979).

Momsen. J, "Tourism, gender and development in the caribbean", in V. Kinnaird and D. Hall, eds., *Tourism: A Gender Analysis*, Chichester: Wiley, 1994.

Moriison, Von Glinow, "Women and minorities in management", *American Psychologist* 45, (1990).

Morrow Paula C., McElroy James C., Phillips Catharine M, "Sex harassment behaviors and work related perceptions and attitudes", *Journal of Vocational Behavior* 45, (1994).

N Graburn, V Smith, *Hosts and Guests: The Anthropology of Tourism*, University of Pennsylvania Press, 1989.

N. Leiper, *Tourism Management*, Sydney: Pearson Sprint Print, 2003.

Nailin Bu, Jean Paul Roy, "Career success networks in China: Sex differences in network composition and social exchange practices", *Asia Pacific Journal of Management* 22, (2005).

Nancy G et al., "Gender and motivation for agri-tourism entrepreneurship", *Tourism Management* 28, (2007).

Neil Carr, "A study of gender differences: young tourist behavior in a UK coastal resort", *Tourism Management* 20, (1999).

Neil Carr, "An exploratory study of gendered differences in young tourists' perception of danger within London", *Tourism Management* 22, (2001).

Nieva VF, Gutek BA, *Woman and work: A psychological perspective*, New York: Praeger, 1981.

Northcraft, Neale, Hube, "The effects of cognitive bias and social influence on human resources management decisions", *Research in Personnel and Human Resources Management* 6, (1988).

Ole Skalpe, "The CEO gender pay gap in the tourism industry: Evidence from Norway", *Tourism Management* 28, (2007).

Otto Lerbinger, *The crisis manager: facing risk and responsibility*, Mahwah: Lawrence Erlbaum Associates, NJ.

P Tharenou, D Conroy, "Men and women managers' advancement: Personal or situational determinants", *Applied Psychology* 43, (1994).

P Tharenou, "Is there a link between family structures andwoman's and men's managerial career advancement", *Journal of Organizational Behavior* 20, (1999).

P. Mason, J. Cheyne, "Residents' attitudes to proposed tourism development", *Annals of Tourism Research* 27, (2000).

P. Petrzelka, M. Bell. "Rationality and solidarities: The social organization of common property resources in the imdrhas valley of morocco", *Human Organization* 59, (2000).

P. Slattery, "Finding the hospitality industry", *Journal of Hospitality, Leisure, Sport and Tourism Education* 1, (2002).

Pamela L et al. , "A causal model examining the effects of age discrimination on employee psychological reactions and subsequent turnover intentions", *Hospitality Management* 10, (1991).

Parasuraman, "Work and family variables, entrepreneurial success and psychological wellbeing", *Journal of Vocational* 48, (1996).

Patricia Hunter Powell, Diane Watson, "Service unseen: The hotel room attendant at work", *Hospitality Management* 25, (2006).

Paul F, Wilkinson, Wiwik Pratiw, "Gender and tourism in an Indonesian village", *Annals of Tourism Research* 22, (1995).

Paul Kingsbury, "Jamaican tourism and the politics of enjoyment", *Geoforum* 36, (2005).

Pearce P. L. , Moscardo G. , Ross G. F. , *Tourism Community Relationships*, Oxford: Pergamon, 1996.

Peggy Petrzelka, "Rural tourism and gendered nuances", *Annals of Tourism Research* 32, (2005).

Penn R. , B. Wirth, "Employment patterns in contemporary retailing: gender and work in five supermarkets", *The Service Industries Journal* 13 (1993).

Per Åke Nilsson, "Staying on farms: An ideological background", *Annals of Tourism Research* 29, (2002).

Perkins GK, et al. , "Vortex dynamics in superconducting MgB2 and prospects for application", *Nature* 10, (2000).

Perrewe PL, Nelson DL, "Gender and career success: The facilitative role orpolitical skills", *Organizational Dynamics* 33, (2004).

Peter Mason, Joanne Cheyne, "Residents' attitudes to proposed tourism development", *Annals of Tourism Research* 27 (2000).

Po – Ju Chen, "Differences between male and female sport event tourists: A qualitative study", *International Journal of Hospitality Management* 2, (2010).

Porter LW et al. , "Organization commitment, job satisfaction, and turnover among psychiatric technicians", *Journal of Applied Psychology* 59, (1974).

Powell G. N, "Reflections on the glass ceiling: recent trends and future prospects," in Powell, Gary N, eds. , *Handbook of Gender and Work*, Sage: Thousand Oaks, 1999.

Powers T. , Barrows C. W, *Introduction to the Hospitality Industry*, New York: Wiley, 1999.

Quinn RP, Shepard L, "The 1972 – 1973 quality of employment survey, Ann Arbor: Institute for Social Research", *Archives of General Psychiatry* 30, (1974).

R. Duncan, "Characteristics of organizational environmental and perceived environmental uncertainty", *Administrative Science Quarterly* 3, (1972).

R. Kark, "The transformational leader: who is (s) he: A feminist perspective", *Journal of Organizational Change Management* 17, (2003).

R. Pillar, E. A. Williams, "Transformational leadership, self-efficacy, group cohesiveness, commitment and performance", *Journal of Organizational Change Management* 17, (2003).

R. Puijk, "Tourism in the fjords and mountains: A case study from western Norway," In V, Smith and M. Brent, eds. , *Editors, Hosts and Guests Revisited: Tourism Issues of the 21st Century* (New York: Cognizant, 2001).

R. L. Chen et al. , "A research on the sexual harassment encountered by nursing students in clinical practice", *Formosan Journal of Sexology* 3, (1997).

Ragins BR, Cotton. J, "The influence of gender ratios on organizational attitudes and outcomes", *Academy of Management Journal* 34, (1996).

Rebecca A et al. , "Emotional and psychological consequences of sexual harassment: A descriptive study", *The Journal of Psychology* 130, (1996).

Reskin B. F. , Padavic I, *Women and Men at Work*, Thousand Oaks, CA:

Pine Forge Press, 1994.

Reskin B. F. , Roos P. , *Job Queues, Gender Queues: Explaining Women s Inroads into Male Occupations*, Philadelphia, PA: Temple Univ. Press, 1990.

Reynosa y Valle Augustín, Jacomina P. De Regt, "Growing Pains: Planned Tourism Development in Ixtapa – Zihuatanejo", *In Tourism: Passport to Development*, New York: Oxford, 1979).

RF Maruca, "Workplace equity: Says who?", *Harvard Business Review* 75 (1997).

RM Kante, "Some effects of proportions on group life: Skewed sex ratios and responses to token women", *The American Journal of Sociology* 82, (1977).

Robert H. Woods, Raphael R. Kavanaugh, "Gender discrimination and sexual harassment as experienced by hospitality – industry managers", *The Cornell Hotel and Restaurant Administration Quarterly* 1, (1994).

Roland S. Moore, "Gender and alcohol use in a Greek tourist town", *Annals of Tourism Research* 22, (1995).

Rose, Gillian, *Feminism & Geography: The Limits of Geographical Knowledge*, Minneapolis: University of Minnesota Press, 1993.

Rosin H. M. , Korabik K. , "Marital and family correlates of women managers' attrition from organization", *Journal of Vocational Behavior* 37, (1991).

Russell, Rush, "A comparative study of age – related variation inwoman's views of a career in management", *Journal of Vocational Behavior* 30, (1987).

Ruth Liepins, "Exploring rurality through 'community': discourses, practices and spaces shaping Australian and New Zealand rural 'communities'", *Journal of Rural Studies* 16, (2000).

S. Fink, *Crisis Management: Planning for the Inevitable*, New York: Amacom, 1986.

S. Parasuraman, J. H. Greenhaus, *Integrating Work and Family*, Westport, CT: Quorum Books, 1997.

S. S. Tangri, M. R. Burt, L. B. Johnson, "Sexual harassment at work:

Three explanatory models", *Journal of Social Issues* 38, (1982).

Salzman A, "Woman versus woman", *News and World Report* 120, (1996).

Schaffer K, "The Elisa Fraser Story and Construction of Gender", *Race and Class in Australian Culture* 17, (1995).

Schein V. E, "Relationships between sex role stereotypes and requisite management characteristics among female managers", *Journal of Applied Psychology* 60, (1975).

Schein V. E. et al., "Think manager – think male: A global phenomenon", *Journal of Organizational Behavior* 17, (1996).

Scott L Boyer, Carl P Maertz, Allison W Pearson, Shawn Keough, "Work – family conflict: A model of linkages between work and family domain variables and turnover intentions", *Journal of Managerial Issues* 15, (2003).

SehwarzerR, Mueller J, Greenglass E, "Assessment of general perceived self efficacy on the internet: data collection in cyber space", *Anxiety, Stress and Copying* 3, (1999).

Selwyn T, "Tourism, society and development", *Community Development Journal* 27, (1992).

Shamir B, *A study of working environment and attitudes to work of employees in a number of British hotels*, Ph. D. Diss., University of London, 1975.

Sharon R. Bird, Stephen G. Sapp, "Understanding the gender gap in small business success: Urban and rural comparisons", *Gender and Society* 18, (2004).

Sharon Toffey Shepela, Laurie L, Levesque, "Poisoned waters: Sexual harassment and the college climate", *Sex Roles* 38, (1998).

Sharp J. P, "Gendering Nationhood," in Duncan N, eds., *Bodyspace: Destabilizing geographies of gender and sexuality*, London: Routledge, 1998.

Sheena Westwood, Annette Pritchard, Nigel J. Morgan, "Gender – blind marketing: Business woman's perceptions of airline services", *Tourism Management* 21, (2000).

Shelly Lundberg, Elaina Rose, "Parenthood and the earnings of married men and women", *Labor Economics* 6, (2000).

Sieverding, M. J Bosak, S Sczesny, "Am I the right candidate? Self-ascribed fit of women and men to a Women underevaluate themselves: Self-evaluation-biases in a simulated job interview", *Zeitschrift für Sozialpsychologie* 34, (2003).

Simon A. Booth, "How Can Organizations Prepare for Reputational Crises", *Journal of Contingencies and Crisis Management* 8, (2000).

Simpson R, Altman Y, "The time bounded glass ceiling and young women managers: career progress and career success: evidence from the UK", *Journal of European Industrial Training* 24, (2000).

Smaoui, Ahmed, "Tourism and Employment in Tunisia", in deKadt, eds., *Emanuel, Tourism, Passport to Development*, New York: Oxford University Press, 1979.

Smith V, "Tourism and culture change", *Annals of Tourism Research* 3, (1976).

Spangler E., MA Gordon, RM Pipkin, "Token women: An empirical test of kanter's hypothesis", *American Journal of Sociology* 84, (1978).

Sparrowe RT, KM Iverson, "Cracks in the glass ceiling: an empirical study of gender differences in income in the hospitality industry", *Hospitality Research Journal* 23, (1999).

Spreitzer G. M, "Psychological empowerment in the workplace: Dimensions, measurement, and validation", *Academy of Management Journal* 38, (1995).

Staines, G. L., O Connor P, "Conflicts among work, leisure, and family roles", *Monthly Labor Review* 8, (1980).

Stalcup L., Pearson T., "A model of the causes of management turnover in hotels", *Journal of Hospitality & Tourism Research* 25, (2001).

Steel RP, Ovalle, "Self-appraisal based upon supervisory feedback", *Personnel Psychology* 37, (1984).

Steinpreis et al., "The impact of gender on the review of the curricula vitae of job applicants and tenure candidates: A national empirical study", *Sex*

Roles 7, (1999).

Stephen Clift, Simon Forrest, "Gay men and tourism: destinations and holiday motivations", *Tourism Management* 20, (1999).

Stephen P. Banks, "Stable controller design for T – S fuzzy systems based on Lie algebras", *Fuzzy Sets and Systems* 2, (2005).

Stephen P, Banks, *Multicultural public relations: A social – interpretive approach*, Iowa State University Press, 1995.

Still LV, *Where to from here? The managerial woman in transition*, Australia: Business and Professional Publishing, 1993.

Still LV, "Breaking the glass ceiling: Another perspective", *Women in Management Review* 7, (1992).

Sue Campbell Clark, "Work/Family border theory: A new theory of work/family balance", *Human Relations* 53, (2000).

Swain. M. Byme, "Gender in tourism", *Annals of Tourism Research* 22, (1995).

Swanson J. L., Daniels K. K., &Tokar D. M., "Assessing perceptions of Career related barriers: The career barriers inventory", *Journal of Career Assessment* 4, (1996).

Swanson J. L., Tokar D. M., "Development and initial validation of the eareer barriers inventory", *Journal of Vocational Behavior* 39, (1991).

Sylvester Yeung, "Hospitality ethics curriculum: an industry perspective", *International Journal of Contemporary Hospitality Management* 16, (2004).

T. Power, *Lost Landscapes and Failed Economies: The Search for a Value of Place*, Washington DC: Island Press, 1996.

T. Powers, C. Barrows, *Introduction to Management in the Hospitality Industry*, New York: Wiley, 1999.

T. Simons, T. Hinkin, "The effect of employee turnover on hotel profits: a test across multiple hotels", *Cornell Hotel and Restaurant Administration Quarterly* 42, (2001).

T. S. Jones, M. S. Remland, "Sources of variability in perceptions of and responses to sexual harassment", *Sex Roles* 27, (1992).

Tigges LM, GP Green, "Small business success among men – and women – owned firms in rural areas", *Rural Sociology* 59, (1994).

Tineke M. Willemsen, "Gender typing of the successful manager: A stereotype reconsidered", *Sex Roles* 46, (2002).

Tomaskovic Devey, *Gender and Racial Inequality at Work: The Sources and Consequences of Job Segregation*, New York: ILR Press, 1993.

Treena Rae Orchard, "Girl, woman, lover and mother: Towards a new understanding of child prostitution among young Devadasis in rural Karnataka, India", *Social Science & Medicine* 64, (2007).

Tribe J, *Economics of Leisure and Tourism*, London: Butterworth – Heinemann, 1990.

Urry J, *The Tourist Gaze: Leisure and Travel in Contemporary Society*, London: Sage, 1990.

V González Romá, "Burnout and work engagement: Independent factors or opposite poles?", *Journal of Vocational Behavior* 68, (2006).

Valene L. Smith, "Women the taste – makers in tourism", *Annals of Tourism Research* 6, (1979).

Valentine G, "Hetero (sexing) Space: Lesbian perceptions and experiences of everyday spaces", *Society and Space* 11, (1993).

Virginia E et al., "Think manager – think male: A global phenomenon", *Journal of Organizational Behavior* 17, (1996).

Vivian Kinnaird, Derek Hall, Editors, *Tourism: A Gender Analysis*, Wiley: Chichester 1994.

Vivienne J. Wildes, "Attracting and retaining food servers: How internal service quality moderates occupational stigma", *International Journal of Hospitality Management* 26, (2007).

W. Beyers, P. Nelson, "Contemporary development forces in the nonmetropolitan west: New insights from rapidly growing communities", *Journal of Rural Studies* 16, (2000).

W. O'Donohue, K. Downs, E. A. Yeater, "Sexual harassment: A review of the literature", *Aggression and Violent Behavior* 3, (1998).

W. T. Umbreit, P. E. Diaz, "Women in hospitality management: an exploratory study of major and occupation choice variables", *Hospitality & Tourism Educator* 64, (1999).

W. Terry Umbreit, "Developing behaviorally – anchored scales for evaluating job performance of hotel managers", *International Journal of Hospitality Management* 2, (1986).

Wernick A, "Promotional culture", in *Advertising, Ideology and Symbolic Expression* (London: Sage, 1991).

WL Bennett, "The uncivic culture: Communication, identity, and the rise of lifestyle politics", *Political Science and Politics* 31, (1998).

Woods RH, "Macaulay JF, Rx for turnover: Retention programs that work", *The Cornell Hotel and Restaurant Administration Quarterly* 30, (1989).

Woods R. H., Kavanaugh R. R., "Gender discrimination and sexual harassment as experienced by" 35, (1994).

World Tourism Organisation, *International Tourism: The Current Turning Point*, Madrid: World Tourism Organisation, 2004.

Worsfold P., McCann C., "Supervised work experience and sexual harassment", *International Journal of Contemporary Hospitality Management* 12, (2000).

Y. Guerrier, "Hotel manager – An unsuitable job for a woman", *Service Industries Journal* 6, (1986).

Yueh – Hsiu Lin, "The incidence of sexual harassment of students while undergoing practicum training experience in the Taiwanese hospitality industry—individuals reactions and relationships to perpetrators", *Tourism Management* 27, (2006).

Yuri Lee et al., "Tourists' attitudes towards textiles and apparel – Related cultural products: A cross – cultural marketing study", *Tourism Management* 0, (2009).

附录1　星级饭店部门经理职业发展现状调查

尊敬的女士/先生：

　　您好！首先，感谢您参与我们的调查！本调查表不记姓名，问卷中各项答案没有是非对错之分，您只需依据自己的感受和理解按照要求填写即可。对您的回答我们将严格保密，所得数据仅供学术研究之用，请您不必有任何顾虑。衷心感谢您的合作！

华侨大学旅游学院范向丽博士

　　量表1中的每个题目后有五个选项，其中的"非常符合""基本符合""不确定""比较不符合""非常不符合"分别代表各题项所述因素对您的职业发展的影响程度，请您按照您真实的看法，在适合的空格内打"√"。

　　本量表共计62个题项，每一题都要作答，请勿遗漏。谢谢！

附表1　第一部分：职业发展因素量表

	非常符合 1	基本符合 2	不确定 3	比较不符合 4	非常不符合 5
Q_1我有自己的职业发展计划和目标					
Q_2只要我尽力，就能解决所有问题					
Q_3我能冷静地面对困难，因为我相信自己处理问题的能力					
Q_4面对一个难题，我通常能找到几个解决方法					
Q_5有麻烦的时候，我通常能想到一些应付的方法					
Q_6即使遭到他人反对，我仍有办法取得我想要的					
Q_7我自信能有效地应付饭店任何突如其来的事件					

续表

	非常符合 1	基本符合 2	不确定 3	比较不符合 4	非常不符合 5
Q_8 上司对我很信任，很尊重我的意见					
Q_9 同事对我很信任，能够听从我的意见					
Q_{10} 我在下属中很有威信，执行力较强					
Q_{11} 工作是我生活中最重要的追求					
Q_{12} 我会主动利用节假日学习工作相关知识和能力					
Q_{13} 我会排除一切困难，完成自己的工作任务					
Q_{14} 我会努力抓住企业组织的各种培训机会					
Q_{15} 我与上司、同事、家属的关系都很融洽					
Q_{16} 我有工作外的个人社交网络					
Q_{17} 我对我目前的职位升迁状况感到满意					
Q_{18} 我对我目前的收入增长状况感到满意					
Q_{19} 我对我目前的能力提升感到满意					
Q_{20} 我对自己目前在企业内外的人际关系很满意					
Q_{21} 我的职位比原先单位更理想，且提升的可能性较大					
Q_{22} 相信企业在未来几年将会有非常好的发展					
Q_{23} 饭店会定期组织培训、考察等学习活动					
Q_{24} 饭店的培训、考察等活动使我受益匪浅					
Q_{25} （未来的）配偶不喜欢我在饭店工作					
Q_{26} 事业发展成功的女性往往不会有美满的婚姻、爱情					
Q_{27} 工作－家庭冲突给我带来很多压力					
Q_{28} 妻子（丈夫）、母亲（父亲）、饭店管理者多种角色给我造成压力					
Q_{29} 照顾子女占用了我很多时间，影响了我的工作					
Q_{30} 生育（可能会）使我在饭店的发展受到影响					
Q_{31} 性骚扰因素使我不能安心工作					
Q_{32} 当职业发展遇到困难时，没有人为我提供建议					
Q_{33} 没有人能指导我工作，否则我会比现在发展得更好					
Q_{34} 没有人可以提供让我展示自己能力和特长的机会和平台					
Q_{35} 没有人能指导我如何平衡好工作和个人家庭等多种角色					
Q_{36} 我不清楚饭店的薪酬和晋升政策					
Q_{37} 我不知道应该如何让他人喜欢我					

续表

	非常符合 1	基本符合 2	不确定 3	比较不符合 4	非常不符合 5
Q_{38} 我不知道如何表现才能提高自己在上司和同事面前的形象					
Q_{39} 我不清楚上司的喜好，不能迎合上司的要求					
Q_{40} 我不会利用公司的各种政策为自己寻求职业发展机会					
Q_{41} 我比较情绪化，这影响了我的职业发展					
Q_{42} 女性难以应付饭店管理中复杂的人际关系					
Q_{43} 女性应该以照顾家庭为重，工作是其次					
Q_{44} 女性应该主动承担较多的家务劳动					
Q_{45} 女性的管理能力远弱于男性					
Q_{46} 上司对女性有性别歧视					
Q_{47} 饭店经常加班、倒班，不适合女性					
Q_{48} 在职位晋升方面，高层通常优先把机会留给男性					
Q_{49} 饭店针对员工制定了职业规划					
Q_{50} 饭店针对男女员工制定了不同的职业规划，且不存在性别歧视					
Q_{51} 饭店的高层管理者多为男性					
Q_{52} 我无法加入饭店高层的社交圈					
Q_{53} 饭店在人事晋升上会优先考虑年轻员工					
Q_{54} 饭店工作是伺候人的工作，社会声望差，不受人尊重					
Q_{55} 饭店工作环境混乱而不健康，不适合女性					
Q_{56} 饭店工作属于劳动密集型，能力和知识得不到提升					
Q_{57} 饭店工作是"青春饭"行业，不适合自我长期发展					
Q_{58} 与其他行业相比，饭店行业工资较低					
Q_{59} 与其他行业相比，饭店行业门槛较低					
Q_{60} 我认为国家应该继续完善平等就业的相关制度					
Q_{61} 社会对女性的四期（经期、孕期、产期、哺乳期）保护政策没有落实					
Q_{62} 家政等公共服务体系应该完善，以减少职业女性的负担					

（辛苦了，喘口气，后面还有一些题目哦）

量表 2 中的每个题目后有五个选项，依次分别代表"非常符合""基本符合""不确定""比较不符合""非常不符合"等五种情形，分别代表各因素对您职业发展的影响程度，请按照您真实的看法，在适合的空格内打"√"。

本量表共计 25 个题项，每一题都要作答，请勿遗漏。谢谢！

附表 2　第二部分：职业发展现状量表

	非常符合 1	基本符合 2	不确定 3	比较不符合 4	非常不符合 5
（1）我的职业发展受挫，主要是我个人的原因造成的					
（2）我的职业发展受挫，主要是饭店的原因造成的					
（3）职业发展遭遇困境时，我经常抱怨自己					
（4）我经常向饭店提出员工管理方面的不足					
（5）我经常对饭店的一些做法提出意见和抱怨					
（6）我经常与同事、朋友或亲人倾诉职业发展方面的苦衷					
（7）我感到工作让我心力耗竭					
（8）工作一天下来我感觉筋疲力尽					
（9）早上起床后我感到十分乏力，但又不得不面对又一天的工作					
（10）我很厌倦目前的工作，很想逃避					
（11）企业的发展不是我个人的发展					
（12）我不愿接受上司给我安排的任务，很烦上司找我					
（13）我不太认同现在饭店的企业文化					
（14）我对饭店高层的管理思想和风格不太认同					
（15）我个人的价值观与饭店的价值观存在冲突					
（16）我看不惯饭店高层的管理思想和风格					
（17）离开现在的饭店重新找一份工作对我来说并不难					
（18）以我的技能和条件，找一份满意的工作并不难					
（19）我觉得自己离开这家饭店后会有更多发展机会					
（20）我基本上没有想过要离开现在这个饭店					
（21）我计划在现在的饭店作长期的职业发展					
（22）我常常厌烦现在的工作环境，想离开目前工作的饭店					
（23）我经常想辞去现在的工作					
（24）我会寻找其他工作机会					
（25）如果有合适的机会，我会离开饭店行业					

附表3　第三部分　所在单位及个人信息

维度	项目	分级
个人属性	性别	男/女
	年龄	18岁及以下/19~25岁/26~35岁/36~45岁/46~55岁/56岁及以上
	学历	高中以下/专科/本科/硕士/博士
	部门/工种	财务部/人事部/客房部/采购部/保安部/工程部/餐饮部/康乐部/行政部/前厅部/其他
	饭店工作年限	3年以下/3~5年/6~10年/11~15年/16年及以上
	月收入状况	2000元以下/2000~2999元/3000~3999元/4000~4999元/5000~5999元/6000~7999元/8000~9999元/10000元及以上
家庭属性	婚姻状况	未婚/已婚/离异/其他
	子女数量	0个/1个/2个/3个/4个及以上
	住房状况	单位宿舍/租房/与父母同住/已购房
组织属性	饭店星级	三星/四星/五星
	饭店性质	国有企业/民营企业/外资企业
	客房数	100元以下/100~199元/200~299元/300~499元/500元及以上
	开业年限	3年以下/3~5年/6~10年/11~15年/16年及以上

再次感谢您的配合！

附录2 预警指标警戒线（值）专家咨询

尊敬的专家：

您好！鉴于研究和现实所需，本课题组将构建一个饭店女性部门经理职业发展危机预警指标体系，为提高该指标体系的实用性，考虑到您在饭店管理方面卓著的业绩和贡献，特向您请教有关以下各指标的警戒值情况。您只需根据您在饭店管理方面的经验，在空格内填入相应的值，必要时也可注明统计单位。谢谢您的参与和支持！

综合性指标主要反映饭店整体人力资源危机状况，关键性指标主要反映饭店部门经理职业危机状况，特殊性指标则主要针对女性部门经理的职业发展危机问题。

各指标的计算公式附表后。

附表1　饭店女性部门经理职业发展危机评估指标警戒线（值）

评价指标准则	指标		警戒线（值）
综合性指标（F_1）	人均劳动生产率	（F_{111}）	
	人力资源投资回报率	（F_{112}）	
	培训系数	（F_{113}）	
	培训费用系数	（F_{114}）	
	招聘到岗率	（F_{121}）	
	员工余缺率	（F_{122}）	
	老年员工比例	（F_{123}）	
	缺勤/迟到率	（F_{124}）	
	员工投诉率	（F_{125}）	

续表

评价指标准则	指标		警戒线（值）
综合性指标（F_1）	员工流失率	（F_{126}）	
	员工违纪率	（F_{127}）	
	人际关系冲突频度	（F_{128}）	
	人际关系冲突强度	（F_{129}）	
关键性指标（F_2）	部门受奖率	（F_{211}）	
	部门目标未达率	（F_{212}）	
	部门顾客投诉率	（F_{213}）	
	认同率	（F_{221}）	
	加班率	（F_{222}）	
	指令失效率	（F_{223}）	
	请假率	（F_{224}）	
	升职率	（F_{225}）	
	降职率	（F_{226}）	
	离职率	（F_{227}）	
	准备离职率	（F_{228}）	
	对口就业率	（F_{231}）	
	后备人才培养率	（F_{232}）	
	职业生涯满意率	（F_{233}）	
	培训满意率	（F_{234}）	
	工作环境满意率	（F_{235}）	
	薪酬满意率	（F_{236}）	
	激励机制满意率	（F_{237}）	
特殊性指标（F_3）	高层管理者的女性比例	（F_{311}）	
	中层管理者的女性比例	（F_{312}）	
	工资性别比	（F_{313}）	
	晋升性别比	（F_{314}）	
	离职性别比	（F_{315}）	
	性别公平感	（F_{316}）	
	保健政策满意率	（F_{321}）	
	激励机制参与率	（F_{322}）	

$$人均劳动生产率 = \frac{产品总产值}{员工总数 \times 劳动时间} \times 100\%$$

$$人力资源投资回报率 = \frac{利润 - 人力资源成本}{员工总人数} \times 100\%$$

（其中人力资源成本＝薪资＋福利＋缺勤人员成本＋人员流动成本＋临时劳动力成本）

$$培训系数 = \frac{参加培训人次}{企业员工总人次} \times 100\%$$

$$培训费用系数 = \frac{培训总费用}{参加培训总人次} \times 100\%$$

$$招聘到岗率 = \frac{到岗普通员工数}{招聘普通岗位总数} \times 100\%$$

$$员工余缺率 = \frac{|实际需要员工数 - 现有员工数|}{现有员工数} \times 100\%$$

$$老年员工比例 = \frac{老年员工数}{员工总数} \times 100\%$$

$$缺勤/迟到率 = \frac{员工迟到人次 + 缺勤人次}{员工全勤人次数} \times 100\%$$

$$员工投诉率 = \frac{员工投诉人数}{员工总数} \times 100\%$$

$$员工流失率 = \frac{流失员工数}{饭店岗位总数} \times 100\%$$

$$员工违纪率 = \frac{违纪员工数}{饭店平均总员工数} \times 100\%$$

$$人际关系冲突频度 = \frac{人际关系冲突次数}{统计时间}$$

人际关系冲突强度。人际关系冲突强度主要是反映员工发生冲突时的激烈程度。

$$部门受奖率 = \frac{部门得奖数}{饭店颁发奖励总数} \times 100\%$$

$$部门目标未达率 = \frac{未达到的目标数}{部门计划目标总数} \times 100\%$$

$$部门顾客投诉率 = \frac{顾客针对本部门的投诉数}{本部门接待顾客总人次数} \times 100\%$$

$$认同率 = \frac{认同团队的部门经理数}{部门经理总数} \times 100\%$$

$$加班率 = \frac{加班工作日（工时）}{制度工作日（工时）} \times 100\%$$

$$指令失效率 = \frac{决策指令失效数}{决策指令发出数} \times 100\%$$

$$缺勤/请假率 = \frac{部门经理缺勤数 + 部门经理请假数}{部门经理全勤数} \times 100\%$$

$$晋升/降职率 = \frac{晋升/降职部门经理数}{饭店平均部门经理总数} \times 100\%$$

$$准备离职率 = \frac{有离职意向的部门经理数}{饭店部门经理总数} \times 100\%$$

$$部门经理离职率 = \frac{离职的部门经理数}{饭店部门经理总数} \times 100\%$$

$$对口就业率 = \frac{专业与岗位对口的部门经理数}{饭店部门经理总数} \times 100\%$$

$$后备人才培养率 = \frac{已培养后备人员的岗位数}{(副)部门经理岗位总数} \times 100\%$$

$$职业生涯满意率 = \frac{对职业生涯满意的员工数}{员工总数} \times 100\%$$

$$培训满意率 = \frac{对职业培训满意的员工数}{员工总数} \times 100\%$$

$$工作环境满意率 = \frac{对工作环境满意的部门经理数}{饭店部门经理总数} \times 100\%$$

$$薪酬满意率 = \frac{对薪酬满意部门经理数}{饭店部门经理总数} \times 100\%$$

$$激励机制满意率 = \frac{对激励机制满意部门经理数}{饭店部门经理总数} \times 100\%$$

$$高层管理者的女性比例 = \frac{饭店女性高层管理者数}{饭店高层管理者总数} \times 100\%$$

$$中层管理者的女性比例 = \frac{饭店女性部门中层经理数}{饭店部门经理总数} \times 100\%$$

$$工资性别比 = \frac{饭店女性部门经理工资总额}{饭店男性部门经理工资总额} \times 100\%$$

$$性别公平感 = \frac{认同机会性别平等的女性部门经理数}{饭店部门经理总数} \times 100\%$$

$$晋升性别比 = \frac{晋升的女性部门经理数}{晋升的男性部门经理数} \times 100\%$$

$$离职性别比 = \frac{离职的女性部门经理数}{离职的男性部门经理数} \times 100\%$$

$$保健政策满意率 = \frac{满意的女性部门经理数}{女性部门经理数} \times 100\%$$

$$激励机制参与率 = \frac{参与激励机制的女性部门经理数}{女性部门经理数} \times 100\%$$

附录3　饭店女性部门经理职业发展危机预警指标体系权重调查问卷

一　问题描述

此问卷以"饭店女性部门经理职业发展危机预警指标体系"为调查目标，对多个指标的权重使用层次分析法进行分析（本问卷及其图表内容等均系 yaahp 软件直接生成）。层次模型如图1。

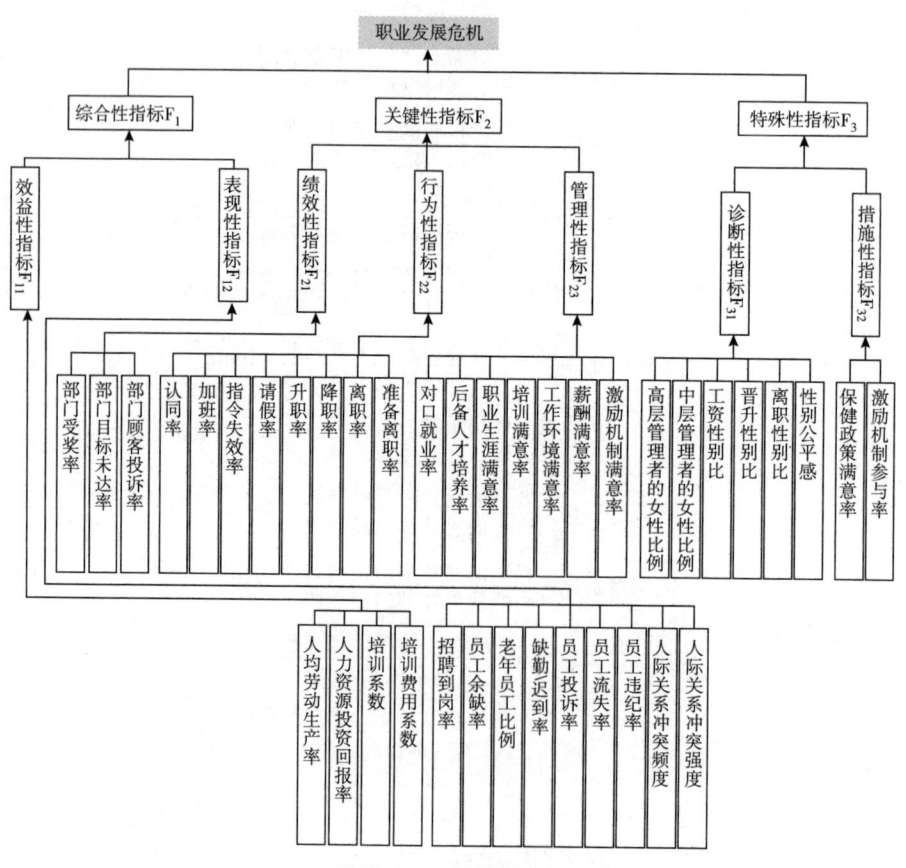

附图1　层次结构模型

二　问卷说明

此调查问卷目的在于确定各指标的相对权重。调查问卷根据层次分析法（AHP）设计。这种方法是在同一个层次对指标相对于"饭店女性部门经理职业发展危机"的重要性进行两两比较。衡量尺度划分为5个等级，分别是绝对重要、十分重要、比较重要、稍微重要、同样重要，分别对应9、7、5、3、1的分值。靠左边的衡量尺度表示左列因素相对于右列因素的重要程度，靠右边的衡量尺度表示右列因素相对于左列因素的重要程度。您只需根据您的看法，在对应选项中打"√"即可。

三　问卷内容

- 第2层要素

下列各组比较要素对于"饭店女性部门经理职业发展危机"的相对重要性如何？

A	评价尺度									B
	9	7	5	3	1	3	5	7	9	
综合性指标 F_1										特殊性指标 F_3
综合性指标 F_1										关键性指标 F_2
特殊性指标 F_3										关键性指标 F_2

说明：综合性指标主要反映饭店整体人力资源危机状况，关键性指标主要反映饭店部门经理职业危机状况，特殊性指标则主要针对女性部门经理的职业发展危机问题（详见图1）。

- 第3层要素

下列各组比较要素对于"综合性指标 F_1"的相对重要性如何？

A	评价尺度									B
	9	7	5	3	1	3	5	7	9	
效益性指标 F_{11}										表现性指标 F_{12}

说明：效益性指标主要是与人力资源相关的饭店综合性的效益指标，表现性指标则指饭店员工相关危机行为的表现。

下列各组比较要素对于"特殊性指标 F_3"的相对重要性如何？

A	评价尺度									B
	9	7	5	3	1	3	5	7	9	
诊断性指标 F_{31}										措施性指标 F_{32}

说明：诊断性指标指可以直接用来判断危机的指标，措施性指标指饭店相关危机防范措施。

下列各组比较要素对于"关键性指标 F_2"的相对重要性如何？

A	评价尺度									B
	9	7	5	3	1	3	5	7	9	
绩效性指标 F_{21}										行为性指标 F_{22}
绩效性指标 F_{21}										管理性指标 F_{23}
行为性指标 F_{22}										管理性指标 F_{23}

说明：绩效性指标用来反映所考察部门经理所负责的部门绩效，管理性指标主要指饭店针对部门经理的管理状况，行为性指标则指可以反映部门经理职业危机的相关行为。

- 第4层要素

下列各组比较要素对于"效益性指标 F_{11}"的相对重要性如何？

A	评价尺度									B
	9	7	5	3	1	3	5	7	9	
人均劳动生产率										人力资源投资回报率
人均劳动生产率										培训系数
人均劳动生产率										培训费用系数
人力资源投资回报率										培训系数
人力资源投资回报率										培训费用系数
培训系数										培训费用系数

说明：培训系数指饭店在一定时期内参加培训的人次数占饭店员工总人次的比重，培训费用系数指一定时期内饭店用于员工培训的总费用与这一时期内参加培训的员工的总人次的比值。

下列各组比较要素对于"表现性指标 F_{12}"的相对重要性如何？

附录3　饭店女性部门经理职业发展危机预警指标体系权重调查问卷

A	评价尺度									B
	9	7	5	3	1	3	5	7	9	
招聘到岗率										员工余缺率
招聘到岗率										老年员工比例
招聘到岗率										缺勤/迟到率
招聘到岗率										员工投诉率
招聘到岗率										员工流失率
招聘到岗率										员工违纪率
招聘到岗率										人际关系冲突频度
招聘到岗率										人际关系冲突强度
员工余缺率										老年员工比例
员工余缺率										缺勤/迟到率
员工余缺率										员工投诉率
员工余缺率										员工流失率
员工余缺率										员工违纪率
员工余缺率										人际关系冲突频度
员工余缺率										人际关系冲突强度
老年员工比例										缺勤/迟到率
老年员工比例										员工投诉率
老年员工比例										员工流失率
老年员工比例										员工违纪率
老年员工比例										人际关系冲突频度
老年员工比例										人际关系冲突强度
缺勤/迟到率										员工投诉率
缺勤/迟到率										员工流失率
缺勤/迟到率										员工违纪率
缺勤/迟到率										人际关系冲突频度
缺勤/迟到率										人际关系冲突强度
员工投诉率										员工流失率
员工投诉率										员工违纪率
员工投诉率										人际关系冲突频度
员工投诉率										人际关系冲突强度
员工流失率										员工违纪率

续表

A	评价尺度									B
	9	7	5	3	1	3	5	7	9	
员工流失率										人际关系冲突频度
员工流失率										人际关系冲突强度
员工违纪率										人际关系冲突频度
员工违纪率										人际关系冲突强度
人际关系冲突频度										人际关系冲突强度

下列各组比较要素，对于"诊断性指标F_{31}"的相对重要性如何？

A	评价尺度									B
	9	7	5	3	1	3	5	7	9	
性别公平感										高层管理者的女性比例
性别公平感										高层管理者的女性比例
性别公平感										工资性别比
性别公平感										晋升性别比
性别公平感										离职性别比
高层管理者的女性比例										中层管理者的女性比例
高层管理者的女性比例										工资性别比
高层管理者的女性比例										晋升性别比
高层管理者的女性比例										离职性别比
中层管理者的女性比例										工资性别比
中层管理者的女性比例										晋升性别比
中层管理者的女性比例										离职性别比
工资性别比										晋升性别比
工资性别比										离职性别比
晋升性别比										离职性别比

下列各组比较要素对于"措施性指标F_{32}"的相对重要性如何？

A	评价尺度									B
	9	7	5	3	1	3	5	7	9	
保健政策满意率										激励机制参与率

下列各组比较要素对于"绩效性指标 F_{21}"的相对重要性如何?

A	评价尺度									B
	9	7	5	3	1	3	5	7	9	
部门受奖率										部门目标未达率
部门受奖率										部门顾客投诉率
部门目标未达率										部门顾客投诉率

下列各组比较要素对于"行为性指标 F_{22}"的相对重要性如何?

A	评价尺度									B
	9	7	5	3	1	3	5	7	9	
加班率										指令失效率
加班率										升职率
加班率										降职率
加班率										请假率
加班率										离职率
加班率										准备离职率
加班率										认同率
指令失效率										升职率
指令失效率										降职率
指令失效率										请假率
指令失效率										离职率
指令失效率										准备离职率
指令失效率										认同率
升职率										降职率
升职率										请假率
升职率										离职率
升职率										准备离职率
升职率										认同率
降职率										请假率
降职率										离职率
降职率										准备离职率
降职率										认同率
请假率										离职率
请假率										准备离职率

续表

A	| 9 | 7 | 5 | 3 | 1 | 3 | 5 | 7 | 9 | 评价尺度	B
请假率		认同率
离职率		准备离职率
离职率		认同率
准备离职率		认同率

下列各组比较要素对于"管理性指标 F_{23}"的相对重要性如何？

A	| 9 | 7 | 5 | 3 | 1 | 3 | 5 | 7 | 9 | 评价尺度	B
对口就业率		后备人才培养率
对口就业率		职业生涯满意率
对口就业率		培训满意率
对口就业率		工作环境满意率
对口就业率		薪酬满意率
对口就业率		激励机制满意率
后备人才培养率		职业生涯满意率
后备人才培养率		培训满意率
后备人才培养率		工作环境满意率
后备人才培养率		薪酬满意率
后备人才培养率		激励机制满意率
职业生涯满意率		培训满意率
职业生涯满意率		工作环境满意率
职业生涯满意率		薪酬满意率
职业生涯满意率		激励机制满意率
培训满意率		工作环境满意率
培训满意率		薪酬满意率
培训满意率		激励机制满意率
工作环境满意率		薪酬满意率
工作环境满意率		激励机制满意率
薪酬满意率		激励机制满意率

问卷结束，谢谢合作！

后　记

　　窗外晨曦微露，本书终于封笔。

　　2005年，踏入华侨大学校门；2006年，发表第1篇学术论文；2008年，成为一名旅游专业博士生；2009年，博士论文开题；2010年，着手社会调研……。一路走来，求知之旅的一幕幕开始清晰地在我眼前晃动，酸甜苦辣百般滋味让我在成长中拥有了一份独特的感悟。

　　在攻读硕、博士学位之前，我的专业是英语。旅游也是我的梦想，这个梦想的力量推动并支持着我以"无知者无畏"的精神走进了旅游研究领域。旅游之所以成为我的梦想，其中一个重要的原因，是我坚信英语应该成为一种工具而为研究或实践所用。但当我进入旅游研究领域之后，由于英语和旅游各自都有一套成熟完备的"话语"体系，它们之间相距甚远，好像没有什么关系。我有点彷徨了，然而，此时我学术生涯中最重要的人——我的导师郑向敏教授给了我中肯、恰当的点拨与教导。五年半来，在郑老师的悉心教导下，我开始运用自己在英语方面的基础，研读国外的前沿研究成果，申报联合国教科文项目、欧盟资助项目、福特基金会项目等，并于四年前将"旅游与性别"确立为我的研究方向。随着旅游相关理论知识的逐渐增多，我本科期间积累的英文相关知识和旅游知识逐渐开始交汇融合。于是，我顺利地发表了30余篇学术论文，并获得了美国福特基金资助的科研项目，我终于重拾信心。在郑老师的悉心指导和帮助下，透过浩如烟海的中外文献，沿着前人的足迹，偶尔潜行于无人的荆棘小道，我殚精竭虑于揭开旅游和性别关联的神秘面纱，看到旅游和性别之间隐秘的内在逻辑。

还记得开题时，郑向敏教授、戴斌教授、黄远水教授、肖洪根教授等以他们深厚的学术造诣，从各自的角度给我提出了富有建设性的意见。导师郑向敏教授因对危机管理已有深入的研究，以其丰富的学术经验和深邃的学术眼光，特意为我量身定做了以饭店女性部门经理为载体、以职业发展危机为主题的研究方向；戴斌教授以他严谨认真的研究方法和深刻的学术见解对论文的规范问题提出了让我受益终身的意见；黄远水教授则就论文的框架提出了中肯的修改意见；肖洪根教授从研究方法、研究框架和问卷设计等方面提出了应注意的问题。在写作过程中，郑老师不仅在写作框架和研究方法上给我启发和指点，还经常和我讨论论文的写作，一遍遍耐心地对我的论文初稿进行修改。尊长们所做的一切给了我极大的鼓舞和鞭策。他们的学术态度和治学方法以及他们结合形成的强大学术板块，使我在思考和写作的焦虑与困顿中获得研究的灵感，激情和快乐成为写作过程的主旋律。我非常幸运，能够站在这片坚实的学术土地上沐浴着八面来风，从而感受到灵魂质量提升的喜悦和幸福。

此外，在调研和访谈过程中，福建省旅游局王祥银处长、泉州市旅游局林志华科长、龙岩市旅游局张淑琼主任、泉州迎宾馆总经办陈威主任、泉州鲤城大酒店吴俊伟董事长、荣誉国际大酒店张强总经理、福建外贸中心酒店薛志荣总经理、宁德迎宾馆范志纯总经理等为我提供了大量的帮助；华侨大学社科处副处长侯志强老师，华侨大学旅游学院王新建老师、李勇泉老师、谢朝武老师等也对我的论文提出了很好的建议；同门师弟师妹苏天顺、曹世武、张祖成、姚莹、王利娜、何小玲、黄晓敏等在我发放、回收问卷中也为我提供了不少帮助。还有在本书出版、校对过程中付出辛勤劳动的魏志勤老师、卢建华老师、周新源老师以及华侨大学编辑委员会专家和社会科学文献出版社相关人员等。在这里，衷心谢谢他们！

感谢我的同班同学兰晓原、李东、伍蕾，他（她）们也给了我很多很多的无私帮助。感谢我十多年来的闺蜜张妤、卢天竹、高艳等，你们的支持、鼓励、喝彩永远是我前进的动力。感谢我的爸爸、妈妈、哥哥、嫂子，他们在我多年的学习过程中一直默默无闻地支持着我爱着我。感谢我的先生王培伟，攻读博士期间我们有缘相识相知相爱，人生道路有你的陪伴是我一生中最大的幸事。

  所有给予我帮助的师友和亲人，我对你们永怀感恩之心。谁言寸草心，报得三春晖。是的，一句感谢远远不能表达我对师友和亲人们的情感，我唯有在内心深处为他们虔诚地祈祷和祝福。

           于华侨大学泉州校区南区 5 号楼 203

图书在版编目(CIP)数据

饭店女性部门经理职业发展困境与出路 / 范向丽著 . —北京：社会科学文献出版社，2015.6
（华侨大学哲学社会科学文库·管理学系列）
ISBN 978-7-5097-7728-2

Ⅰ.①饭… Ⅱ.①范… Ⅲ.①饭店业-女性-管理人员-职业选择-研究 Ⅳ.①F719.2

中国版本图书馆 CIP 数据核字（2015）第 142880 号

华侨大学哲学社会科学文库·管理学系列
饭店女性部门经理职业发展困境与出路

著　　者 / 范向丽

出 版 人 / 谢寿光
项目统筹 / 王　绯
责任编辑 / 曹长香

出　　版 / 社会科学文献出版社·社会政法分社（010）59367156
　　　　　　地址：北京市北三环中路甲29号院华龙大厦　邮编：100029
　　　　　　网址：www.ssap.com.cn

发　　行 / 市场营销中心（010）59367081　59367090
　　　　　　读者服务中心（010）59367028

印　　装 / 北京季蜂印刷有限公司

规　　格 / 开　本：787mm×1092mm　1/16
　　　　　　印　张：24　字　数：377千字

版　　次 / 2015年6月第1版　2015年6月第1次印刷
书　　号 / ISBN 978-7-5097-7728-2
定　　价 / 98.00元

本书如有破损、缺页、装订错误，请与本社读者服务中心联系更换

▲ 版权所有 翻印必究